Western Educational Theory and Practice during the Period of Transformation

转型期西方教育理论与实践丛书

主编 陆有铨

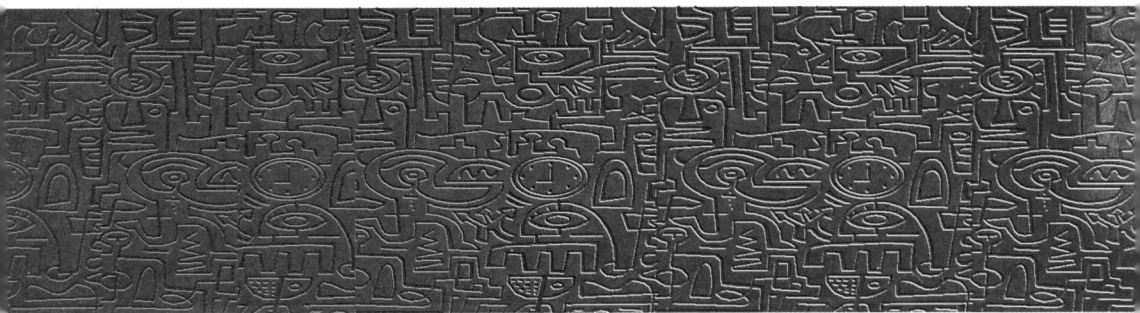

反思与超越

—— 走向复杂的西方教育变革

么加利 ◎著

山东教育出版社

图书在版编目(CIP)数据

反思与超越——走向复杂的西方教育变革/么加利著.
—济南:山东教育出版社,2011
ISBN 978-7-5328-6828-5

Ⅰ.①反… Ⅱ.①么… Ⅲ.①教育改革—研究—西方
国家 Ⅳ.①G511

中国版本图书馆 CIP 数据核字(2011)第 066241 号

Preface
前言

陆有铨

这套丛书实际上是此前由山东教育出版社出版的"20 世纪教育回顾与前瞻"丛书的续篇。"20 世纪教育回顾与前瞻"丛书出版于 1995 年,主要叙述 19 世纪末 20 世纪初至 20 世纪 80 年代西方主要国家的教育在若干方面发展的进程。目前读者看到的"转型期西方教育理论与实践"这套丛书,主要叙述 20 世纪七八十年代以来西方主要国家教育理论和实践若干主要方面的进程。

关于"转型期"这个概念,可谓意见纷纭,但在这里,主要是从时间的意义上使用的。20 世纪 80 年代前后的确是一个"转折"的时代,包括中国在内的世界各国在各个方面都或隐或显地出现了与以往不同的特征,故此,我们把这个具有分水岭性质的时代,称之为转型期。具体来说,本丛书的"转型期"是指 20 世纪 70 年代末 80 年代初以来大约 30 年左右的时间。

学校教育,无论就其产生还是发展来说,任何人都无法割断她与社会的联系。联合国教科文组织国际教育发展委员会 1972 年编著的《学会生存——教育世界的今天和明天》明确地指出:教育体系受着内部和外部两方面的压力。内部压力来自体系内部的失灵与矛盾……然而过去的经验表明,内部压力和紧张状态本身还不足以引起教育结构上的变化。外部压力在我们这个时代特别坚强有力。——未来行动的方向主要将从外在因素中推演出来。联合国教科文组织发表于几十年以前的这一结论和预言,在社会转型的时期,得到了充分的验证。

转型期西方国家的教育发生了深刻的变化。这种变化的原因,归根结底是由于社会各个方面施加于教育的"外部压力"。大体说来,这种"外部压力"有下列几个方面。

首先,从生产方式的角度而言,人类社会开始由工业经济向知识经济迈进。早在 20 世纪 60 年代,美国学者马克卢普(F. Machlup)就根据战后产业结构变化的背景提出了"知识产业"的概念。此后,1973 年,丹尼尔·贝尔出版《后工业社会的来临》;1980 年,阿尔温·托夫勒出版《第三次浪潮》;1982 年,约翰·奈斯比特出版《大趋势》等一系列标识人类生存方式变化的著作。1996 年,"经济合作与发展组织"(OECD)发布了《科学、技术和产业展望报告》,该报告首次使用了"知识经济"这一概念。后来该组织又将报告中有关部分以《知识经济》为题单独发表。根据 OECD 的界说,知识经济是建立在知识和信息的生产、分配和使用基础之上的经济。该组织认为,知识是支撑 OECD 国家经济增长的最重要的因素(OECD 的成员国多为发达国家)。不言而喻,在知识经济时代,知识的生产、知识的创新乃是至关重要的因素。

20 世纪 80 年代以来,西方发达国家的产业结构发生了巨大变化,以劳动密集和传统工业技术为核心的第一、第二产业在国民生产中的比例逐渐下降,而以知识密集和信息技术为核心的第三产业迅速成长为强大的经济增长点和新兴的支柱产业。

作为重要的"外部压力",人类生产方式的转变,对于以培养人为宗旨的教育的意义可谓不言自明,因为知识经济得以实现的一个不可或缺的条件,乃是人的素质。在 20 世纪 80 年代,西方国家发布了许多关于教育危机的报告,看到了教育与新的生产方式之间存在的不协调。教育哲学的研究也出现了以"教育问题"探讨为主的转向。当然,"危机"的表现或内容复杂多样,但教育质量问题却是不变的主题。对于基础教育而言,与知识经济时代伴随而来的科技革命和信息化,使得学校似乎正在培养科学和技术"文盲"的一代。知识经济时代要求人要具有不断学习乃至终身学习的意愿和能力,而且还要具有创新意识和竞争能力。

其次,从国际关系的角度而言,各国之间的竞争空前激烈。强化教育为国家利益服务,强化教育的国家目的,这是 20 世纪以来世界各国教育发展的一条基本线索,西方国家当然不会例外。需要指出的是,国家目的不是一成不变的。不同的历史阶段,国家目的的表现形式和内容各异,重点亦不相同。19 世纪末 20 世纪初开始至 1945 年第二次世界大战结束,国际间国家目的突出的是意识形态领域的斗争,民主主义、共产主义、法西斯主义的意识形态对相关国家的教育,分别产生了极为重要的影响。第二次世界大战结束至七八十年代,在美苏双峰对峙的态势下,国家目的突出的是科学技术的竞争,教育的重点是为培养科技专家服务。此后,随着苏联的解体、第三世界国家的崛起,形成了多极世界的政治格局。在这种格局下,国家之间的竞争与冲突表现为政治、经济、文化、历史文明冲突等多维度。

1985 年 3 月 4 日,邓小平在会见日本商工会议所访华团时指出,和平与发展是当代世界的两大问题;虽然战争的危险还存在,但是制约战争的力量有了可喜的发展;发展的问题也就是经济问题,世界各国经济发展的互相依赖性增强了,因为任何国家都不可能孤立于国际社会而获得经济的发展。

人们往往用"经济全球化"来表示各国经济互相依赖的情况。但经济全球化并不等于大同世界的到来。它除了强化了国际合作的需求和可能之外,还大大地加剧了全球范围内国家之间的竞争。由于经济的实力往往是决定其他各种力量的关键,它施加于教育的"外部压力",就是教育要为提升综合国力服务。所谓综合国力,乃是指一个国家的经济实力、国防实力和民族凝聚力的总和。

第三,全球性问题乃是人类共同面临的困境。欧洲自中世纪以后,历经意大利的文艺复兴,德国的宗教改革,法国的启蒙运动以及英国的工业革命等解放运动,世界各国在现代化的道路上你追我赶,在取得巨大物质文明进步的同时,在人与自然、人与社会以及人与自我的关系方面,出现了一系列的问题。如何面对并克服人类共同面临的困境,实际上关系到人类自身的生存和发展。

这一系列的"外部压力",乃是包括西方国家在内的世界各国的教育发生深刻变化的根本动因。这套丛书力图从若干方面描述西方一些国家最近30 年左右的时期内教育理论与实践的一些进展及其主要的特征。

一

著名教育家胡森曾经说过,教育作为一个实践的领域,其真正的本质在于地方性和民族性。教育毕竟是由它所服务的国家的文化和历史传统形成的。近代以来,教育实践的一个极其重要的特征是,教育越来越成为不同国家实现各自目的的工具。

　　20 世纪 80 年代以来,基于国际竞争的压力以及对教育重要性的普遍认同,教育的危机被看做是整个民族、国家的危机;所有教育上的改革和创新,不再仅仅是地方性或局部性的了,而成为一种全国性的努力;各国政府普遍加强了对教育的控制,强调教育为国家利益服务,并自觉地将教育作为实现国家目的的重要工具。在这里,我们姑且将这种现象称之为"教育的国家干预"的倾向。

　　转型期西方各国教育国家干预的程度更加强化,其表现有下列几点。

　　首先,国家拟定国家教育目标、国家统一课程,教育目标和内容越来越集权化;教育改革计划大都以立法形式颁布,并作为国家意志强制实施。

　　政府控制教育的情况,在拥有集权管理传统的法国表现得较为直观。根据法国 1989 年的《教育指导法》,各级政府对教育的控制以不同形式得以强化。地方教育管理机构(Regional Education Councils)的权限甚至扩展到高等教育系统之中,地方教育总长(Chief Education Officer)作为大学的副校长被要求就所管地区的高等教育状况提供年度报告。

　　许多分权制国家的中央政府也开始加强对教育的干预和控制,这在 20 世纪 80 年代以后尤为突出。许多国家的中央政府往往通过立法、建立统一标准、国家统一课程、统一考试、财政拨款等方式,主导教育的走向。为了避免国家控制和标准化可能带来的僵化,一些国家采用的策略是,由政府规定全国性计划,而计划的执行则留给地方层面的行政机关。

　　二战以来,美国进行过几次主要的教育改革,一次更比一次强调政府对教育的干预和监控。20 世纪 80 年代因美国在国际中小学生学科竞赛中成绩过差,导致《国家在危险中》报告的发表。1988 年,美国当时的教育部长威廉·J.贝内特递交了《关于美国教育改革的报告》,建议学校应从三方面改进:讲授基本道德准则;建立纪律和规章制度;鼓励学生养成努力学习的习惯。1993 年,克林顿行政当局以法案的形式提交《2000 年目标:美国教育法》,并作为国家法案提交参众两院审议通过,完成了立法程序。为了加强学校的道德教育,白宫于 1994~1996 年 3 年中分别 3 次召开关于公民与民主社会品格建构研讨会。开始于 20 世纪 90 年代末、当前仍在进行的美国这次教改更加广泛、深入,它包括中小学直至大学、研究生教育,涵盖学校教育和全美国人力资源的开发。它所涉及的,既有教育质量的老问题,更有教育数量的新问题。新一轮全局性、整体性的教育改革的显著特点,是对美国联邦政府在全国教育事务上的角色的重新定位,它强烈要求联邦政府实质性地参与学校事务,要求强制干预全国教育事务。2001 年 1 月出台的《不让一个孩子掉队法》(No Child Left Behind,即"NCLB"),则发动了一场涉及全美每一所中小学的教育改革。这清楚地说明了美国联邦政府对美国教育干预的进一步强化。

其次,国家利用市场逻辑、校本发展等多种手段,加强对学校教育的监控。

20 世纪 80 年代以后,社会转型的冲击促使教育在保持自身独立发展的同时,也不断地进行反思与改革。以市场为导向,变政治行政模式为经济市场模式的制度性变革已成为转型期西方公共教育改革中的重要实践取向。联合国教科文组织《1993 年世界教育报告》指出,20 世纪 80 年代世界朝着某种形式的市场经济转变,没有几种教育制度完全不受这种全球变化的影响。与过去直接干预和介入教育的方式不同的是,这个时期国家逐渐认识到市场这只"看不见的手"也可以在教育领域内发挥举足轻重的作用,市场竞争正日益成为教育国家化的重要手段。

在国家职能不断扩展的这一总趋势下,西方国家以市场为取向的公共教育改革似乎是对国家垄断教育的做法进行质疑和批判,其实不然。以市场力量参与管理取代政府的集中管理,正是转型期西方国家干预教育的一种新手段,其目的是为了更好地服务于国家利益。在国家观念与市场逻辑二者看似冲突的背后,反映出的本质却是国家干预教育的力量更强大,获取的教育权力更多,而且手段更巧妙。杰夫·惠迪(Geoff Whitty)等人在研究了英国、澳大利亚、新西兰、美国和瑞典五国公共教育放权与择校的改革实践后指出,尽管许多教育职责正在从国家或地方政府转移,但没有一国政府的总体作用在明显下降。无论是国家还是州政府,都掌握了决定学校知识的标准、成就评估的方式以及评估报告的对象等新的权力。政府虽然放弃了地方层面的教育权责,但是在中央层面的教育控制权却更加强化了。

除了市场逻辑对教育的影响之外,教育校本化思潮的影响也是一个不容忽视的因素。教育校本化带来的多样化和个性化可能会导致学校教育发展的不均衡甚至平庸化等风险,为此,西方国家又通过出台各种国家教育标准、加强绩效问责乃至国家教育考试等集权化的措施予以应对,并且通过制度和政策从赋权给学校转向促进学校增能。所以,在转型期西方教育校本化思潮的复兴过程中,我们常常可以看到分权与集权的博弈始终是如影随形。这种看似矛盾的教育改革思路,实则反映了西方国家对于中小学教育发展的基本诉求,即多样化、选择性和高质量。当然,现实与追求之间的鸿沟似乎总是难以逾越,但却为学校教育的发展提供了源源不断的改革课题和发展动力。

各国政府积极介入教育的原因何在?教育为何走上国家化的道路?按政治学的解释,任何政府行为都有一个最根本的动因——国家利益,国家利益是一个政府活动的出发点和最终归属。国家利益的影响力是如此之大,以至于那些有重要影响力的政治人物都不得不借助国家利益的名义来推行自己的政治主张。拿破仑以法兰西利益为借口,发动了对俄战争;林肯总统以联邦利益的名义反对分裂;希特勒用德国国家利益的名义为其扩张主义政策而辩护。国家积极介入教育的动因也不例外。西方各国频频出台的教育变革举措让人眼花缭乱,其最终目标却只有一个,就是为了国家竞争力的提升,国家竞争力成为转型期前后西方教育变革的首要目标。其深层次的原因就在于,"创新"和"竞争"的能力是当今世界各国普遍关注的话题,而一个国家创新和竞争力的关键在于全民素质和人才的竞争力,在于教育变革的成效如何。

西方的政治哲学有一种自由主义传统,认为"最小的政府就是最好的政府",只要政府可以不管的就尽可能不加干预。这种政治哲学也渗透到政府对教育的态度上,西方各国政府对教育一般不直接干预。然而,20世纪中期以后,这种情况发生了深刻的变化,教育的公益性在弱化过程中备受各国政府的关注。于是,各国政府便主动承担起更多的发展教育的责任,一方面把促进教育公平视为政府的重要职能,更把发展教育作为增强国家综合实力的重要工具。这可能是转型期强化教育国家干预的根本原因。

二

上文提到,转型期西方国家教育在强调政府集权对教育直接干预的同时,分权与政府集权的博弈始终是如影随形。为了避免国家控制和标准化所带来的僵化,充分发挥学校、社会团体、教师、专家、家长等各个方面的能动性,一些国家采用的策略是,由政府规定全国性计划,而计划的执行则留给地方层面的行政机关、学校等,在教育变革的运作上,呈现出一种治理结构"扁平化"的特征。

首先,公立学校的办学引入市场竞争机制。

形成和发展于工业经济时代的公共教育体制,为适应政治生活民主化和经济生活工业化的要求,被赋予了公益性、平等性和国家垄断性的内涵。从西方国家公立学校市场化改革所涉及的领域来看,在宏观上涉及国家的办学体制,在微观上涉及学校的运行机制。在办学体制方面,是打破政府对于公立学校的垄断,倡导教育资源提供者的多元化,允许政府以外的个人、社会团体和企业为社会提供公立学校教育的服务。目前在西方国家办学体制改革的探索中,已经出现了特许学校、城市技术学院、教育行动区等新型办学模式。在学校的运行机制方面,倡导学校之间的竞争,取消政府对于公立学校的保护。其中,较具代表性的是教育券计划(Education Voucher Plan)、开放入学计划(Open Enrollment Plan)。这类计划将公立学校本身看做一个开放的系统,允许学生及其家长在公立学校内部以及公私立学校之间进行自由选择,以改变长期以来他们在教育方面始终处于被动接受地位的不利状况。

西方国家以市场为取向的公共教育改革,其具体内容包括三个方面。一是扩大学校自主权。学校自主权(school autonomy)的扩大,在政策层面,指的是地方教育行政部门将各种各样的教育决策权直接下放到学校这一层次,给予学校更大更多的办学自主权;在实践层面,则表现为公立学校办学体制和管理体制的转变,出现了公立学校管理校本化、私营化等理念,以及在此理念指导下的多元公立学校模式的试验。二是鼓励家长择校。20世纪80年代以后,随着人们对公共教育系统的日益不满以及对于优异教育的重视,家长择校成为一项重要的公立学校改革方案得到广泛重视和采纳。在鼓励家长择校的改革方案中,影响最大的是教育券计划,其次是开放入学计划和公助学额计划(Assisted Places Scheme)。三是政府直接干预减少,宏观控制加强。

西方公共教育改革的主要特征有两个方面。第一,改革的核心是公共教育权的重新分配与平衡。允许学校自主管理和家长择校的前提是,学校和家长拥有与此相匹配的权利和责任。因此,以市场为导向的西方公立学校改革,其核心关涉的是公共教育权利和权力的重新分配与平衡,即公共教育权在各有关行为主体,包括中央政府、地方政府、学校、市场与家长之间发生的变更。重新分配的目的在于调动多方参与教育的积极性,更有效地配置教育资源。第二,改革的主要推动者是各国政府。与以往教育改革有较大不同的是,转型期公立学校市场化改革基本上是由各国政府自上而下推动的。政府一手主导了大部分的改革方案,并积极促成了以市场为导向的公立学校改革,也就是说,市场机制根本上就是由国家这一双大推手导入的。这正是新保守主义思潮中"强有力的政府,自由的市场"(the strong state, the free market)主张的体现,即自由的市场必须要有强有力的政府来保障。

在公共教育由国家垄断时期,公共教育是置身于国家干预和市场调节这一对矛盾体的博弈之外的。但是,转型期发生在公共教育领域内的种种改革显然已经打破了这种平静的局面,不管赞同还是反对,市场的理念和机制正一步步地改造着人们已经习惯了的公共教育。当然,公共教育改革过程中,也面临着许多矛盾,主要有四个方面。第一,公共教育的社会定位:公益性还是准市场性。第二,公共教育的目标定位:公平还是效率。第三,公共教育的管理价值取向:标准化还是多样化。第四,国家的教育职能:增强还是减弱。

值得注意的是,教育领域市场机制的引入,在高等教育办学方面出现了一种"消费主义"的教育观,办学指导思想出现消费主义倾向。

在教育质量运动、共同治理等转型的背后,西方各国的办学指导思想也逐渐发生了变化,消费主义倾向悄然成为不少学校的办学指导思想。消费主义既指一种价值取向,又指一种行为实践,它意味着"万物皆商品、一切可买卖","为消费牺牲一切"。

消费主义教育观主张由顾客定义教育质量,质量规划的目的就是取悦顾客,就是努力在教育消费者最需要的时候以消费者最满意的方式提供教育服务。在消费主义观念主导之下,有多少消费者,就有多少质量的定义,教育离传统的定义渐行渐远。这从根本上改变着学校教育的性质。

消费主义倾向使教育价值的功利化取向抬头。功利化集中体现在高等教育商业化潮流之中。这从博克(Derek Curtis Bok)教授先后出版的两本理论著作的书名就能得到部分的印证。博克1982年出版的《走出象牙塔》认为,走出象牙塔是现代大学的社会责任。不过,那只是现代大学的社会责任之一,当时还难于想象大学完全被市场话语所包围的情景。而他2003年面世的著作《市场中的大学:高等教育商业化》考察和描述了大学校园里通过教学、研究等活动赚钱的行为——高等教育的商业化行为,从而指出,大学已经商业化,大学正经历着十分新奇的商业化活动过程。随之而来的,是教育的公益性遭遇消解,是竞争意识与私欲的过度强化。这使西方大学无私心、无功利的追求出现了以私利为主导的倾向。高等教育为利益攸关者服务的职能在强化,功利化的教育价值取向在强化,而知识本身即目的的信念日益受怀疑,甚至出现"有校无学"(school without learning),使高等教育的非功利性目标遭遇不恰当的抑制。

其次,教育的校本化发展。

为缓解转型期学校教育的多重矛盾和压力,西方国家普遍地采取了重建学校教育的一系列改革策略。在这一过程中,校本化思潮的复兴和校本管理的概念重建始终是一个引人注目的教育改革现象。教育校本化思潮经历了 20 多年的起伏消长,如今只要在网上输入"校本"二字或"school-based",就可以立刻涌现海量的信息,无论是中文的还是英文的,实在让人目不暇接。尽管其中存在许多水分,但仍然可以反映出校本化思潮的广泛影响。教育的校本化不只表现为校本课程的开发和实施,而且出现了校本管理、校本培训、校本评价、校本教师教育等全方位校本化的倾向,这是教育的重心下移,微观领域教育权力下移和治理格局出现转型的重要体现。

教育校本化思潮的复兴与西方经济社会的转型密切相关,或者说它本身就是信息化时代来临和经济全球化背景下西方经济社会转型的重要组成部分。教育校本化思潮试图为中小学松绑,更好地调动校长、教师乃至社区和家长的教育改革积极性,提高教育发展的绩效和公民社会的参与度,增强教育的适应性,为学校教育的改革和发展注入活力。因此,西方各国纷纷出台校本化的教育改革政策和措施,重点推动了校本管理、校本课程开发、校本评价和校本教师教育等方面的校本化改革进程。

在我们观察和研究转型期的西方中小学教育时,校本化思潮无疑是一个不可缺少的视角。教育校本化发展在很大程度上反映了最近 20 多年来西方国家中小学教育改革和发展的一个明显趋势,它所体现的教育分权化和多样化发展的思路与教育集权化发展思路一道所形成的力量对比和消长的轨迹,正是转型期西方中小学教育改革和发展的现实图景。通过解析教育校本化思潮,我们不仅可以更好地理解西方教育发展的基本矛盾和改革方向,而且还可以获得对于我国基础教育发展具有重要借鉴意义的经验和启示。

第三,控制教育的方式从自律为主转向共同治理的"问责制"。

20世纪80年代以来,知识经济时代社会对教育质量的高度关注、高度期望,以及公众对教育的不信任,造就了有史以来外界控制教育的最为强大的力量,最终导致以自律为主的教育转向共同治理的格局。

问责制的产生一方面是由于学费上涨、高校的财政困境以及公众对教育的不信任等因素,然而,各方面的利益驱动、教师自律机制的失信、管理哲学的变化、学术价值观由内部认可到外界承认的变化等因素才是共治高等教育的更为深层次的原因。

20世纪80年代以后,问责成为西方各国教育改革中的一个重要关键词。它的主要特征与责任密切相联,同时非常强调结果和绩效。问责制的定义尚不统一,但简单地说,问责制作为转型期西方各国治理教育的一项重要制度,其基本含义,就是资源使用者向资源供给人提交报告的义务或职责。在西方高等教育系统中,问责制的影响不仅广泛,而且深刻。这主要表现在四个方面。第一,问责制使高等教育正在"失去朋友",尽管高等教育因此有了更多的利益攸关者(stakeholders)。越来越多的利益攸关者总是习惯于追问高校为他们做了什么,而不是像朋友那样,常问自己为高校做了什么。第二,问责制使松绑的高校依然处于政府的控制之下。第三,问责制使高等教育受到更多的"外部控制"。第四,问责制使高等教育资源配置以绩效评估为依据。这样的制度,在以自律机制为主的西方传统高等教育治理格局中是难以想象的,但在有关各方共同治理教育系统的条件下,却是难以回避的方向。

西方教育之所以走向共同治理,原因非常复杂,从认识论来看,则在于人们对教育复杂性的深刻反思和强烈意识。复杂科学不止在改变人们的自然观、知识观,也在改变人们的社会观、教育观,使一个有序、简单、透明的世界观和价值观向着多重性、暂时性和复杂性变化。复杂科学孕育了一种新的思维方式,"情境化"的"复杂知识"将取代"去情境"的"简单规则",这样的社会价值追求形成了对复杂教育的一种潜在的引导。

三

在知识经济、信息技术和全球化背景下,教育自身的质量问题变得比以往任何时候更加突出,成为困扰西方各国的重要社会问题,引起了社会各界的广泛关注,甚至在全球范围掀起了一波又一波的教育质量运动。

首先,德育质量作为教育质量的重要内容受到了前所未有的重视。

在美国,20世纪80年代中后期,公德衰败,公立学校教育在培养道德公民方面的有效性受到越来越多的质疑,家长和选民对公立学校教育的支持减少。在重重压力与众多指责之下,美国公立教育努力重建美国传统价值,学术研究也开始了回归传统、重构理论的转型。教育理论界开始对美国道德教育重新检讨,一批有着强烈责任感与使命感的学者开始了道德教育理论的探索。其中有影响的理论有三种:"新古典"取向的品格教育(character education)理论、"情感"取向的关爱教育(caring education)理论和"关系"取向的领域理论(domain theory)。这使得道德教育理论表现出重检与重建的特点,并取得了新进展。在实践领域,出现了举国参与学校道德教育改革的局面。联邦政府直接干预学校道德教育的实践方向,专家直接参与学校道德教育项目的实施,学校则实施明确的道德教育。

其次,教学效果成为评价教育质量的重要领域,教学的有效性探索因此成为热点。

在一定程度上可以说,世界各国一直在探索有效教学的种种策略,并形成相应的有效教学的理论。整个世界教育史,就是一部追求有效教学的历史。而20世纪80年代以来,西方各国普遍关注学校教学质量,追求教学的"有效"和"高质量"。美国、英国、日本、法国等纷纷对学校教育现状展开调查,出台了很多调查研究报告,调查报告的结果普遍显示学校教育质量不能满足国家和时代的要求。现实的危机使世界各国开始探索学校有效教学的新思路,并在探索过程中呈现出一些共同的特点和追求。

以新技术为特征的教学情境设计,业已成为20世纪80年代以来学校教学变革力度最大的一个领域。为学生创设丰富的、复杂而真实的学习情境,让学生运用多种方式理解知识和表现知识,而不是单纯的知识讲授与接受,成为学校教学变革的基本宗旨。除了与新技术有关的变革学校教学情境的思路,还存在着不少以学生活动和表演为主的课堂教学情境创设。有效教学的情境创设主要有三种思路:网络学习情境、多媒体教学情境和角色扮演教学情境的创设。有效学习的基本策略是回归"学徒制"、回归"综合实践活动"和回归"探究式教学"。有效教学追求每一个学生的终身学习,"一个都

11

不能少",如何在班级教学中照顾学生个别差异,促进学生自学,成为有效教学组织形式变革中的核心问题。

第三,对教育质量的强烈关注,导致各国对教师教育质量日益重视,几乎各国都经历过从关注教师数量到关注质量的历程。

国际竞争对高素质人才需求的压力、社会民主化进程对所有儿童受教育权的保护等使得人们对教师的期望大大提升,"让所有孩子拥有高质量的教师"更成为各国共同的目标。许多国家把教师看做提高综合国力、保持国际竞争力的关键。在日益看重教育的背景下,教师的重要性和对高质量教师的迫切需求成为西方国家的共识。

但是,关于何谓"高质量"教师、如何才能得到"高质量"教师等问题,却充满争议。教师教育的重要性和实际效果的不如人意、利益相关者的多元性、理想教师内涵的复杂性以及作为学术前沿常态的冲突等使得教师教育领域对立的观点纷纷涌现出来。对立观点的交锋形成西方教师教育研究与实践的一个突出特点。这种交锋为教师教育研究者提供了反思自身的富有张力的场域,从而促进了教师教育研究与实践的建构与生成。不同国家对教师要求的侧重点有很大不同,甚至同一城市的不同地区、不同学校之间都会有不同的评判标准。20世纪80年代以后,这些争论更激烈,影响范围更大,甚至提升到关涉国家前途的高度,因此,政府也成为争论的一方。特别是像美国这样的分权制国家,以往教育权在州和地方,联邦政府很少关注教育问题,而现在,教育、教师教育都成为联邦政策的重要关注点。由于政府所拥有的权力,使得其观点成为当前教师教育中的主导倾向。但是,对政府政策、观点的质疑声也不绝于耳。于是,在这些纷繁复杂的论争中,凸显出来两股主要力量或两大阵营——政府(特别是保守主义倾向的政府)和专业团体,二者对待教师教育的观点存在巨大差异。保守主义立场承认教师的重要性,但是否认教师教育的必要性和有效性。政府立场更多从国家政治经济的宏观角度来看教育问题,把教育看做解决政治经济等问题的工具,看重的是教育的结果、产出。因此,政府承认高质量教师的作用,但是在高质量教师的内涵、衡量标准、如何产生等关键问题上却与专业立场存在根本分歧。

值得注意的是,教师教育领域还有一种非常明显的声音,倡导多元文化、批判理论及知识社会学的视角和理论框架,关注贫困地区及有色人种学生,热衷于从阶层、种族、政治、文化等角度发起批判,揭示上述两种立场如何复制、巩固甚至加剧社会的不平等,致力于为民主社会培养具有批判精神的教师,最终通过教学和教师教育"来改变这个世界"。这被一些学者称为"社会正义"取向。

在西方各国教师教育的争论和探索实践中,涌现出解制、专业化和社会正义、市场化、问责、标准和认证、适应性专家、基于科学的研究、有力的教师教育等关键词,它们涉及教师教育的根本目标和性质及基本取向、资源配置方式、结果监控、准入制度、培养方式、研究取向等几大主题,在很大程度上代表了当前西方教师教育领域改革和论争的焦点。各派观点的目的和口号是一致的,那就是"让所有孩子拥有高质量教师",但是由于立场不同,对问题的诊断不同,开出的处方也不相同。当然,各方的观点都能够提供有参考价值的视角,而更为关键的则是要根据具体国情,把握方向,展开具体研究,为教师教育变革提供比较坚实的基础。

转型期西方各国对教育质量的普遍关注,已经掀起了全球性的高等教育质量运动,实现了高等教育控制内容从规模扩展向质量保证的转变。这场运动至少呈现出四个方面的特征,那就是:第一,质量文化成为不同文化的共同语言;第二,机构建设是质量运动的组织保证;第三,理性批判促使质量运动走向成熟;第四,市场机制引导质量信息广泛传播。这些特征,深刻地影响着西方高等教育的办学实践。追求高深学问的传统,使得西方高等教育内部从来都比较重视教育质量问题,在一定程度上可以说,高等教育质量运动是高等教育内部的要求,但更为主要的,还是外力作用的结果。民众强烈的受教育愿望带来规模扩展,也带来质量问题。对质量问题的深切关注,以及办学自主权的进一步诉求,引发高等教育质量运动的实践动力,带来高等教育管理的理论创新,也带来了高等教育质量概念的泛化、办学活动的效率主义倾向等诸多需要反思的问题,最终导致了西方高等教育控制内容从规模扩展向质量控制的深刻转型。

转型期西方教育改革的许多举措,都是针对教育质量问题而出台的。无论是对有效教学的不懈追求,对道德教育的忧虑,或是对高质量教师的期待;无论是国家干预、市场化的趋势,还是校本化的举措——尽管视角不同,其指向的目标都是教育质量的提高。

四

西方国家最近几十年的发展对我国的教育具有很大的启示意义。

第一,重视教育的社会功能。

作为人类的一项重要的社会实践活动,无论就其产生和发展来说,教育与社会需要从来就是互为表里的关系。也就是说,社会需要潜在地制约并决定着教育。世界各国教育发展的历史充分地证明了这一点。

近代以来,国家的职能在不断地扩大,以至几乎覆盖到人类生活的各个方面,而且,往往用"国家利益"或"国家目的"的名义为其合法性、合理性找寻法律和道德的基础。这在教育的领域也得到了充分的证明。在许多时候,"国家利益"或"国家目的"甚至成为教育社会功能的全部内容。只要国家还存在,国家的安全和利益必将置于个人的利益之上。这也是衡量教育成效的最终裁判。

几乎没有人(包括各国的领导者)会公开否认国家利益的实现是为了"人"(人民)的利益或目的,但一个不可更易的事实是,只有通过"人"才能够实现国家的目的。就这个意义来说,只要有国家存在,教育就不可能纯粹或主要是为了"人"的发展、"人"的自我实现等等。不同时代的差别仅仅在于,为了实现不同时代的国家目的,要有什么不同的人的规格。因为人的发展的具体内容和方向,都不只是自我或某人规划的结果,它们都无可逃避地要受到国家和社会的制约。

第二,尊重教育的特殊性。

无论从教育的国家目的或为人的目的来说,教育都是用以实现目的的工具。然而,同其他的工具一样,教育有其自己的特性。

教育具有公共性,经济的合理性不能取代教育的公益性原则。国家、公共团体举办的公共教育固然如此,即使是私立学校也应该看做公共教育的一个组成部分。西方国家将市场的机制引入教育的领域,绝不意味着可以将教育或学校当做赚钱的工具。

学校只能做自己"能做"的事,不能漫无边际地追求"应该"做的事。同人的五脏六腑各司其职一样,社会的各种部门也应该各尽职守。学校教育的作用是有限的,学校究竟能为学生的发展发挥什么样的作用,应该深入思考。

第三,树立正确的教育质量观。

就教育内部的动因来说,所有的改革几乎都可以归结为教育质量观的变化。没有抽象的质量,而且,质量也是相对的。在历史上,不同的历史时期、不同的国家,有过不同形态的教育,归根结底,有过的种种教育形态都是由不同时代的质量观决定的,而且,万变不离其宗,在质量观的背后,我们都可以发现社会需求的影子。可以毫不夸张地说,从来就没有所谓的"好教育",也没有所谓的"坏教育",只有"适合"的和"不适合"的教育,所谓"适合"与"不适合",主要衡量标准是它能否满足社会的需求。

我们确定的质量观,潜在地决定着我国教育的形态。在思考我们国家教育的时候,应该充分考虑到两个"适合"。一方面,要适合社会的需求、国家的利益,中华民族的复兴和崛起当然是必须考虑的首要因素。另一方面,还要考虑适合学生作为人的内在的自然需求。当这两个方面出现冲突的时候,教育质量观的恰当取舍就显得尤其重要了。

Contents

目 录

Introduction
导 言 □

　　20 世纪后半期尤其是 20 世纪 80 年代以来,以西方社会为先导,人类社会进入由工业化社会向后工业化社会转变的时代转型期。此时,世界政治、经济、科技和文化等方面都发生着急剧的变革。本书正是基于这种阔大的时代背景,来探讨西方社会教育观念与教育实践的变迁与未来走向。

　　人类思维方式与其所处时代具有内在的一致性。支配特定时代人们主导性思维方式的绝不是少数学术精英空穴来风式的臆造或刻意倡导,而是扎根于特定时代"土壤"之中,与特定时代密切相关。本书第一章基于阿尔温·托夫勒等西方未来学家对人类社会尤其是西方社会发展历程所做的划分,对每一时代的生活图景及各时代占主导地位的思维方式之间存在的一致性作出了简要说明,这构成了本书思考当代社会转型期西方教育变革的出发点。

　　本书所提出的社会转型期走向复杂的西方教育建立在对工业化时代西方教育进行反思的基础之上,这构成了第二章的主要内容。自西方进入工业化时代,伴随英、德、法、美等国产业革命的完成及工业化的全面展开,其教育方式与大工业生产方式如影随形,互为表里。此时的教育,无论是价值追求,还是教育的现实运作,都表现出秩序化、程式化等特征。于是,教育日渐沦为一种简单教育并走向极致化。夸美纽斯作为西方简单教育理论与实践的首倡者,揭开了西方近现代教育的序幕。他以"在此以前没有一所完善的学校"和"改良学校是可能的"两个判断为前提,发出了改革学校教育的呼声,提出了班级授课的教学原则。这种教育追求与运作后来日渐完善,发展成 20 世纪试验教育学的理论研究与现实实践。行为主义教育理论与实践的风靡一时及泰罗原理在学校管理、教学等领域的全方位渗透即表现出这一

1

点。至此,简单教育的主导性地位得以确立,其精神贯穿于教育活动的各个方面。在这种教育场域内,规范与控制无处不在、无时不有,并走向极致。繁多的规定、不容置疑的纪律、持续性的监视、不间断的书写等,充斥着整个教育时空。更为重要的是,这种控制进一步加深并走向抽象化与隐蔽化。所有这些都使工业化时代的西方学校教育被纳入秩序化、程式化的轨道。大而言之,近现代学制系统完备化、封闭化与学校教育系统的实体化表现出这一点;小而言之,插秧式的学生空间布局与精确的时间分配支配着微观的教学实践也是明证。所有这些都致使教育时空中教育者与受教育者交往的抽象化、受教育者群体交往的固态化与教育过程中崇尚权威、崇尚接受等特征出现。于是,近现代教育作为一个封闭系统,教育运作中的不稳定性与动荡、涨落等情景或被视而不见,或被当成可忽略不计的因素束之高阁。这样,教育过程中人的非理性因素被当做无关紧要的因素被忽视甚至被有意地加以排斥,教育过程沦为一种可操纵的程式化行为。毋庸置疑,这种教育压制着学生个性的张扬与创造力的生成。但是,这种教育的产生与存在有其历史的依据,在工业化时代以其固有的高效率而功不可没。

　　本书第三章论述了西方社会转型期社会生活的表层躁动,彰显了走向复杂性教育的外在动力支持。20 世纪后半期尤其是 20 世纪 80 年代以来,西方社会进入由工业化时代向后工业化时代的转型期。此时,西方社会的政治、经济、文化等诸多领域正在发生着全方位的剧变。在政治生活领域,传统保守势力式微,新保守主义政治势力盛行并伴之于第三条道路的提出;在经济生活领域,产业结构发生了重大调整,传统产业沦为夕阳产业,知识经济蓬勃兴起并从"第三产业"中独立出来,成为新兴的"第四产业";在文化生活领域,后现代文化兴起,批判理论、解释学、女权主义、解构主义、新马克思主义等学派纷纷崛起,到了 20 世纪 80 年代,各种新的理论与观念更是大量出现并被统摄到后现代主义麾下,出现了新解释学、接受美学、后解构主义、西方马克思主义、后女权主义,构成了各理论多元并存的文化景观。总之,当前的社会转型使以西方社会为先导的人类进入信息化时代。新技术革命浪潮悄然涌起,以微电子技术的发展和普遍应用为标志的新技术革命,奏响了人类社会发展历程上第三次浪潮的序曲,西方社会出现了从工业社会向后工业社会的过渡。时至 21 世纪初的今天,全球信息化已经呈现为不可逆转并日渐加速之势。信息技术日新月异,电脑进入千家万户,互联网从实验室走入寻常百姓之家。此时,西方的社会生活表现出前所未有的丰富性并被赋予新质,四平八稳的生活方式已经逐渐淡出这个热闹纷繁的历史舞台,"多样"和"异质"的生活接踵而至并成为这个时代的生活图景。审视转型期西方社会的生活,无论从物质层面,还是从精神层面,整齐划一、千篇一律等生活方式渐为人们所抛弃,缤纷多彩、标新立异、变动不止则成为生活的主旋律。西方生活世界的复杂性使人本身所具有的复杂性得以显示,同时它也进一步塑造着人的复杂性。与前工业化时代丰满的朴素人与工业化时代片面的机械人相比,社会转型期的人性表现出空前的丰富。人的非理性、人作为未完成的自组织关系性存在物为时代所体认。同时,发端于20世纪初、发展成熟于20世纪七八十年代的复杂性科学,也为思考人的本质提供了思维支持。它倡导自组织、涌现、涨落与不确定性等。站在这样的角度看人,人展现出一种全新的风采并实现了如下转变:从理性人到非理性人的转变,从单向度的人到立体人的转变,从抽象人到具体人的转变,从静态人向动态人的转变等。复杂的生活世界以及对人复杂性的体认,带给近现代教育的冲击持续、坚强而有力,这种冲击正在以崭新的形式,呈波浪式地迸发出来并构成了推动教育走向复杂的外在动力。

如果说转型期社会生活方式的丰富多样为走向复杂的教育提供了显性的生存土壤与外部动力支持的话,立足于这种时代背景下社会价值观念的复杂化则为其提供了隐性滋养与内在导引力量。第四章即基于此展开论证。当前西方转型期的社会价值观念体系中,既存在带有保守倾向、强调整体调控的价值观念,又存在顺应市场经济、强调个体选择的价值观念;既存在传统价值观念,又存在现代价值观念。从价值主体角度看,市场经济本身造就了多元的价值主体,每一个价值主体都会从自身需要和旨趣出发去选择并践行特定的价值观念。可以说,在西方社会转型过程中,传统价值观念的惯性继承、各民族或种族价值观念的张扬光大、价值主体的多元等都使社会价值体系呈现繁茂复杂的景观。同时,西方各国生活方式的剧变也造就了此时代价值观念的多元并多变。这种多元与多变促成各种社会价值观之间复杂而动态的联系。至此,多种价值观念并存、交融、冲突的复杂格局得以形成,而所有这些都为复杂教育的诞生提供了前提。第一,价值观的复杂化改变了人们对知识的看法。此时,人们在知识的主观性、个体性、境域性等方面达成共识,这为复杂教育的倡导及出现提供了知识论上的前提。第二,价值观的复杂化也意味着人们价值追求的多样性,这为走向复杂的社会转型期教育提供了价值论上的前提。

走向复杂的西方学校教育在观念和实践方面都发生着深刻的变革,此时,教育表现为一个开放的复杂巨系统。本书第五章力图彰显出此系统中的教育世界,从两个方面展开论述。

在观念层面,人们对教育本质、教育价值、教育规律、教育过程等方面的认识发生着根本性变革。具体言之,首先,人们对教育本质的认识开始超越基于关注技术层面而升华为关注艺术层面,教育的审美性和创造性得以彰显。第二,教育价值层面由注重控制转向追求解放。此时,基于工业化时代形而上学思维方式下以压制、外塑等为最高追求的教育被代之以追求解放、内在生成式的教育,其最终宗旨在于追求教育中人的解放。此时,教育意义的丰富性、自主性与深刻性都得以提升。第三,教育规律观的转变:由绝对转向相对。此时,教育规律不再是那种必须恪守的刻板公式,规律的情境性、描述性与过程性等被体认并运用于对教育实践的指导。第四,教育过程的创造性。在这一视角下,无论在宏观层面还是在微观层面,教育过程都不再是如精密时钟运行意义上周期性节律活动。后一时段教育活动的方式、功能等也不再是前一时段教育方式、功能的简单复演,教育对象、内容、方法、评价等要素的动态复杂决定了其运作不再是对外在于过程本身种种预期与计划的执行,而变成伴随教育过程的展开而涌现出来的创造性过程。

在实践层面,社会转型期的西方学校教育也发生着萌动式变革。这种变革表现在研究范式、课堂教学与师生关系等诸多方面。第一,研究范式上由"主义"转向"问题"。这具体表现为研究旨趣上淡化追求所谓终极意义上的普适性规律,通过致力于具体时空中教育事件的研究,追求"情境化的规律"和"个体化的教育理论"。此时,教育研究者逐渐从对"教育本质""教育功能""教育起源"等带有"主义"特质领域的探讨论证,而越来越多地关注教育中的"方法""技术""教师地位""课程""学生生存能力"等与人的"生活世界"密切相关的现实问题。第二,教育过程的不稳定性增加。教育中人性的多向度改变了教育的可操纵性质,增加了教育中的不稳定性,教育输入与产出过程中的"变数"成为正常,教育中的各种关系表现出细致化、情境化等特征,教育过程中"涨落"与"涌现"等态势成为事实。第三,教学过程的自组织性。教学秩序主要不再表现为外在人为的规定,而是内发于教学本身的展开过程之中。对教学过程的驾驭根本上追求的是对各种事件的机智性处理与随机性把握,教学"秩序"的呈现与把握更多依托的是高超的教育智慧。第四,走向理解的师生交往。此时,师生交往成为真正的精神际遇,双方的交往无论从广度上还是从深度上都得到了拓展与深化,上升为一种精神层面的交往。双方的所感、所悟都进入对方的理解域之内,交往过程成为意义分享与生成的互动过程。

最后需要说明的是,通过教育视角转换而实现复杂教育对简单教育的超越,与其说是对西方社会工业化时代机械性程式化教育的全盘否定与颠覆,毋宁说是基于对这种教育的理智反思基础上所实现的对这种教育的纠偏或超越。首先,社会转型期所张扬的解放受教育者的价值取向,其实质上并不是倡导放任自流、绝对自由或极端的"儿童中心论",它意在使受教育者在教育过程中表现出既保持独立自我,同时又保持对他人乃至世界开放的精神境界;其次,在现实运作层面,社会转型期的教育在超越教育秩序化存在方式、严密控制、程式化运作等方面的同时,也不是追求教育运作的无序与混沌状态,而是旨在实现复杂教育巨系统中诸多要素之间的相互开放、相互包容与自组织运作。西方基础教育在似乎动荡、无序的表面背后,存在动态化的秩序。它既表现出多样性、随机性乃至无序性,同时又依托于特定组织、情景性规律等。此时教育追求与实现的是动荡中的有序、涨落中的平稳,并力主在无序与有序之间达成动态平衡,从而表现出运作路线上的超循环、运作过程中的突变与教育各要素的复杂链接。

概言之,本书以特定时代背景与特定时代主导性思维方式相一致为前提,对工业化时代的程式化教育进行了理性反思,同时对20世纪后半期尤其是20世纪80年代以来伴随西方社会的转型而带来的教育所实现的超越进行了论述。本书的书名"反思与超越:走向复杂的西方教育变革",即源于此。

第一章

社会转型与复杂科学的产生

牛顿-笛卡儿范式及内隐于其中的还原、线性思维方式,由于其与近现代社会相契而支配了西方社会数百年之久。20 世纪后半期尤其是 20 世纪 80 年代以来,伴随西方社会的时代转型,如上思维方式受到前所未有的冲击,复杂科学的出现即是这种冲击的鲜明体现。"牛顿-笛卡儿范式紧紧地抓住了西方人思想达几个世纪之久,但一旦我们打破了这一束缚,我们就能在我们内部或周围建立起新的关系。"①复杂科学所倡导的思维方式一经提出即为时代所体认,其实质就是在 20 世纪下半期尤其是 20 世纪 80 年代以来西方社会转型这一新的时代背景之下,人类以一种全新的思维方式冲击与打破牛顿-笛卡儿线性、简化、还原思维方式的一次革命。在这一思维方式引领之下,人类开始以新的眼光看待世界。正是在这样的视野下,教育观念的嬗变及由此激起的教育实践变革已如箭在弦上,飞矢向前。

第一节　思维方式与特定时代的一致性

支配特定时代人们的主导性思维方式绝不是少数学术精英空穴来风式的臆造,它扎根于特定时代"土壤"之中,与特定时代紧密相联。也就是说,特定的思维方式总是产生于特定的社会历史条件并随其变化而变化,是历史与具体现实的统一。正如人类社会的发展是自然历史过程一样,任何时代思维方式的发展,都是一个自然历史的发展过程。对于人类社会的发展

_____

① [英]米歇尔·D.迈克马斯特著,王浣尘等译:《智能优势:组织的复杂性》,四川人民出版社,2000 年版,第 6 页。

分期,不少前贤先哲都站在特定的视角作出划分。如马克思基于生产关系的角度,把人类社会的发展归结为原始社会、奴隶社会、封建社会、资本主义社会、社会主义社会、共产主义社会等阶段。以美国未来学家阿尔温·托夫勒等为代表的一批学者则根据人类社会生产力的发展水平,把自人类文明产生至今的人类社会发展归为三个阶段:农业社会、工业社会、后工业社会。其中,农业社会大约始于一万年前到蒸汽动力诞生的公元 17 世纪末,此阶段被称为人类文明发展的第一次浪潮。此时期生产力发展水平的标志是用畜力、自然力帮助人的体力劳动,并以此为基础形成了农业文明。工业社会始于 17 世纪末至 20 世纪中叶,被称为人类文明发展的第二次浪潮。此时生产力发展的标志是用机器取代人的体力劳动,形成了基于机器大工业生产的工业文明。后工业社会①于 20 世纪中叶在西方欧美等国初显端倪,到 20 世纪 80 年代以来已成为普遍的时代现实在欧美等西方国家激荡开来。至此,以西方为先导的人类社会步入被称为人类文明发展的第三次浪潮之中。此时期生产力发展的根本标志即电脑的普及使用,以之为载体的信息技术及网络在人们社会生活中开始起决定性作用,人类进入网络化信息文明时代。

实质上,无论站在什么角度对人类文明的发展及时代转型作出划分与归纳描述,生产力发展水平与时代精神的一致性却是一种客观的事实。正是在这一点上,马克思与阿尔温·托夫勒关于人类社会发展的分期并不存在根本的冲突,而是不谋而合地走到了一起。鉴于以阿尔温·托夫勒为代表的对人类社会发展历程的分期更为直接地立足生产力发展水平以及由此决定时代的特质,故这里拟以其对人类文明的分期为依据,探讨特定时代与特定思维方式的相契性。

一、农业时代的生活图景及滋生于此的思维方式

索尔福德普赖厄斯小镇离英国大文豪莎士比亚的出生地只有一箭之遥。这个经常出现在风光明信片上的地方有着典型的英国田园景色:一望无际的田野上横亘着绵延起伏的乡间小路,茅草盖顶的精巧别墅和古朴厚重的中世纪教堂点缀其间。这是一个被无数诗人吟咏过的英国农村小镇,

①对于这一时期的具体表述很多,如后现代社会、信息化时代、知识经济时代等。如上表述的差异只是人们站在不同角度对此时期所作出的规定,其实质并无质的不同。

它成为英国乃至西方农业时代传统田园牧歌生活的遗留与表征。"女曰鸡鸣,士曰昧旦。子兴视夜,明星有烂。将翱将翔,弋凫与雁。弋言加之,与子宜之。宜言饮酒,与子偕老。琴瑟在御,莫不静好。知子之来之,杂佩以赠之。知子之顺之,杂佩以问之。知子之好之,杂佩以报之。"本诗是《诗经·国风》中"郑风"的第八首,描写了我国农业社会农家夫妇和睦、美满与安详的生活,表现出他们勤劳朴实的性格与平和淳朴的民风。诗句情景交融,颇具风采情趣,弥漫着农业社会所特有的山野田土气息,洋溢着生活于这一时代的人们舒缓的生活节奏与古朴真挚并不乏浓烈的温情。如上两则仅仅是农业社会中人们生活节奏与环境的典型片断,展现出和谐、宁静与安详的生活特质。此时代人们在看待外物与他人、对待自己人生中所表现出来的整体性、直觉性与辩证性思维均由此而生成。

(一)农业社会的生活图景

农业社会是人类社会发展的第一阶段。限于较低的生产力水平,人们以家族或家庭为单位栖居生活,对土地等自然资源深深依赖。所有这些都使人类农业社会展现出人与人之间、人与自然之间和谐相处的生活画面。

1. 人与自然的和谐

农业社会男耕女织,自给自足,中西皆然。在这一时代,人类对自然的认识和改造能力还较低,物质条件相对贫乏。他们依赖自然的赠予,维持着最为基本的生存需求,对自然的无知也决定着他们尊天敬神的文化风尚与社会心态。揭开这里所谓"天""神"的神秘面纱,它们实质上都是"自然"的投射物,这从古希腊时期诸神祇与自然万物的关联中可以窥见一斑。该亚(Gaea):大地女神;赫利俄斯(Helios):太阳神;塞勒涅(Selene):月亮女神;厄俄斯(Eos):黎明女神;涅柔斯(Nereus):海神。另外,宙斯(Zeus):众神之王,掌管风雨雷电;赫拉(Hera):天后,宙斯的妻子,管女人、婚姻和生育;得墨忒耳(Demeter):掌管丰收和农业。总之,在农业文明时代,无论是中华先民对天地诸神的顶礼膜拜,还是西方古希腊时期人们在奥林匹亚山的狂欢,其目的无不带有祭祀性质,都是为了求得诸神(自然)的庇佑,求得五谷丰登。这种"靠天"吃饭的生存状态促成着人们与自然的亲密接触与由衷尊崇,进而酿制出如陶潜在其《饮酒》、王维在其《鹿柴》诗中所描绘的静谧安闲、物我交融的生活画面,展现出物我两忘、天人合一的生活意境,"采菊东篱下,悠然见南山。山气日夕佳,飞鸟相与还","空山不见人,但闻人语响。

返景入深林,复照青苔上",多么和谐而优美!

2. 人际关系的和谐

恩格斯在《家庭、私有制和国家的起源》第一版的序言中指出,"一定历史时代和一定地区内的人们生活于其下的社会制度,受着两种生产的制约:一方面受劳动的发展阶段的制约,另一方面受家庭的发展阶段的制约。劳动越不发展,劳动产品的数量,社会的财富越受限制,社会制度就越是在较大程度上受血族关系的支配。"①农业社会最基本的经济单位是家庭,社会生活与家庭生活构成了同心圆式的同质关系。这样,社会生活纵然超越出家庭范围,也只是扩大或延伸到家族,进而延伸到民族。

以家庭为本位的生产与生活方式导致以家庭为本位的经济制度和社会制度,其结果是,一切社会组织都以家为中心,人与人之间的关系以血缘为纽带,带有鲜明的血亲特征,进而又推演出以血缘宗法制度为基础的社会组织结构。此时,其整个社会结构的形式表现为,每个家庭作为相对独立自足的单元,它们以血缘为纽带组合成家族,家族同样以血缘为纽带组合成民族,整个社会便是由这些独立自足的家或家族整合而成。此时,族是放大的家,家是缩小的族,正可谓家与族一体。"国之本在家"的格言,便是家族关系和社会政治、社会关系间本质联系的集中概括。

这种以血缘为社会关系根本纽带的社会形态滋生出强烈的"孝亲"意识。"孝"发生于晚辈与长辈之间,集中体现在父子与母子关系上。这种囿于家族之中人际关系中的"孝"在西方农业时代有其鲜明体现,当时西方人对家园的依恋即鲜明地体现出这一点。16 世纪托马斯·塔塞尔在《主妇训谕》中深情地表述:"家园好无比,安家求将息。"诸如此类的家庭感言还很多,如"家庭就是一个人的城堡……","哪儿也比不上家好"。诗人托马斯·胡德告诉我们,"每一颗心都在低语:家园啊,终于回到了家园……"丁尼生则描绘了一幅人人熟悉的图画,如"英国人家:朦胧曙色,沉湎于露之草原,露之枝叶。酣睡也似的柔匀,万物只知宁静,低吟一缕思古之幽情"。② 这种对家园的依恋与赞美彰显出家庭的和谐与温暖。应当说,农业文明时代人

---

① 恩格斯著:《家庭、私有制和国家的起源》,北京人民出版社,1963 年版,序言。

② [美]阿尔文·托夫勒著,孟广均等译:《未来的冲击》,新华出版社,1996 年版,第77 页。

际关系的和谐即发端并存在于这种浓浓温情之中。

3. 个体自我内在的和谐

在农业社会,个体内在的和谐表现为强调个人内在的道德修养,即重德性与道义。这种道德修养表现为在自觉的道德意识支配下自觉的道德实践,通过这种"修养"方式,使自己成为有道德的人、高尚的人,进而实现个体自我内在的和谐。对个体内在和谐的追求体现在西方文化的源头苏格拉底"知识即美德"的追求之中。他终生都在思考"什么是善的生活""如何过善的生活"等诸如此类的人生问题。他认为美德完全是一种理解善之本的智慧,人一旦运用理性获得了这种智慧,就会理解其为根本之善。为了做到这一点,他要求"关心和照料人的真正自我灵魂","使一个人的灵魂尽可能更好些"。苏格拉底的如上认识在其弟子柏拉图那里得到进一步阐发。柏拉图把人的灵魂分为三部分:理性、激情和欲望。理性具有智慧,激情产生勇敢,欲望应加以节制。在这三者之中,理性居首,支配后两者。智慧为诸德之首:"人只有用理性宰制情欲,才能过一种身心都健全的善的生活。"所以,人至高的追求即是追求一种至高的"善",实现内在的和谐,这种对"善"的追求与我国农业社会中至关重要的"修身"有异曲同工之处。

总之,人与自然的和谐、人际乃至群际关系的和谐、个体自身内在的和谐,积淀为农业社会中追求"忠义"的道德精神。从苏格拉底的"知识即美德"到柏拉图的"理想国"①都曲折地彰显出如上精神特质。正是这种精神中所蕴含的"和"的意识,构成了农业社会根植于血缘、族缘的整体意识与和谐共生的生活画卷。这里无意于夸大农业社会生活的诗意性,但重情感与原始的和谐却是当时不容否认的生活现实并生发出特定的思维方式。

(二) 农业社会的思维方式

思维是人类特有的最基本最重要的意识活动。人类文明与进步、人类的一切创造,都是在特定生活中积淀而成并升华为特定思维方式,人类的历史就是一部思维方式的发展和创造史。所谓思维方式,是指人们对客体世界和关于客体世界知识系统的同构,是主体感性活动与理性活动的生活积

---

① 柏拉图所追求的理想国显示了两方面的和谐:一是指从本体论意义上人对逻各斯的服从,以此实现个体生存状态的和谐;二是社会体制的和谐,即社会各阶层的各安其位与各就其事。

淀。主体按照需要在改造客体活动中使客体发生变化,这个变化又反映到主体思维中,使主体适应客体的要求,逐渐在主体思维中形成固定下来的逻辑格,沉淀和产生出对客体的思维形式结构。思维方式是社会智力、智慧和智能水平的整体凝聚,是人类精神素质和科学文化素质的总体体现。它作为精神生产方式,归根到底依赖于社会存在方式和物质生产方式,为社会存在方式和实践方式所决定。人们怎样生活,就会怎样思维;有什么样的生存关系,就有什么样的思维方式。对于此,恩格斯指出:"人的思维最本质和最切近的基础,正是人所引起自然界的变化,而不单独是自然界本身;人的智力是按照人如何学会改造自然界而发展的。"①

思维方式是以观念的形式存在并相对稳定的一种解决问题的思路,它一经在主体的思维结构中固定下来,就构成支配思维活动的意识机制。它以先行的模式规定着思维对象的选择、思维主题的确定和思维成果的存在样式,并以一定方式组织主体的思维活动,以一定层次和序列运用思维的原料和材料。思维方式是人类思维的工具,是主体能动地认识、规范客体的工具,是建立在对客观物质世界规律性认识和对认识史的深刻反思的基础上的,有着深厚的社会、经济、文化和心理根源。法国社会学家列维·布留尔认为:"具有自己的制度和风俗的一定类型的社会,也必然具有自己的思维样式,不同的思维样式将与不同的社会类型相符合。"②农业社会追求质朴的"和谐"中形成的统一的民族国家政治制度和自给自足的经济生产方式决定了此时代思维方式的混沌整体性、直观意向性和朴素辩证性。

1. 整体思维

恩格斯曾以古希腊人为例指出,整体性是古代农业时代人们思维的共同特征。在希腊人那里,整个外在自然世界被看做一个统一体,呈现出"一幅由种种联系和相互作用无穷无尽地交织起来的画面",即他们始终是从事物的整体的角度出发去把握外在世界。此时,不仅整个外在自然界是一个相互联系的统一整体,整个人类社会(包括人自身)也表现出高度的整体性并与自然界息息相通,构成一个更大的整体系统。所以,农业社会思维方式的最大特征在于,它把自然界的万事万物与整个人类社会,包括人类主体自

---

① 恩格斯著:《自然辩证法》,人民出版社,1984年版,第209页。

② [法]列维·布留尔著,丁由译:《原始思维》,商务印书馆,1981年版,第20页。

身,看做是由相互联系、相互影响的诸因素组成的和谐整体,由此建构出统一的世界图景乃至宇宙的模式。这种模式在中国文化中以"天人合一""知行合一""情景合一"三个命题得以高度凝练与概括。西方文化农业社会尽管没有形成中华民族那种精致的整体性思维路向与操作模式,甚至在其文化源头中存在还原分析式思维的种子,但这一种子并未成为那个时代的思维特征,相反,从整体角度看待与思考世界却是贯穿那一时代的主导性思维方式。

2. 直觉思维

直觉思维的特点是直接性、非逻辑性、非时间性和突发性,它不是靠逻辑推理,也不是靠思维运动在空间上的渐进性拓展与时间上的连续性纵深,而是思维过程中对思维对象的突然领悟和统整性把握。就心理学范式下的思维方式而言,直觉思维是每个人思维过程中不可或缺的思维形式之一,思维过程中直觉式的"豁然开朗"对于很多人而言并不陌生。但是,一旦我们立足于农业时代这一背景来认识思维方式的直觉性,这种思维方式则已经超越心理学层面而升华为一种哲学、社会学或文化学意义上的思维形式。农业时代生产力水平低下所导致人们认识能力的低下限制着人们的思维深度与立足于严密逻辑、层层推进式的思维理路,再加上建立在血缘、地缘、族缘基础之上以原生和谐为旨趣的生活方式,这都使人们在认识世界、思考问题时倾向于追求笼统整体性认识过程中对"玄机"的把握。在这种思维模式下,人们并不十分在意概念内涵的明晰与建立在此基础之上思维过程的连续性,强调思维过程中的直觉性"顿悟"实属必然。

追溯西方文化的源头,我们可以感受到,早在柏拉图、亚里士多德那里即播下了理性逻辑思维的种子。在柏拉图那里,逻各斯即理性的化身。在亚里士多德那里,三段论的演绎推理形式得到确证。这似乎表明,农业时代西方的思维倾向与直觉思维并不相容。但是,如果站在西方整个农业时代的层面而论,我们就会发现,理性的逻辑思维并未成为此时代的主导性思维形式,只是在文艺复兴以降,伴随工业化社会的到来,它才为时代所承接,成为一种客观现实。与此相对应的是,直觉思维却支配着此时代人们的生活。在柏拉图那里,最高的理念(类似于中国传统文化中的"道")只有靠社会精英们的体悟与冥思才能把握。这样的观念发展到中世纪的奥古斯丁,形成了"信仰高于理解"的认识论原则。可以说,中华民族农业社会中所突出的

"心斋""坐忘""顿悟"等思维方式与西方中世纪的"信仰高于理解"的思维方式可谓殊途同归,成为贯穿于农业时代的思维方式之一。

3. 朴素的辩证思维

农业社会和谐的生活方式引导着人们倾向于从整体的角度,从关系出发思考问题,在事物运动中把握规律,体现出思维的辩证性。这种思维倾向旨在整体把握系统的动态平衡,在对立中把握统一,在统一中了解对立,从事物两极、交感变易的运动过程和有机整体的角度来思考万物,以揭示事物的运动变化实质与规律。朴素的辩证思维在农业社会的中国一直非常活跃,在西方亦是如此。对此,罗素曾指出:"正是通过观察前苏格拉底哲学家中对立学说的这种拉锯战,黑格尔才建立了他自己的辩证法概念。"①

农业社会时代的人们在思考问题、洞察世界的过程中体现出来的整体性、直觉性与辩证性,是此时代思维方式所体现的精神中的三个侧面,这里无意于对其进行美化。实质上,作为农业社会在思维品质上的结晶,它带有明显的模糊性与笼统性,对事物关系的把握也是粗线条的,这种思维方式伴随着工业化时代的到来而为一种理性至上、形而上学式的机械性思维所替代。

二、工业化时代与形而上学的思维方式

西方工业文明在短短 200 多年时间里,奇迹般地改变了世界。这种改变是人类有史以来几十万年间的转变所不能相提并论的。在此时期,生产力水平迅速提高,科学技术发展突飞猛进,人类的物质财富空前丰富。正如马克思所感叹的那样,资产阶级在它不到一百年的统治中所创造的生产力,比过去一切时代创造的全部生产力还要多还要大。同时,工业时代改变了人与自然的关系,人类不再惧怕自然界的神秘和威力。在这一时代,西方社会在依托工业化、科学技术征服自然的过程中取得的辉煌"胜利",使人以自然的主人自居。此时,理性化思维逐渐成为占主导地位的思维方式,思维的机械性、形而上学性因契合这个时代而为人们所崇拜并遵守。

(一)工业社会的生活图景

伴随理性启蒙与工业化社会的到来,隆隆的机器声打破了昔日农业社

---

① 褚兢:《东西方哲学发端时期辩证思维之差异》,《萍乡高等专科学校学报》,1999年第1期。

会中田园诗般的宁静生活。人们的生活节奏明显加快，并显示出划一化、同步化与标准化。世间的一切都机器化了，甚至人也被机器化。刚性管理与控制无处不在、漠视情感等使整个时代展现出灰色的生活基调。

1. 征服与占有的生活

在工业化时代，人类第一次意识到自身的强大，这极大地激发了人对自然界征服与占有的欲望并付诸实践。伴随机器的隆隆声，各种自然资源的开发成为人类生产的原发点，并进一步引导着社会生产与生活的方方面面。应当明确的是，这种开发方式因脱离了对自然的基本尊重而带有强烈的征服与占有色彩，这从其造成的后果中可得到明确显示。托夫勒指出："第二次浪潮（工业文明，作者加）的能源基础，是以非再生资源为前提的，它来自高度集中、日益枯竭的矿藏。"①著名学者里夫金和霍华德也指出，400 年来曾为工业时代提供大量能源的世界非再生能源已接近枯竭，所有这些决非危言耸听。工业时代的生态也遭到严重破坏。由于大规模采掘、加工和生产的需要，土地资源和森林资源急剧减少，土壤侵蚀、水土流失、草原退化和土地荒漠呈加速度蔓延。据统计，在不到 200 年时间里，这个星球失去了 600 万平方公里的森林。在一些主要河流流域，土地侵蚀造成的沉积增加了 3 倍。在一些小而利用强度高的河流流域，其沉积甚至增加了 8 倍。世界沙漠面积现已达 3600 万平方公里，几乎是俄罗斯、美国和中国国土面积的总和。此外，生物多样性在消失，生物物种在减少。目前世界上有 1000 多种高等动物濒临灭绝，约 2.5 万种有花植物的生存处于危险之中。近 100 年来，地球物种灭绝的速度超过其自然灭绝率的 100 倍。如此发展下去，"寂静的春天"②离人类不会太远。与资源耗费和生态破坏相伴而生的就是环境污染，这是工业文明造成的最大恶果，它极大地削弱了人类的可持续性发展，

---

① [美]阿尔温·托夫勒著，朱志焱等译：《第三次浪潮》，生活·读书·新知三联书店，1983 年版，第 189 页。

②《寂静的春天》一书以女性作家特有的生动笔触，详尽细致地讲述了以 DDT 为代表的杀虫剂的广泛使用，给我们的环境所造成的巨大的、难以逆转的危害。正是这个最终指向人类自身的潜在而又深远的威胁，让公众突然意识到环境问题十分严重，从而开启了群众性的现代环境保护运动。不仅如此，卡逊还尖锐地指出了环境问题的深层根源在于人类对于自然的傲慢和无知，因此，她呼吁人们重新摆正对自然的态度，重新思考人类社会的发展道路问题。

大气污染、水体污染、酸雨、臭氧层遭到破坏、温室效应及海洋污染等不一而足。由于受环境污染的影响,世界各地自然灾害频繁发生,仅 20 世纪中期,西方世界就发生了骇人听闻的"八大公害事件"①。对此,恩格斯早在 19 世纪即提出了警告:"我们决不要过分地陶醉于我们对自然界的胜利。对于每一次这样的胜利,自然界都报复了我们。"②

2. 机械的生活

工业文明把整个社会整合成一部"精密"机器,社会生活呈现机械化特征。工业时代的机器化大生产是大批量生产。随着市场的扩大和对商品需求量的激增,用同样的原理设计同样的机器来扩大生产同一规格的产品,成为迎合市场需要获取更多利润的一种必然选择。这促成着生产环节的标准化操作。在这样的生产活动中,作为生产工具的机器自身而论,组成它的各个零部件其制作过程都是标准化的,生产出的产品也要求标准化。支持这种标准化的条件即是专业化。托夫勒认为,"标准化和专业化像两个巨人,携手并肩前进"③。

标准化的生产导致生产节奏的同步化与生产状态的集中化。机器装备作为固定资本,只有驱使其同时运转,才能实现批量性生产。另外,机器化大生产同时要求必须有充足的原料、能源、劳动力和通向四面八方的销售网。于是,表现为资本集中、原料集中、能源集中、劳力集中、交通运输集中,以至于人口围绕市场集中的"集中化"成为客观现实。集中化本身具有扩大化的因素,而扩大化直接与效率、效益成正比。工厂规模越大,生产效率越高,经济效益越好。同时,工厂所在地的都市越是扩大,产品销售场所随之扩大,企业资本的赢利也就越大。所以,扩大化也是工业生产本身存在的一个客观规律。

工业文明的组织法植根于机器化的社会大生产。标准化、专业化、同步

---

① 这八大公害事件是 1930 年比利时的"马斯河谷事件"、1948 年美国的"多诺拉事件"、20 世纪 40 年代初美国的"洛杉矶光化学烟雾事件"、1952 年英国的"伦敦烟雾事件"、20 世纪 60~70 年代日本的"四日市哮喘事件"、1953 年日本的"水俣病事件"、1955 年日本的"骨痛病事件"、1968 年日本的"米糠油事件"。

②《马克思恩格斯全集》,第 20 卷,人民出版社,1971 年版,第 519 页。

③ [美]阿尔温·托夫勒著,朱志焱等译:《第三次浪潮》,生活·读书·新知三联书店,1983 年版,第 97 页。

化、集中化、扩大化,这几大原则相互联系,组成了工业文明的法则,它统筹安排着千百万人的行为,影响到人类生活的各个方面,整个社会生活被打下了机械的色调。

3. 异化的生活

工业文明催生出的工厂化生产、城市化与资本主义制度打破了农业社会中表现出来自然而质朴的温情,人类生活被异化。

在工业时代的社会制度下,人类生产本身蜕变成外在并带有强制性的活动。此时,人成为机器的附属物,表现出一种非生命特征。"整个的人——肉体和灵魂——都变成了一部机器,或者只是机器的一部分,不是积极地,而是消极地,不是生产性地,而是接受性地,在他的工作时间里为这一制度效力。技术上的劳动分工使人本身只起着一部分操作功能,而这一部分功能则受着资本主义过程的协调器的协调。"①工业社会并没有放弃对人的压迫与统治,恰恰相反,这种压迫与统治空前严酷。人成为劳动分工和机器化生产的奴隶,他只是从事着"单调而无聊的""翻来覆去的动作"。人的主体性受到根本制约,人的创造性备受扼杀。

此时,人们把物质需求当做最根本需求,他们"为了商品而生活"。商品被看做生活的灵魂,人同自身所生产产品的关系完全颠倒。在这种状态下,生产并不是立足于人们生活需要与精神世界的丰富,而是立足于诱导性消费。外在地看,整个社会从生产到生活是如此合理规范,这种"合理规范"的背后却存在着人性的压抑与自由的被消蚀。此时,我们看不到丰富完满的人的存在,而只有物的统治。马尔库塞认为:"发达工业社会最显著的特征是,它有效地窒息了那些要求自由——也包括从可以容忍的有价值的和令人舒适的满足中摆脱出来——的需要。"②

工业时代,人们获得了远比农业时代富足的物质享受,却又失去了农业社会中所拥有的人性的纯朴自然和人情的美好温馨。早在19世纪中叶,恩格斯就已觉察到,作为西方工业文明中心的伦敦城正出现传统美好人性和人情的变异。"伦敦人为了创造充满他们城市的一切文明奇迹,不得不牺牲

---

① [美]马尔库塞著,任立编译:《工业社会和新左派》,商务印书馆,1982年版,第90页。

② [美]马尔库塞著,刘继译:《单向度的人》,上海译文出版社,1989年版,第8页。

他们人类本性的优良特点……这种街道的拥挤中已经包含着某种丑恶的、违反人性的东西。难道这些群集在街头的代表着各阶级和各个等级的成千上万的人,不都是具有同样的特质和能力,同样渴求幸福的人吗? 可他们彼此从身旁匆匆走过,好像毫不相干,只在一点上建立了一种默契,就是行人必须在人行道上靠右边行走,以免阻碍迎面走来的人;谁对谁连看一眼也没想到,所有这些人越是聚集在一个小小的空间里,每个人在追逐私人利益时的这种可怕的冷漠,这种不近人情的孤僻就越使人难堪和害怕。"①工业文明给人们带来了日益增加的孤独感和隔膜感,形成了精神上和心理上的危机。工业文明引起的激烈竞争和紧张的心理活动,造成人际关系的冷漠、人格防御机制的发达,所有这一切都导致人们心理失衡甚至人格异化。

这里无意于过分贬低生活于此时代人们的生活质量与价值,工业文明所促成的整个社会物质生活的富足与生产力的发展毋庸置疑。在这种生活状态下,人类的思维方式较之前一时代发生了根本转变却是一种历史现实。

(二) 工业化社会的思维方式

任何特定的思维方式,究其根源都不过是被历史主体所内化了的社会实践方式,其特点、作用和命运,都取决于它所赖以生存的历史过程。恩格斯指出:"每一个时代的理论思维,我们时代的理论思维,都是一种历史的产物,在不同的时代具有非常不同的形式,同时具有非常不同的内容。"②所以,思维方式的更新和发展总是同社会历史的发展紧密联系在一起。工业时代的生活现实决定人们的思维方式具有如下特征。

1. 追求"规律"与"中心"的绝对性思维

在工业文明时代,人们在征服自然乃至自身的过程中,科学技术的威力得以发挥。这促成了人们对科学"规律"的极致化追求与崇拜。这种对科学"规律"追求的进一步辐射,形成了本历史时期一种普遍化的社会心态。这种社会心态,概而言之,即万事万物的构成及运行都遵循着绝对化的"规律"与"原理",只要我们发现并运用这些"规律"及"原理",世界中的一切都能够为我所用并实现其价值。所以,就整个工业时代而论,对绝对性"规律"的探究与崇拜成为占主导地位的思维方式之一。

①《马克思恩格斯全集》,第七卷,人民出版社,1972年版,第561页。
②《马克思恩格斯选集》,第三卷,人民出版社,1972年版,第468页。

2. 工具理性主义支配下的程式化思维

工具理性主义,是科学技术与理性主义文化观念的结合。科学技术的合理化过程就是理性被工具化的过程。因而,工具理性是一种量化理性、操作理性和功能理性,它把逻辑的合理性变成一种普遍的合理性,把理论上的操作主义扩展为一种实践上的操作主义。概念、判断、推理都由一套操作来决定其意义。这进一步升华为思维方式,即在看待外物的过程中,强调事物之间时间延续或空间拓展上的因果链与相继性,表现出明显的程式化与线性特征。

3. 孤立与静态的思维

社会生活标准划一,整个社会被整合为一架精密的机器或精密的系统。这样的生活状态固然昭示着人们从系统的角度来处理事务与思考问题,但是,此时的系统思维却处于一种形而上学状态,即人们更为关注的是对系统每一要素的分析与理解,系统各要素之间的联系被淡化,至于说以动态的视野把握系统的运作更是无从谈起。早在工业化社会之初,英国经济学家亚当·斯密就特别强调分工的作用。他认为,劳动分工有如下益处:"① 劳动分工可以使工人重复完成单项操作,从而提高劳动熟练程度,提高劳动效率。② 劳动分工可以减少由于变换工作而损失的时间。③ 劳动分工可以使劳动简化,使劳动者的注意力集中于一种特定的对象上,有利于创造新工具和改进设备。"①其上述主张后来被另一位英国数学家查理·巴贝奇所发展并付诸管理实践。例如,他曾对制针(普通直针)业进行了典型调查,把制针业的生产过程划分为 7 个基本操作工序,并按工序的复杂程度和劳动强度雇用不同的工人。同样,机械师杰布雷斯曾依据如上原理制定一套砌砖的标准作业方法。他把工人在砌砖这一劳动中手和臂的动作分解成 17 项基本动作,然后通过严格的分析,剔除多余的动作,改进冗余的动作,改变动作的速度、次序等,从而制定出了标准的操作程序。所以,在工业化时代的生活中,社会生产系统被赋予一种机械的性质。在人们的思维中,系统无论多么复杂与精密,它也是一种机械连接与组装的产物。此时,只要人们着眼于精确定位每一单元,就可达到对整体的掌控。对自然界层层深入的还原性分析,对社会生活各因素的局部性解剖,表现出孤立与静止的特点。

_____

① 周三多主编:《管理学——原理与方法》,复旦大学出版社,1997 年版,第 48 页。

4. 主客二分的思维方式

工业化时代科学技术的发展与运用滋养着唯科学主义观念的生成。此时,人们在认识世界的过程中,认识主体与客体之间形成了一种互不关涉的关系。在这种观念统摄之下,外部世界沦为不依赖于认识主体而存在的客观世界,具有绝对的客观性,它与作为认识主体的人的背景、兴趣、偏好没有联系。对于工业化时代的理性主义来说,"'偏见'意味着与正义与理性相对峙的力量,它是以传统为靠山,并借助传统的权威,而在生活中施加影响"①。认识的目的即最大程度地摆脱认识主体的"偏见",实现对外部世界"真实"的认识。这种主客二分的思维实质上是如上绝对性思维、静态与孤立思维、程式化思维的综合性反映。

总之,工业化社会占主导地位的思维方式带有明显的形而上学的特征。无论是思维过程中表现出的绝对化、孤立与片面,还是思维方式的主客二分,都使此时期的思维呈现简单化倾向。这种简单化思维是工业社会机械化、标准划一化的社会土壤结出的思维之果。它曾在特定的历史时期作出了不可磨灭的贡献。但是,伴随后现代社会的到来,新的思维方式开始萌生并逐渐壮大。

三、后工业化社会及由此生发的思维方式

20世纪中叶尤其是80年代以来,一次新的技术革命浪潮涌起,以微电子技术发展和普遍应用为标志的信息技术革命,掀起了人类社会发展的第三次浪潮,西方社会出现了从工业社会向后工业社会过渡的交替。这种过渡的重要标志即信息成为支配人类生活的重要载体。进入21世纪,信息技术日新月异,电脑进入千家万户,互联网从实验室走向社会,传统产业正经历着一场前所未有的深刻改革,人类发展进入了崭新的信息时代。

(一) 后工业化社会的生活图景

1. 信息化时代的到来

后工业化社会出现的主要标志即是人类步入信息时代。在这一时代,信息的价值被极大地放大,信息活动成为社会发展的基本活动,它改变着人类生活与生产范式及价值观念。20世纪80年代以来,信息技术在生活与生

---

① 殷鼎著:《理解的命运》,生活·读书·新知三联书店,1998年版,第257页。

产中的广泛应用极大地提高了生产效率,人们闲暇时间的迅速增加即是明证。"19 世纪上半叶,法国工人的劳动日平均长达 13 个小时,14 小时与 15 小时的情况也相当普遍。到 1986 年,法国工人年工作时数只有 1600 小时左右,这样算来,一年来每周的工作时数实际只有 30.76 小时。而每周拥有的闲暇时间平均为 32.15 小时。目前,北欧一些国家已实行每周 35 小时或 37 小时工时制。"①信息技术的广泛运用也改变着工作方式,劳动者的职责由直接操作机器转变为以管理信息为主。因而,弹性工作制开始实施并发展开来。在西欧各国,1/3 的工作者实行弹性工作制,在英国这一比例高达 51.8%。此外,"半工制"也在增加。例如,欧盟国家中,"半工制"已达 2100 万人,占全部职位的 15%。

　　进入知识经济时代是信息社会的重要特征。根据经济合作与发展组织的看法,知识经济是以知识为基础的经济,是一种信息化、智能化、网络化和全球化经济,是微电子技术和信息技术在社会生产与生活中充分运用与展开的产物。它以现代科学技术为核心,整个经济的运行建立在信息生产、传播、使用和消费基础之上。例如,自 20 世纪 70 年代以来,工业化时代美国的三大支柱产业建筑业、汽车业、钢铁业走向衰弱,而电脑、通讯、航空航天、金融等产业迅速崛起。高新技术产业对美国经济增长的贡献率已达 55% 以上,而建筑业为 14%,汽车业为 4%。在这种经济形态之下,智力、知识都表现为信息等无形资产。运用知识、提高技能、思维创新成为知识经济活动的核心,财富的再分配不再主要取决于占有有形资产的多少,而是由拥有的知识和智力而决定。当今世界,国际网络领域几乎天天在产生亿万富翁,美国微软公司总裁比尔·盖茨创造了财富神话。现在排名世界前几名的富翁主要靠的是知识致富。知识产权将是社会的主要产权,信息产业成为国民经济的主要经济部门。信息和知识成为重要的资源和财富,国家与国家、地区与地区、企业与企业之间的差距,主要表现在对信息和知识的生产、传播和使用能力的差异上。在过去的半个世纪,正当日本大力发展钢铁、摩托车、汽车、传真机、复印机之时,美国却在同期加强了计算机、半导体等新型技术工业的发展。结果是,在知识经济领域,日本落后于美国,在世界排名 500 强的大企业中,美国企业远远领先于日本。同时,知识的生成及积淀呈加速度

①　王雅林著:《人类生活方式的前景》,中国社会科学出版社,1997 年版,第 52 页。

趋势,"知识爆炸"现象已是不可否认的客观事实。这一点表现在科学技术性知识上即其更新周期越来越短。另外,伴随着技术更新换代加快,高新科技向产业转化的周期化也日益缩短。

2. 丰富多彩的社会生活

21世纪是网络的世纪,互联网正在快速地向集成性、高性能、智能化的方向发展,逐步形成了一个覆盖全球、集开发和使用为一体的信息资源系统,并进入人类社会生活。在信息社会中,人们工作时间缩短,业余时间增多。这为丰富社会生活的实现提供了需要与可能。同时,信息科技高度发达,又为丰富人们的社会生活提供物质技术条件。通过广播、电视、因特网等媒介,世界任何地方发生的任何事件都可以即时性地传遍全球每一角落。传统报纸、杂志、广播等媒体的影响力正在缩小,崭新的数字电子传播方式已经诞生,声音、图像、文字等可以同时传送,信息传输的速度和质量大大提高。在工作方面,电子出版不仅能够实行办公自动化,提高工作效率,而且为实现"无纸办公"迈出了第一步;在日常生活方面,人们携带微型计算机,可以随时与他人沟通,处理各种事务;远程医疗极大地方便了人们就医,疑难病症可以通过网络寻访医生;教育活动呈现网络化,名师可以随时请到家中;人们可以在网上旅游,观赏风景,欣赏电影,预订机票和酒店,了解天气情况等;人与人之间的交往已经打破地域、国别和等级界限,可以通过网络倾吐思想,交流感情。E-mail已代替信件和电报成为沟通的工具,这一点比尔·盖茨在《未来之路》一书中进行了鲜明描述。尤其要指出的是,在互联网里,出现了一个与现实物理空间相对应的虚拟世界,这极大地丰富了人们的生活。虚拟的邮局、图书馆、医院和公园,虚拟的爱情和家庭,甚至包括自己的身份等,不一而足。在这虚拟的世界里,人们超越时间和空间的有形障碍,体验许多不能亲身经历的事件,如漫游宇宙、模拟旅游、模拟核反应等。共同的信息、共同的空间,使得网上居民甚至可以组成虚拟的国家和地区,尽情享受一种虚拟的生活。总之,信息技术大大丰富了人们的物质与精神世界,社会生活因此变得缤纷多彩。

3. 立体网状关系下的生活

在后工业社会时代,互联网使人类交往第一次突破了时空限制。这实质性地缩短了人与人之间的距离,使人们置身于更加广泛的联系和接触之中,生活中的立体网状交往正在形成。据调查,美国的联机用户在成年人所占比例 1994 年 10 月为 6％,1995 年 5 月为 14.5％,1996 年上升为 21.5％。时至 21 世纪的今天,美国的联机用户已基本普及,交往出现如下特征。第一,交往空间急剧扩大。作为一种自由、灵活和开放的信息交流方式,它使任何人都可以按照自己的意愿与世界各地的任何人联络。它拓宽了现实社会交往领域,超越了传统跨地域信息交流中存在的政治、经济、文化障碍,减少了不同种族、国家、民族、宗教的人们交流的限制。此时,不同的风俗习惯、文化传统、价值观念、生活方式空前频繁地通过网络交汇、碰撞与竞争,极大地促进了异质文化之间的理解和沟通,增进了人与人、群体与群体之间的情谊。在这里,人们眼界更开阔,能够在广泛的范围内交流感情和思想,人类将在更真实的意义上成为"地球人"。第二,交往的迅捷性加强。国际间的人际交往从来没有像网络时代这么快捷、便利。远隔天涯海角的人们只要轻点鼠标,就能在瞬间互通信息、交流思想。这一切彻底改变了基于血缘、地缘、业缘关系下传统的人际交往形式,突破了基于权力、地位、职业和利益等狭隘的人际交往范围。

（二）后工业化社会的思维方式

伴随后工业化社会的到来,生活类型的多样化,生活节奏变动的迅捷化,社会交往关系的复杂化,所有这些都在促成着人们对世界的全新看法,并昭示着具有新质的思维方式的出现。

1. 开放多元思维

后工业化时代是一个信息化时代,丰富多彩的生活中充斥着信息的快速流动与碰撞,社会的稳定性被打破。生活于其中的人们已不可能把自己封闭起来,践行或追求绝对化、机械化的认识模式。人们必然会积极地向世界敞开自己,不间断地吸收、融化新的信息并对之进行综合、加工与处理,以实现对认识对象的真实性把握。因此,信息社会的思维方式要求把思维对象看做一个动态的开放系统,既要对之进行定性研究,也要对之进行定量研究;既要对之进行静态观察,也要对之进行动态把握。总之,它要求在动态联系中研究系统的开放性,研究系统与环境进行物质、能量和信息交换的规律性。

开放多元思维具备如下基本特点。首先,它要求人们在思维过程中纵横比较,认清对象在坐标系中的确切位置,把研究每一网结在整体系统网状中的地位和作用作为解决系统矛盾的关节点。其次,全方位观察。对事物空间关系的考察,不能仅限于矛盾双方的双向平面结构,而是立足多维或全方位,即上下左右前后等立体地看问题,顾及思维对象的诸多层面。再次,思维理论基础的多样化。这要求人们立足自然科学、社会科学和新型横断科学等学科,在取长补短中智慧地解决各种问题或矛盾。总之,这种开放多元的思维方式使人们视野开阔、思想活跃、思维敏捷。它要求人们打破思想壁垒,开放思维边界,把思维对象从封闭中解放出来,放在环境之中去考察。如此,多样化的信息得以整合,世界本身固有的系统联系和多样化得以展现。

2. 创新思维

恩格斯指出:"一个民族要想站在科学的最高峰,就一刻也不能没有理论思维。"[1]实质上,任何民族、任何时代都会表现出特质性的理论思维方式与水平。20世纪80年代以来,这种理论思维被赋予了新的特质——思维创新性。在后工业化时代这一社会转型期,生活方式的多样与多变促使着知识产生与更新的速度加快,人们时时面临的都是一个新奇与陌生的世界。无论在生产或生活之中,对事物的洞察与问题的解决,那种忠于传统、恪守"规律"的认识模式已不再适应时代需要。它要求人类紧跟时代发展的脉搏,即时性地以新的观念创造性地促生出新的生活方式及形成对万事万物的新认识。登·泰普斯考特在《数字化经济》一书中写道:"不创新,便灭亡。"这是后工业化社会发展的一条铁的法则。创新思维具有如下特征。首先,思维的发散性。这就是指依据一定的出发点,尽可能从正向、反向、逆向、平面、立体、纵向、横向等诸多途径进行思考,追求"条条大路通罗马"的思维路向,探求尽可能多的答案或解决方案。第二,思维的寻奇性。这要求在实践中,打破常规,敢于想象,正视各种"不正常"或"另类"现象。第三,思维的辩证整合性。这是指超越事物原有系统,突破原有限制,把思维触觉从本系统拓展到其他系统,从不同体系、不同领域、多维视觉寻找最佳结合点,从更高层次、更广阔的背景和关系中去认识对象,由此及彼、由彼及此、由一到多、由多到一,在各类知识、各门学科之间寻找交叉以形成新的知识、新的学科。当前,一系列边缘学科、交叉学科、横断学科、综合性学科的出现都是这种辩证整合式思维方式的外在反映。

---

① 恩格斯著:《自然辩证法》,人民出版社,1971年版,第29页。

20 世纪 80 年代以来,科学技术突飞猛进,一系列新技术、新方法被引入科学研究,形成了一大批新的学科。随着一批高新技术和新兴学科的涌现,学科之间交相融汇,促使一批新边缘学科相继出现,大大丰富了科学的内涵和外延。这场"知识革命"使现代科学一方面向微观纵深延伸,一方面向宏观平面扩展,许多原有领域都取得或者面临重大的突破,同时又有许多新的研究课题和领域被发现。所有这一切都推动着新的思维方式的出现与践行。就思维深度和广度而论,传统思维理论与思维方法被替代和超越。生命密码的破译、克隆羊多利的问世、脑细胞移植等重大突破都是这种思维创新与辩证整合的结果。

3. 复杂系统思维

后工业化时代思维方式的另一特质,是它否定了"整体是各部分简单相加"的机械思维方法,提出了"整体大于部分之和"的系统思维观。较之于农业社会时代的系统思维,这种系统思维更为深入与精致,是对农业社会笼统式系统思维的超越,是复杂式的系统思维。

所谓系统思维,就是把事物整体看做是由它的部分构成但在本质和功能上具有新特征的复合体,即整体不是其组成部分的简单相加,整体大于部分之和。正如乌杰所指出的那样:"客观事物是由一个要素、结构、功能而组成的,并每时每刻与外部环境进行物质、能量、信息交换的系统整体;一切系统事物和过程都有其自身的结构、层次,并形成运动发展着的系统核、系统链和系统环;任何系统事物和过程都遵循整体优化、结构质变、层次转化和差异协同规律而发展,同时把认识主体、实践客体系统有机联系起来进行思维。"①系统思维是一种从整体出发看问题的思维方式,相对于着眼于局部和部分的思维方式而言,信息革命带来的系统思维方式是人类思维方式演变史上的一次重大革命。正如贝塔朗菲所指出的那样,"我们将被迫在知识的一切领域中运用整体或者系统的方式来处理复杂性问题,这将是科学思维的一个根本的改造"②。

20 世纪 90 年代以来,互联网的发展彻底改变了人类的生存空间和生存

① 仇小敏:《略论网络时代的思维方式》,《新疆社会科学》,2004 年第 4 期。
② 吴彤著:《多维融贯:系统分析与哲学思维方法》,云南人民出版社,2005 年版,题记。

方式,它突破了传统生活方式的界限,创造出一个全新的世界——网络世界。这一世界催生出系统思维的最高表现形式——复杂的系统思维。在复杂系统思维的视野中,系统内部各要素之间、系统内部与外部之间、系统与系统之间都是相互关联的。一般系统研究会会长 A. 拉波特在《一般系统论导论》一书中指出:"一般系统的基本概念假设可以用来概括,每一件事物都同其他事物有联系……它为人类的整合指出了道路。"可以说,后工业化时代的系统思维在以系统的观点看待世界的时候,系统的内在关联不再是粗线条的,而是立体网络状的,系统的运作不是纯线性的,而是动荡的。混沌、涨落、涌现、生境、蝴蝶效应等都是对传统系统思维的进一步丰富与完善。

第二节　20世纪80年代以来的西方社会转型

从人类历史的纵向发展而论,后工业化社会的到来意味着人类文明的重大转型,这一转型自20世纪50年代即已发端并延续至今。但是,时至20世纪80年代,社会转型才逐渐展现出波澜壮阔的局面。此时的转型在空间上波及全球并渗透到政治、经济、文化等多个领域,在程度上逐渐加深。

一、社会转型概述

(一) 社会转型的内涵

转型是指事物从一种运动形式向另一种运动形式过渡的过程,它既包括事物结构的转换,也包括事物运动机制的转换。人们通常理解的社会转型,实际上是指近代以来起源于欧洲并在全球范围内逐步扩展的现代化过程中的社会变迁。尽管国内外有众多学者研究社会转型,但是他们对这一概念的表述各不相同。

社会转型指社会结构整体性和根本性变迁。究其词源,我国多数学者认为,"社会转型"(social transformation)一词来源于西方发展社会学理论和现代化理论。英文"transformation"一词的含义是"彻底改变"。在谈及社会转型时,人们一般赋予这种改变的方向以积极、正向的价值。李培林教授是中国学界较早运用转型理论研究并解释中国社会结构变迁的学者。他认为,社会转型"指一种整体的和全面的结构状态过渡,而不仅仅是某些单项发展指标的实现",是除政府和市场之外推动社会发展的"另一只看不见的手"①。类似观点还有很多,如"指社会从一种类型向另一种类型转变的过渡过程"②。

"根据不同的分类标准,人类社会被划分为不同的类型。马克思主义者依据生产关系尤其是生产资料所有制方面的标准,把人类社会划分为原始社会、奴隶社会、封建社会、资本主义社会、社会主义社会以及其最高级阶段——共产主义社会;美国学者阿尔温·托夫勒、丹尼尔·贝尔等则以生产力发展水平作为根本性标准,将人类社会划分为前工业社会、工业社会、后工业社会;法国政治学家托克维尔以社会政治层面的民主程度作标准,则把人类社会划分为专制型社会和民主型社会。"③依据其他标准而做出的划分尚有很多,不再一一列举。综合如上种种观点,社会转型指的是社会的整体性变迁。一般而论,这种转型具备如下特点。其一,整体性。社会转型是从传统向现代或者现代向后现代的转变,这种转变不仅表现为经济的增长与经济类型的改变,同时也表现为政治、文化、教育、科技及人口变迁等诸多方面。无论早发型国家,还是迟发型国家,如果只是片面地强调经济转型,那么,社会生活中的其他方面的转变如生活方式、思想观念、文化形态、社会公平、科技发展等可能被忽略,沦为一种一叶障目式的社会转型观。所以,社会转型涉及社会的方方面面,是组成社会各个方面的整体性变革。在这一整体性社会变革过程中,社会转型可谓"牵一发而动全身"。它既包含社会系统内部不同层面的变化,同时又涉及社会与自然相互关系的整体性变迁。转型之中的各个层面和因素相互联系、相互促进又相互制约,它们在互动过程中实现整体性飞跃。其二,渐进性。人们常常基于不同社会发展阶段的异质性,片面夸大不同类型社会之间的彼此独立与难以逾越的鸿沟。如较之以农业社会,工业社会是对其作出的彻底超越;较之以工业社会,后工业社会则是对其进行的决裂式替代等。如上认识具备一定合理之处,却失之偏颇。社会转型是传统与现代因素此消彼长的进化过程,在这一过程中不

---

① 李培林著:《另一只看不见的手》,社会科学文献出版社,2005年版,第41页。
② 刘祖云著:《社会转型解读》,武汉大学出版社,2005年版,第3页。
③ 刘祖云著:《社会转型解读》,武汉大学出版社,2005年版,第3页。

同类型的社会之间存在着相应的内在关联,从社会转型动力支持的角度可以清楚地说明这一点。洞察人类社会发展史上的社会转型,我们可以将其归结为两种:先发型国家的社会转型与后发型国家的社会转型。对于前者而言,社会转型动力来源于社会内部,其渐进过程较为明显;对于后者而言,社会转型的力量通常来源于社会外部,其过程也往往表现为由外到内、由表及里的生成和发展过程。第三,根本性。这是社会转型在程度上的量度。社会转型所具有的渐进性强调的是转型绝非空穴来风式的臆造,它一定立足于转型前的社会积淀。但是,同样需要明确的是,社会转型所带来的社会诸因素的变革有时也会表现出突发性与根本性,带有质的飞跃的特征。无论是社会外显生活的表层松动,还是思想制度层面、精神层面、价值观层面的转变,都有其表现。

我们可以把西方国家的社会转型归结为一种特质社会向另一种特质社会的飞跃。这集中体现为如下诸多方面。第一,社会经济基础不同。传统农业社会以自然经济为基础,现代工业社会则以市场经济为基础,后工业社会的经济基础表现为多种形式。第二,社会基础产业不同。传统农业社会的基础产业是农业,近现代工业社会的基础产业是机器大工业,后工业社会的基础产业则是信息业。在后工业化时代,商业、服务业、知识产业的地位被突出出来,从事第三产业的人口远远多于从事农业、工业生产的人口。以美国为例,其第三产业的发展经历了一个长期的过程。工业化时代,它在国民经济中只占很少的份额。20世纪中期以后,它占国民经济生产总值和就业人员的比重才开始超过物质生产部门的比重。在向后工业时代转型的过程中,美国第三产业产值的增长率始终高于第一、第二产业,成为推动国民经济的关键部门。1997年,美国服务业的就业人口占全部就业人口的73.2%。第三,社会劳动类型不同。传统农业社会生产力低下,社会生产以手工劳动为主,大部分的劳动属于体力劳动,劳动分工简单而模糊;近现代工业社会的劳动形式则是建立在严密分工基础上的机器劳动;后工业化社会中,伴随科学技术的飞速发展与计算机网络技术的普遍应用,体力劳动和脑力劳动的结合日趋紧密,严格的分工逐渐淡化。这种趋势似乎不容置疑,各类机构不断地进行着的缩编、减层、外包等再造工程,都是指向同样的目标。① 第四,社会关系组织形式和人际交往方式不同。传统农业社会主要以家庭和血缘关系为纽带组织社会关系,人际交往圈子备受局限,范围狭窄而封闭,交往方式单一。工业社会中,人际关系与交往不再依赖于家庭和血缘关系,职业组织等成为人们构筑各种关系的依托。此时,工业化大生产尽管提出了人际关系丰富化与多样性的要求,但刻板的社会分工却同样使人终生恪守相应职业,社会交往同样表现出单调、范围狭窄等特点。较之前两个时代,后工业化社会的社会交往则表现出明显的不同,具体言之即是交往空间的扩大,时间的延伸,交往形式的多样化与弹性化等。

(二) 社会转型的领域

社会转型表现为社会结构、社会运行机制以及价值观念体系三个方面的转换。其中,社会结构变革是社会转型的外显层面,它会引起一系列的连锁反应,导致整个社会系统随之做适应性调整。社会运行机制和价值观念的转换即是在社会结构变化中如影随形般地实现。从这个角度讲,社会结构是社会转型的核心。

作为社会巨系统,其形成总是与一定历史条件及民族传统相联系,因而是历史的、具体的。在非社会转型期,社会结构比较稳定,各组成要素处于一种动态平衡的结合之中,但社会转型一旦发生,其下位的政治、经济、文化结构将会随之发生变迁。此时,人的存在状态和社会关系在新的时空内得以重建。鉴于政治、经济、文化的结构划分能够比较全面地反映社会巨系统的结构现实,这里拟从如下角度出发论述社会转型的几大领域。

1. 经济领域的转型

首先,社会的经济结构包括社会的生产力结构。所谓生产力结构,主要是指社会生产的劳动对象、劳动工具和劳动者各自的性质以及它们相互之间的比例关系与结合方式。其中,产业类型是决定此社会经济结构性质的关键。例如,我们把传统社会的生产力结构大体上看做以农业为主导的生产力类型,把现代社会的生产力结构看做以工业为主导的生产力类型。其

---

① 参见 D. Terence and A. A. Kennedy (1999) The New Corporate Cultures: Revitalizing the Workplace after Downsizing, Mergers, and Reengineering. NewYork: Perseus.

次,社会经济结构包括生产关系结构特别是所有制结构,这种经济结构主要体现为一定的社会阶级或阶层结构。所以,从生产关系的角度论及社会经济时,我们将主要关注社会的阶级或阶层结构。第三,经济结构的第三个要素是经济运行体制。这种运作体制指的是由于经济活动参与者相互之间经济权利不平衡而形成的关系网络。例如,从农业社会的自然经济向工业社会的市场经济的转型是社会经济领域转型的基本标志。

2. 政治领域的转型

关于社会的政治结构,我们主要把它看做社会成员由于经济地位不平等而形成的政治力量对比关系和制度安排。政治权利分配与占有的平衡与不平衡关系是社会政治结构的维度之一。此外,我们也可以从社会政治控制力的有效性以及社会成员参与政治生活的普遍程度等方面,来看待社会的政治结构,即根据政治体制的民主程度及人民参政的程度来判断。所以,政治层面的转型主要表现为民主化的进程,政治民主化程度的高低与社会转型或社会现代化程度的高低呈正比例关系。政治民主化程度主要体现在两个方面。一方面是民主的普及性或广泛性程度,其中又分为民主决策主体的广泛程度和民主决策客体的广泛程度。民主决策主体方面主要在于参与决策的人数多寡,民主决策客体方面主要指通过民主来制定或确定的制度和决策的数量。另一方面是民主的深刻性和真实程度。社会转型中的民主化过程要经历一个由名至实、由应然走向实然的过程。

3. 文化领域的转型

所谓文化转型,是指特定时代特定民族或群体习以为常的赖以生存的主导性文化模式,被另一种新的主导性文化模式所取代。农业时代的文化模式实际上是用宗教、道德、政治理念等塑造屈从并服务于本社会秩序的精神文化体系,其重点在于维持社会既定秩序,增强人们对那个时代社会结构的认同感与凝聚力。工业化时代的文化模式则出现了根本性变化,它反对旧的社会秩序对人和社会发展的束缚,张扬人性,要求为了人而发展生产、改进社会秩序。人性、人权、民主、科学、平等、和平、爱情、幸福等等,成为新文化的追求。在文化转型过程中,新的文化形态会纷纷出现,文化特质会发生根本性转变。

社会转型的诸多领域并不是各自为是,孤立进行的。它们相互依托,相互促进,在变革中催生一个又一个新的时代。

二、20世纪80年代以来西方的社会转型

20世纪是一个激荡变革、吐故纳新的世纪,新的观点、新的技术层出不穷。西方工业化社会正是在此推动之下开始了由工业化社会向后工业化社会的转型。酝酿于20世纪初而发端于20世纪中期的西方社会由工业化向后工业化社会的转型,到了20世纪80年代其进程被进一步推向高潮。20世纪80年代以来,西方社会的转型是以社会信息化、网络化为推动力量,在经济、政治、文化等方面出现的根本性变革。

（一）政治转型

20世纪80年代以来,苏联解体,美苏两大军事阵营的对峙局面解体。伴随着欧盟和第三世界崛起,国际政治走向多极化的趋势越来越明显。和平与发展是当代世界的主题。国际竞争空前激烈,社会转型前的意识形态与军事实力的竞争已经演变为综合国力的竞争。同时,20世纪70年代以来,以美英为主的西方经济发展显示出"滞胀"状态,失业率增加,人口、环境、福利以及社会公正等问题凸显,所有这些都对西方社会发展构成潜在威胁。为了适应新的时代和缓解社会危机,以美英等国为代表的西方社会开始在政治上进行调整。

1. 传统保守势力式微,新保守主义盛行

20世纪80年代初,传统保守势力走向衰微。美国的里根政府和英国的撒切尔政府达成共识,在政治和经济政策上实行"反调控"举措,即在经济上奉行新自由主义政策,在政治上奉行新保守主义策略。

新保守主义是兴起于20世纪60年代末70年代初的一股政治思潮和主流意识形态,是美国自由派知识分子扬弃"自由"皈依"保守"的思想产物,兼有自由主义和保守主义的思想要素。20世纪80年代以来,新保守主义基本成为以英、美等国为代表的西方政治思想的主流。在美国,它不仅是共和党政府制定内政外交路线的理论指导和思想基础,而且对美国整个社会生活都产生了深远的影响。它在政治上的基本观点主要有以下几点。第一,反对政府对经济及社会生活的过度干预,主张自由市场经济。根据这种政治观,不适当地扩大政府权力会带来严重后果,引发一系列社会问题,同时还会侵害个人的自由权利,导致人们对政府的不信任。为此,它主张有限政府论,认为最小的政府是最好的政府,市场调节应当是解决社会问题的主导性

力量,政府只是社会问题解决的最后底线。第二,反对福利国家,主张机会平等。新保守主义反对政府滥施社会福利,主张通过给每个人提供平等参与经济生活的机会,使每个人凭借自己的劳动,改善其生存状况。第三,反对"新左派"的文化革命,主张维护传统道德和价值观念。新保守主义积极捍卫美国的基本道德和文化,捍卫美国的基本制度和价值观,强调权威的重要性及对传统的高度认同,尊重道德、宗教和精神的价值,要求人们重建对传统道德观和价值观的信仰,承担起道德责任和社会义务,以增强社会的凝聚力。同时,它还要求家庭、社区、学校、教会等社会组织在这方面起积极作用,共同抵制"新左派"的文化革命。

2. "第三条道路"的提出

"第三条道路"的提法始于 20 世纪初,最初是指自由资本主义和社会主义之外的第三条道路。战后冷战格局下,发展中国家主要面临两条发展道路的选择:社会主义道路与资本主义道路。许多人把社会民主主义视为第三条道路,表明自己既不站在美国资本主义一边,也不属于苏联社会主义一边。捷克的奥塔·锡克在 20 世纪 60 年代提出了计划和市场相结合的第三条道路,即市场社会主义道路,在保留生产资料公有制的前提下,引入市场机制,企业独立经营,取消指令性计划,但宏观收入分配计划由国家规定。20 世纪 70 年代末 80 年代初,"第三条道路"的思想越来越清晰。20 世纪 90 年代,瑞典社会民主党开始提出另一种"第三条道路",即介于传统的欧洲民主社会主义与新自由主义之间的第三条道路,主张把社会团结与经济活力结合起来,把社会正义与个人责任结合起来,把国家管理与灵活市场结合起来。这是一条"中左"的道路。1996 年美国民主党发表"新进步主义"宣言,提倡机会均等,个人责任和公民与社群动员,并把新进步主义称做"第三条道路"。"第三条道路"的倡议者还有英国首相布莱尔和社会学家吉登斯。布莱尔于 1998 年出版了一本名为《第三条道路:新世纪的新政治》的小册子,作为英国工党的执政纲领,从而在欧洲树起了"第三条道路"之旗。吉登斯指出,"第三条道路"的意义主要在于:它试图超越社会主义民主和新自由主义,超越"左"和"右",超越社会主义和资本主义。

"第三条道路"的基本内容包括:建立合作包容型的新社会关系,协调个人与群体、资本与劳工、国内居民与外来移民之间的关系;超越"左"和"右"的两分法;团结各种政治力量,建立新的政治中心;改革政府机构,改革福利制度,实行全面的社会改革。在政治思想方面,吉登斯认为,伴随着计划管理理论的衰落,左和右之间的主要分界线已经消失,或者至少在可以预见的未来将会消失。① 要解决当代西方社会的问题,应该摆脱左右对立,在保持激进主义基本价值的同时,从哲学保守主义那里汲取营养,用后者对连续性的重视来缓解激进主义,使之成为温和的激进主义。② 在政府权力方面,吉登斯指出:"新自由主义者想要缩小政府,而社会民主主义者则一直热衷于扩大政府。"第三条道路"则认为有必要重构国家,超越'把国家当敌人'的右派和'认为国家为答案'的左派。"③主张重新界定民主政治,下放权力,使政府与公民社会组织更加积极地合作。"第三条道路"反对国家过度干预,同时也反对放任自流,主张国家政府适度的干预。正如美国总统克林顿所坚持的那样:真正的问题不是大政府和小政府,而是需要比原来小但是更关心社会、效率高而浪费少、权力下放并且追求更多共识的政府。④ 以此为指导,克林顿政府继续强调市场机制,压缩政府规模和开支,推行福利制度改革以及减少调控。在英国,工党也采取了灵活的经济政策,强调宏观经济的稳定性,低通货膨胀和审慎的财政政策。总之,"第三条道路"强调社会公正和经济效益相结合,提供机会均等而非结果相同,强调财富创造而非财富分配,力求在市场和国家干预两方面寻求平衡。

27

(二)经济转型

20 世纪 80 年代以来,西方经济的转型主要体现为经济结构的转型。下面主要从经济成分、经济规模、技术运用与经济发展等方面等来论述 20 世纪 80 年代以来西方经济的转型。

1. 知识经济的兴起和知识产业的出现

美国著名学者、控制论和信息科学的奠基人维纳曾预言,新的产业革命

---

① 〔英〕安东尼・吉登斯著,郑戈译:《第三条道路》,北京大学出版社,2000 年版,第 46 页。

② 〔英〕安东尼・吉登斯著,李惠斌等译:《超越左与右》,社会科学文献出版社,2003 年版,第 34 页。

③ 〔英〕安东尼・吉登斯著,郑戈译:《第三条道路》,北京大学出版社,2000 年版,第 46 页。

④ 〔美〕比尔・克林顿著,金灿荣等译:《在希望与历史之间》,海南出版社,1997 年版,第 63～64 页。

也许将深入到许多领域,并将驾驭任何劳动,使劳动变成只是执行某些简单的指令,正如第一次产业革命将人力从一切领域中排除出去一样。当人类社会进入 20 世纪 80 年代,在世界经济发达地区,特别是在美、英、德、法等发达国家,人们逐渐感受到新型生产力的出现。这种新型的生产力昭示着被视为人类社会继农业时代、工业时代之后的第三个历史阶段——知识经济时代的到来。

所谓知识经济,按照 OECD(国际经合组织)的定义,就是以知识和信息的生产、分配、传播和应用为基础的经济。也就是说,知识作为一种生产要素进入经济活动领域,成为"第四生产要素"。知识经济的主要特点在于它直接依赖于知识的创新、传播和应用。20 世纪 80 年代初期,西方各国已经或隐或现地出现了"以知识为基础的经济"的端倪。由于以信息技术为支柱的高科技的飞速发展,加上全球化的推波助澜,知识经济逐渐成为现实。美国《商业周刊》1997 年发表文章,认为美国目前已经出现了"新经济"即知识经济。美国经济学家罗默的"新经济增长理论"指出,在计算经济增长的时候,必须把知识直接放到生产体系中考虑,即把知识列入生产函数。① 初次在人类历史舞台上"显山露水"的"知识经济"在西方发达国家日渐明显,尤其是在美国,它上演着一个又一个神话般的"经济传奇"。美国的微软公司于 1975 年成立,开始时只有比尔·盖茨、保罗·艾伦和一个雇员。刚开始公司仅出售 BASIC 语言,年收入 1.6 万美元。20 多年后,微软公司年营业额 130 多亿美元,1997 年利润 34.5 亿美元,年增长 54%。② 知识在经济活动中所占的比重越来越大。"在 20 世纪,由于科技的迅速进步和生产率的大幅度提高,全球经济总规模(GNP 总值)增长了 20 多倍,由 1 万多亿元增加到近 30 多万亿元。在全球经济高增长中,科技进步(或知识)的贡献已由本世纪初的 5% 左右上升到 60%~70%。"③知识经济的兴起导致知识产业的出现。传统的知识产业过去被包融在"第三产业"内,到 1994 年,美国"信息高速公路"计划出台,各国陆续提出"信息高速公路"的设想,使以信息技术

---

① 李京文著:《知识经济:21 世纪的新经济形态》,社会科学文献出版社,1998 年版,总序。

② 李京文著:《迎接知识经济新时代》,上海远东出版社,1999 年版,第 15 页。

③ 邵燕楠:《走向"情境"与"问题":转型期美英教育哲学的新动向及对我国的启示》[D].华东师范大学,2004 年。

为基础的知识革命浪潮席卷全球。在这种时代背景下,知识产业作为"第四产业"从"第三产业"独立出来成为必然。

知识经济的兴起,引起了西方社会经济、科研、教育等活动乃至人类生活方方面面的巨大变化。由于经济活动的方式主要建立在对知识和信息的采集、处理和加工的基础之上,所以,受知识经济影响最直接的便是经济活动了。首先,西方社会的就业结构和消费方式发生了根本性变化。1956 年,美国"白领阶层"的人数开始超过"蓝领阶层",而到 20 世纪 90 年代,"白领阶层"已超过就业总人数的 80%,同时,即便相当于体力劳动阶层的"蓝领"也越来越知识化和脑力劳动化。由于技术、知识在经济中的含量越来越高,就业部门也日益偏爱知识水平高且有技能的求职者。在就业领域发生变革的同时,西方社会居民的消费结构也在发生变化。人们对于衣、食、住、行的基本需要得到满足之后,对保健、娱乐、休闲、再学习、再就业的需求日益增长。如"赛博空间"的出现,它也被称为"电脑空间"或"网络空间"。这种以知识和信息传递生成为主的新型空间,成为现代人休闲娱乐的时尚选择。据统计,1997 年 1 月至 1998 年 1 月,美国个人支出在传统经济产品和新型经济产品上的平均增产率分别是 0.9% 和 12.5%。其中传统经济产品主要包括食品、服装、家用电器、汽车等,而新型经济产品主要指通讯、娱乐、金融服务、电脑等,其中单独购买电脑一项就占据费用增长的 18.1%。其次,知识经济的兴起使公司、企业的经营规模和运作方式也发生了改变。大公司引以为荣的大规模、标准化和大批量的生产模式已显得僵化。灵活多样的中小型公司,因为具有规模经济的弹性生产模式越来越受到公司和企业的"青睐"。这导致公司和企业的规模越来越小坏,公司和企业的运作方式也逐步实行网络化。以香港为例,2003 年 12 月,香港有 288966 家注册公司,其中雇员数量少于 100 人的公司占 99.3%,这也就是众所周知的中小型企业。就人员情况来说,全部雇员中 70% 左右在中小型企业工作。而且,所有注册公司中,7% 的公司少于 10 人,即只有 1～9 名雇员。这显然与传统工业社会中众多大型企业截然不同。尽管香港只是一个都市,或许不能代表其他社会的工作形态,这种模式却也与美国这样庞大的社会相似。① 再次,公司和

---

① 程介明:《教育问:后工业时代的学习与社会》,《北京大学教育评论》,2005 年第 4 期。

企业的管理组织方式也发生了改变。从管理模式来看,最主要的改变就是传统、金字塔式的管理模式逐渐向水平式的管理模式偏转。从管理力量来看,管理力量从行政的权利向知识的力量转移。如"知识主管"的出现,库伯·利布兰公司设立了知识主管,由该公司的副董事长埃伦·纳普兼任。她说:"知识主管就是创造、使用、保存并转让知识,而不仅仅是数据,是深入人心的并发表在著作中的智力资本。""我们对工业经济转向知识经济的步伐认识得更清楚时,许多机构将普遍设立这类高级经理的职务……这就是获得竞争优势的新来源"。[①]

2. 经济全球化

20世纪80年代以来,西方社会的发展推动着经济全球化。经济全球化实际上就是全球经济市场化与一体化的过程。经济全球化之所以能在此时出现,一个重要原因就是市场经济体制成为西方大多数国家的偏重。在市场经济框架内,世界各国的经济联系进一步增强。另外,跨国公司的迅猛发展、当代新科技革命的发展以及世界贸易组织(WTO)的建立,也是经济全球化必不可少的推动力量和必然结果。具体而论,当代世界经济全球化的格局主要体现在以下三方面。

第一,生产的全球性。全球统一大市场的形成不仅促进了全球范围内的专业分工进一步细化,而且追求人力、物力、技术资源在世界各个角落的最佳配置。产品的设计、研制、开发、组装以及销售突破了地区和国界限制,实现了全球化大生产。如美国波音公司生产的波音747客机,所需的450万个零部件来自6个国家的1500家大企业和1.5万家中小型企业,波音公司所完成的不过是客机的设计、关键零部件的生产和产品的最终组装而已。再如,日本的马自达汽车公司生产的玛雅塔敞篷车,在美国加州设计,在日本筹资,在英国制造样车,主要零部件来自日本,而销售市场在美国。[②] 第二,贸易的全球化。这是经济全球化的重要载体。伴随贸易的扩大和全球市场的统一,世界各国经济的对外贸易依存度大大提高。以美国为例,美国制造业协会的首席经济学家戴维·休瑟指出,自从1998年以来,美国制造业

---

① 李京文著:《知识经济:21世纪的新经济形态》,社会科学文献出版社,1998年版,第98页。

② 李长久:《经济全球化的进展、内涵和影响》,《世界经济》,1997年第7期。

每年的增长率只有 3％,而进口每年增长 8％。休瑟说,现在美国人消费的产品有 1/3 来自进口,1992 年这个比例只有 1/4,1982 年只有 15％。1998 年以来,进口产品中有 2/3 来自发展中国家。同时,国际贸易的内涵也发生了根本改变,原材料和初级产品在货物贸易中的比重降幅较大,新型服务贸易、资本密集型和知识密集型贸易迅速发展。第三,金融的全球化。伴随国际资本快速大量流动,各国相互开放金融市场,很多国家的金融机构和金融业务跨国发展,国际资本主要通过国际金融中心在全球范围内快速运转。经济全球化导致金融全球化,反过来,金融全球化又大大加快了经济全球化的进程,两者之间相辅相成,相得益彰。20 世纪 80 年代以后的经济全球化较之于以前呈现一系列新的态势:经济发展模式从工业经济向知识经济转变;社会由垂直型向水平型转变;连接市场的经济体系纽带从有形向有形与无形相结合转变;国际经济交往方式从"线形模式"向"网络模式"转变;参与国际经济交往的主体从"一元"向"多元"转变;国际经济的节奏由平稳向快捷方向转变。①

3. 科学与技术"相濡以沫"

20 世纪 80 年代以来,西方高科技的发展是第三次技术革命的延续与升华。高新科技不是在单一领域内而是在多个领域内同时发生,它不再表现为一项项孤立的技术,而成为一种相互关联的"技术群"。另外,工业化时代那种立足于职业中的经验积累及能工巧匠的科技生成方式已经过时,今天的高科技都与科学理论紧密相关,高科技包括信息技术、新材料技术、新能源技术、生物技术、空间技术和海洋技术。此时,科学和技术更加紧密地联系在一起。信息技术和生命技术典型地体现了科学和技术"相濡以沫"的情形。二战之前,科学与技术往往不存在什么太大的联系。"所有至今犹存的主要工业,如钢铁、电力、电报、电话、汽车、航空等等,几乎都是 19 世纪的工业,它们主要是由发明家及富有灵感的天才式的工匠们所创造。这些人对于科学和潜在于他们实际努力中的科学原理并不感兴趣。凯利、赫贝西默各自独立地创造了氧化工艺,从而实现了转炉炼钢和钢铁的大批量生产,可是他们竟然都对揭示了钢的真实微观结构的同代人亨利·克利夫顿·索比毫无所知。电话发明人贝尔,在麦克思眼中不过是个雄辩家,是'为了达到

---

① 缪家福著:《全球化与民族文化多样性》,人民出版社,2005 年版,第 122～125 页。

个人目的(钱)才成为电气师的'。爱迪生的'以太火花'实验,曾导致了电灯的发展并引起一场新的技术大革命,可是他并没有参考电磁学的理论研究,甚至对此怀有敌意。"①20世纪80年代以来,科学技术成为衡量一个国家综合实力的关键因素。西方各国政府和大、中、小型企业不仅纷纷设立高科技的"研究与发展"(R&D)机构和部门以谋求高科技的发展,而且以制定政策以及为大学的研究机构提供资金等形式鼓励高科技的研究与开发。1985年,欧盟提出"尤里卡计划",并启动了"欧洲科技合作计划"。1992年,美国成立了"关键技术研究院",致力于关键技术的研究和开发。1994年,美国的研发费用达到1730.2亿美元,占美国国内生产总值的2.16%。② 1993年,欧洲共同发展委员会通过了1994~1998年第四个科研框架计划以促进欧洲科技的发展。1995年,欧盟主持召开西方七国集团信息社会部长级会议,提出要建立"全球信息社会",计划10年内投资2000亿欧元,用于发展欧洲的"信息高速公路"。

总之,20世纪80年代以来,科学与技术的紧密联结使经济生产过程、经济本身的内涵被赋予了新质。

(三) 文化转型

1. 后现代主义的兴起

20世纪60年代以后,西方文化理论多姿多彩。批判理论、解释学、女权主义、解构主义、新马克思主义等学派纷纷崛起。到20世纪80年代,各种理论与观念更是大量出现。这些理论很多都被统摄到后现代主义麾下。后现代是一种囊括了多种文化、哲学、意识流派的庞杂思想体系,就文化哲学而言,新解释学、接受美学、后解构主义、西方马克思主义、后女权主义构成了一道后现代主义文化论争的风景线。这些流派相互掺杂,甚至相互对立,却同时并存于整个西方社会,并在世界范围内产生着文化影响。

后现代主义是自20世纪60年代起逐步发展起来的文化哲学思潮。自1870年英国画家切帕曼提出"后现代"绘画批判印象主义画派以后,后现代逐步在文学、艺术领域出现并流行起来。20世纪60年代起,法国哲学家利

---

① [美]丹尼尔·贝尔著,彭强编译:《后工业社会》,科学普及出版社,1985年版,第5~6页。

② 李京文著:《知识经济:21世纪的新经济形态》,社会科学文献出版社,1998年版,第119页。

奥塔、福柯,法兰克福学派代表人物哈贝马斯,美国哲学家罗蒂和詹姆逊等开始关注后现代问题,使后现代问题的研究在人文社会科学领域取得了长足的进步。虽然人们对后现代主义的评价和认识有各种不同甚至相互矛盾的观点,但是,后现代主义本身却反映出 20 世纪 80 年代以来文化转型的客观现实。尽管后现代思潮对历史和现实生活表达出否定性特质,其中不乏偏激的一面,但是,它在对现实生活进行批判反思的同时,也包含着对社会进步和人的发展的关注与肯定,具有丰富的、建设性的思想内涵。例如,20世纪 60 年代,由美国黑人发起的争取公民权利运动促使席卷欧美的女权运动走向高潮。20 世纪 80 年代国际妇女大会的召开即是如上高潮推动之下的产物,并进一步推动了女权主义的发展。女权主义运动的直接成果是女权主义美学、文学与妇女学综合研究的展开,这促成了女性主义理论的大量问世,是女权主义理论研究深入的重要表现。统而言之,它表达出这样的观点:女性应以自己的意识重新观察自己,考证世界,揭示社会结构和人文理论的不合理。女性主义作为一种新的理论话语融入了当代文化,成为当下的热门话题。如果说解构主义和女权主义是后现代思潮的积极力量的话,那么,西方马克思主义则是后现代思潮中的一股激进的批判力量。正是这种"推进""批判"的力量,构成了起伏跌宕的后现代主义文化思潮,彰显 20 世纪 80 年代以来西方文化理论的丰富多彩。

2. 文化个性化

艾森斯塔德指出:"新型文化观的特点在于它注重进步、改良、幸福、能力与情感的自然表现,强调个性是一种道德价值,同时也强调个人的尊严,讲求效率。"①旧文化为塑造共同体而扭曲独立的个人,新文化为独立的个人而改造世界,这正是 20 世纪 80 年代后西方社会转型期文化的真实写照。

追溯西方文化的源头,这种文化以个人和自我为核心,把人看做具有理智和情感的独立个体,认为每个人都是他自身的创造物并对自身命运负责。西方文化的价值观念以个人主义为基础,即个人价值应从内在途径获得,无须从他人评价中来检验,在人与人的关系中不特别关注别人对自身的看法和评价。他们提倡通过个人奋斗获得社会地位,较少地依附势力,拒绝攀比、摆阔、过分注重形式等。

---

① 王岳川著:《后现代主义文化研究》,北京大学出版社,1992 年版,第 125 页。

如果说西方文化基因中蕴含着对个体的尊重,这种对个性的追求在工业化时代曾被压制,对此,西方马克思主义者给予了深刻揭示与批判。"随着资本主义的全面发展,这种强制不仅没有得到松弛,而且有越来越强化的趋势。在今天,社会个体尤其是无产阶级不仅越来越依附于劳动对象,越来越受制于大规模的社会生产过程,而且在劳动之余仍然越来越受制于各种国家机器的强制性影响。统治阶级通过对国家机器的操纵,全面控制了所有社会个体的生产活动与生活方式。个体的生存方式与工作方式完全被纳入到了固定的程式之中。自由不仅意味着拥有闲暇的时间,而且意味着拥有可以自由地即不受他人干扰地消费闲余时间的空间。"[1]这种压制培植着个体一统化的生活节奏、生活习惯及生活追求。正如马尔库塞在《单向度的人》一书中指出的那样,在资本主义时代,老板的女儿与女工穿同样的衣服,到同样的地方旅游,用同样的语言表达,用同样的思想思考。总之,整个工业化时代展现的是灰色一统的文化景观。时至 20 世纪 80 年代,西方社会文化中那种一统式的灰暗色调逐渐淡出了历史舞台。多样化的价值追求与生活方式流变纷呈,表现出张扬自我表现和自我实现的轴心原则。与经济、政治体系的非人化和类型化模式相反,文化领域坚持"个性化"、"自由化"和"反体制化"精神,美国嬉皮士文化的出现即明证。他们独立无羁,以个人兴趣为衡量尺度。在这里,个人的感觉、情绪和判断压倒了质量与价值的客观标准。[2] 文化的个性与多元正是在这种个性价值追求的推动下成为社会现实的。

第三节　社会转型背景下复杂科学的产生

20 世纪中叶,人类开始了由工业化时代向后工业化时代的转型。至 20 世纪 80 年代,以西方社会为先导的人类社会转型已进入波澜壮阔的加速期。伴随着科技的飞速发展,民主意识的提升,社会宽容度的拓宽,社会复杂性

---

① 张国清著:《中心与边缘》,中国社会科学出版社,1998 年版,第 11 页。
② 王岳川著:《后现代主义文化研究》,北京大学出版社,1992 年版,第 125 页。

的增强,支配工业化时代的简单(形而上学)思维方式已不合时宜,复杂性科学及蕴于其中的复杂性思维应运而生。这推动着人类对客观世界的认识由线性上升到非线性,由简单均衡上升到非均衡,由简单还原论上升到复杂整体论。此时,一种新的思维方式——复杂性科学开始进入人们的视野,日益成为人们认识与改造客观世界的主导性原则。

一、复杂科学的流变

(一)起步阶段

贝塔朗菲创立一般系统论理论,标志着复杂性科学的初露端倪。20 世纪 40 年代,一般系统论、信息论、控制论等先后问世,它们都是为解决以往的科学技术难以解决的复杂性问题而提出的。

1. 一般系统论

一般系统论的创始人是奥地利理论生物学家贝塔朗菲。1937 年,贝塔朗菲在芝加哥大学的一次哲学讨论会上第一次提出一般系统论的概念。1947～1948 年,贝塔朗菲在美国讲学和参加专题讨论会时进一步阐明了一般系统论的思想。他指出,不论系统的具体种类、组成部分的性质和它们之间的关系如何,存在着适用于综合系统或子系统的一般模式、原则和规律。1954 年,"一般系统论学会"成立,后改名为"一般系统论研究会",出版《行为科学》杂志和《一般系统年鉴》,一般系统论开始进入系统理论探讨阶段。1968 年,贝塔朗菲出版《一般系统论——基础、发展和应用》。在此书中,他总结了一般系统论的概念、方法和应用。该书被公认为是一般系统论的代表及奠基之作。伴随一般系统论研究的深入,其基本原理及相应的理论基础逐渐形成。贝塔朗菲强调,任何系统都是一个有机整体,它不是各个部分的机械组合或简单相加,系统的整体功能是各要素在孤立状态下所没有的新质。所以,系统中各要素决不是孤立地存在,每个要素在系统中都处于一定位置上,发挥着特定功能。要素之间相互关联,构成了不可分割的整体。要素是系统整体中的要素,如果将具体要素从系统整体中割离出来,它将失去要素的作用。系统论的基本思想方法,就是把所研究和处理的对象当做一个系统,分析系统的结构和功能,研究系统、要素、环境三者的相互关系和变动的规律。同时,世界上任何事物都可以看成一个系统,系统是客观世界的普遍存在形式。

2. 信息论

1948 年 10 月,美国数学家香农发表《通信的数学理论》,这标志着信息论的诞生。信息论是关于系统中信息传递和处理的科学理论,它建立了包括信源、信宿、信道等信号传输的普适模型,并给信息量的概念下了定义,提出了信源编码等定理,为信息的输出和通信奠定了重要理论基础。信息论的研究范围极为广阔,一般分为三种类型。第一,狭义信息论。这是一门应用数理统计方法来研究信息处理和信息传递的科学,其研究对象是通讯和控制系统中普遍存在着的信息传递的规律,以及如何提高各信息传输系统的有效性和可靠性。第二,一般信息论。它主要研究通讯问题,此外它还细化到噪声理论、信号滤波与预测、调制与信息处理等问题。第三,广义信息论。它包括狭义信息论和一般信息论的问题,其基本原理渗透到诸多领域,如心理学、语言学、神经心理学、语义学等。

3. 控制论

控制论是美国数学家维纳与他的合作者为适应近代科学技术中不同门类相互渗透与相互融合的发展趋势而提出的。它摆脱了牛顿经典力学和拉普拉斯机械决定论的束缚,使用新的统计理论研究系统运动状态、行为方式和变化趋势的各种可能性。控制论是研究系统的状态、功能、行为方式及变动趋势,控制系统的稳定,揭示不同系统的共同控制规律,使系统按预定目标运行的技术科学。20 世纪 40 年代末,维纳参加了火炮自动控制系统的研究工作,通过将火炮自动瞄准飞机与狩猎行为进行类比,他发现了反馈等重要概念。维纳等人认为,目的性行为可以用反馈来代替,从而突破了生命体与非生命体的界限,把目的性行为这个生物所特有的概念赋予机器,为创立控制论奠定了全新基础。1948 年,维纳出版了《控制论——关于在动物和机器中控制和通讯的科学》一书,标志着控制论的诞生。控制论研究包括生物系统和人工系统在内的各类系统的共性和规律,提出了输入、输出、信息、反馈、控制行为及目标等概念,为控制系统设计、分析和综合奠定了基础。

系统论、信息论、控制论表现为三个不同的研究领域,这三大领域的研究存在着紧密联系与共通性。它们都致力于从整体、联系的观念出发发现与解决问题,这意味着人类对工业化社会机械分析式思维的初步超越。

(二) 发展阶段

20 世纪 70 年代以后,伴随着科技发展速度的进一步加快,社会生活的进一步丰富与复杂化,系统科学的研究进一步细化,系统在更大程度上被赋予有机与生命等"活"的特质,事物运作的自组织性、运作过程的非线性等逐渐为人们所体认。正是在这一背景下,耗散结构论、协同学、突变论、超循环理论、混沌学、分形理论等相继被提出。它们致力于突出研究对象的复杂性,从不同角度揭示复杂现象的规律性。所有这一切都标志着复杂科学的研究上了一个新台阶。

1. 耗散结构论

耗散结构理论是比利时物理学家普利高津于 1969 年提出的。"耗散"一词源于拉丁文,原意为消散。耗散结构论认为,系统只有在远离平衡的条件下才有可能向着有秩序、有组织、多功能的方向进化,这就是普利高津提出的"非平衡是有序之源"的著名论断。在研究中,普利高津发现,一个远离平衡态的开放系统,由于许多复杂因素的影响会出现非对称的涨落现象,当这种涨落达到非线性区时,在不断与外界进行物质和能量交换的条件下,系统将可能发生突变,由原来的无序混沌状态自发地转变为一种时空或功能上的有序结构。事物的这种在非平衡状态下新的稳定有序结构,被称为耗散结构。耗散结构论就是探索耗散结构的微观机制,揭示非平衡系统行为的出现、功能等。质言之,耗散结构理论是研究远离平衡态的开放系统从无序到有序的演化规律的一种理论。

1971~1977 年,耗散结构理论的研究有了进一步发展。这包括用非线性数学对分岔的讨论,从随机过程的角度说明涨落和耗散结构的联系以及耗散结构在化学和生物学等方面的应用等。1977 年普利高津等人所著《非平衡系统中的自组织》一书就是这些成果的总结。之后,耗散结构理论进一步丰富,主要是用非平衡统计方法,考察耗散结构形成的过程和机制,讨论非线性系统的特性和规律,以及耗散结构理论在社会经济系统等方面的应用等。耗散结构的研究率先揭示自然现象的复杂性,进而其基本原则被用于对社会现象的思考,并升华为一种思维方式。

2. 协同学

协同学由德国理论物理学家赫尔曼·哈肯在 1973 年创立。协同学理论是处理复杂系统的一种策略,其目的在于建立一种用统一的观点去处理复杂系统的概念和方法,其重要贡献在于通过大量类比和严谨分析,论证各种自然系统和社会系统从无序到有序的演化,都是组成系统的各元素之间相互影响又协调一致的结果。

3. 突变论

突变论由法国数学家托姆创立。1972年,其《结构稳定性和形态发生学》一书出版,标志着突变论的诞生。"突变"一词,法文原意是"灾变",它强调变化过程的间断或突然转换。突变论是研究系统的状态随外界控制参数连续改变时而发生不连续变化的数学理论,它运用拓扑学、奇点理论和结构稳定性等数学工具,研究自然界多种形态、结构和社会经济活动中存在的各种非连续性现象。质言之,突变论研究从一种稳定组态跃迁到另一种稳定组态的现象和规律,其主要特点是用形象而精确的数学模型来描述和预测事物连续性中断的质变过程。突变论认为,系统所处的状态可用一组参数描述。当系统处于稳定态时,标志该系统状态的某个函数就取唯一的值。当参数在某个范围内变化,该函数值有不止一个极值时,系统必然处于不稳定状态。托姆指出,系统从一种稳定状态进入不稳定状态,随着参数的再变化,又使不稳定状态进入另一种稳定状态,此时,系统状态就在一刹那发生了质变或突变。突变论给出了系统状态的参数变化区域,其重要贡献是对突变的类型进行了归纳与分类。根据这种理论,突变类型不取决于状态变量的数目,而取决于控制参量的数目。当控制参数不多于4个时,只有7种不同类型的突变形式,这些形式具有高度的概括性和普适性。突变论与耗散结构论、协同论一起,在有序与无序的转化机制上,把系统的形成、结构和发展联系起来,成为推动系统科学发展的重要理论之一。

4. 超循环理论

超循环理论是德国科学家艾根于1979年提出的。这种理论吸收了进化论和自组织理论的思想,认为生命现象包含许多由酶的催化作用所推动的各种循环,基层的循环又组成了更高层次的循环,即超循环。这种循环进一步推进,还可形成更高层次的超循环,如此进行下去,以致无穷。超循环系统即是经循环联系把自催化或自复制单元连接起来的系统。在此系统中,每一个复制单元既能指导自己的复制,又能对下一个中间物的产生提供催化帮助。艾根在分子生物学水平上,把生物进化的达尔文学说通过巨系统高阶循环理论进行数学化,建立了一个通过自我复制、自然选择而进化到高度有序水平的自组织系统模型,以解释多分子体系向原始生命的进化。艾根认为,在生命起源和发展的化学进化阶段和生物学进化阶段之间,有一个分子自组织阶段,在这个阶段形成了今天人们发现的具有统一遗传密码的细胞结构,这种遗传宏观的形成是由于一种超循环式的组织一旦建立就永存下去的选择机制。因此,艾根认为进化原理可理解为分子水平上的自组织。超循环理论是研究分子自组织进化现象的理论,它把生命起源解释为自组织现象,研究由生命现象得到的启示。

5. 混沌学

混沌学是研究确定性非线性动力学系统所表现出来的具有貌似随机、无规则性复杂行为混沌运动的非线性动力学。它研究混沌运动中从无序到有序的演化及其反演化的规律和控制。法国数学家庞加莱早期从数学角度运用确定性理论研究太阳系运动时发现,即使是三个星体的简单模型,也会得到随机的结果。1963 年,美国气象学家洛伦兹在研究天气变化时发现,在一定条件下会出现对初始条件极其敏感的确定性非周期流。1975 年,美国数学家李天岩和约克将洛伦兹的发现一般化,提出了著名的李-约克定理,从而正式定义了"混沌"概念。混沌一词的提出引起了学术界极大兴趣。1976 年,美国生物学家梅依将李-约克理论应用于生物群种的研究,采用形象的分支理论描述李-约克定理及混沌现象。物理学家瑞勒和塔肯斯也用混沌理论阐述流体力学中的百年难题——湍流机理问题。1977 年在意大利召开了第一次国际混沌会议,标志着混沌科学正式诞生。1978 年,费根鲍姆通过倍周期分岔发展为混沌的两个普适常数,揭示了一条普遍适用于倍周期分支到混沌的自然法则:虽然它们的奇异吸引子形状不同,但它们都具有无穷嵌套的自相似结构,并且具有同一标度变换因子。这种普适性与方程类型无关,与相空间维数高低无关,与学科领域无关,只与问题的复杂性有关。1990 年,美国马里兰大学的物理学家奥特、格里及约克首先从理论上提出了混沌控制方法,后来简称为 OGY 方法。这些成果拉开了运用混沌理论与方法研究复杂性的序幕,为人类认识和控制复杂系统开辟了新的途径。

6. 分形理论

分形理论由美国 IBM 公司的数学家曼德布罗特提出。1967 年,他在美国权威的《科学》杂志上发表了题为"英国的海岸线有多长"的著名论文。论文认为,海岸线作为曲线,其特征是极不规则、极不光滑的,呈现蜿蜒复杂的变化。我们不能从形状和结构上区分这部分海岸与那部分海岸有什么本质的不同,这种几乎同样程度的不规则性和复杂性,说明海岸线在形貌上是自相似的,也就是局部形态和整体形态的相似。事实上,具有自相似性的形态广泛存在于自然界中,曼德布罗特把这些部分与整体以某种方式相似的形体称为分形。20世纪80年代前后,其专著《分形——形、机遇与维数》及《自然界的分形几何》相继出版,分形几何学得以创立。分形几何学研究自然景物不规则图形,分形的核心在于自相似性和递归性,其中,自相似性是跨越不同尺度的对称性。分形无特征尺度的特征量是分数维,它是度量不规则程度的特征量,反映了占领空间的能力。混沌学重点研究非线性动力过程中的各种复杂性质,而分形注重对某一动力行为所产生的吸引子的研究,混沌吸引子就是分形集。

如上理论从不同侧面对无机自然界及有机自然界事物的运作及规律进行了探讨。在各项研究中,系统的开放性特质,它们在运动进化过程中的动荡,由渐变到突变的内在机理等,都得到深刻的揭示。这一切成果促成着复杂科学理论的成熟,并升华为全面指导人类思考的普适性原理。

(三) 高潮阶段

对于事物组织结构及运动规律的复杂整体性研究,如上理论各有贡献,但这些研究分门别类,没有顾及它们之间的内在联系,更没有触及建立一个复杂性研究的统一范式。到了20世纪80年代,伴随美国圣菲研究所的建立,复杂性科学才真正步入研究的最新阶段。1984年,在美国新墨西哥州的州府圣菲建立了专门从事复杂性科学研究的机构——圣菲研究所。这一研究所在以三位诺贝尔奖得主即盖尔曼、安德森、阿罗为主的物理学家、经济学家的大力推动下建立起来,其研究成果在世界科学界引起巨大震动。一批来自不同学科的物理学家、生物学家、经济学家等为了探索"复杂性"走到了一起,构建出世界上复杂性研究的专门机构和前沿阵地。圣菲研究所对世界各国开放,成员流动,众多世界级的科学家参与,开展规模空前的跨学科、跨文化综合研究,影响巨大,被称为世界复杂性研究的中枢。他们提出的一些概念、原理和方法,代表着一种新的态度,一种看问题的新角度,一种全新的世界观。当前,圣菲研究所的影响越来越大,几乎成了复杂性研究的代名词,形成了复杂性科学的"圣菲学派"。

二、复杂性科学的基本内容

(一) 复杂性

自然界和人类社会在不断发展变化的过程中走向复杂化。这种复杂化向两个方向展开:伴随着"个体"甚至尘埃、粒子之间以及它们与环境之间不断地进行相互作用而演变为高级、复杂的系统,这一过程被称为"进化";复杂的、高级的系统不断地退化为低级、简单的系统,直至尘埃、粒子,这一过程被称为"衰退"。复杂性的增长和退化,本质上就是自然界和人类社会的进化与衰退过程。普利高津认为,复杂性存在于一切层次中,不同层次的复杂性既有差别,又有统一。平衡态、线性、可逆过程只能产生简单性,远离平衡态、非线性、不可逆过程则产生复杂性。复杂性是自组织的产物,在远离平衡、非线性、不可逆的条件下,通过自发形成耗散结构这种自组织而产生出物理层次的复杂性,在此基础上通过更高形式的自组织产生出生命、社会等层次的复杂性。对此,我国研究复杂理论的学者司马贺指出:人们越来越同意,复杂性是我们生活的世界的一个关键特征,也是共同栖居在这个世界上的系统的关键特征。

复杂性一词的意思与联合体有关,组成联合体必须有两个或两个以上部件,它们密切结合在一起难以拆开,于是在组成体之间出现了联结与区别的两元特性。"联结"又称从属性,它指的是联合体内不同部分之间的相互依赖、相互制约,又产生秩序。"区别"又称多样性,它指的是联合体内不同部分之间的差异性、多样性、非对称性,并导致无序、混沌。任何组织的运动都在两种过程的平衡中进行。不难看出,复杂性只存在于既不完全无序也不完全有序的"中间"状态。混沌并不具备复杂性,真正的复杂性出现在混沌的边缘。郝柏林院士指出:"复杂性介于随机和有序之间,是随机背景上无规则地组合起来的某种结构和序。"在动力系统中,定性的和定量的秩序都在混沌的边缘地带诞生,这个过程可以简单地表示为程序—复杂性—混沌。在表述尺度不同的情况下,有序也可能是无序,无序也可能是有序。

我国学者钱学森从方法论的角度认识复杂性。他指出:"凡是不能用还原论方法处理或不宜用还原论方法处理的问题,而要用或宜用新的科学方法处理的问题,都是复杂性问题,复杂巨系统就是这类问题。"他以系统再分类为基础,提出了对于复杂性的界定。根据他的观点,复杂性被概括为:

41

1. 系统的子系统间可以有各种方式的通讯；2. 子系统的种类多，各有其定型模型；3. 各子系统中的知识表达不同，以各种方式获取知识；4. 系统中子系统的结构随着系统的演变会有变化，所以系统的结构不断改变。

(二) 复杂系统

复杂科学的专门研究机构美国圣菲研究所认为，复杂性科学的对象是复杂系统。该所的宗旨是："发展关于复杂系统及其简单的组成部分的研究……理解复杂系统对于充分发挥科学的潜力能够起到关键的作用；同时，理解复杂系统以希望产生巨大的智力和实践价值。"我国学者钱学森先生从对系统的再分类进行了复杂性科学研究。他认为，复杂性科学的对象是开放的巨系统。对系统进行全面细致的分类是探索复杂性的前提，根据组成子系统以及子系统种类的多少和它们之间关联关系的复杂程度，可把系统分为简单系统和复杂系统两大类。简单系统是指组成系统的子系统比较少，它们之间的关系比较单纯。研究这类简单系统可以从子系统相互之间的作用出发，对系统的运动功能加以综合。如果子系统种类很多并且有层次结构，它们之间关联关系又很复杂，这就是复杂巨系统。如果这个系统又是开放的，此系统则称为开放的复杂巨系统。开放的复杂巨系统具有如下特征：第一，种类繁多的子系统之间的非线性相互作用异常复杂，关联方式具有非线性、不确定性、模糊性和动态性等；第二，系统具有复杂的层次结构，时间、空间和功能等层次彼此嵌套，相互影响；第三，系统与环境相互作用，并具有主动性、适应性和进化性等。因此，使用传统的研究方法无法解决开放的复杂巨系统问题。

关于什么是复杂系统，西利尔斯的观点较为典型并被普遍接受。在《复杂性与后现代主义》一书中总结出复杂系统的十大特征，对之概括、归纳，可以约化为六个方面。第一，组分数目巨大。复杂系统拥有数目巨大的组分，系统因规模增大而复杂型并被普遍接受。第二，组分间存在复杂的相互作用。相互作用不一定只是物理性质，还可能是信息的交换；相互作用必须达到一定程度；相互作用是非线性的；组分间作用较为直接、短程；相互作用有反馈回路。第三，开放。复杂系统一定是开放系统，它与其存在的环境相互作用。第四，远离平衡。系统必须远离平衡，存在持续的能量流维持系统的组织与运作。第五，路径依赖。复杂系统不仅在时间中演化，而且当前行为依赖于过去。第六，分布参数。任何组分个性都无法预知自身行为会对整体产生怎样的影响,复杂性是组成系统的各个要素相互作用的结果,但这些组分个体只能对与自身相关的信息作出反应。

三、复杂性思维方式的出现

时至今日,复杂性科学的价值与适用性已远远超出原领域本身而上升为哲学方法论层面,这为诸多领域的研究提供了一种全新的思维方式。

（一）混沌

所谓混沌,是指在复杂系统内部伴随非线性的增强而呈现出的一种不规则的有序现象,即无序中的有序,是复杂的秩序化。被科学界称为洛伦兹吸引中心的非线形系统"相位空间"图（"蝶翅"效应问题）,是混沌科学的代表。它向人们形象地反映了复杂系统混沌运动的特点:对初始条件的敏感性和内在的不确定性。混沌理论告诉我们,在一个发展的复杂系统中,我们无法预测任一既定时刻的变化,无法预测这种变化何时发生,只知道它会发生,其模式是随机的,但体现出一种模式。法国哲学家埃德加·莫兰在其著作中指出,世界既不可能是纯粹有序的,也不可能是纯粹无序的,因为在一个只有无序性的世界里,任何事物都将化为乌有而不可能存在,而在一个只有有序性的世界里,万物将一成不变,不会有新东西发生。所以,世界的基本特征是有序性和无序性的混合。

"混沌"不是指一般的无规律混乱状态,而是指整体协同运动的状态,特别是复杂巨系统运动规律的复杂状态。混沌现象起因于物体不断以某种规则复制前一阶段的运动状态,产生无法预测的随机效果。所谓"差之毫厘,失之千里",正是这一现象的最佳批注。具体而言,混沌现象发生于易变动的物体或系统之中,该物体在行动之初极为单纯,但经过一定规则的连续变动之后,却产生始料未及的后果,即混沌状态。但是,此种状态不同于一般杂乱无章的混乱状况,经过长期及完整分析之后,可以从中理出某种规则。

20世纪60年代,气象学家洛伦兹根据牛顿定律建立温度、压强和风速三者之间相互作用的关系模式。他运用数值方法模拟气象问题时发现:初始条件微小改变,会使整个气象系统状态产生惊人的变化。形象地说,巴西的一只蝴蝶偶然扇动几下翅膀所引起的微弱气流,可导致纽约上空刮起一场龙卷风,此即"蝴蝶效应"。这说明,大气运动是一个复杂的混沌体系,随着初始条件微扰因素的指数增长,不确定性特征越见突出。股市行情也是一个复杂性问题。如果把经济现象化复杂化为简单,用线性推理去寻求规律,舍弃次要的随机因素或微小的初始数值,那么,预测的结局将与事实截然不同。因此,有学者这样描述混沌模式的科学图景:有序与无序的统一,完全性与不完全性的统一,自相似与非相似的统一。美国詹姆斯·格莱克在《混沌——开创新科学》一书中指出:"混沌已经成为一种迅速发展的运动的简称,而这个运动正在改变着整个科学建筑的结构。""混沌无所不在。"

混沌现象虽然最先用于解释自然界,但是在人文及社会领域中,因为事物之间相互牵引,混沌现象尤为多见。如教育领域,由于教育对象是人,他无论从心理上还是从生理上,都表现为一个具有丰富内在且随时变动起伏的个体。这样,无论宏观的教育架构,还是微观的教育操作,其整个过程必然体现为一种多因素参与且相互影响与制约的复杂巨系统。教育过程基本上依循一定准则,存在相应的秩序,这毋庸置疑,但这种秩序决不是近代机械论系统视野下的秩序,而是一种混沌中的秩序。就其最终输出而论,系统中任何一因子的波动都可能被放大,带来意想不到的结果。

(二)自组织

组织指系统内的有序结构或其形成过程。德国理论物理学家哈肯认为,从组织的进化形式来看,可以把它分为两类:他组织和自组织。如果一个系统靠外部指令而形成组织,这就是他组织;如果不存在外部指令,系统按照相互默契的某种规则,各尽其责而又协调自动地形成有序结构,这就是自组织。自组织现象无论在自然界还是在人类社会中都普遍存在。一个系统自组织功能愈强,其保持和产生新功能的能力也就愈强。例如,人类社会比动物界自组织能力强,人类社会比动物界的功能就更高级。以往的组织如各种人工系统常常被视为他组织,即组织的运作从根本上依托的是外部安排或指令,其运作过程带有明显的被动性。从自组织的观点看,对于复杂巨系统的组织系统,其运作仅靠外部力量推动,或者依托简单粗暴的方式加以控制,已经不再现实。提高构成组织内各个单元的自觉性,激发其自我管理、自我监督、自主调控、主动适应环境的能力,变得尤为重要。

自组织,其意为系统内部自主的有机和有序化。通过自组织,组织内各个要素之间及其与外部环境之间相互作用,依托自适应机制,使系统由混沌趋向协同,向更高一级演化。自组织普遍存在于无机系统和有机系统之中。协同学创始人哈肯把大量原子注入晶体内,晶体受到激发后使系统由无序走向有序,这是无机系统自组织的鲜明例证。诺贝尔化学奖得主普利高津指出,复杂系统重构的转化性变化不会发生在系统平衡或接近平衡的状态之时,而是发生在系统能量大量耗散的过程中,即"耗散"的自组织性。根据机械论的观点,"熵"的发展不可抵抗,是单向的,并逐渐变大以至于能量耗尽而使组织最终消亡。但是,在自组织视角下,系统具有"逆熵"而进的自组织性,即系统自身要生存发展,必须发生能量的耗散。复杂系统在消耗大量耗散能量的同时产生新的能量,以此维持系统的存在和平衡,使组织保持活力并向更高一级组织演进。

我们今天所面对的教育,存在层次分明、类型多样的学校体系,科目齐全、逻辑严密的课程及教材体系,还有其他诸多因素的影响。如果各种因素能够配合默契,经过长期实践系统演化,它就会形成自组织系统。系统中的个体为适应竞争与合作的需要而经常进行自组织行为,使得系统的结构和层次越来越丰富。我们常常听到如下诸多说法,如"应试教育愈演愈烈""课程内容越来越丰富""教育结构日趋复杂"等,所有这些都是系统自组织演化的结果。在教育这个开放而复杂的系统中,作为序参量的人——教师和学生,他们主宰着教育系统的发展与变化。教育者与受教育者凭借自身独特的生命特质与人生感悟,在自组织基础上形成相应的教育模式与教育结果。教育者与受教育者之间的协同与合作,使教育系统内部各子系统之间产生耦合与协作,在非平衡条件下使教育者、受教育者和教育环境等要素得以整合,推动着整个教育系统的发展。

(三)涌现

涌现是用以描述复杂系统层级结构间整体宏观动态现象的概念。在复杂巨系统中,组成系统的纵向结构呈由高到低的层次结构,其属性、特征、行为和功能在系统高层次状态下得以呈现,但一旦还原到系统低层次,如上属性、特征、行为与功能即不复存在。也就是说,涌现是在复杂系统中的行为主体,根据各自行为规则进行相互作用所产生的没有事先计划但实际发生的一种行为模式。涌现即新质的产生,是整体有而部分无的特性。这种新质并不存在于任何单个要素当中,只有系统在低层次要素构筑高层次要素时才表现出来,所以人们形象地称其为"涌现"。系统功能之所以表现出"整体功能大于部分之和",究其原因即是涌现出新质的缘故。

复杂适应系统理论引进"行为主体"概念,为探索涌现机理提供了一条有效的思路。由于行为主体具有内在的智能性和创造性,这才使得涌现得以不间断地出现并表现出永恒的新奇性。每一行为主体不仅和同一组织层次上的行为主体相互作用,而且还和处于不同组织层次上的其他行为主体发生相互作用,这种跨越层次的相互作用,出现了涌现的新奇性,是系统的复杂性产生的根本原因。

复杂科学提出,"生命是组织的存在,而非物质的存在"。在生命世界里,"只要有充分的时间,生命能适应任何环境"。人在宇宙中得以存在是混沌初创时的一种选择结果。在混沌无序的世界里,生命组织为了适应环境和延续生命而对自身的发展作出了自组织的选择。人类的产生就是这种由"简单的行动组合而产生的复杂行为"即"涌现"出的一种结果,由此人们得出了"生命从根本上就是涌现"的结论。教育作为一种使人社会化的手段,必须体现出对生命的终极关怀,提升人的主体性,将人的自觉能动性、独立自主性和积极创造性等凸显出来。在教育过程中,教育主体之间存在着思想的碰撞,受教育者为了适应社会发展的需要必须对自己的未来作出选择。在无数次的选择与简单行动组合的基础上产生复杂的行为结果,创造出具有"新奇性"和"确定性"的新质来,从而使生命的本质得到升华,体现出教育最根本的意义之所在。

(四) 涨落

所谓涨落,通常是指系统局部范围内,子系统之间以及系统与环境之间随机形成的偏离系统整体状态的各种集体运动。在许多情况下,人们往往把它描述成系统的宏观状态参量对其平均值所做的微小变动。涨落是由系统要素的独立运动或在局部产生的各种协同运动以及环境因素的随机干扰所致,系统的实际状态值总会偏离平均值。当系统处于由一种稳态向另一种稳态跃迁时,系统要素之间的独立运动和协同运动进入均势阶段时,任一微小的涨落都会迅速被放大为波及整个系统的巨涨落,推动系统进入有序状态。

涨落是存在于一切系统中的固有属性,一般分为内涨落、外涨落、微涨落和巨涨落。"通过涨落达到有序",这是一个系统通过失稳而重新确立稳定性的过程,失稳过程中基核的形成是系统新的稳定性的生长点。普利高津认为,涨落"首先必须在一个有限的区域内把自己建立起来,然后再侵入整个空间,这里有一个成核机制"。此机制即是系统要素的非线性作用。涨落放大从而形成巨涨落，也是系统要素非线性作用的缘故。按照涨落发生的不同空间位置，可以把涨落分为内涨落和外涨落。内涨落主要是由于系统要素或子系统的随机运动，外涨落则主要取决于环境的扰动。来自环境的扰动通过系统要素的非线性相互作用而转化为内涨落，继而促进系统的有序演化。

涨落是系统形成耗散结构的原动力。根据耗散结构理论，系统通过涨落达到有序，其中非线性正反馈对于涨落放大有着决定性意义。耗散结构可以看做由于物质和能量交换而稳定了的巨涨落。通过涨落达到有序的实质是通过竞争实现协同，因此竞争和协同是系统自组织演化的动力和源泉。一定的结构必然具有一定的功能并制约着随机涨落的范围，随机涨落可以引起局部功能的改变。当涨落突破系统内部调节机制的作用范围，涨落得到系统整体的响应而放大，造成系统整体结构的改变，而新的结构又制约新的随机涨落的范围。这样，结构和功能动态地相互作用，系统便不断地进行着演化。

系统在演化过程中，一般存在稳定性与非稳定性两种相反的属性或力量。稳定性表现为系统对涨落的抑制，非稳定性则表现为涨落对系统宏观稳定态的扰动。正是这两种相反力量之间的竞争，决定了系统存在着一个涨落放大或衰减的"临界值"。当某个涨落区域的尺寸低于临界值时，意味着阻止涨落扩张的力量大于涨落自身扩张的力量。此时，涨落主要表现为对系统稳定性的干扰。当某个涨落区域的尺寸大于临界值时，涨落扩张自身的力量大于"外部世界"的阻止力量。这时，该涨落可以迅速放大到系统整个范围，取代原宏观状态形成新的宏观有序结构，并与后来形成的宏观有序结构之间在本质上形成同构。所以说，涨落是系统自组织性质的体现，它对于系统更新进而使系统呈现新的活力具有重要意义。无论基核的形成，还是涨落的放大，所有这些都表明了非线性作用的存在。没有非线性作用，就不可能出现巨涨落，也不可能形成新的宏观有序结构。

系统中的混沌、自组织、涌现、涨落等现象，所有这些被纳入人们的视野，究其根本原因，在于伴随着科技的高速发展，人们对事物的认识变得深入化与精确化。同时，如上意识被充分体认并升华为复杂性思维方式，也依赖于社会转型期社会生活的日益复杂与人们主体意识的增强。以这种思维方式思考教育，教育将被赋予新质，其实践将呈现一种全新的格局。

第二章

社会转型前的简单教育之思

简单教育是本研究对近代发源于西方的机械思维方式并在其控制与支配之下的教育理论与实践的一种统称。此处的"简单"不是日常生活意义上的简单，而是代表着与牛顿-笛卡儿范式相适应的线性、机械、静态还原的形而上学思维方式，这种意义上的"简单"冠之于教育之前，表达了对教育的如下理解。

首先，简单教育是一种他组织行为。为了实现这一点，规训与控制弥散于整个教育过程并达到极端化、精致化，并且这种规训与控制逐渐从外部控制走向内部控制，从肉体控制走向思想控制。福柯指出："绝望和时间能够销蚀钢铁的镣铐，但却无力破坏思想的习惯性结合，而只能使之变得更紧密。最坚固帝国的不可动摇的基础就建立在大脑的软纤维组织上。"[1]因此，简单教育中的控制对受教育者来说具有无与伦比的合法性与难以打破的性质，这导致了教育的秩序化与程式化运作。

其次，简单教育是以追求数量上的效率为最高主旨的教育。班级授课制的教育组织形式、标准划一的评价方式、正规序列化的学校教育系统，都体现出这种要求。其中，在班级授课制的提出与实施中体现得尤其鲜明。在这种教育组织形式下，教育者与受教育者之间一对一或一对少的关系被打破，而代之以一对多的关系，这使得教育对人的培养走向规范化与规模化，并表现出与近现代大工业生产方式的一致性。学校成了"教育工厂"，一批批差别多样的学生走进来，经过教育周期性、序列化的加工与循环，一批批具有同质性的学生走出去。单向度、平面化、无个性人的培养并不是简单

48

---

① ［法］米歇尔·福柯著，刘北成、杨远婴译：《规训与惩罚》，生活·读书·新知三联书店，1999年版，第113页。

教育刻意而为,实质上是追求效率使然。

再次,简单教育是忽视教育过程本身的复杂性及受教育者发展的各种可能性的教育。对人的"理性"本质的规定致使受教育者的另一面——非理性方面遭到忽视甚至排斥,教育运作中复杂动态的网络连接被简化为几条抽象的、粗线条的关系。此时,教育过程中各种可能性没有了,被铁的"规律"式、可严格预期的运作模式所替代,教育行为成了教育计划与预期的附属品,教育过程中的"生成""涌现""混沌""涨落"等现象被压制与剥夺,显示出刻板性。

总之,简单教育是忽视教育的各种可能性并通过外塑性的控制行为,使组成教育的各要素之间形成简单线性连接而实现批量生产单向度人的活动。这种特质的教育伴随西方社会步入工业化时代而产生,进而在西方引领之下波及整个人类并持续几个世纪。这种教育理论及实践在人类教育发展史上曾写下浓墨重彩的一笔,对人类文明的发展与进步作出了不可否认的贡献。但伴随 20 世纪 80 年代以来西方社会由工业化社会向后工业化社会的转型,这种教育日渐暴露出不足之处。

第一节　简单教育的历史探源

西方古代社会的教育融于生活之中,是内在选择与外在教导的统一。此时,尽管教育内容十分简单,教育方式也十分原始,它却以一种较为自由的方式实现着对人的培养与塑造。组成教育的各要素也存在着经验性的良性互动,教育并未表现出通过绝对性"规律"对人控制的特征,此时的教育是一种朴素的复杂教育。自阶级出现,伴随着物质财富与精神财富的积累,教育内容开始以一种精选出来的形式外在于教育而存在。随着学校的产生,教育活动开始从社会活动中分离出来,成为一种封闭于特定时空的社会活动,教育者与受教育者也开始因各自较为明确的身份定位而相互分离。此时,教育的功能开始致力于符合统治阶级利益,沦为一种通过外在控制实现塑造特定社会人的外塑活动。从这个角度可以说,自阶级社会以来,教育就被赋予了简单教育的特质。但是,如果撇开教育的阶级性,深入到西方农业时代的教育理论与实践,我们便会发现,自古希腊以来西方农业时代的教育以其追求上的人文性、现实实践中的情景化与自由,而显示出朴素的复杂教育的性质。真正的简单教育从理论追求到实践操作成为现实,源于西方工业化时代。

一、西方农业社会的教育:朴素的复杂教育

古希腊时期的西方教育是一种追求理性的教育,这体现在此时期教育家的教育思想之中。柏拉图是希腊哲学思想的集大成者。"柏拉图同意智者的意见,认为不可能有关于现象的知识;同意苏格拉底的意见,认为真知永远是关于概念的知识;同意赫拉克利特的意见,认为(现象)世界经常变化;同意埃利亚学派的意见,认为(理念)世界是不变的;同意原子论者的意见,认为存在是多(理念);同意埃利亚学派的意见,认为存在是一;同意几乎所有的希腊思想家的意见,认为归根到底,宇宙是有理性的。"①总之,他把古希腊各派的思想统摄到其理念论中并进一步推演出以理性为旨归的教育,这在其著作《理想国》中表现得极为明显。柏拉图相信,良好的教育可使一个国家中的人性得到改造,正确的教育可以使人们成为有理性的人。他认为,每个人的灵魂中都有理性、激情、欲望三种成分。灵魂中的理性部分即爱智部分,是人们用以思考推理的,它在灵魂中居于领导地位。欲望是人们用以感觉爱、饿、渴等物欲之骚动的,是灵魂中的非理性部分。激情处于欲望之外且与欲望有冲突,是理性的盟友。理性是为整个心灵的利益而谋划的,应该起领导作用。激情应服从并协助理性,理性应在激情的协助下领导欲望。只有一个人受过良好的教育,他的理智和激情受到良好的培养和训练,其理智得到加强,这个人的理智、激情和欲望三者间的关系才能得到协调。在他所主张的理想社会即理想国中,教育的根本目的在于培养哲学家,使他们接近"理念"世界,认识最高主宰——永恒的真理。柏拉图的教育世界是一种秩序化的世界,在这个世界之中,等级分明,秩序井然,个人的欲望被当做引起混乱的东西而加以排斥。教育的各个方面都是为了使受教育者

---

① [美]梯利著,葛利译:《西方哲学史》,商务印书馆,2000年版,第67页。

接近乃至把握"理念"这一永恒的真理。比如,在教育内容的选取上,"研究算术,是为了观察、思考数的性质,'唤起思考的能力,引导心思去面向本质与实在',使得心灵'超然于变幻的世界之上而把握着本质','把握真理'趋向真理——神。几何学,是为了引导灵魂接近真理和激发哲学情绪,以便了解'关于永恒存在的知识'进而'掌握善的本质的形式',使之永远'想到实在'——神。天文学,是为了思索宇宙的无穷,从而承认最高理念创造万物的魔力"①。亚里士多德继承和发展了柏拉图的教育思想。在《政治学》中,他论述了人之所以为人、人区别于动物的特性,也就是人的本质,即表现为人的理性。理性为人类所独有,所以唯有人能分辨善恶,动物则没有这种分辨能力。人类虽独具理性,但人和动物之间并没有不可逾越的鸿沟。动物永远不能成为人,人则可因其丧失理性而沦为动物。亚里士多德认为,人类由于志趋善良而有所成就,成为最优良的动物;如果不讲礼法,违背正义,则堕落为最恶劣的动物。亚里士多德的这一见解,和中国先秦教育思想家谆谆告诫人们要注意人和禽兽之间的分别的观点可谓殊途同归。在对人的看法上,亚里士多德把人的灵魂分为三个部分:理性灵魂、动物灵魂和植物灵魂。在三者之中,理性灵魂是最为神圣的,所以,"同人的一般生活相比,合乎理性的生活就将是神圣的"②。人应该追求这种理性的生活。对于教育,他主张通过教育使灵魂的三个部分都能得到充分的发展,但是,教育的最终目的却在于发展人的理性部分——灵魂的最高部分。在他看来,身体的发展完全是为理性的发展创造条件,情感、欲望的发展只是为理性打下基础。

中世纪教育是信仰至上的教育,教育从古希腊时期对"理性"的追求转向对"上帝"的追求。这种转换有其内在的连续性。"上帝的崇高、权能、智慧、仁慈和善,超越人类的一切概念,非笔墨所能形容。但是,一切造化的初始因一定是唯理的,潜在于其中的理性总是它内在本性的一部分;宇宙之所以有秩序和目的,是由于上帝有理性和逻各斯。换言之,理性和善位于世界的根基,上帝是一切变化中永恒不变的基质。"③此时,上帝成了"理性""善"

---

① 王天一等编著:《外国教育史(上册)》,北京师范大学出版社,1993年版,第48~49页。

② [美]梯利著,葛利译:《西方哲学史》,商务印书馆,2000年版,第97页。

③ [美]梯利著,葛利译:《西方哲学史》,商务印书馆,2000年版,第155页。

与"秩序"的化身。在这种观点的统领之下,教育不再是发展人的"理性",而是要服从信仰、确证上帝,以便实现自我的拯救。中世纪的教育是基督教会垄断下的教育,个人在这种教育中没有自由,只能接受教士的宣讲,它遵循"信仰高于理解"的原则。在教育过程中,为了对学生施以控制,纪律严酷,体罚盛行,不准学生提问,更不准对教师所宣讲的内容有丝毫怀疑。教育过程成为完全灌输的过程。学习内容尽管进一步分化为"七艺",但是,"全部教育内容就是进行宗教教育",并"始终贯穿着神学思想,渗透着宗教教育的目的与要求,与古希腊教育中学习的'七艺'有很大的不同"。"学'文法'、掌握拉丁语,是为了阅读圣经的;学修辞学,是为了分析经书的文体,训练宣教口才的;而所谓辩证法是指一种进行论战的方法,学习它的目的是为教会的宗教信条进行辩护,并打击'异端'。""学习算术和天文知识,用于计算宗教节日和祭典的日期,以及占卜星象;几何包括一点测量常识,学习它用来绘制教堂建筑图样;学习音乐则是为做礼拜和举行宗教仪式服务。而更有甚者,在'四艺'的内容中,还往往附加许多牵强附会的神秘主义解释,如算术中的数字学习,把'1'解释为唯一的神;'2'指耶稣基督具有神性和人性两重性格;'3'意味着圣父、圣子和圣灵的'三位一体','4'指四个福音传道者等等。"①

52

统观这一时代的教育,我们可以看出唯理性教育的影子,其中对最高秩序(理念、上帝等)的追求明显而突出。但是,我们不能据此认为,此时的教育即是一种近现代意义上的简单教育。从教育实践层面而论,此时教育中那种机械式灌输并不存在,辩论之风兴盛于教育之中。这在柏拉图的著作中就有所表现,其早期作品几乎都是苏格拉底与别人交谈、对话或辩论的纪实。西方第一部以教育为专门题材的著作——古罗马时期教育家昆体良所著《雄辩术原理》,更为明显地体现出古代教育过程中的论辩之风。即便到了中世纪,教育中的辩论仍然盛行。可以说,西方农业时代的教育场域内拥有自由的空间。而且,西方古代的教育,其职能一般来说还十分简单,封闭的教育系统还未形成,教育表现为非大量生产、非标准化、非同步化的运作,

---

① 王天一等编著:《外国教育史(上册)》,北京师范大学出版社,1993年版,第79～80页。

采取个别教学的方式。因此,本研究把西方农业社会的教育定位为有别于简单教育的复杂教育状态。

二、近现代教育:简单教育走向现实

西方社会近代以来,伴随英、德、法、美等国家工业化的进程,教育方式与大工业生产方式逐渐取得一致。此时的教育,无论价值追求,还是教育的现实运作,都表现出秩序化、程式化与刻板化等特征。教育日渐从根本上沦为一种简单教育并走向极致化。

夸美纽斯揭开了西方近现代教育的序幕,他以"在此以前没有一所完善的学校"和"改良学校是可能的"两个判断为前提,发出了改革学校教育的呼声。学校教育运作的秩序化是夸美纽斯的最高追求。他认为:"真正维系我们这个世界的结构以至它的细微末节的原则不是别的,只是秩序而已,就是按照地点、时间、数目、大小和重量把先来的和后来的,高级的和低级的,大的和小的,相同的和相异的种种事物加以合适区分,使每件事物都能好好地实践它的功用。所以,秩序就叫做事物的灵魂。因为一切秩序良好的东西,只要它能保持它的秩序,它就可以保持它的地位和力量;到了不能保持它的秩序的时候,它就变得脆弱,就倾跌和颠覆。"①他还以时钟为例指出,时钟不过是安排得好、设计得好的各个部件的排列而已,就一个部件来说,它没有灵魂,使时钟能够发生完美运转的力量即"秩序的万能的支配力"。一旦这些部件能够以一种有序的、合理的方式排列起来,它就能够实现和谐的运转。"教学艺术所需要的也不是别的,只不过是要把时间、科目和方法加以安排而已。一旦我们发现了正确的方法以后,那时无论教导多少学童,都不会比用印刷机在一天之内印一千份最整洁的文章,或用阿基密提的机械去移动房屋、堡塔和极重的重物,或坐船经过大洋去新世界旅行更为困难。整个的进程会和一座以重锤做动力的钟的运行一样,不会发生摩擦。看到照我的计划去进行教育和看到这种自动机将是一样的快乐,它的进程和这种巧妙地做出来的机械是同样不会失败的。"所以,我们应该这样组织学校,"使它们在这些方面能十分像一座用最巨大的技巧做成的、用最精细的工具

---

① [捷]夸美纽斯著,傅任敢译:《大教学论》,教育科学出版社,1999年版,第60页。

巧妙地雕镂着的钟一样"①。为了实现教育的秩序化运作,夸美纽斯对学校教育体系、分科教学制度、教育组织形式都提出了相应要求。例如,他从自然界的普遍规律"自然并不跃进,它只一步一步地前进"中,找到"偏差"并得到"纠正"。"各个班级的一切功课都应该仔细分成阶段,务使先学的能为后学的开辟道路,指出途径。时间应该仔细划分,每年、每月、每日、每时,都有一定的工作。时间与学科的划分应该严格遵守,务使无所省略或颠倒。"②他根据儿童的年龄特征,把人从出生到成年接受教育的过程分为 4 个时期,即婴儿期、儿童期、少年期和青年期,每期 6 年。对于具体的教学,他主张"一个教师同时教几百个学生不仅是可能的,而且也是要紧的。因为对教师,对学生,这都是一种最有利的制度"③。对于班级授课制,夸美纽斯论述的要点是:(1)把学生分成班级,班级又分成 10 人小组,每组有一个学生进行管理。(2)绝对不进行个别教学,而只同时一次去教所有学生。(3)每班一个教师。(4)教师站在高高的讲台上,眼光同时看着全体学生,谁也不许做别的事,只准用心听,只准看着他。(5)除非全体学生都在静听,否则教师不可说话;除非他们全在注意,否则不可进行教学。(6)教师应运用技巧,引起学生的注意。如不断介绍有趣的和实际有用的事物,在开始新学科之前向学生提出问题以激发兴趣,尽可能利用感官尤其是视觉以帮助注意,中途向学生提问,有时向全班提问,让学生有被提问的机会。(7)教导从每年的一定时间开始,学科的划分要使每年、每月、每周、每日甚至每小时都有一定的工作。(8)文字应当永远和事物一道教授,一道学习。(9)压缩学科,除去一切不必要的、不合适的材料和细枝末节,只教有用处的东西。(10)不强迫学生违背自己的意志去学习任何学科,让每个人顺着他自然的倾向去发展。为了维持教育的正常运行,他对学校纪律予以特别强调,"凡是愿意在学校里面求学的人就必须服从学校的纪律。纪律有三条:第一,不间断地监视。因为我们决不能相信孩子们的勤勉与天真。(难道他们不是亚当的子孙吗?)第二,谴责。凡是越出了正轨的学生都应该被谴责以唤回理性与服从

---

① [捷]夸美纽斯著,傅任敢译:《大教学论》,教育科学出版社,1999 年版,第 63 页。
② [捷]夸美纽斯著,傅任敢译:《大教学论》,教育科学出版社,1999 年版,第 86 页。
③ [捷]夸美纽斯著,傅任敢译:《大教学论》,教育科学出版社,1999 年版,第 124 页。

的大道。最后,惩罚。如果劝告没有效力就必须惩罚。"①

夸美纽斯所倡导的教育理想明确体现出教育简单的性质。此时,教育可能并且必须实现秩序化的运作,这种教育是规模化、群体化的,其运作方式一方面反映了对效率的追求,另一方面在事实上也确实促成了教育高效率的实现。教育中各个要素通过明确、有序的分工,被安置在特定的时空中,发挥各自的功能。为了实现这种秩序化运作,教育中的违规行为必须给予惩罚,对学生的要求应该统一而标准。教育中的随机不稳定状态被排除,其中的情感被抽空,教育成了一架精确运行的机器。夸美纽斯的教育理论适应了西方工业化时代的需要,后来的教育基本上都是顺应这种理论并使之进一步完善与精致化。杜威曾对这种教育进行描述与总结,传统教育是过于"专门化的、片面的和狭隘的"、"一切都是有利于'静听'的"②。

19世纪末20世纪初,美国工程师泰罗的"科学管理"模式得以形成。此管理模式把管理还原成一种接近精密科学的学问,即通过对时间—动作的研究,制定标准化、程序化的操作方案,寻求最佳操作方式。这种操作模式表现出如下特点:第一,对管理中物的因素的重视,全部注意力都放在技术、方法和方案上;第二,不认为所管理的人是具有情感、意志的生命,而视之为可以操纵的机器;第三,对量化手段的崇拜,只关注可以量化的部分,对不可量化的部分则置之不顾。这种管理模式显然与笛卡儿在物理学领域所倡导机械唯物论的方法论原则相一致。③ 这种方法论原则"强调将现实分解为主要和次要特征。主要特征本质上是数学的和客观的,指的是那些尺寸、形状、动作和位置的特点。次要特征从属于主要特征而且较少具有'真实性',指的是那些通过感觉认识的特点——颜色、气味、质地、声音"④。通过这种区分,从而实现彻底认识那种井然有序的规律,与追求速度、效率和精确性的要求。泰罗模式所代表的精神实质无疑影响了包括西方教育在内的社会

---

① [捷]夸美纽斯著,傅任敢译:《大教学论》,教育科学出版社,1999年版,第234页。

② 赵祥麟、王承绪编译:《杜威教育论著选》,华东师范大学出版社,1981年版,第26~30页。

③ 全增嘏主编:《西方哲学史》(上册),上海人民出版社,1983年版,第505~509页。

④ [美]小威廉姆E.多尔著,王红宇译:《后现代课程观》,教育科学出版社,2000年版,第43~44页。

生产与生活的方方面面,支配20世纪课程设计的泰勒原理在很大程度上就是这种影响的产物。泰勒指出,组织学习经验是课程编制中的一个重要问题,为了形成某种连贯的教学计划,使学习经验产生积累效应,必须对学习经验加以组织。这不仅极大地影响着教学效率,也极大地影响教育变化发生在学习者身上的程度。有效地组织学习经验并构建一个有效的框架,必须符合以下三条准则。(1)连续性。它指直线式地重申主要的课程因素。(2)顺序性。它强调每一后继经验建立在前面经验的基础之上,同时又对有关内容做更深入和更广泛的探讨,即在更高层次上处理每一后继的学习经验。(3)整合性。它指各种学习经验的横向关系,以便学生获得一种统一的观点,并把自己的行为与所学习的课程要素统一起来。学校课程组织结构分成若干层次。在最高层次上,其组织结构为:(1)学科课程。如地理、算术、历史等。(2)广域课程。如社会科学、语言艺术、自然科学等。(3)核心课程。即把广域课程或学科课程结合起来。(4)一种完全未加分化的结构,即把整个教学计划作为一个单元。在中间层次上,其组织结构为:(1)按顺序组织的课程。(2)以一学期或一学年为单位的课程,如十年级的古代史、十一年级的欧洲近代史、十二年级的美国史。在最低层次上,其组织结构为:(1)课(指每天的教学单元);(2)课题(一个课题可以持续若干天若干周);(3)单元(每个单元围绕一些问题或学生的主要目标而组织,一般持续若干周)。

　　行为主义所倡导的实现教育过程的程序化、可控性的思想,也体现了与此模式精神实质的一致性。早在19世纪,赫尔巴特即指出,在进行教学前,首先必须对学生进行管理。如果不紧紧而灵巧地抓住管理的缰绳,那么任何课都无法进行。因为儿童生来便有一种不服从的烈性,这种烈性即不守秩序的根源。对于这种"烈性""冲动",如不从小加以"约束",不仅学业难成,而且有可能在将来发展成"反社会的倾向"。因此,必须加强对儿童的管理。这一点明确地体现于赫尔巴特的教育思想之中,威胁、监督、命令和禁止、惩罚、教师权威等诸多方式与要素被用于教育实践。"一切管理制度首先采取的是惩罚的威胁",监督是不可或缺的方法。命令、禁止、威胁与监督配合使用,无论命令或禁止都应明确、具体,发出之后即不再收回,要求儿童绝对服从。惩罚的手段有剥夺自由、禁止用餐、关禁闭、打手板、使用惩罚簿等。以美国为例,体罚手段在美国教育过程中曾广泛使用,这可以追溯到殖民时期。它更多的是经常在课堂上使用,只不过教育工作者不太愿意承认罢了。近年来的调查研究表明,每一学年大约有 50 万名儿童遭受鞭子或木板惩罚,大约数千名学生的伤需要诊治。① 美国如此,英、德、法等国亦大体皆然。但是,这种管理并非要在儿童心灵中达到任何目的,而仅仅是要突出一种机械化的教学秩序。对于这种秩序,赫尔巴特将其总结为"明了、联想、系统、方法"教学过程 4 个阶段。与上述阶段相对应,学生的心理状态也可分为"注意、期待、探究、行动"4 种。在教学法方面,教师可采用练习法,指导学生通过练习、作业等方式,将所领会的教材内容应用于实际。这样的教学过程观,反映了把课堂教学导向程序化的早期认识。

到了 20 世纪,行为主义心理学所倡导的教育实践则把教育过程的程序化与可控性更推进了一步。行为主义的奠基人桑代克指出,学习就是获得某种反应的能力。例如,获得知识不是获得它本身,而是学得对它的反应,能在头脑中回忆和再现出来。桑代克认为,如果以学习作为满足欲望的手段,这种学习便是最有效率的学习。从根本上看,一切学习和教学都在于激起动机,助长欲望和兴趣,使儿童易于获得满意的反应。根据这些原理,桑代克提出了著名的学习律。(1) 效果律。这是学习的根本定律,即每个人都趋向于反复而迅速地学会有满意效果的反应,不学习有烦恼结果的反应。换言之,凡能满足欲望的反应都是满意的,都可以学会,反之则不能学会。之所以如此,是因为人类从来不做无益的事情,而只做满足欲望的动作。(2) 准备律。"准备"是指欲望达到的强烈程度。在做出某项反应之前的欲望强就是有了准备,反之就是无准备。根据准备律,在人准备做某种反应时,实现了这个反应,就能获得满意的结果,从而有利于学习;若不能实现这种反应,便会有烦恼的结果,就不利于学习。另一方面,如果不准备做出某种反应而被迫做了这种反应,也会产生烦恼的结果,也不利于学习。生活制度及习惯,过去成功及失败的经历,能力的获得与否,教师为学生创造的环境与条件,教师的鼓励与批评等,都足以影响准备的程度(欲望的强度)。有

---

① 孙晓莹、梁宗华:《美国教育法律中的学生权利及其保障研究》,《沈阳师范大学学报》(社会科学版),2006 年第 4 期。

机体的欲望变化迅速,不宜作为大多数人学习的动机;社会性的欲望则经常处于准备状态,是指导和促进学习的较为可靠的手段。(3)练习律。练习是学习的重要条件,尤其是学习那些复杂的技能,长时间的练习是必要的,它能巩固和综合各种知识和能力,但这种效果只有在满足前两条学习律的前提下才能实现。不满足效果律,再多的练习也无效。此外,要想通过练习获得进步,不能在练习中原样照搬地重复,而应有所变化;按什么方向去变化,也应依据效果律。教师的指导和学生的欲望在练习中也是不可或缺的因素。桑代克还指出:"人类学习基本上是准备律、练习律和效果律的作用。人首先是一种联合机构,以避免神经元的生命过程受到干扰而运转着。如果我们一开始就臆造想象力和官能,如果我们避开使用不确定的和空泛的术语表达的思想,如果我们面对高级形式的学习所呈现的极端多样性和创造性而惊讶不已,我们将永远不能理解人类的进步,也永远不能控制人类的教育。"①后期行为主义者斯金纳根据行为主义原理,总结出一种重要的教育实践形式——程序教学,把秩序化的教育推到了极致。他认为,程序教学包括如下基本原则。(1)所谓知道了规定的教材,这意味着什么呢?对此必须有明确、详细而客观的规定。这样的规定一般是由一系列详细规定的刺激—反应联结组成的,其表达形式就是公式化的问题和答案或论题和评注。(2)编写一系列刺激(问题)—反应(答案)框面(frames),这种框面以由易到难的小步子呈现,并且经常从各个不同角度反复检验同样的事实。(3)要求学习者必须是主动的,并对程序中每个框面做出反应。(4)给每个反应提供即时反馈。(5)尽量安排好问题,使学生能经常做出正确反应并得到强化。这样,错误可以避免,学习中的挫折或惩罚性失败也会大大减少。(6)让每个学生按自己的速度完成整个教学程序。(7)给勤奋的和学习效果好的学生提供大量支持性强化物(表扬、记功、象征性奖品)。② 行为主义把个体看做一个具有"各种刺激—反应功能的联合体",教育目的就是使受教育者形成教育者所期待的反应,教育过程也就变成了一个使刺激—反应之间的联

---

① [美]G. H. 鲍尔、E. R. 希尔加德著,邵瑞珍、皮连生、吴庆麟译:《学习论——学习活动的规律探索》,上海教育出版社,1987 年版,第 43 页。

② [美]G. H. 鲍尔、E. R. 希尔加德著,邵瑞珍、皮连生、吴庆麟译:《学习论——学习活动的规律探索》,上海教育出版社,1987 年版,第 309 页。

结加强的过程。在这一过程中,人的意志、情感、想象力、自发的行为能力被当做虚无的东西加以排斥。

科学主义的研究倾向也是诱发教育简单化与标准化的重要因素。早在20世纪初,强调通过严格试验进行教育研究的"实验教育学"学派即已产生,其代表人物有德国的梅益曼和拉伊等。他们认为,教育应该是一种通过实验以取得确切数据、量表并通过科学的教学方法不断提高教育效果的科学,所以,教育研究应该坚决摈弃那些靠主观臆测得出的结论。拉伊认为,人的活动都要通过"感受—整理—表现"的公式,因此,"运动和反应是教育和教学的基础"。这样,教育试验就成为一种制订计划与预期、试验过程的记录与整理、对试验数据和结果进行比较和分析得出最佳结论的过程。梅伊曼较之于拉伊,其教育研究的方式更为科学化。他不赞成在自然教育过程中进行教育研究,强调应该在实验室中严格控制各种条件对儿童进行测验,并通过教育统计,从而得出如何改进教育方式与过程的科学结论。于是,各种能力测验、智力测验、人格测验在实验教育学派的影响下盛行起来。在美国,早在1845年,就开始用书面考试代替对学生的口头提问。到了20世纪,测量学校教学成就的第一批标准化测验开始出现。1930年,人们普遍认识到,论文测验不仅花费主试和被试较多时间,而且所得结果的可靠性不如"新型"的客观性题目,教育中的技术化倾向更进一步。承20世纪初试验教育学的主旨,到了20世纪五六十年代,基于对进步主义教育思潮的反思,美国大力倡导加强教育的基础性、系统性,明确并提升学术标准。这充分体现在1958年颁布的《国防教育法》中,它确立了以培养高科技人才为目标的教学新体系。该法案拨专款资助科学、数学和现代外语三门"新三艺"课程的研究和改革,提供相关教学设施,推进引导、咨询和测试计划,特别重视发现和培养天才儿童。① 此法案的执行反映出人们对教育的标准化、学术化、稳定化的诉求。这具体表现为人们以科学实证范式为指导,意在建立教育现象与事实的因果解释理论,把教育法则化和操作化,使之成为一种可控技术。他们甚至试图找出教育现象运作的技术公式并应用于教育实践。这样

59

---

① 陈晓端、闫福甜:《当代美国教育改革六次浪潮及启示》,《陕西师范大学学报》,2007年第6期。

的教育追求在工业化时代根深蒂固,影响巨大,成为支配此时代教育机械化简单性运作的指导思想。即便到了 20 世纪末,这种思想仍然不失其号召力。美国在 20 世纪 90 年代还在基础教育领域兴起了标准化运动。20 世纪 80 年代中期已经出现了几项颇有影响的著述,为基础教育标准化运动奏响了序曲。这些著述与文件包括《国家处于危机之中》《我们需要的学校》《文化脱盲》《美国精神的闭锁》等。这些著述从不同角度反映了这样一个问题:美国基础教育学术性标准的欠缺。到了 20 世纪 90 年代,随着国家数学教师委员会率先设置了数学学业标准,其他主要学科委员会都跟着设置了相关学科的学业标准。各个专业团体出版的课程标准涵盖了几乎所有学校课程,包括数学、阅读、写作、科学、社会科、健康、艺术、生活技能等等。

在教育发展的历史长河中,西方欧美等国表现出冲破简单化教育的努力,这种努力有时表现为实践操作层面如以卢梭等为代表的一大批教育家改革教育以增进教育活力的主张,有时表现为观念层面如历史上源远流长的人文主义教育思想。但是,由于受制于时代生产力发展水平、工业化性质及根植于此的社会文化及哲学思想等诸多方面,教育一直未能从根本上改变其简单机械化的特质。

第二节　简单教育的现实表现

回顾西方工业化教育的历史,"这些教育活动,从各个时代和无数历史对比看来,不可避免地倾向于同一个结论,即建立一种具有普遍使命的、结构坚固而权力集中的学校体系"。[①] 如今,这样的体系已经建立起来了。在此体系内,规范与控制无处不在。"对是否正常进行裁决的法官无处不有。我们生活在一个教师—法官、医生—法官、教育家—法官、'社会工作者'—法官的社会里。规范性之无所不在的统治就是以此为基础的。每个人无论

---

① 联合国教科文组织国际教育发展委员会编著,华东师范大学比较教育研究所译:《学会生存》,教育科学出版社,1996 年版,第 199 页。

自觉与否,都使自己的肉体、姿势、行为、态度、成就听命于它"①。无处不在的秩序与控制使现实教育呈现一种机械化状态。

一、教育秩序化的存在方式

伴随着近现代教育的制度化,昔时片断、散乱的教育存在方式逐渐代之以秩序化的存在方式。

(一)显性秩序

自16世纪近代学校产生至今,西方欧美等工业化国家都渐次形成了各自的学制系统。各国学制尽管都打上了本国本民族特色的印记,却存在本质上的一致性。这种一致性表现为学校教育形成了一个由低到高完整而有序的系列。我们以美国和德国的学制为例说明。下面为两国的学制图。②

图2.1 美国现行学制图

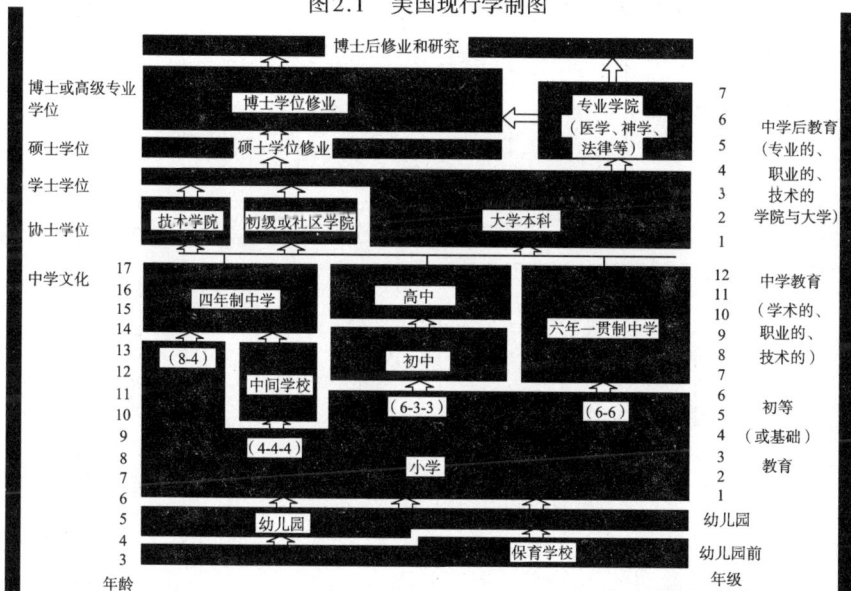

注:上表未单独列出的成人教育计划,可在初等、中等或高等教育中提供。此表反映典型模式,可能的差异则不在反映之列。
资料来源:美国教育部国家教育统计中心(NCES)(1988年)。

---

① [法]米歇尔·福柯著,刘北成、杨远婴译:《规训与惩罚》,生活·读书·新知三联书店,1999年版,第349页。
② 吴文侃、杨汉清著:《比较教育学》(修订本),人民教育出版社,2006年版,第78页。

图2.2 德国现行学制图

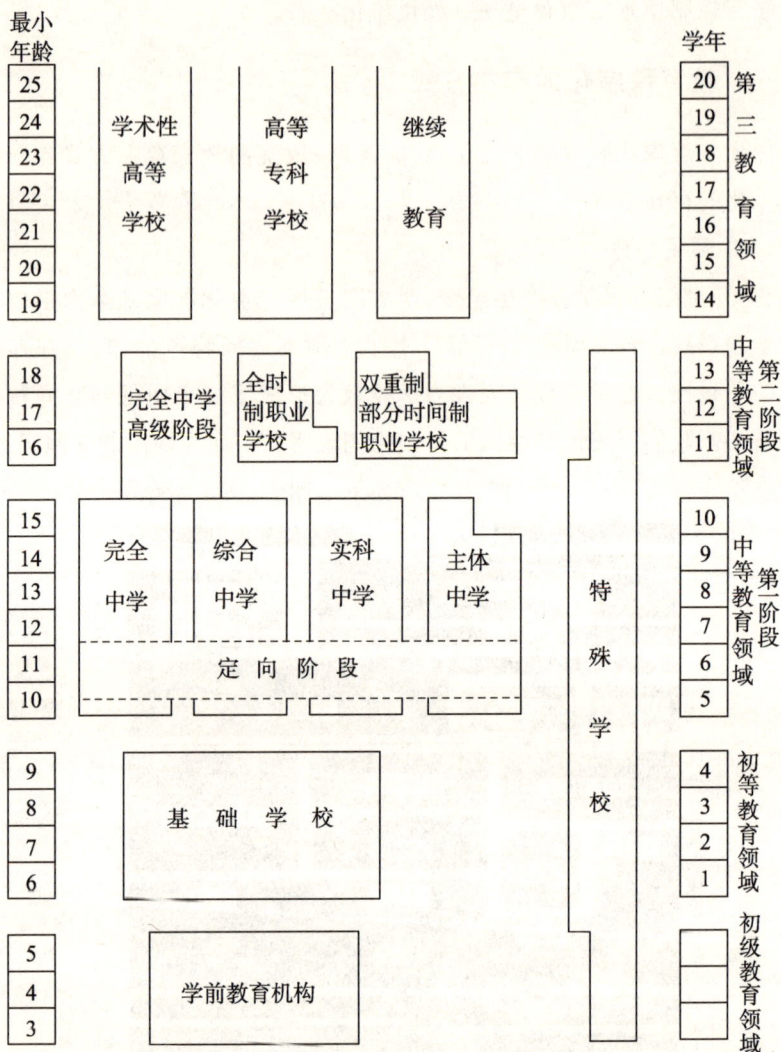

最小年龄

25	
24	学术性
23	高等
22	学校
21	
20	
19	

高等专科学校

继续教育

20	第三教育领域
19	
18	
17	
16	
15	
14	

18	完全中学高级阶段
17	
16	

全时制职业学校

双重制部分时间制职业学校

13	中等教育第二阶段领域
12	
11	

15	完全中学 综合中学 实科中学 主体中学
14	
13	
12	
11	定向阶段
10	

特殊学校

10	中等教育第一阶段领域
9	
8	
7	
6	
5	

9	基础学校
8	
7	
6	

4	初等教育领域
3	
2	
1	

5	学前教育机构
4	
3	

初级教育领域

在这样的学制体系下,学校教育系统表现为完整有序的学校教育体系,即被划分为幼儿园、小学、中学、大学的序列。其中,中学阶段被进一步划分为初级中学和高级中学,大学阶段又分为专科、本科、研究生教育等。在此序列中,每个学段既是前一学段积淀的结果,又是进入下一个学段必要的准备。从低到高,左右贯通与序列衔接,其结果决定了受教育者接受学校教育的历程,他们只能亦步亦趋、按部就班地在这个序列中平稳、秩序地升迁。跃迁式接受教育的情况并非绝对没有,但只有在极为特殊的情况下才可能发生。

近现代学制的形成,为了解决不同层次间学校的衔接、不同类型学校的分工及办学权限等问题,各级各类学校的功能定位被提上了日程,符合某级某类学校的课程、测验学生水平的考试制度应运而生。此时,对于特定学校来说,生源选择、课程设置、学生毕业需要达到的程度等方面已不再也不可能由学校自身来确定,而是学校根据本身的定位按照外在的统一标准来确定。如此,每一个学校成了整个教育系统中的一个分子——一个身份明确、静态的存在物,它必须接受教育大系统中的秩序才能生存。此外,近现代学制的形成也同时滋生出科层制的教育管理模式,这种管理模式在校外表现为低级向高级负责的教育行政管理部门,在学校内部则出现了以学校秩序维护者身份的教育行政管理人员。"管理人员的任务即是维持一种机制,这种机制使教学工作与课程设计以'效率'、'成本效益'、'可审计性'(accountability)等为目标的压力越来越大。教学工作越发变得一板一眼——虽然这种情况只有在某些国家才特别严重,但普遍来说,校方要加强控制教学工作、授课形式及课程内容的决心十分明显。"[1]这种管理机制为校与校之间、学校内部的课堂教学的秩序化提供了一种制度支持。在这种制度支持之下,学校教育内各基本构成因素形成协调的组合,并表现为秩序化的运作状态。

如果说西方近现代学制从宏观上使学校构成了秩序化实体的话,那么,秩序同样渗透在微观的教学过程之中。17世纪,捷克教育家夸美纽斯提出了班级授课制的教学原则。他要求把全体学生分成班级,比如每组10人,每组由一个学生去管理。负责管理的学生又属于上一级的管理小组,如此递推上去。教师绝对不可以进行个别教学,"只同时一次去教所有的学生"[2]。以此理论为规范,班级授课的教学形式开始代替过去的个别教学并率先出现在早期耶稣会所办的学校里。"每个班级有二三百名学生,十人一组。每个组及其'十人长'占用一个罗马式或迦太基式营房。"1762年以后,教育空间拓展了,班级变得单纯了,不再由教师关注下并列的各个小组所组成。在

63

---

①［美］华勒斯坦等著,刘健芝等编译:《学科·知识·权力》,生活·读书·新知三联书店,1999年版,第133页。

②［捷］夸美纽斯著,傅任敢译:《大教学论》,人民教育出版社,1984年版,第138～140页。

18世纪,开始用"等级"来规定人在教育制度中的地位分配形式,即学生在课堂、走廊、校园里的座次和位置,每个学生完成每项任务和考试后的名次,学生每周、每月、每年获得的名次,年龄组的序列,依据难度排成的科目序列等。在这套强制性序列中,每个学生依照其年龄、成绩和表现有时处于某一等级,有时处于另一等级。①

班级授课制的实施使师生之间的一一对应关系被代之以一多对应关系。为了保证教学的有效进行,对学生在课堂上所占空间与位置的限定成了一种绝对必要的条件,于是形成了独具近代简单教育特质的课堂景观。"教室应该构成一个大表格,有许多项目,一切置于教师精细的'分类'目光之下;在每个教室里,座位是根据各门课的各种学生安排的。——每个学生都有为他指定的座位,除非得到命令或经学校督导员同意,任何学生不得离开或改变座位。""各种安排应该使那些不修边幅的邋遢家长的孩子与那些精细整洁的家长的孩子分开,将任性轻浮的学生安置在两个品行端正的学生之间,或夹在两个本分的学生之间。"总之,每一个学生都被纳入一种固定的位置。"这种机制是以一种更灵活、更细致的方式来利用空间。它首先依据的是单元定位或分割原则。每一个人都有自己的位置,而每一个位置都有一个人。要避免按组分配空间,打破集中布局,分解庞杂的、多变的因素。有多少需要分散的实体或因素,规训空间也往往被分成多少段。人们应该消除那些含糊不清的分配、不受控制的人员流失、人员的四处流动、无益而有害的人员扎堆等。这是一种制止开小差、制止流浪、消除冗集的策略,其目的是确定在场者和缺席者,了解在何处和如何安置人员,建立有用的联系,以便每时每刻监督每个人的表现,给予评估和裁决,统计其性质和功过。"教学场景中学生空间分配单元式分割与序列式排列的深层意蕴在于它组合着学生在学校、班级中的位置、身份,从而形成教育的秩序化运作。"这种系列空间的组织,是基础教育的重要技术变动之一,它使得传统体制(每个学生受到老师几分钟的指导,而其他程度不一的学生无事可做、无人照顾)被取代。它通过逐个定位有可能实现对每个人的监督并能使全体人员

---

① [法]米歇尔·福柯著,刘北成、杨远婴译:《规训与惩罚》,生活·读书·新知三联书店,1999年版,第165~166页。

同时工作。它组织了一种新的学徒时间体制,使教育空间既像一个学习机器,又是一个监督、筛选和奖励的机器。"①课堂管理中的点名制、复杂而精致的班级管理规范等应运而生。

教育秩序化的存在也表现在教育时间的安排中。西方近现代教育外延上规模的扩大决定了教育过程的时间分配呈现严格的秩序化序列分配。学龄期概念的出现即为适应这种教育序列化的时间分配而提出,它旨在以年龄作为规定何时入学及青少年在校时间的关键指标。纵观西方近现代的各国教育,尽管没有对个体总的受教育年限作出上限规定,但对儿童初入学的年龄及必须接受的义务教育年限都有明确的要求。当前,西方各国儿童的入学年龄尽管基于各国经济发展水平有所差异,但都在义务教育法中有明确而严格的规定。如欧盟各国小学教育的入学年龄为5~6岁,而新西兰为5岁。如此,每个人的教育都被框定在一个早已规定好的时间序列之中。此时,夸美纽斯的理想变成了现实,它规定"一切公立学校同时开学,同时放假,秋季始业,使全体学生(才智缺乏者除外)可以同时达到一定的标准,同时升入高一班去"②。

教育时间分配的秩序化在具体的教育操作层面表现得更为明显。时间分配与排列的精细化分割为人们对活动的时间安排提供了坚实的条件支持。近现代以来利用机械力运行的钟表发明、应用与完善绝对不是偶然现象,它是整个社会生活节律化、秩序化的标志。这表现在学校教育中,即以安排学校日常教育工作的时间表与课程表一并出现并完善起来。学生的日常生活被规范化为一系列早已严格预计与安排好的活动。福柯对17世纪瑞士小学教育的课堂教学进行了精细的描述:"当时钟敲响一个小时的最后一下时,一个学生就开始敲钟。当第一声钟声响起时,全体学生就跪下,双手合十,眼睛低垂。念完祷词后,教师将发出一个信号,让学生站起来,第二个信号是让他们赞美基督,第三个信号是让他们坐下。"到了19世纪初,有人建议学校使用下列时间表:"8:45,班长进入;8:52,班长会;8:56,学生进入和祷告;9:00,学生就座;9:04,听写第一块;9:08,听写结束;9:12,听写第二

---

①〔法〕米歇尔·福柯著,刘北成、杨远婴译:《规训与惩罚》,生活·读书·新知三联书店,1999年版,第166~167页。

② 陈桂生著:《教育原理》,华东师范大学出版社,2000年版,第39页。

块,等等。"①这种课堂上的时间安排表当时是否施行或施行的情况如何并不清楚,但是与此同质的课程表迅速推广开来并广泛运用于近现代世界各国的学校之中,却是一个有目共睹的客观现实。下面是一个初中二年级学生的学习生活时间表,应当具有代表性。

表 2.1　周一到周五学习生活时间表②

时间	活动项目
5:45	起床
6:00	吃早饭
6:15~6:30	骑自行车上学
6:30~8:00	到校自习
8:00~11:30	上完 4 节课
11:30	吃午饭
12:00	自修
13:00~15:00	上 2~3 节课
15:00	或开班会或开队干部会或补习、做功课
17:30~18:00	到家
19:00~22:00 左右	做作业(一般需要 3 个多小时,有时要 4 个多小时)(只允许在星期五晚上看两个小时电视,其他时间一律不准看)

66

　　我们可能对学校教育中的这种时间安排司空见惯,这种安排背景蕴含着工业化时代学校教育的机械化特质。时间安排的明确化与精细化可以避免教育活动中出现不必要的混乱,它使人们对每一个时段所做的工作都有一个明确的认识。"时间单位分得越细,人们就越容易通过监视和部署其内在因素来划分时间,越能加快一项运作,至少可以根据一种最佳速度来调节运作。"③至此,大众教育成为工业社会中的一部精巧的机器,用以培养它所

---

　　①［法］米歇尔·福柯著,刘北成、杨远婴译:《规训与惩罚》,生活·读书·新知三联书店,1999 年版,第 170 页。
　　②王枬、陈时见主编:《走向创新教育——教育变革的反思与前瞻》,广西人民出版社,2000 年版,第 117 页。
　　③［法］米歇尔·福柯著,刘北成、杨远婴译:《规训与惩罚》,生活·读书·新知三联书店,1999 年版,第 174 页。

需要的人。在这里,时间不按太阳和月亮的运行计算,而是根据工厂的汽笛和时钟。孩子们从一个地方进入另一个地方,坐在被指定的场所,时间的变化以铃声为标准。于是,所有学生的全部时间不是用于受教,就是用于学习。学校变成了一个工厂,所有时间都被恰当地安排起来,在整个学校生活和教学过程中不断地得到利用,教育活动展现出极端节律化的运作图景。

(二) 隐性秩序

根据系统论的观点,系统结构是构成系统要素之间一切联系方式的总和。教育结构无疑体现在公认的组成教育之三大要素即教师、学生与教育内容的组合与联系之中。在教育结构中,如果三要素之间存在动态的连接,它则会表现出应有的活力。但是,就近现代教育而言,三要素之间却表现为静态的、线性刻板化的连接,教育秩序化的存在方式潜在地存在于这种连接之中。

1. 教师——学生之间交往的抽象化

西方近现代教育中,教师以真理拥有者的身份进入教育过程之中。自16世纪英国哲学家培根提出"知识就是力量"的响亮口号以来,知识尤其是科学知识由于在人类征服自然过程中显示出巨大威力而成为人类顶礼膜拜的对象,并且和真理变得同一起来。这种对作为真理的知识的崇拜表现在教育目的上即专注于对外在于人的知识的掌握。此时,师生之间的关系沦为以知识为纽带的知识授受关系,教师这种授予人以知识(真理)的身份导致了教师权威的产生并日渐极端化。在传统课堂教学中,尽管也强调并存在启发引导和讨论,但教学模式根本上属于灌输型,把课堂教学看成一种简单的给予与接受过程。在这种教学模式下,教师占统治地位,是知识和学术权威并主宰课堂;学生则被看成被统治者、服从者。教师拥有绝对权力控制学生的学习时间和空间,甚至控制学生的思想和行为,致使学生把学习当成一种无批判思维的全盘接受过程。学生缺少独立获取知识的时间与空间,学习缺乏自主探索和创新。

在师生关系上,教师作为权力的象征支配着教育活动的方方面面,如他决定对学生的分类与定位,决定教育机会与资源的分配等。当师生关系沦为一种统治者和被统治者的关系的时候,"这种统治与被统治的关系,由于一方在年龄、知识和无上权威等方面的有利条件和另一方的低下与顺从的地位而变得根深蒂固了"①。教师对自身拥有这种决定性的"权力"感到合理而又合法。对学生来说,这种"权力"更是天经地义与不容置疑的。

对教师权威的崇拜把学生推向了师生关系的边缘,学生以一种无足轻重的身份进入师生关系之中。在两者交往中,教师"几乎不考虑学生的兴趣、学生的现有水平,而只是忠诚于学科的逻辑,把教学看成单向的传道、授业、解惑,知识成了统治者"②。如此,教育沦为一种"独白式"活动,并被赋予"知识专制"的实质。教师的任务似乎是把知识作为工作的主要对象,恨不得把自己所知道的知识全部教给学生,知识成了中心,而学生则成为知识的附属物。于是,教育世界变成了成人制定标准并以此标准为依据对下一代进行有责任的改造与塑造的世界。无论用什么样的教育方式,或强制或诱导,其目的却始终如一,那就是让其拥有知识,进而把他们经济有效地融入成人世界之中。于是,教育即表达出如下价值取向,"现代社会是一个充分文化了的社会,一个社会成员必须在青少年时期尽快地具备现代社会生存与发展必须具备的知识技能,才能在现代社会找到自己生存和发展的相对大的空间"③。学生在这种对"知识"的孜孜追求中成为教师的附属存在物,就成为必然。就西方欧美等国而论,如果回顾一下其学校教育近现代化的历史,我们不难发现,教师对于学生而论具有不容置疑的权威。这种权威意识由于历史的惯性至今在英美等国仍在加强。20世纪80年代以来,美国兴起了教师赋权运动。21世纪的今天,英国新增教师惩戒权,包括:从学生身上没收手机、音乐播放器等物品的权力,对上学或放学路上表现不好的学生进行惩戒的权力,扩大对学生课后留校处置的范围与灵活性等。这正如英国教育大臣约翰逊于2006年4月10日在教师工会大会上的演讲中所说的那样:"我们必须通过明确的规则终结'你拿我没办法'文化,赋予教师所需的权威……其实,这并不是要求学校必须对学生实施周六留学校处置,这是一项权力,而非义务。"

教育活动本质上是一种以培养学生精神世界为目标的教生特殊交往的

---

① 联合国教科文组织国际教育发展委员会编著,华东师范大学比较教育研究所译:《学会生存》,教育科学出版社,1996年版,第107页。
② 蔡春、扈中平:《从"独白"到"对话"——论教育交往中的对话》,教育基本理论第8届年会论文,2001年。
③ 王富仁:《把儿童世界还给学生》,《读书》,2001年第6期。

实践过程。在这里,我们把交往活动理解为人与人之间精神上的交往,它指在一定的教育情境中,教育主体和教育客体之间以共同客体(主要是课程和教材)为中介,借助于言语或非言语符号系统而实现的一种以建构学生完满的精神世界为目标的主体交往实践过程。在教育活动中,教育交往实践既不是一种单纯的言语交际活动,也不仅仅局限于知识信息的交流,而是一种人与人之间全面的心灵对话,是一种教育主体之间的相互作用、相互交流、相互沟通和相互理解的过程。[1] 师生在教育过程中的如上身份定位导致师生交往的抽象化,其表现如下:(1)交往的表面化。这种交往是一种表层意义上的交往,尽管他们在特定时空内存在交往关系,但是这种交往是空洞的,不具备实质性内容,并未触及深层次精神层面的沟通与交流。(2)交往的垄断化。教师以自己的思维、话语与行为来代替学生,学生的内心感受与自我判断能力被压制。另外,一对多的师生交往使教育中教师也只能关注所谓"学生群体"活动,教师以一种人为的平均标准推动其教学任务的完成,这类交往由于实质上忽略了每一个具体学生的存在而不可能得到学生真正的回应。(3)交往单向化。教师是交往行为产生的主动者,学生只是被动的接受者,教师在这类交往中扮演着法官角色。双方交往的如上倾向导致交往过程中学生退避行为的出现,或者被教师所同化并与之形成亦步亦趋的关系。另外,如上倾向也致使双方在看待对方的时候,不是视对方为活的生命体,而是视对方为抽象的物。如对于学生来说,教师只是知识性的符号;对于教师来说,学生则是一种等待灌输的容器。如此,师生之间本应具有的活生生的互动关系被代之以一种静态的、无情感参与的抽象连接。

2. 学生—学生之间关系的固态化

集体教育的初衷是使教育成为"让人感到愉快"的艺术,使学校成为"富于欢乐和吸引力的宇舍",它增加了学生"互相激励,互相帮助"的机会。[2] 伴随集体教育的实施与完善,这种使学生能够在集体中通过"互相激励,互相帮助"而形成动态互动关系的良好初衷非但没有实现,反而日渐走向了良好愿望的反面。

---

① 张天宝著:《走向交往实践的主体性教育》,教育科学出版社,2005年版,第77~78页。

② 陈桂生著:《教育原理》,华东师范大学出版社,2000年版,第40页。

尽管班级授课制在形式上似乎为学生之间的交往提供了机会与场所，实质上，这种教育方式却隐含着一种内在的反交往性质。它不但使师生交往消融在形式化的抽象交往之中，而且由于伴之而来的严格时空控制而使每个学生个体根本上处于原子式分离状态。就时间而论，这种教育方式试图将学生一天时间总量的 2/3 集中于课业学习上。学生早晨进入学校，到晚上回家，一天有十多个小时不得不周旋于听课—做作业—听课的循环往复中。在空间上，则形成了被福柯喻为"分配艺术"的空间分配。具体做法是利用技术手段，对人的活动空间给予限制、分割和控制。技术方法有四种主要方式：(1) 封闭的空间；(2) 单元定位或分割原则；(3) 空间分类；(4) 等级排列。它将学生规限在分隔开来的教室里，这样，不同班级的学生之间极难或根本不可能产生实质性交往；即便在同一教学场景中的学生，由班级授课制所滋生出来的"秧田式"座次排列与"满堂灌"式的时间安排也使学生个体之间不可能实现实质的沟通。他们在严格的时空控制中既无暇表达自己，也无暇关注别人表达。每个学生都作为平面化网络联系上的一个固定的结而存在。更有甚者，同一教室的座位被分成好中差三个档次，让不同成绩的学生享受不同待遇。显然，这样的座位安排更进一步限制了学生之间真实而平等的交往。学生交往的凝固化一直是困扰近现代集体式教育的一大问题。人们努力采取各种措施以期改变这种状况，如分组教学的出现，灵活性的个别教学等。这表现在课堂内部的座次安排上力图实现多样化与弹性化，如在保持横平竖直"秧田式"座次安排的基础上，美国、挪威、英国等开始运用"圆桌式""方块式""半圆形""梯形""马蹄形"等其他座次排列形式。如上变革可以说在一定程度上冲淡了学生之间交往的凝固性，增加了一定的动态倾向。但是，鉴于近现代教育规范化、标准化、同步化的实质，这些改变往往沦为一种点缀，学生关系的固态化特征很难实现质的改变，有时甚至会滋生一种表面化与虚假化的交往。

教育中学生之间交往的固态化还源于一种竞争的压力。近现代教育是一种效率至上的精英主义教育，在它为大多数青少年提供了受教育机会的背后，则是对学生进行分层与鉴别的实质。它激励着每个学生在竞争中力争达到学业成就的更高阶层，每个学生都在自我利益的计算中持一种封闭与排斥他人的意向。那些被认为"好学生"的个体作为教育资源与教育机会的优先占有者，是不会与那些"差学生"交往的。即便在"好学生"之间，竞争压力依然存在,他们固守自己的优势从不放松,他们惧怕随时可能被别人压下去甚至被逐出"好学生"群体,因而对同类群体的其他成员抱一种敌视至少是防备的态度。于是,在这种以自我为中心的算计中,学生之间的交往渗透着一种功利主义倾向。"交往其实演变成机会主义式的算计。可算度交往者把交往变成了可算度的关系——在学校中,在班级中,各种交往位置已经得到客观的界定。"①

强制性的时空控制为学生之间的交往设置了不可逾越的障碍,精英主义的教育体制则是阻碍学生交往的原动力。两者同时作用的结果预设了这种教育场景中位置的固定化,并使个体之间具有相互排斥的倾向,学生之间交往的固态化就在这种位置的固定与相互排斥中成为现实。

3. 学生——教育内容之间的僵化连接

学生与教育内容的关系无疑是教育结构中重要的关系之一,二者之间关系的性质必然成为决定教育性质的一个重要方面。

教育内容在教育中以课程的形式表现出来,近现代课程观突出表现在"目标模式"之中。这种模式的显著特征是先拟定一定目标,再选定一定内容加以组织成为标准化课程,其实质是将科学管理的原则运用于课程设计。在此课程观统领之下,教育内容必定以一种唯一外在解释的方式表现出来。"课程所确定的呈现方式都是'蓝本',都是'作品',既然都是'蓝本',那么我们就只有摹仿,既然是'作者的产品',那么我们就得尊重作者想表达的是什么,并以其为标准——尽管我们是通过对作品本身,或从作者的口述,或是对作者思想发展轨迹甚至是从别人提供的相关轶事或权威评论而获得意义。除此之外,其他理解都是错误的,是不被允许的。这其中,除了作品的专权之外,还有意识形态的影子。"②如此,在近现代教育场内,表现为读者的学生和表现为课程的文本与文本作者之间呈现如下关系:"在作者、文本、读者的三维关系中,作者起主导作用,读者在作者创作完成之后才开始其工作,并且读者的解读活动被看做是作者创作的一个延伸,但是其延伸的范围要受作者限制。因此,作者限定了文本的生存空间。在作者、文本和读者的

① 金生鈜:《学校场域与交往惯习——关于教育交往的对话》,教育基本理论第 8 届年会论文,2001 年。

② 蔡春、扈中平:《从"独白"到"对话"——论教育交往中的对话》,教育基本理论第 8 届年会论文,2001 年。

三维关系中,作者是中心,文本是这一中心的体现或实现,读者是这一中心的边缘。"①学生的这种边缘地位使其只能以外在于课程接受者的身份出现在这种标准化的课程关系之中。

在教育中,这种表现为文本的教育内容高于作为理解者——学生的一个内在根据即是西方近现代以来理性主义的君临天下。欧洲文艺复兴和启蒙运动对理性的高扬,无疑是留给当代世界的一笔极为丰富的精神遗产,使教育受惠无穷。但文艺复兴和启蒙运动同时也给近现代教育遗留下极为沉重的精神重负,它促成了理性与"偏见""先见"的对立,并力争把二者剔除出理解的过程。"'先见'或'偏见'(Vorurteil or prejudice)成为认识论中被致力铲除根绝的对象,是在文艺复兴时期逐渐形成的意识。启蒙运动作为思想运动,其中一个标志就是倡导以理性代替传统的'偏见'。'偏见'被借用来喻指传统中一切对理性加以束缚反对的思想势力。偏见与理解的关系,也成为如何一刀两断,彻底与传统决裂的问题。理性追求理解和真理的方向,被规定为以摆脱'先见',涤净'先见'为起点。"②

既然课程内容表现为确定化、客观化的东西,并把学生原有视野定位为"偏见",同时又赋予其负面性质并加以排除,这决定了学生受教育的过程即一种在学生身上"复制"确定的教育"意义"的过程,此过程必然置学生的态度、情感、爱好于不顾,而将其置于严格的工艺流程并遵循程式化输入—输出方式进行控制,学生也只能按照预定的路线接受为其所选定的课程与课程内容的意义,学生和教育内容之间的关系则沦为原件和复印件的关系,教育则发挥着复印机的功能。

对于人的生存方式与知识观的关系,弗洛姆指出:"占有生存方式和存在生存方式在知识领域的区别表现为'我有知识'和'我懂得'这样两种措辞方式,'存在生存方式的至高鹄的就是深刻的知识,而占有式生存则是大量的知识'。存在生存方式把知识看做是生产思想的一部分,而占有式把知识看做是实体性的财产,不与自身的内心世界、精神世界发生联系。"③在近现代教育中,由于教育内容外在于学生的性质,使学习过程成为接受知识、占

---

① 张国清著:《中心与边缘》,中国社会科学出版社,1998年版,第50页。
② 金生鈜著:《理解与教育》,教育科学出版社,1997年版,第23页。
③ 冯建军:《主体间性与教育交往》,教育基本理论第8届年会论文,2001年。

有知识的过程,学生和知识之间的关系是一种占有者与被占有物的关系。此时,学生的生存方式即是"占有"式的,而非"生存"式的。他们任何探究的欲望、任何通过个人的主动性参与以达到对"知识"的创造性理解都被拒绝,他只是把外在于他的"知识"准确无误地接受下来。

西方近现代教育中学生与教育内容之间占有与被占有的关系,把启迪学生心灵的学习过程窄化为纯粹记忆与接受的过程,扼杀了学习过程中二者之间相互开放与相互碰撞所应产生的丰富性与创造性,使两者之间沦为一种机械的、表面化的联结状态。长此以往,教育内容严重地脱离了学生的实际生活。即便是以教育与生活紧密联系而著称的美国,小学生竟存在常识危机。在第三届 TIMSS 的考核题中,有一道简单的科学常识题:在公路上,一辆汽车鸣笛飞驰而来,在经过你以前和以后,你听到的声音高低有何区别? 答案是"先高后低"。答对这道题的人数仅占 37%,而美国仅占 12%。由此可见,近现代学校为了孩子以后的"完美生活"片面地设置教育内容,殊不知,在这"完美设置"背后却暗含着学生与学习内容的脱节。

统观近现代教育中教师、学生、教育内容三者之间的关系,它们基本上是各自作为一种封闭的单位而存在。维系教育结构存在的不是一种表现为"涨落"的内在力,而是依靠外在规范的强制。这决定了教育的秩序化存在。

二、教育手段的显著特征:控制的精致化

近现代教育的运行与大工业生产方式的一致性决定了其运行过程会尽可能剔除各种偶然因素的影响,其旨趣在于追求技术控制和确定性,并根本上看重人类行为的规范与统一而非灵活性与个别差异。因此,这种教育本质上具有鲜明的外控性。"为了有效地培养大工业生产所需要的标准化知识人才,教育把受教育者纳入学校教育的生产过程,用统一的教育技术、统一的课程、统一的教育工艺流程,把人制造成标准化的教育商品,并且输送给大工业的经济运行模式。一切都按事先计划好的统一程序、目标和过程控制,这就是教育工业化的典型特征。"[1]在花样繁多、程度各异的各种控制之下,教育中的各个要素不可避免地沦为教育这部机器中的零部件。

---

[1] 金生鈜著:《理解与教育》,教育科学出版社,1997 年版,第 25 页。

（一）控制手段的多样性

手段之一：规定和纪律

在教育场中，学生和教师都有明确的权利和义务。无论是权利还是义务，其实质都是作为控制手段而存在，并表现为各种规定与纪律。对于前者，它昭示着什么样的行为可以允许，并作为一种正向引导控制着师生的活动；对于后者，它则严格地规定了被禁止的行为，一旦触犯，随之而至的即是惩罚。

规定和纪律作为控制师生的手段，以一种文本的方式体现在各种各样的"法律""制度"与"行为规范"之中。"教育规范是制约和控制学校成员个人行为的重要途径，可以分为正式与非正式两类。正式规范是以法律、法规的形式固定下来，对违犯者有特定的惩罚；非正式规范是不成文的，但能被学校成员普遍理解和接受。根据违犯教育规范的程度，可以区分出三类失范行为：越轨行为、普通违法行为和犯罪行为。越轨行为是可能引起非议或轻微惩罚的行为，违法行为则是违反了各种教育法律与法规的行为，这种行为必然遭到执法机构的轻度处罚，而犯罪行为是最严重的失范行为，它是一种触犯刑律并受到严惩的行为。""具体而论，学生越轨行为是指违背教育习俗、教育规章的行为，即违规、违纪行为。这些行为大致包括不诚实行为、逃学行为、欺骗行为、不守纪行为等。学生的普通违法行为主要是指小偷小摸、打架、流氓行为等。"①规定和纪律促成了一种机制，以便"通过各基本构成因素的协调组合而达到最大效果。纪律不再仅仅是一种分散肉体、从肉体中榨取时间和积累时间的艺术，而是把单个力量组织起来，以期获得一种高效率的机制"②。这表现为如下几个方面。（1）教育中每一个人都成为可以被安置、移动及与其他人相结合的因素。他被固定位置，行使着特定功能并构成了教育体制的部件。对于教师来说，"教师本人无足轻重，只是一个代理人而已，可以任意替换"③，他只能以照本宣科者的身份在确定好的时间与空间中行使其职能。对于学生来说，其身份与作用更是无足轻重。"到学

---

① 马和民：《学生失范行为及其教育控制》，《全球教育展望》，2002 年第 4 期。

② [法]米歇尔·福柯著，刘北成、杨远婴译：《规训与惩罚》，生活·读书·新知三联书店，1999 年版，第 184 页。

③ [德]雅斯贝尔斯著，邹进译：《什么是教育》，生活·读书·新知三联书店，1991 年版，第 7 页。

校学习就是学习固定的知识,学会一些现成的结论和答案,'将白纸黑字的东西带回家即可。'①(2)各种年龄也是教育体制的部件。对于学生来说,每一年龄段学习什么,都是预先规定完毕,各个年龄段之间的目标以一种相互适应与衔接的方式形成有序系列。教育机器一旦开动,只要根据年龄段的要求与规定运转即可。(3)出现一个精确控制师生行为方式的命令系统。师生的全部活动都应该用简明的命令来表示和维持。命令是无须解释的,"教师应该热爱学生""教师必须热爱教育事业""教师应当行为端庄""学生应该热爱学习""学生应该尊敬师长""学生举止应该大方得体"等等,诸如此类的规范构成一个严密的控制网。在这个控制网中,令行禁止,雷厉风行,无需废话。这里不存在理解命令的问题,所需要的仅仅是根据某种人为预先编排的要求,去接受和执行而已。这样的规定与纪律即便在号称自由王国的美国学校中同样存在。下面可以列举美国学校教育的一些惩戒措施。惩罚手续过程:老师口头警告(一次),Time-out(隔离状态,或在教室内,或送出教室),电话通知家长,家长会,放学后留校(家长自行负责接送),取消参加课外活动的权利,惩罚性社区服务(修草坪,拾垃圾等等),星期六到校禁闭(Saturday Detention),校内停课(In-school suspension 简称 ISS),停课在家,送替补学校(Alternative School/Education Program,有工读学校的意思,简称 AEP),开除。抄袭作业,让别人抄作业,作弊及不诚实行为会导致纪律处罚及成绩记为零分。其他会受到程度不同纪律处罚的行为包括:上课迟到,擅自离开教室或离校,不服从学校教职人员指挥(事实上这条可以囊括一切),擅自携带火柴或打火机,抽烟或携带烟类制品,任何影响学校正常教学活动的行为(根据老师或管理人员的判断),穿着不符合着装要求,欺辱、骚扰、敲诈其他同学,擅自带电子或通讯设备到校,等等。老师有权将违反校纪及课堂纪律的学生逐出教室,送往校长室,老师需填写一式三份的"纪律处罚表"(Discipline Referral)交学生带走。校长或校长助理负责处理,做出相应处罚后将一份复印件由学生带回家,由家长签字,一份由老师存档,一份将在学生档案中留存。如果一个学生屡次违纪扰乱课堂,老师有系列详细的记载(documentation),在这种情况下将其逐出教室被视为 Formal

75

----

　　①［德］雅斯贝尔斯著,邹进译:《什么是教育》,生活·读书·新知三联书店,1991年版,第7页。

Removal(正式驱逐)。

手段之二：监视

纪律的实施必须有一种借助监视而实行的强制机制。这种机制力争做到使一切都一目了然，"监督的细节被明文规定，监督进入教学关系中"①。为了有效地控制学生，除学校行政机关进行宏观的监视之外，监视也进入教室之中并控制着他们的一举一动。在班级中，班主任是最高监视者，进而则是各科教师。为了使监视持久化与准确化，部分"优秀"学生以班长、组长、科代表等角色的形式也参与其中。科代表负责监管"在学习时说话或哼曲子的人，不写作业而把时间浪费在玩耍上的人"，组长则在日常生活与学习中负责监督全组的成员在各方面遵守纪律的情况，班长则负责监督全班的表现，并负责"使新生习惯学校的规矩"。② 如果说教师在与学生的对应关系上拥有监视者身份的话，但是在整个教育体级指示制度之中，他却是被时时监视的一员。对教师有效并有力的监视体现在对他们的评审制度之中。"教师评审已成为 20 世纪 80 年代最重要的政治重构之一，它将教师进一步规范成道德主体(ethical subjects)。评审制把诸如品质控制和如何量化工作表现等逻辑延伸到学校。'天眼'恢恢，疏而不漏。评审制令教师感到监视无处不在，自然不敢越雷池半步。此外，评审要量化工作表现，等于将教师变成一堆可以描述、算度并能相互比较的数据。每个个体在评审的法眼底下，受制于无形的规训权力(disciplinary powers)。"③层次性、持续化的监视全面渗透在教育之中，教育中每个人的任何情况都被记录下来，每个人都被不断地探寻、检查和分类，从而被"镶嵌"在一个固定的位置与身份之中。

下面是一位家长对工业化式美国学校的印象，表现出福柯称之为"全景敞视建筑"式的监视景观。

"来美国前总听说美国是个自由民主的社会，是儿童的天堂，印象中美国的学校很乱，美国的学生想干什么就干什么，享受自由，人权嘛。在美国

---

① [法]米歇尔·福柯著，刘北成、杨远婴译：《规训与惩罚》，生活·读书·新知三联书店，1999 年版，第 199 页。

② [法]米歇尔·福柯著，刘北成、杨远婴译：《规训与惩罚》，生活·读书·新知三联书店，1999 年版，第 199 页。

③ [美]华勒斯坦等著，刘健芝等编译：《学科·知识·权力》，生活·读书·新知三联书店，1999 年版，第 139～140 页。

的中国人都知道美国的学校,教室很漂亮,很温馨,老师很温和,满面笑容。我的第一印象亦如此。第一次送儿子去上学,我整个就是刘姥姥进大观园,眼睛都来不及看,不奇怪呀,我可是从未见过这么漂亮的学校。可一星期下来我告诉自己,哼,这学校简直就是个美丽的监狱……老师必须始终跟学生在一起,学生始终在老师的监控保护之下。小学生课间换班都有老师护送至教室门口(尽管小学所有的教室都在同一个封闭的建筑物里),吃饭有老师护送至食堂,有专人'监视'学生领饭,吃饭,饭间不许说话,不许乱丢食物,吃完自己收拾盘子,吃饭只有半小时到 45 分钟,包括排队拿饭,到时不管是否吃完,必须收拾排队回教室。老师除了吃饭时间和备课时间(1 小时到 1 个半小时左右),都跟学生在一起,有时要去上厕所,还得托隔壁教室老师关照一会儿。"①

手段之三:不间断的评分、检查与书写

检查、评分与书写三种教育技术的出现对教育实践走向控制产生了质的影响。"它是一种追求规范化的目光,一种能够导致定性、分类和惩罚的监视。它确立了个人的能见度,由此人们可以区分和判断个人。"②在班级管理中,量化管理模式被越来越多的学校采用。其基本操作如下:将学生行为规范分成若干项,如自习秩序、课堂秩序、环境卫生、就寝纪律、校服穿着、胸卡佩带等等。每一项都有具体要求,并被赋予相应分数,学生根据遵守和完成情况被加上或扣除相应分数,在一个阶段或学期结束后所得分数就是终结性评价。相信人们对如下评价标准并不陌生。

教室卫生检查评比标准③

A 三无:(1) 黑板凹槽无积灰(粉笔灰)。最多扣 10 分。

(2) 窗(包括观察窗、气窗、窗台、窗槽)、门框无积灰。最多扣 10 分。

(3) 窗帘线不拖放在地上(每条扣 2 分)。最多扣 10 分。

(4) 插座、开关无积灰(每个扣 2 分)。最多扣 10 分。

B 地面:(1) 地面清洁,无明显尘迹、污垢。最多扣 10 分。

---

① 美国学生想干什么就干什么吗? http://tieba.baidu.com/f? kz=152228561(EB/OL),2006－12－03.

② [法]米歇尔·福柯著,刘北成、杨远婴译:《规训与惩罚》,生活·读书·新知三联书店,1999 年版,第 208 页。

③ 田国秀:《学校规训教育与人的物化》,《当代教育科学》,2007 年第 18 期。

（2）地面无杂物（垃圾、口香糖、瓶罐、鞋、包、袋等，每个扣2分）。最多扣50分。

C 桌面：（1）桌椅摆放整齐。最多扣10分。

（2）座位无人时，桌椅不能摆放茶杯、饮料罐（每个扣2分）。最多扣50分。

D 壁橱：（1）橱门（包括玻璃门）必须关闭（缝隙不大于1厘米）。最多扣30分。

（2）橱门无脏痕。最多扣30分。

（3）玻璃橱门整洁。最多扣10分。

E 墙面：（1）墙面无手印、脚印、球印（每个至少扣5分）。最多扣50分。

（2）墙上无蜘蛛网（最少扣5分）。最多扣20分。

（3）不得在大楼里进行任何球类活动（包括羽毛球、毽子，每个扣5分）。最多扣50分。

对学生，学校在进行着不间断的评比。教育者根据学生所得分数进行排序，对排名较后的学生进行处罚，排名较前的学生则被当成聪明的学生、有前途的学生等。其实，奖励和扣分只是手段，对学生的控制才是最终目的。这种评分模式可操作性强，简单省事，被很多学校、班主任视为管理学生的法宝。

考试是检查学生甚至教师最为重要的形式，其目的是对学生掌握知识的情况进行了解并为学生进一步学习提供参考。伴随着近现代教育筛选功能的极致化，考试逐渐异化为一种主要对学生"分类"与"贴标签"的筛选工具。此时，"考试不仅仅标志着一个学期的结束，而且成为一个永久的因素。通过一种不断重复的权力仪式，考试被编织在学习过程中"①。学校成为不断考试的机构。考试自始至终伴随着教学活动，它越来越成为激发学生之间相互较量，并力争超过同伴而显示自己的基本手段，也成为教师之间较量教育"素质"与"能力"的有效工具。

为了使考试更好地行使筛选与甄别功能，考试结果往往用极为精确的

---

① ［法］米歇尔·福柯著，刘北成、杨远婴译：《规训与惩罚》，生活·读书·新知三联书店，1999年版，第210页。

客观化标准来评判。于是,评语式评价方式不再受到人们的赏识,而代之以精确量化的评价方式。美国人一向重视教育,也比较重视考试,认为考试对教学具有指导作用。多年以来,他们制定了多种标准化考核模式,如全国教育进展评估(NAEP)、学术能力测试(SAT)等。即便到了 20 世纪 90 年代,美国仍不减使用标准化考试的热情。曾被誉为"教育州长"的克林顿就任总统后,决心加强联邦对基础教育的宏观控制。1994 年 3 月 31 日,他推动国会通过《2000 年目标:美国教育法》,其中一部分内容就是拟定 2000 年美国教育所要达到的八大目标。① 他明确提出支持全国标准化考试,希望通过标准化考试,提高学生的竞争力,保持美国在各个领域的世界领先地位。标准化考试使每个学生的能力与素质用客观"分数"来表示,同时,此分数也标志着教师的教育能力与个体素质。"分数给表现树立客观价值,用数量来设定十分是完美、零分是一败涂地的标准。分数也可以为自我树立数目来衡量价值。发明分数之后出现了 IQ 智能测验,并不是偶然的事。智能测验其实也是一种考试评核,从原来测量实际的表现转化为那些被设定为潜藏于表现背后的内在素质。"②如此,高分数则成为能力高与素质高的重要标志。在考试频度上,考试的经常化使教师和学生双方时时都要而临监视与评判。在接受这种监视与评断的过程中,他们逐渐做出自我规训,对自己的身体与思想进行经常性检查、计量与反思,并使自身成为能对自我进行检查审视的主体,进而使自身进一步沦为"心甘情愿"地屈从于这种考试"权力"的附属物。

把个体引入文件领域,也是检查的重要方式。无论教师还是学生的历史如工作与学习能力、责任感、曾受到的处分与奖励等,都被一一记录在案,所谓个人表现就是从这些资料数据中整合出来的。严密的档案书写与记录制度滋生这样的机制,"这种机制通过使个体所思所做完全暴露于监控之下,以达到权力的行使效果。被威吓的个体受制于权力之下,一举一动一目了然"③。这样,即便在个体本身缺席的情况下,依托于各种文件,个体也完

---

① 史静寰著:《当代美国教育》,社会科学文献出版社,2001 年版,第 104~113 页。

② [美]华勒斯坦等著,刘健芝等编译:《学科·知识·权力》,生活·读书·新知三联书店,1999 年版,第 47 页。

③ [美]华勒斯坦等著,刘健芝等编译:《学科·知识·权力》,生活·读书·新知三联书店,1999 年版,第 140 页。

全能够被分析与评判,个体完全处于无所逃避的状态。对每一个学生档案记录的审察即可确立每一个学生个体在学校中的身份、地位,也预示了其发展前程。同样,对每一个教师履历的审视也可做出对其有利或不利的评判。

通过各种档案书写制度所实施的检查,教育中的每一个人都变成了"个案"。"普通的个性——每个人的日常个性——一直是不能进入描述领域的。被注视、被观察、被详细描述、被一种不间断的书写逐日地跟踪,是一种特权。一个人的编年史、生活报道、死后的历史研究,是他的权力象征仪式的一部分。规训方法颠倒了这种关系,降低了可描述个性的标准,并从这种描述中造就一种控制手段和一种支配方法。"①隐含在档案书写制度背后的控制表现为如下两种形式:奖励和惩罚。在教育运作中,约束性规范一旦制定,对稍有偏离者便施以惩处。这种惩处在学生身上表现为对那些"成绩不佳者"、不"认真"学习者、违犯纪律者给予警告、羞辱等;在教师身上则表现为对那些教育成绩不良者、行为与态度不符合"教师"标准者给予经济上的处罚、声誉上的蔑视乃至各种各样的行政处分。奖励作为一种控制手段也加以应用,那就是对那些符合标准的"好"教师和"好"学生采取各种肯定性措施,其目的在于昭示接受控制的美好结果,以便使受到惩罚者在吸取教训的同时加以效仿。

(二) 控制的抽象化

由体制衍生出的教育控制在走向完善与精致化的过程中,至今已日益表现出抽象化的特点:被控制对象的变化——由对肉体控制进一步延伸为对心灵控制;控制形式的变化——由外在控制进一步延伸为内在自我控制;控制手段的变化——由注重惩罚转向注重奖励。马尔库塞对西方发达工业社会通过新的控制形式所造成新的不自由状况有过深刻的描述,他指出:"一种舒舒服服、平平稳稳、合理而又民主的不自由在发达的工业文明中流行。"②新的控制形式之所以使人感到"不自由"却舒服而平稳、合理而民主,原因即在于其抽象化,如由强制转变为诱导,由对肉体的奴役转向对精神的奴役等。教育中控制的抽象化同样使被控制的人感到"舒服""平稳"而被合

---

① [法]米歇尔·福柯著,刘北成、杨远婴译:《规训与惩罚》,生活·读书·新知三联书店,1999 年版,第 215 页。

② [美]马尔库塞著,刘继译:《单向度的人》,上海译文出版社,1989 年版,第 1 页。

理合法化并加以接受。这一点正如福柯所指出的那样,"个体通过自己或别人的干预,改造自己的身体、灵魂、思想、行为操守甚至做人处世之道,以得到快乐、纯净、智慧甚至永恒"①。

1. 被控制对象的变化——由对肉体的控制延伸为对心灵的控制

教育中对肉体的控制表现为个体的时间与空间被完美地分割。在这种体制内,"人成了一个经济原子,按照管理原子的调子运动着。你的位置就在这儿,你就以这种方式坐在这儿,你的手臂以 Y 为半径,移动 X 英寸"②。这种控制表现在近现代教育的方方面面之中。从精确的课程表到时间作息表,再到"秧田式"的座次排列等,无不暴露出这种对肉体进行控制的性质。这种控制规定了参与教育的每一个人在什么时间与什么样的位置应该做出什么样的行为。个人的身体是不自由的,他只是按照预先设计好的程序做出某种"恰当"的行为。

当今的教育已经不再满足于对外在肉体的控制,对外在教育秩序的追求逐渐延伸到对参与教育之中的人的心灵的控制。它倡导一种思想,强调外在于人的真理的神圣性与不可违背的观念。这种观念在对"标准答案"的极端尊崇中表现得尤为明显。有例为证:"期末考试前,小儿在一次语文测验中又丢了 5 分。试题是让把每组词编成句子,写下来,再加标点。给的词是:发明、蒸汽机、瓦特,是,的。小儿写的答案是'是瓦特发明蒸汽机的',但小儿没得分,理由是与标准答案不符,上面给出的标准答案是'瓦特是发明蒸汽机的'。"③再举一例。一位一年级的老师在训斥一位学生:"你多马虎,怎能说自己在小溪里睡觉呢?简直胡扯……"那位小学生垂着头,流着泪……事后,有人问那位小学生:"你为什么那么写呢?"学生抽泣着说:"我把自己当做一条小鱼,小鱼不就是在小溪里睡觉吗?"许多老师在不经意间都会犯类似的错误。这位小学生把自己想象成了一条小鱼在小溪里睡觉,是多么富有创造力啊,可老师总习惯从自己的立场出发,以特有的标准俯视孩子,"及时"掐灭孩子与现实不符的想象。这些尽管都是极端之例,其背后所传达的不容许学生自由思考与表达的精神实质却具有普遍的意义。

---

① [美]华勒斯坦等著,刘健芝等编译:《学科·知识·权力》,生活·读书·新知三联书店,1999年版,第143页。

② [美]E.弗洛姆,孙恺祥译:《健全的社会》,贵州人民出版社,1994年版,第98页。

③ 王枬、陈时见主编:《走向创新教育》,广西人民出版社,2000年版,第103页。

美国众议院教育及劳工委员会原主席、共和党议员比尔·古德林曾指出,在划一化、标准化的教育规定与考试中,老师只顾注重教学生如何通过考试,而不是教他们如何学习,学生成了考试机器。

2. 控制形式的隐蔽化——由外在的控制延伸为内在自我的控制

在大工业化生产中,"当设计师、细微动作研究人员以及科学管理人员进一步剥夺了工人思维及自由行动的权力以后,工作就变得越来越带重复性,而无须动脑筋。生命被否定了,人的控制、创造、好奇心与独立思考的需要被遏制了"①。教育中也是这样,当纪律、监视、奖惩等一系列手段把师生控制在封闭的特定时空并使其思维丧失自由之后,他们的生命也走上了被否定之路,并失去了反思与批判的能力。此时,惩罚也改变了其性质,它使"每一个人都认识到,惩罚不仅是理所当然的,而且是符合他自己的利益的"②。于是,每个人都成为处身其中的教育体制的认同者。这种认同表现为他们自愿地遵守教育"规范"、崇拜"权威"等,在内则是对教育给予的个人身份表现出普遍接受与认可。这样,在个人身上即实现了由被规训者向自我规训身份的转换,他们"不但要招认自己的弱点,自我批判,还要主动地找出惩罚或改造自己的方法"③。这一点使师生类似于黑格尔所提出的被异化的奴隶,他们接受自己无知的说法,以证明所接受的控制合法又合理。

3. 由直接控制转向间接控制

西方在步入工业化时代以前,由于教育规模小,教育控制处于一种明晰化状态,无论学校管理阶层对教师的控制,还是具体教学过程中教师对学生的控制,控制者与被控制者之间都形成直接的关联。此时,权力与具体的个人同为一体。这样,对于被控制者而言,他可以明晰地知道何人在何时何地用何种手段对自己施加了控制。如果被控制者对这种控制给予反对与拒绝,他可以找到一个回击的着力点。

对于近现代教育来说,在其发展与完善的过程中,伴随教育规模的扩大

---

① [美]E. 弗洛姆著,孙恺祥译:《健全的社会》,贵州人民出版社,1994 年版,第 98 页。

② [法]米歇尔·福柯著,刘北成、杨远婴译:《规训与惩罚》,生活·读书·新知三联书店,1999 年版,第 122 页。

③ [美]华勒斯坦等著,刘健芝等编译:《学科·知识·权力》,生活·读书·新知三联书店,1999 年版,第 142 页。

与教育体系的形成,体现于其中控制的"权力"呈现一种虚化状态。此时,教育中的管理阶层与具体教师不再发生直接即时性的联系。他们通过制定各种规章制度、各种奖惩措施并以机构的形式和教师发生关联。如欧美国家学校的校务委员会、董事会等诸如此类的机构,就是行使对教师管理与控制的虚拟化机构。在教学领域,具体教学场景中的教师也不再与具体学生个体发生关联,师生之间一对多的关系使教师所面对的已不大可能再是具体的个人,而是学生群体。另外,伴随教育规模的扩大,教师群体的出现,使附着在具体教育者身上的"权力"被抽象为教师群体的权力。这样,在教育场域内,无论教育中"权力"的代表者——学校管理阶层对全体师生的控制,还是具体教学过程中教师对学生的控制,它们尽管都由具体的个人执行,控制者却以为制度立法的身份参与其中。这样,过去教育中人对人的控制转换成制度对人的控制。这种转换使控制方式隐蔽化,它使受到控制的教师与学生不能明确地识别控制到底出自哪里,却时时意识到一只看不见的手支配着自己的一举一动,行使着鉴别自己的身份、确定自己前程的权力。

三、教育过程的线性运作

根据系统论原则,任何系统运作的完整过程都包含三个环节:输入,系统内部运作,输出。近现代教育作为一个系统,其运作过程同样如此。在科学管理模式支配之下,教育运作三环节之间形成了一种线性连接。教育运作中的不稳定性与动荡、涨落等情景或者被视而不见,或者被当成忽略不计的因素束之高阁。其中,最为明显的表现是参与教育过程中的人的非理性因素被当做无关紧要的现象而忽视甚至被有意地排斥出去,教育过程完全沦为一种可操纵的程式化行为。

(一)教育输入表现出严格可预期性的特征

近现代教育中,教育运作过程始于教育目的的制定,这从宏观上看表现为对一代受教育者的素质做出确定性的预期。近代以来,教育理论中无论个人本位论还是社会本位论,它们都根据对教育的理解,对教育目的提出了明确的看法与规定。如个人本位论者福禄倍尔认为:"教育就是引导人增长自觉,达到纯洁无瑕,能有意识地和自由地表现神的统一的内在法则,并采用适当的教育方法和工具,使其成为一个有思想有智慧的人。教育的目的就是实现忠诚的、纯洁的、宁静的也便是神圣的人生。"社会本位论者纳托尔普则认为:"在教育目的的决定方面,个人不具有任何价值;个人不过是教育的原料;个人不能成为教育的目的。教育目的只是社会化,因为社会化使一个民族的整个生活道德化。"①根据《中国大百科全书》的解释,我国现在关于教育目的的观念是:"1. 它是所要造就的人的'总要求',即规格。2. 这个规格既是教育工作的'出发点',又是教育工作的'最终目标'。3. 这个规格,在中国,是由政府明文规定的"②。如上对教育目的的看法尽管不尽相同,甚至是对立的,但它们却有同质的一面,那就是教育目的先在于教育过程,表达了通过制定确定性的教育目的,实现人们试图控制教育,并使教育成为可严格预期活动的愿望。1994 年,克林顿政府推动国会通过《2000 年目标:美国教育法》明确规定了八大目标:所有儿童上学之时都已做好学习的准备;中学生的毕业率要达到 90% 以上;学完 4 年、8 年、12 年的各级学生要在英语、数学、科学、外国语、艺术、历史和地理等关键学科方面具有相应的能力;学生的数学、科学成绩要在世界上处于领先地位;成年人都要脱盲,而且要掌握在全球性经济竞争中所必需的技能,并能履行公民的权利和职责;每所学校都要实现无毒品、无暴力,并提供有利于学生学习的环境;提供更优秀的职业教育者队伍;学校应加强与家长的合作。这种对先在于教育过程之教育目的的重视投射在具体的教学活动中,则表现为制定确定性的教学目标与教学安排,这在教案写作中表现得极为明显。教案详细规定了每堂课的教学目标、教学步骤等。就教学目标而论,教案第一步都是明确地予以提出。为了使教学目标不沦为形式化的东西从而真正起到支配课堂教学的作用,其极端客观化、具体化、定量化的陈述成为一种必然,并成为不少教育家的追求。20 世纪后半期,西方教育界曾发起了影响巨大的克服教学目标含糊性的运动,其中的代表人物有布鲁姆、马杰等。确立教学目标之后,下一步的安排即如何把此目标贯穿到教育过程中去。为此,在教学步骤的设计中,教学中的大量细节也被预先确定下来,如怎样呈现教学内容,提问的数量、对象,每一步教学所需要的时间等。

教育内容作为教育进行的初始条件之一,也是教育输入的重要因素。伴随着教育制度化的进程,教育内容作为系统性的存在逐渐从教育过程中

---

① 陈桂生著:《"教育学视界"辨析》,华东师范大学出版社,1997 年版,第 28~29 页。
② 陈桂生著:《"教育学视界"辨析》,华东师范大学出版社,1997 年版,第 24~25 页。

分离出来,成为一种独立于教育过程并已规定好的东西,通过与各级各类学校相对应的统一教科书的形式表现出来。教科书成为教育内容的"权威载体"而进入教育运作之中。此时,教科书成为知识精华与权威的代表,其他书籍则被定位为课外读物。教育过程如果偏离了教科书,往往被视为教育中的越轨行为,是不务正业的表现。如果说教科书只是确定性教育内容的外在表现的话,与之相配的教学大纲与教学参考书则体现了教育内容内在确定性的实质,它预先规定了教育内容的意义并使此解释成为不可侵犯的东西。教育过程中的人——无论教师还是学生,在预先规定好的对教育内容的阐释面前都是渺小与无力的。对于教师来说,他只能使自己成为照本宣科者;对于学生来说,他则沦为一种确定意义与解释的接受者。如下考试题目对教师与学生来说可能都不太陌生:"下面是课文《雨中登泰山》的一段话,后面列出了四种分析,请把最能确切反映作者意图和表达方法的一种选出来。(课文:略。)1. 作者运用借代、拟人等修饰方法,表达了松树在逆境中奋斗的自豪感和旺盛的生命力。2. 作者运用比喻、拟人等修辞方法,表现了松树的千姿百态和各具情趣的自然景色。3. 作者运用比喻、拟人等修辞方法,表现了松树在逆境中奋斗的自豪感和旺盛的生命力。4. 作者运用借代、拟人等修饰方法,表现了松树的千姿百态和各具情趣的自然景色。"[1]之所以出现此类题目,其前提必然是对课文意义的最"准确"的解释早已在教学大纲之中有所规定。如上情况见于中国,实际上欧美诸国亦然。

(二) 教育运作的程式化

教育运作的程式化指教育运作绝对忠实于教育目标,并严格按照预先制定的计划进行运作的方式。

源于西方近代的班级授课制的实施是教育运作的程式化之开端。这种教育组织形式由夸美纽斯提出后逐渐在西方欧美诸国教育实践中实施并推广开来。到了 18 世纪,赫尔巴特把课堂教学的过程总结为四个阶段:明了、联想、系统、方法。明了——给学生明确地讲授新知识;联想——新知识要与旧知识形成联系;系统——形成概括和结论;方法——把所学的知识用于实际。这种教学过程尽管经后人改进并有多种描述,但实质上并未发生根本变化。时至今日,课堂教学的运作基本上仍未跨出赫尔巴特所规定的框

85

---

① 王枬、陈时见主编:《走向创新教育》,广西人民出版社,2000 年版,第 101 页。

架。这一模式在今天的课堂上表现为如下流程:组织上课—检查复习—讲授新教材—巩固新教材—布置课外作业。

这样的教育流程与运作一方面控制着教师的行为,使其严格按照根据此流程所拟定的教案进行教学,另一方面也控制着学生的行为,他也只能根据此流程的要求亦步亦趋地跟随教师的"讲解"完成每一堂课的学习历程。这样的教学运作要求学生的行为必须达到高度一致化,任何阻碍这一程式的外显行为被视为"捣蛋",任何阻碍这一程式的内隐行为都被斥为"开小差"。教育过程呈现一种步调一致的景象。在此"方队"中,教师是"旗手",学生则是"队员"。

(三)简单教育的平庸输出:非完整性的人

工业化时代教育的秩序化、教育运作的程式化与无处不在的控制构成近现代教育的三大特征。在这样的教育体制下,对完整的人的培养很难实现,甚至说是不可能的。这样的学校教育把教育降低为训练的水平,这正如《学会生存》一书中所指出的那样:"目前教育青年人的方式,对于青年人的训练,人们接受的大量信息——这一切都有助于人格的分裂。为了训练的目的,一个人的理智认识方面已被分割得支离破碎,而其他的方面不是被遗忘,就是被忽视。"①

1. 对知识尤其是科学知识的追求导致片面的知识人

自培根提出"知识就是力量"以来,追求真理、实现知识的价值一直是近现代教育发展的内在推动力。学校教育的课程按照知识的内在逻辑被安排成学科并以教材的形式呈现给学生。近代之初,知识的涵盖范围还较为广泛,这在早期人文主义教育思想中有其体现。但是,伴随着工业化社会的到来,科学知识在显示出巨大威力的过程中成为知识的主导而为人们所认可与崇拜,有价值的知识、有用的知识、真理性的知识等观念逐渐趋同起来。"什么知识最有价值?唯一的答案是科学。在所有的方面都是如此。为了直接的自我生存——依靠科学。为了谋生——依靠科学。为了完成抚养责任——依靠科学。为了形成良好的公民修养——依靠科学。为了欣赏艺术——依靠科学。为了达到训练的目的——依靠科学。科学是开展这些活

———————

① 联合国教科文组织国际教育发展委员会编著,华东师范大学比较教育研究所译:《学会生存》,教育科学出版社,1996年版,第193页。

动的最好准备。"①以这样的知识观为根据,知识尤其是科学知识的学习与掌握成为教育的第一要义。知识成了课程的全部,教育中的控制与程式化的运作都成为促进学生掌握知识的手段。对于受教育者来说,知识尤其是科学知识掌握的多少和程度,成为评价个人在教育中是否成功的根本性标志。

西方近现代学校教育只能做到片面知识人的培养还源于知识的分化。实际上,知识的分化由来已久。早在中世纪,知识就以"七艺"的形式表现出初步的划分。17~18世纪以来,由于自然学科研究的深化和拓展,知识分化有了质的突破,如物理、化学、生物等学科就是在这种背景下得以形成的。后来,分化的知识逐渐以分科课程的形式渗透到学校教育之中。本来,伴随知识分化而产生的分科教学的确提高了知识掌握的效率,它使得学生可以根据某一门知识的内在逻辑而形成对本门学科的清晰认识,但是,教育把智力的、体力的、美感的、道德的和社会的等组成部分强行分隔,并体现在不同学科之中,却使接受知识的学生无法达到对知识融通化的理解,知识常常只能以割裂化的形式固态地刻印在学生的记忆中,而不能转化为他们的内在精神与整体素养,受教育者只能在掌握各种支离破碎的知识过程中成为片面的知识人。另外,由于近现代社会是 一个效率至上的社会,对教育工具价值的强调,对技术性人才的重视,也为把学生培养成实用性技术工具提供了合理化根据。因此,在这种教育的塑造之下,所输出的人表现为一种片面的知识人有其历史的必然。

2. 对学生严格而全面的控制造就了被动人格的人

如上所述,近现代教育以严格而细密的控制为特征。此时,教育成为精致化的规训机器。"为了实现规训的目的,它以行为规范、班级管理技术等制约教育交往。在这样一个有着文化资本、权力、利益和身份定位的机构,教育交往是为着一个'驯顺的身体'和'听话的灵魂'而进行的。"②这种控制压制了受教育者能力和勇气的发挥及智慧的施展,生命的冲动和维持自我的自主性信心也被削弱甚至被压制,弥散在其身心中的是无奈与无力之感。

---

① [美]小威廉姆·E.多尔著,王红宇译:《后现代课程观》,教育科学出版社,2000年版,第1页。

② 金生鈜:《学校场域和交往惯习——关于教育交往的对话》,教育基本理论第8届年会论文,2001年。

据英国科技委员会最新调查发现,越来越多的中小学生讨厌学习数理化等基础课程。就美国基础教育而论,学生辍学是困扰已久的教育问题。美国教育统计中心自 1989 年首次公布学校中途辍学人数以来,每年都对各学校报告的高中辍学人数进行统计。据统计,1991~2000 年,学生每年辍学人数为34.8 万~54.4 万,10~12 年级学生的辍学率达 4.1%~5.7%。如上问题的出现可能原因很多,但学生在教育过程中的无力与无奈却是不容忽视的关键因素。

我们可以从两个层面来说明受教育者的被动人格。外显层面表现为服从性的行为:权威与命令是他们的行动支柱;在集体交往中努力使自己融入集体之中,发表自己的见解与做出与众不同的行为对于他们来说是不可能的,并把此当成一种危险的征兆;在学习中则表现为接受标准的、现成的答案。内隐的层面表现为一方面对自己的服从行为感到心安理得,另一方面则是进一步在精神上追求这种对自己的控制。弗洛姆曾对人的这种屈从权威、逃避自由的行为做出深刻描述与把握。他认为,现代人摆脱了前个人主义社会的束缚,却未能获得真正的自由,它又确立了一种新的权威并使个人不由自主地屈服于它。[①] 教育中也是这样,近现代教育在向教育的平等化跨出一步的同时,又确立了自身的权威并把受教育者予以同化,使之丧失了否定性思考的力量。受教育者的这种被动性人格与马尔库塞对极权工业化社会压制下的人的描述有着惊人的一致,"这样的人不再有能力去追求,甚至也不再有能力去想象与现实生活不同的另一种生活"[②]。

3. 对人的非理性素质的压制培养出标准化的人

人作为一种复杂的存在物,既表现为自然生理层面的存在,更表现为心理精神层面的存在。对于后者而言,人又包含理性因素与非理性因素。对于正常的人,就其自然生理与心理两层次而论,其作为有个性的存在决定于后者。进一步深入其心理层面,是人的非理性因素决定了其作为一个特殊的存在。在教育领域内,受教育者的非理性素质一般指与记忆、逻辑思维等理性因素相异的情感、意志、非逻辑思维、性格等非智力因素。如果说人的

---

① 冯川等译:《弗洛姆文集》,改革出版社,1997 年版,第 5 页。

② [美]赫伯特·马尔库塞著,刘继译:《单向度的人》,上海译文出版社,1989 年版,第 2 页。

理性因素表现出不同的个体之间同质的一面,人的非理性因素则表现出不同个体之间异质的一面。不同的个体之间可以通过拥有相同的知识、相同的记忆品质及逻辑思维能力而表现出同质普遍性,却因不可能拥有相同的情感、相同的意志、相同的性格而表现出异质特殊性。人的非理性因素是人之各不相同的基石。

近现代教育是一种集体化教育,统一性、同步性、标准化是这种教育的显著特征。微观教育中的班级授课制度只能使全班学生接受同一课程、同一教学方式,并接受同一评价标准。伴随着教育规模扩大而来的体系化教育制度的形成,统一、同步、标准等特征更是在外延上得到无限的扩大。此时,如上特征已不再局限于几个、几十个甚至几百个学生的范围之内,它使一个国家成千上万的学生接受具有如上特征的教育。当前,在全球化趋势横扫全球之际,这种教育在某种意义上甚至突破国家民族的界限而扩展到全人类。近现代教育的如上特征决定了其抹杀人之差异的性质。这是一种削足适履式的教育,通过这种教育的清洗与过滤,受教育者的情感和个性方面备受压制而呈现为一种标准化的"产品"形式。每个人都拥有同样的"知识""个性",在各不相同的面目之后,隐藏的是标准同一的精神。

如上从三个角度分析了西方近现代学校教育,秩序化存在方式使其沦为封闭与僵化的结构体,教育手段中的精致控制决定了其外塑性质,使之沦为既忽视受教育者的各种可能性,也忽视教育过程本身各种可能性的教育,程式化运作方式则赋予其高效率的特征。这说明,西方近现代学校教育从根本上说是由简单思维方式支配下的教育。

第三节 简单教育的价值分析

简单教育是适应西方工业化社会而出现的教育形态,支配这种教育追求与实践的基础是近现代机械主义、形而上学的世界观与方法论。它因适应工业化社会的要求而使自身成为西方教育发展史上不可替代的教育形态。伴随后工业化时代的到来,特别是20世纪中叶尤其80年代以来的西方社会转型,其局限性日益暴露。于是,一种新的教育观念与实践形态呼之欲出。

一、简单教育的合理性分析

简单教育的诸多表现如前所述,透过这些外在表现,我们认为,其中隐含着两种质的规定性,其一是教育输出上对效率的追求,其二是教育过程中细致化的分工。它固然存在自身无法克服的缺陷,如教育活力的丧失、对人性的压抑等,但如果把它放在工业化社会的背景之下,我们就会发现,简单教育是西方教育发展史上不可逾越的阶段,它在推动西方社会乃至整个人类的发展中都起到了不容忽视的作用。

(一) 教育追求效率的合理性

对高效率的追求可以说是贯穿西方近现代历史的一条主线,它渗透在工业生产、政治运作、文化教育等社会生活的各个层面。工业生产上的高效率曾创造出极大的物质财富。19世纪,马克思在《共产党宣言》中写道:"资产阶级在它不到一百年的阶级统治中所创造的生产力,比起过去一切时代所创造的全部生产力还要多,还要大。"在教育中,伴随西方制度化教育的产生及日趋完善,我们也完全可以说,近现代的学校教育在不长的几百年尤其是20世纪的100年来,它所培养出的人的数量比过去的一切时代还要多,还要大。夸美纽斯早在近代之初即提出所有的青年都应该到学校接受教育的理想,在其著作《大教学论》的开篇即立下"把一切事物教给一切人"的宏旨。他认为:"不仅有钱有势的人的子女应该进学校,而且一切城镇乡村的男女儿童,不分富贵贫贱,同样都应该进学校。"①18世纪,法国启蒙思想家更基于"天赋人权"的思想赋予"教育平等"以"人权"的意义。为了实现这一点,农业时代的个别教学形式逐渐为以班级授课制为特征的集体教学形式所替代。系统而正规的近现代学制也逐渐建立并完善起来,教育进入了规模化运作状态。正是基于此,西方各国所提出普及义务教育并且其年限呈现逐渐延长之势才有了可能。德国的普鲁士于1717年和1763年两次颁布实施强迫义务教育的法令,规定5~12岁儿童必须到学校接受教育,此可谓开国

---

① [捷]夸美纽斯著,傅任敢译:《大教学论》,人民教育出版社,1999年版,第37页。

家用法令形式实施义务教育的先河。到了 19 世纪,西方各国相继颁布法令,强调初等教育,如法国于 1833 年颁布大力发展初等教育的法案即《基佐教育法》,英国于 1870 年颁布《初等教育法》,规定各学区有权对 5～12 岁儿童实施强迫教育。截至 20 世纪初,世界主要资本主义国家具体颁布义务教育法的时间和规定接受义务教育的年龄如下表所示①:

表 2.2

公布时间 / 规定年龄 / 国　家	颁布义务教育法的时间	规定接受义务教育的年龄
普鲁士	1754 年	6～12 岁
奥地利	1774 年	7～14 岁
英国	1870 年	7～11 岁
法国	1882 年	6～12 岁
美国(独立后)	1852 年至 20 世纪初(各州不同)	6～12(14)岁
日本	1872 年	6～14 岁

到了 20 世纪 70 年代,西方工业化国家大都对各国实施的义务教育年限给予了明确规定,如澳大利亚把义务教育年限规定为 9～10 年,奥地利为 9 年,苏联白俄罗斯为 8 年,加拿大为 8～10 年,德意志联邦共和国为 12 年,日本为 9 年,瑞典为 9 年。② 就世界范围而论,各级学龄儿童有机会入学者也都占到一定的比率,这在小学阶段尤其明显。从总的平均数来看,小学学龄儿童有机会入学者占据了学龄儿童的多数。详见下表所示。

---

① [苏]索科洛娃等著,顾明远译:《比较教育学》,文化教育出版社,1981 年版,第 30 页。

② 联合国教科文组织国家教育委员会编著,华东师范大学比较教育研究所译:《学会生存》,教育科学出版社,1996 年版,第 330～331 页。

表 2.3　各级学校入学率(1967～1968 年度)①

大区	1967～1968 年度			
	小学学龄儿童在学的百分比	中学学龄儿童在学的百分比	小学和中学学龄(相结合的)儿童在学的百分比	第三级教育入学人数在 20～24 岁人口中的百分比
世界总计	68	39	56	10.1
非洲	40	15	28	1.3
北美洲	98	92	96	44.5
拉丁美洲	75	35	55	5.0
亚洲	55	30	45	4.7
欧洲	97	65	85	16.7
大洋洲	95	60	80	15.0

　　根据以上统计,我们可以看出,世界各大洲的各级学校入学率尽管存在不平衡状态,但是,如果把这些数字放到学校教育发展的历史中去考虑,尤其是和农业时代的学校教育相比较,其进步仍然是空前绝后的。所以,从某种程度上可以说,夸美纽斯所向往的普及学校教育尤其是初等教育的理想在不少国家和地区得到了实现。更应指出的是,伴随着义务教育的普及,高等教育的入学率也在提高,在西方发达国家如英、美、德、法等国,甚至呈现高等教育普及化的趋势。这种趋势固然有政治、经济等诸多方面的原因,但贯穿于近现代教育中的对效率的追求无疑起到了最为直接的作用。

　　西方近现代制度化教育对效率的追求极大地拓展了受教育者的范围,这是教育实现平等化的第一步。在原始社会,教育是复杂和连续的。教育融入家庭生活或氏族生活中,寓于工作或游戏、各种仪式和典礼之中。此时,全体社会成员处于平等的地位。这一时期的教育没有阶级性,全体社会成员特别是所有青少年都享受到同等的受教育机会,此时的教育表现出一种原始的高效率。但是,原始社会中这种受教育机会的普遍性与公平性受制于当时极低的生产力状况和恶劣的生存环境,受教育机会的普遍性和教

---

　　① 联合国教科文组织国家教育委员会编著,华东师范大学比较教育研究所译:《学会生存》,教育科学出版社,1996 年版,第 322 页。

育内容的简单、教育方式的粗糙结合在一起,此时教育向所有人开放与其说表现出平等的性质,倒不如说是对于群体或个体生存压力的无奈选择。进入阶级社会之后,教育沦为阶级压迫的工具,绝大多数社会成员被排斥在教育之外。近代工业化时代到来之前,无论古希腊、古罗马时代,还是中世纪,教育都奉行为极少数贵族与社会精英服务的低效率运作,昭示着人们接受教育不平等的现实。"在希腊人和罗马人那里,人们的不平等比任何平等受重视得多",如果认为当时不同阶级、等级的人都可以要求平等的政治地位与受教育的机会,那么,"这在古代人看来必定是发了疯"。① 所以,较之于农业时代的教育,简单教育的出现及推广是人类教育发展史上的巨大进步。

近现代教育制度的确立无疑极大地提高了教育效率,它通过教育中严密的分工而实现。这种分工表现有如下两方面。

第一,学科分化。西方古希腊古罗马时代的课程,多重神学与拉丁语,最后发展到中世纪的"七艺"与"武士七技"等学科。到了文艺复兴时期,自然学科得以发展,学科不断增加,至18世纪学科已发展到近20个,呈现加速分化的趋势。见下表所示②:

表 2.4

14世纪以前	文艺复兴时期 (14~16世纪)	17~18世纪
文法	文法 文学 历史	文法 文学 历史
修辞学	修辞学	修辞学
辩证法	辩证法	论理学 伦理学
算术	算术	算术 代数学

93

---

① 陈桂生著:《教育原理》,华东师范大学出版社,1993年版,第122页。

② 王天一等编著:《外国教育史》(上册),北京师范大学出版社,1993年版,第103页。

续表

14 世纪以前	文艺复兴时期 （14~16世纪）	17~18 世纪

几何学 —— 几何 —— 三角法 / 几何学

几何学 —— 地理学 —— 地理学 / 植物学 / 动物学

天文学 —— 天文学 —— 天文学

天文学 —— 天文学 —— 天文学 / 机械学 / 物理学 / 化学

| 音乐 | 音乐 | 音乐 |

第二,教师职能的分化。伴随着学科的分化,古代那种拥有百科全书式知识的教师已不符合时代的要求。在教学领域,每一个教师开始定位于讲授某一学科。伴随着学校体系的出现,教师的职能在某一学科内进一步分化,如数学教师分化为小学数学教师、中学数学教师等。教师职能的分工也延展到非教学领域。早在 19 世纪初,赫尔巴特就在其《普通教育学》中提出了把学校教育的内部职能划分为教学、教导与养护的思想。在这种思想指导之下,教师的职能进一步分化,部分教师以教育管理人员的身份介入学校教育之中。到了现代学校教育,教育行政人员分工达到非常细致的程度。如日本于 1975 年颁布的学校教育法规定制度化的主任制度,如下表所示。①

表 2.5

学校级别	原有学校行政人员	1975 年增设的职能人员
小学	教务主任、学年主任、事务主任	保健主任
初级中学	教务主任、学年主任、事务主任	学生指导主事、出路指导主事
高级中学	教务主任、学年主任、保健主任、学生指导主事、出路指导主事	学科主任、农场长、事务长

① 陈桂生著:《教育原理》,华东师范大学出版社,1993 年版,第 63 页。

学科分化和教师职能的精细分工促成了至今仍占主导地位的制度化学校教育体系的出现,使学校教育走上了规范化与标准化运作之路。青少年儿童被成批输入教育这台巨大的机器之中,最后又成批地培养出来。此时,接受学校教育再也不是社会上少数人的专利,而成为全体儿童普遍的权利。不可否认,近现代教育在以精细分工为基础的效率化运作之中,受教育机会的不平等还明显存在,这鲜明地体现在盛行于西方各国的或隐或显的双轨制或多轨制教育制度之中。但是,这种教育确实实现了西方社会总体受教育机会的扩大,使社会绝大多数成员在一定程度上有了通过书面文字的掌握接受人类文化财富的机会。较之于工业化社会之前低效率的运作,这应该是一个很大的进步。

(二) 近现代教育追求社会价值的合理性

近现代教育的主要特征之一即公共教育的兴起。公共教育萌芽于西欧16 世纪的新教改革,此时,学校数量的增加与教育组织方式上对个别教学形式突破的本意是普及文化,以便让大众自己能阅读圣经,从而促成个人与上帝直接对话。宗教改革所激起的新型个人自主感引发了要求按民主程序办事的运动,并导致了新型民族国家的兴起。最终,国家从教会中接管了教育大权,教育逐渐成为国家完善资本主义民主政治、发展经济、维护民族利益的工具。

西方近现代教育本质上是国家控制下具有世俗化特征的大众教育,其最为根本的价值取向即培养为国家服务的有用公民。早在 16 世纪,各民族国家已开始介入教育,并相继颁布教育法令,采取各种措施以促进教育的发展(主要表现为大众化的初等教育)。16 世纪初,德国即兴起强迫义务教育运动,使处于分裂状态的各公国相继颁布了强迫义务教育法令,这是国家试图支配与控制教育之始。这种做法后来为英、法、美等其他国家所效仿。1883 年,英国颁布《阿尔索普法案》,再加上 1870 年颁布的《初等教育法》,英国正式建立国民教育体制。1881~1882 年,法国颁布了《费里法案》,规定了中小学教育的世俗、普及、免费三原则。至第一次世界大战以前,教育界出现了多种反思与改革传统教育、倡导教育个性化、具有浪漫主义倾向的教育思潮,但大都昙花一现,随即被第一次世界大战的爆发和随之而来的世界性经济危机所冲淡,教育的主导价值仍反映出为国家、为社会的性质。第二次世界大战后的"冷战"时期,世界进入"和平与稳定时期",由于这种"和平与稳定"建立在两大阵营国力和军事力量平衡的基础之上,所以民族国家的竞争更为激烈。20世纪50年代,苏联卫星的率先上天引起美国朝野的极大震动。1958年,美国颁布《国防教育法》,以回应苏联的挑战。《国防教育法》明确指出,"国家的安全需要最充分地开发全国男女青年的脑力资源和技术技能","州和地方社区要控制并必须控制公立教育",等等。到了20世纪80年代,美国国会又通过了《国家处于危机之中——教育改革势在必行》的纲领性文件。通过对近现代以来各国所颁布教育法令的简要回顾,我们发现,工业化时代西方各民族国家无不重视对教育的控制,以使其发挥为整个民族国家服务的社会价值功能。

近现代教育所追求的社会价值取向也体现在持社会本位论的诸多教育家的思想之中。教育的社会本位价值取向源于柏拉图,柏拉图的"理念论"决定了在处理个别事物和其共性的关系的时候,总是把后者放在绝对、纯粹和完满的地位。柏拉图的"理念论"运用于社会政治领域,便形成了其关于国家的理论。在其著作《理想国》中,国家被赋予正义原则的化身。推之于教育,在对教育功能的认识上,其出发点不是基于个体,而是体现为"正义"的国家。教育目的即宣扬并维持"正义"原则,培养各阶层社会成员拥有国家所需的各种品质。教育的最高目的即培养作为代表整个国家的最高统治者——哲学王。总之,柏拉图所设想的理想教育,其根本价值取向是社会与国家,教育的一切活动都是围绕这一方向而展开。在夸美纽斯及后来赫尔巴特的教育思想中,这种社会本位论的价值取向也都有明确反映。赫尔巴特从其社会政治观出发,提出了维护普鲁士君主专制秩序的教育观。他认为,每个人都具有5种道德观念,即"自由""完善""仁慈""正义""公平",教育的根本任务即培养公民的如上道德品质。"教育的唯一工作和全部工作可以总结在道德这一概念之中,道德被普遍认为是人类的最高目的,因此,也是教育的最高目的。"①具有这种道德的人应该具备如下品质:安分守己,惟命是从,维护社会秩序,并能克制自己内心的冲动。

到了19世纪后半期,具有完整理论体系的社会本位论教育思想得以形成。此时期教育社会本位论的主要代表人物有涂尔干、孔德、凯兴斯坦纳、

---

① 张焕庭主编:《西方资产阶级教育论著选》,人民教育出版社,1964年版,第282页。

纳托尔普、柏格尔曼等人。涂尔干认为,人实际上因为生活在社会中才是人,所以,社会的价值高于个人的价值,教育应当以满足社会发展的需要为首要目的,教育的一切都应当服从社会的意志。涂尔干把儿童只看做教育的对象,并认为"教育就是通过在儿童发展的最初阶段向其灌输集体生活所要求的这种根本的共同性,从而维护和强化这种共同性"①。他明确地把个体身上存在的特性,区分为"只适合于我们自身以及我们个人生活中的所有精神状态"的"个体特征"和"由各种观念、情操和习俗构成的存在于由我们组成的某个团体或各种不同的团体之中"的"社会特性"。他宣称:"教育的目的就是在我们每个人身上造就这种社会特性。"只有这种社会性得到培养,人才能适应社会,形成最好的品性。孔德认为:"真正的个人是不存在的,只有人类才存在,因为不管从哪方面看,我们个人的一切发展,都有赖于社会。"②德国教育家纳托尔普表达出类似的思想:在教育目的的决定方面,个人不具有任何价值,个人不过是教育的原料;个人不能成为教育的目的,教育目的只能是社会化,因为社会化而使一个民族道德化。以凯兴斯坦纳为代表的社会本位论堪称其中的极端代表。他明确指出:"国家公立学校的目的——也就是一切教育的目的——是教育有用的国家公民。"国家的每一个人都要作为国家的"公民"而存在并为"这个最高价值的国家服务"。这种"公民"即能在国家中"担任一种工作,或一种职务,并且把这种职务或工作做得能多么好就多么好"。③

　　20 世纪初,以杜威为代表的进步主义教育兴起。从具体教育实践行为来说,他立足于对传统教育的反思,旨在实现教育中由教师中心向学生中心的转换。鉴于此,有人把杜威称为个人本位论者。但是,从杜威教育思想的根本价值取向来说,他进行教育改革的最终目的却是实现与维持他理想中的民主社会。对于教育与社会的关系,其基本观点是"民主主义离不开教育,有效的教育也需要民主主义"。20 世纪初,"面对美国现实生活中存在的经济垄断制度,阶级对立的加剧,以及贫穷、犯罪、劳动家庭妇女和儿童可悲

---

　　① 瞿葆奎主编,陈桂生等选编:《教育与社会发展》,人民教育出版社,1989 年版,第18~20 页。

　　② 扈中平著:《教育目的论》,湖北教育出版社,1997 年版,第 65 页。

　　③ [德]凯兴斯坦纳著,刘钧译:《工作学校要义》,商务印书馆,1935 年版,第 12~14页。

的境遇,许多人意识到,如果不对这些现象加以遏制,美国的民主主义的政治制度将要崩溃,于是改善或重建美国的民主主义制度,成了当时一股强大的社会思潮"①。杜威的教育思想即在这种背景下得以形成。在20世纪初期的美国,进步主义经历了萌生与发展时期,至1929年的世界性经济危机爆发,它进入分裂与衰弱时期。于是,在教育思想领域,由进步主义一枝独秀进入多种主义多元并存的格局,除立足于对进步主义进行改造的改造主义之外,要素主义、永恒主义相继出现。如上诸多教育思潮尽管对学校教育提出了各自不同的主张,但是,以根本价值取向而论,它们都是站在改造与发展美国社会、维护本民族利益的立场之上。因为,"无论进步主义教育或是要素主义、永恒主义,它们之间的分歧仅仅在于为实现共同的民主主义政治的方法和手段方面,实质上,它们都是维护资产阶级民主主义的教育"②。

20世纪50年代,美国出现了对教育适应生活训练进行强烈批评的声音,其代表人物有贝斯特、里弗科、科南特等人,这些批评表达了对进步主义所倡导的生活教育的强烈不满和对苏联威胁下美国命运的深深忧虑。对进步主义教育的批评被丘奇概括为:"进步主义的改革太强调适应,强调鼓励孩子追求他们自己的兴趣,强调社会活动、个体发展以及降低了基本的学术或训练技能的设计教学法(project method)。简言之,学校变得不够严格,因为学校忽视了重要的、学术的、用脑筋的和困难的学科。一些人认为,这些典型的现代学校与其说是一个学术机构,倒不如说更像马戏场。"③这种对教育的严厉批评促成了美国《1958年国防教育法》的颁布与20世纪60年代以布鲁纳的《教育过程》为指导思想的学科结构运动。《教育过程》的核心即强调使学生通过对抽象概念的掌握与知识结构的学习提高教育的质量和发展学生的智力。这一点和苏联教育家赞可夫通过大规模教育试验所提出的高难度、高速度、以理论知识为主导的几大教育原则相一致,其实质都是通过提高教材与教学的难度培养高素质人才,从而维护国家的安全与发展,表现出明显的追求社会价值的取向。

20世纪70年代以来,联合国教科文组织先后发表了世界性的教育文件

---

① 陆有铨著:《躁动的百年》,山东教育出版社,1997年版,第186页。

② 陆有铨著:《躁动的百年》,山东教育出版社,1997年版,第216～217页。

③ 陆有铨著:《躁动的百年》,山东教育出版社,1997年版,第333～334页。

《学会生存》与《教育——财富隐藏其中》。从这两个报告所揭示的世界局势和教育所面临的选择来看,教育的主导价值仍然指向社会发展需要。《学会生存》问世时的世界形势表现为:多极世界的形成;冷战状态下的经济与军事竞争、失业的威胁;人类面临世界性的经济危机等。到了 20 世纪 90 年代《教育——财富蕴藏其中》发表之时,世界形势表现为:经济危机压力有增无减;军备威胁更加严重;贫困、排斥、文化冲突、压迫、战争等依然存在。面对全球化的种种问题,两个文件都倡导教育应该负起重大的责任。这一点在《教育——财富蕴藏其中》中表现得尤其明确,它指出"教育的选择即是社会的选择"。

通过简略的历史回顾,我们认为,西方近现代教育在发展过程中,从教育所持的价值取向来说,"为了社会"始终是占主导地位的价值取向,其具体表现是民族国家利益被认定为教育价值的根本出发点。这一点既体现在诸多教育家的论述之中,也体现在具体的教育实践之中。教育呈体系化、秩序化等特征的简单运作倾向无不由这种价值取向导引而成。不可否认,这种运作造成了教育过程中对个体精神及肉体的压抑,但是,如果我们把它放在近现代工业化和民族国家发展的历史背景下考虑,它却表现出合理的一面,对个体的压抑只是一种应该付出的代价罢了。

社会与国家的产生源于人们在一定的集团内共同协作以发展自身并抵御其他集团挑战的需要,但是,这种协作形式的出现往往伴随着对个体的压抑和牺牲个体的部分自由。对此,马尔库塞在其著作《爱欲与文明》中有过深刻论述。从这个角度讲,社会作为本社会内部个体利益代言人的身份而出现。在不同集团的竞争与冲突中,个体的力量是渺小的甚至是微不足道的,于是,为了维护本集团的整体利益,社会中的个体都会被统摄到整个社会的管理之中。如果说近代以前,由于生产力发展水平低下,不同社会集团之间的竞争主要局限于信仰并在狭窄地域内进行的话,近现代西方各民族国家的兴起却把这种竞争推到了政治制度、经济、文化等诸多领域,同时,这种竞争的地域范围也扩展到全球。20 世纪以前西方各国之间的战争如 1870 年的普法战争、20 世纪的两次世界大战及二战后世界范围内两大集团的争夺,都是这种竞争的有力证明。

民族国家之间的竞争导致各国在发展教育时,率先考虑的是本民族整体的利益,从根本上考虑的是如何使教育最大程度地促进本国经济的发展与政治制度的稳定。固然,国家整体利益与个体的全面发展相统一是一种最好的选择,但是,在工业化时代的背景之下,国家之间实力的对比在教育上更多地体现为国民素质的整体提高,而不再是社会极少数精英人才的培养。这种对国民素质整体提高的要求反映在教育上,表现为许多方面,如通过教育过程中强有力的控制以达到培养服从国家的精神及实现初等教育规模的扩大等。惟其如此,国家才得以昌盛,作为个体人的发展才会拥有有利的社会环境。这在历史上已得到明证,如1870年的普法战争,以崇尚个人自由而著称的法国以战败而告终。当人们从教育方面反思法国失败的原因时,普遍认为与法国当时的国民教育弥散着一种古典主义气息有关。又如,第二次世界大战后,德国、日本作为战败国却能在短时间内迅速崛起,一个重要原因就是大力发展基础教育而促进了国民素质的整体提高。在社会处于大工业生产的背景之下,教育的简单运作无论从政治上还是从经济上,都适应了整体上初步提高国民素质的要求。因为,教育运作的标准化、划一化、规模化,实现了工业化体制所需要的具有初步读、写、算能力的劳动力的培养;同时,体现在这种教育中的潜在课程中的诸如服从、守时等观念,也适应了近代国家对公民的要求。在这样的时代背景之下,教育中个体的自由、个体精神价值的实现必然会被排斥到教育的边缘,教育的社会价值取向有其历史的必然。

二、简单教育的局限性

西方近现代教育是伴随着大工业生产及近现代民族国家的出现而产生的,效率至上原则与根本性的社会价值取向体现在此时期基础教育的理论追求与实际运作之中。应当承认,这种教育在特定的时代条件下对西方社会及人的发展曾起到不容替代的作用。但是,20世纪后半期尤其是80年代以来,西方社会由工业化社会逐渐向后工业社会转型,以此为背景,开放变化的社会与封闭的教育、社会对完整人的呼唤与教育只能实现非完整人的培养之间产生了尖锐冲突。于是,这种教育的局限性日渐显露。

(一) 简单教育本质上是压抑学生个性发展的教育

夸美纽斯早就指出,学校应该成为"富于欢乐和吸引力的字舍"①。这种

---

① [捷]夸美纽斯著,傅任敢译:《大教学论》,人民教育出版社,1984年版,第7页。

理想也为不少教育家所倡导,并体现在琳琅满目的教育学教科书及其他教育著述之中。这给人们造成一种错觉,"学校教育对儿童的身心发展起着极大的促进作用,甚至可以说起到主导作用"成为不容置疑的事实与共识。但是,如果关注简单教育运作现实的话,我们就会对如上信念产生怀疑。简单教育理念下的学校滋生出来的校园文化非但没能促进学生身心和谐发展,反而起着压制、摧残其发展的作用。对于这种教育,让-罗尔·布约克沃尔德在洞察西方近现代学校教育时曾指出:"在充满缪斯天性的儿童文化和毫无缪斯情趣的学校文化之间,存在着强烈的冲突。学校是一种从事有系统地压抑儿童天性活动的机构。"①为了说明近现代学校文化对儿童身心的压制,他将两种文化的表现极为精细地分为相互对立乃至冲突的诸多指标。②

表 2.6

儿童文化	学校文化
生态整体性	教学分割性
总体生命的发展	每一门课程的进步
生存	规范化
真实的	第二手的
时间的连续性	时间被分割为一些碎片
整体性	课程划分造成的专业化
玩	学
口语的	书面语的
直接参与	为将来而阅读
体能相近	体能距离
尽可能延伸自己的能力	崇尚别人所确定的界限
自己的理解	教师的评估
我已经会做了	你还是不会做

---

①[挪威]让-罗尔·布约克沃尔德著,王毅等译:《本能的缪斯》,上海人民出版社,1997 年版,第 121 页。

②[挪威]让-罗尔·布约克沃尔德著,王毅等译:《本能的缪斯》,上海人民出版社,1997 年版,第 121~123 页。

儿童文化	学校文化
胜任愉快的经验	不能适应的记忆
艺术的	逻辑的
质量标准	数量标准
自主的	谨守日程表
童趣	被迫成人化
今天就干	等你再大点儿
娱乐原则	实用原则
亲密感	距离感
勇敢	犹疑
冒险	谨慎
移情	客观
为什么	什么
创造	重复
想象力	技术理性
1+1 约等于 X	1+1＝2
自由不羁的蔚蓝色的马	已被安了辔头的马
情感的	理智的
原发的	组合的
可改进的	标准化
不可预期的	可预期的
幽默的	严肃的
吵闹	安静
感觉的	理性的
活跃的身体运动	身体运动的消极化
我从活动中学到东西	静静地坐着
身体快感的自由抒发	健美操的规范动作
平等的	有等级的

续表

儿童文化	学校文化
自我控制	由别人控制
自由	协调
乱闹	秩序
不妥协的	可协商的
酒神精神	日神精神
可以打破的局限	确定无疑的局限

如上对比可能显得繁琐而散乱,却真正深入到了两种文化的具体情景之中,把近现代学校文化与儿童文化对立与冲突的性质表现得淋漓尽致。作为青少年的学生一旦进入学校,随即被一种异己文化氛围所包围与主宰。此时,儿童文化以个体的形式存在并承受着以整体形式存在的学校文化的压制。其中,学校文化处于绝对优势地位。在这种到处充斥着"你必须这样,你不能那样"的规训、一旦违犯就会受到惩罚的文化氛围中,学生丰富的个性和生命力被忽略。经过几年学校文化的洗礼,他们大都被这种文化所征服,其表现即他们都会以学校的要求为旨归,以学校的价值判断作为自身的价值判断。于是,教育中出现了如下种种久治不愈的顽症:学生在教育中失去自我表达的愿望(即便有也自愿放弃),教育中教师的一言堂(不得已而为之),课堂教学中气氛的凝滞,学生对学校生活的厌倦等等。在提及欧美等西方国家的学校教育时,我们往往有一种先入之见,认为这些国家的校园充满自由与民主,学生的个性得到张扬,似乎西方的学校是学生的乐园。但是,如果切入这种教育的实质,我们就会发现,西方国家学校在近代工业化体制的宰制之下,学校对学生而言从根本上说仍具有规训性。

校园文化对学生个性的压抑通过教师而实现,这种压抑的背后是知识即权力的预设与规定。福柯曾对这种知识与权力的关系作出深刻洞察,他认为:"知识是权力的眼睛。凡是知识所及的地方也是权力所及的地方。知识总是以真理的形式为权力作辩护的。知识为权力划定范围,权力为知识确定形式,两者互相支撑。知识是无处不在的,权力也是无处不在的。权力要求知识的承担者即知识分子不断地去发现真理和创造真理。真理的再生产是权力的再生产即延续的一种基本形式。因此,以权力为中心的知识是高度政治化的。"①在学校文化中,教师无疑是作为知识即真理占有者的身份参与到教育过程之中,并行使着对学生进行型塑的权力,这一点在西方近现代学校教育中是具有普遍意义的事实。

(二) 简单教育压抑个性的表现

1. 受教育者学习行为的异化

在儿童进入学校教育之始,他们大都拥有决心、坚强的意志及好奇心来面对学习。他们希望不断遇到新的挑战,使自己在各方面达到新的高度。为了在世界上成功,为了开辟出一条他们可以奔跑、可以欢笑因而也可以满怀信心学习的道路,他们必然具有一种天生热切的态度投入学习过程之中。但是,压抑性的学校文化很快便击破了他们学习的冲动。此时,学习再也不是他们显示自身的力量、满足其好奇心的乐事,而成为一种沉重的生理与精神的负担。就在人们都说中国学生的考试压力太大的时候,美国的许多学生同样面对日趋升级的考试压力,生怕自己成为班里的"后进生"。英国的学生同样如此。据英国《独立报》报道,最新调查表明,如今英国小学中充斥着"反社会行为、物质至上主义和明星崇拜",许多小学生感到压力重重,郁郁不乐。许多受访孩子表示,在校内,层出不穷的考试让他们感到压力和恐慌。全国统考成为众矢之的。有报告指出,全国统考让大多数小学生面临重压,一部分中产阶级父母为让儿童通过考试,在他们11岁之前便花钱为他们请家教,不少学生感到全国统考"很可怕",让他们很紧张。

强有力的压制是造成学生学习异化的原因之一。伴随着受教育过程的延伸,学生逐渐意识到,他们进入个体毫无自由的场景之中,"一迈进校门就很快发现自己是标准几乎一成不变的组织机构的一部分,即教师主宰一切的教室里的一员"②,他们是作为原子式的存在物在这样的教育组织中学习与生活的。"1. 单个肉体变成了一种可以被安置、移动及与其他肉体结合的因素。肉体构成了多环节机制的一个部件。2. 各种年龄系列也是机制的部件。每一年龄系列的时间必须与其他年龄系列的时间相适应,应能从每一时序中获取最大数量的力量,应能获得最佳结果。3. 这种力量的精细结合

---

① 张国清著:《中心与边缘》,中国社会科学出版社,1998年版,第102页。
② [美]阿尔温·托夫勒著,任小明译:《未来的震荡》,四川人民出版社,1985年版,第454页。

需要有一个精确的命令系统。被规训人员的全部活动都应该用简明的命令来表示和维系。命令是无须解释的。令行禁止，雷厉风行，无须废话。规训教师与受训者之间是一种传递信号的关系。这里不存在理解命令的问题，所需要的仅仅是根据某种人为的、预先编排的符码，接受信号和立即作出反应。"①

伦敦东哈姆的一位资深校长曾描述英国的学校教育，他说："如今对每一个 5 岁儿童有 130 条标准。"这种对学生严密的控制造成了如下结果：不管他们多么聪明，关于自我劣势的认识都会积淀到他们关于自我观念的意识之中。在如上观念支配之下，学习不再是由自身热切的探究心态支撑下的个体行为，而沦为由外部强制力量所督促控制下的无奈选择。马克思曾对资本主义工厂制度下工人劳动的异化作出深刻分析，在残酷压制工人自由的工厂劳动中，劳动对于工人来说成为"外在的、不属于他自己的、不是肯定自己自由地发挥自己体力和智力的活动，而是否定自己的、非自愿的强制劳动，是被迫的劳动"②。简单教育机制下的学校与近现代工厂的一致性同样导致学生学习的异化，此时，学习不再是一种令人满意、给人以快乐的活动，而异化为一种义务，一种摆脱不掉的劳作。

学习行为的无意义感也是造成学习异化的重要原因。在近现代的学校教育中，学校作为知识垄断者的身份决定应该学什么，怎样学，同时也决定了学习成功与失败的标准。这样，"在知识的账单上，所有的儿童，不管聪明还是蠢笨，都被划入了借方。对学生'亏空'的考虑是学校对知识操纵的等级结构中的传统的组织原则。这种考虑根深蒂固，并通过一份全无生气的、儿童进入成人社会必须掌握的长长的知识和技能的清单支撑着自己"③。这份清单通过一种相互隔离的课程呈现出来，并把这些课程的学习分配到不同比例的时间和空间安排之中。

学校课程设置方式及其合理性成为理所当然的公理，很少有人对其提出质疑，对于学生来说更是如此。但是，如果认真地追问一下，其不容置疑

①〔法〕米歇尔·福柯著，刘北成、杨远婴译：《规训与惩罚》，生活·读书·新知三联书店，1999 年版，第 184～187 页。

②杨适著：《马克思〈经济学—哲学手稿〉述评》，人民出版社，1982 年版，第 37 页。

③〔挪威〕让-罗尔·布约克沃尔德著，王毅等译：《本能的缪斯》，上海人民出版社，1997 年版，第 133 页。

105

的性质可能就会打折扣乃至被推翻。例如,所有的学生真的需要花费那么多的时间学习外语吗? 为什么说语文、数学等被定位为主要课程,而生物、历史、体育等被置于边缘地位? 难道真的需要所有学生都学习代数吗? 对于如上问题,即便课程专家,一般也是含糊其辞。如果问及学生,他们更是不知如何作答。何以至此? 道理并不复杂,课程表是很少加以思索地从以往继承下来的。如上情况导致了学习行为沦为无条件的接受、模仿和重复。于是出现一种这样的学习景观:"'现在开始学习。'站在教室前面的男人讲道,边说边在黑板上写下方程式。学生将其抄在书上,三个月后,学生又将它写在考试卷上。如果第二次写的与第一次写的一样,那我们就学会了它。"①显然,此时学生被迫按照教师所预期的方式去读书,学生个人的思考被排斥到学习过程之外,全身心投入的有意义学习沦为一种简单的记忆存贮行为。这使得学生辛苦求学所得的结果,或至少为求学所投入的努力本身,对学生人格成长、精神陶冶具有很小的积极作用,学习的意义被降低到仅仅为取得外在于自身的考试分数而为之的极低层次,学习行为和学习结果之间的距离被放大开来。学习非但没有扩展其视野、陶冶其灵性,反而被异化为压制人的工具。学生中普遍滋生的厌学情绪即学习异化的现实表现。如果看一下英美等西方诸国基础教育中名目繁多的考试及对学生的影响,我们会发现,学生的压力与厌学心态具有普遍性。以美国为例,美国学生面临着国家测试、各州考试、学区考试等,以至于出现考试过多而必须削减的状况。"很多州要求进行更多的标准化测试导致了考试的过量,同地方课程标准相适应的学区考试和州政府考试交替进行着。为了减少学生参加考试的次数,很多学校都取消了参加学区测试的计划。比如蒙哥马利县学区已经取消了参加当地以及其他学区测试的计划,纽约的布法罗和罗斯特也是如此。"②这种以追求数量上的效率为旨归、以严密而持续的控制为手段的近现代教育所造成的学习异化,的确是具有普遍意义的事实,尽管对于不同国家的学生与不同的学生个体而言,异化程度可能深浅不一。这种学习的异化并不是教育中某些外在因素造成的,它深深地扎根于这种教育体制

---

① [英]查尔斯·汉迪著,王凯丽译:《非理性的时代》,华夏出版社,2000年版,第53页。

② 陈凡编译:《美国教育课程标准、考试及问题研究专题报告》,《世界教育信息》,2006年第2期。

之中。

2. 教育对受教育者创新意识的压制

哲学人类学家米切尔·兰德曼说过："人的非特定化是一种不完善，可以说，自然把未完成的人放在世界之中，它没有对人作最后的限定，在一定程度上留下了未确定性。"①正是这种未确定性为人展现自身的本质提供了无限的可能性。这种可能性的实现需要各种条件，其中，体现为人最高能力素质的创新意识无疑最为重要。对受教育者创新意识的培养，人们往往寄希望于通过学校教育来实现。但是，如果对西方近现代基础教育给予深刻反思的话，我们就会发现其本身所具有的制度化、统一化、规模化、程式化等，使其非但无助于创新意识的培养，反而走向了反面。因此，近现代教育对受教育者创新意识的压制有其内在的根据与必然性。

第一，对批判、怀疑精神的压制导致受教育者创新精神的缺失。

批判、怀疑的精神是创新意识的前提支持条件。当然，这里的批判与怀疑并不是指毫无根据地否定与怀疑一切，它意在通过建立在自主意识基础上的反思与质疑，从而达到适合自己或适应新情境的新理解。对于任何人来说，只有当其对现有的秩序或结论持批判或怀疑态度时，创新意识才会出现。近现代教育所倡导的无条件服从与接受的价值诉求与具体实践无疑和上述精神的引导、培养相违背。这种教育所倡导的绝对主义知识观是造成受教育者批判、怀疑精神缺失的根源，体现在教育过程之中，这表现为强制学生接受与认同表现为"绝对真理"的课程、教材至高无上的权威性质，任何与之不同或者相悖的想法都被视为大逆不道并被严厉禁止。当这种知识观进入师生关系之中，教师以知识拥有者的身份出现在学生面前时，他们必然作为无上权力的象征被推到两者关系的中心。此时，教师的观点与思想不容置疑。实际上，通过严密控制与陶冶，近现代学校教育确实实现了对受教育者批判、怀疑精神的压制。西方诸国的民主精神源于古希腊倡导自主的文化基因，使近现代学校中的受教育者拥有相应的自主意识，但究其本质，这种教育是排斥创新精神的，是强权性的。这不仅体现在受教育者的行为层面上，而且深深地内化到其精神之中。当受教育者在教育过程中面对外

---

① [德]米切尔·兰德曼著，张乐天译：《哲学人类学》，上海译文出版社，1988 年版，第 228 页。

在于己的结论时,他们的反应决不是对其进行审视、质疑并持批判的态度,而是将其作为现成真理性的东西接受下来。伴随着这种行为与意向的日积月累,被动、服从、接受性的人格渐次形成,其创新意识就在这种被动、服从与接受中走向沉沦。

第二,拒斥自由的教育促成了压抑受教育者创新意识的实现。

创新意识的形成和其本身所拥有的自由之间存在着极为密切的关系。人生活在各种关系之中,其自由必然受到各种具体条件的限制。人的自由绝不是忽视其生活中各种现实关系的为所欲为,它指的是立足于现实关系并通过对外在身体活动与内在精神追求自主性的把握而实现的对现实关系的智慧性洞察。人的自由有两个方面:肉体自由和精神自由。这两种自由尤其是后者乃是创新意识萌发与形成的现实条件。只有在拥有精神自由的前提之下,人才能拥有表达自己观点的愿望与机会;只有在拥有自由的前提之下,他才敢于冒险并在未知领域内探索,而有主见地表达自己、敢于承受失败。

近现代教育的现实运作与价值追求有一种天然地排斥受教育者自由的倾向。回顾近现代教育形成与完善的历史,其发展过程即日益制度化、封闭化与控制手段精致化的过程,对受教育者自由的压制与剥夺贯穿整个过程之中,存在于教育的方方面面。从宏观的学制到微观的课堂,从教育目的预期到教育结果评价等,无不体现了这一点。此时,整个教育系统正如一架精致化的机器,受教育者自进入这种教育之始,他们即被嵌入固定的时空和流程之中,并被当做加工的零件,接受着控制、操纵和灌输。于是,受教育者的自主性丧失了,他们不再有表达和创造的欲望;他们变得谨小慎微起来,冒险的冲动被代之以惟命是从。以课程学习为例,作文的学习沦为写作"技巧"的记忆与掌握,数学学习沦为各种典型习题的汇集与记忆,品德课沦为各种道德教条的说教,甚至音乐课与体育课也沦为各种技法与技能的记忆与训练。在以尊重个性、崇尚自由而著称的美国幼儿园里,以上倾向也极为明显。在其艺术课上,"教师指导儿童'像书上那样画'的做法是相当普遍的,或者是让他们在预先画好的图案上着色,或是将其剪下,而不是让他们去创造图画或是剪自己随心所欲的东西"①。在中小学作文中,"八股文"倾向普遍存在。美国学校要求的"作文"中有一种是八股文,必须严格按照格式,格式一错,哪怕内容多么好都不及格,这种作文全部运用于考试中。这种作文的格式如下:开头提出背景,引出讨论的问题,然后说出自己的三个论点,进而针对每一论点写出理由,最后总结论点,提出做法。这里无意对如上学习方式彻底否定,但是,当接受教育的过程沦为接受一套方法、技巧的训练并具有普遍性时,伴随着这种以接受、模仿为主导形式的教育,受教育者的创新意识必然会被凝固化乃至被销蚀殆尽。

第三,对受教育者非理性素质的压制使其创新意识的萌发与形成失去了动力支持。

非理性因素是人心理结构中的重要组成部分。在教育领域内,受教育者的非理性素质指的是与记忆、逻辑思维、注意等相区别的情感、意志、兴趣、想象、个性等非智力因素。关于非理性素质在创新中的作用,有人曾进行过这样一项试验统计,把拟好的关于人的各项素质以表格的形式排列出来,分发给一组著名的科学家填写,要求他们按表中所列的项目用加号表示那些对他们取得科学成就最为重要的品质。结果表明:大多数科学家表示居于首位的是非智力因素,如坚强的意志、强烈的情感、正确的动机和浓厚的兴趣等。② 对于学校教育中的受教育者来说,其创新意识尽管和科学家们的创新从影响上来讲不可同日而语,但是,从其出现的动力机制来说,两者却具有一致性。

受教育者的非理性素质在其创新意识的萌发与形成过程中所提供的动力支持表现如下。首先,诱导作用。在教育过程中,受教育者一旦有了情感、意志、想象等非理性因素的融入,他们的思维就会保持高度紧张和清醒状态,随时捕捉、选择对其有意义的信息,并积极地从记忆中提取内部信息与外部信息进行对照和编码,为形成创造性的认识提供一个前提准备。第二,调节作用。情感、意志等非理性素质通过不断地放大受教育者的内驱力,从而触发和维持他们的思维定势,使其思维过程执著地沿着某种轨道前

① [挪威]让-罗尔·布约克沃尔德著,王毅等译:《本能的缪斯》,上海人民出版社,1997年版,第102页。
② 吴宁:《历史唯物主义的"非理性"概念》,《华中理工大学学报》(社科版),1996年第3期。

进;反之,当外在干扰出现时,各种非理性素质则通过其内部参照作用自动加以排除。这种即时性调节一方面可以使受教育者能够在执著追求中激起其创新意识的勃发,另一方面在适当的时候又使其不沦入僵化的思维定势之中。总之,在教育过程中,受教育者的非理性素质如坚韧的意志、饱满的热情、坚定的信念等,往往能激起强大的精神力量,而轻松的情绪与欢愉的心情又常使人灵思泉涌。即使那些表面看来背离创新意识的非理性因素,其作用也不完全消极。例如,焦虑、恐慌等负向情感体验也可以起到放大受教育者内驱力、维持创新意识的作用。

西方近现代教育天然地具有排斥与压抑受教育者非理性素质的倾向,它实质上是一种制度化、标准化、程序化与同步化的教育,非标准化、非程序化、非规范化的非理性冲动必然会被排斥在教育过程之外。因此,自近现代教育制度确立始,教育即开始了对受教育者非理性素质进行压制与排斥的历程。这种教育发展至今,伴随其本身的完善,它已成为一张纵横交错的压制之网,每一个受教育者都是作为被固化在这一教育控制之网上一个僵死的纽结存在的。在这一压制之网中,近现代教育对受教育者非理性素质的压制具有空间上的广延性、时间上的延续性、程度上的深刻性等特征。"美国学校对学生课间的活动管得十分严,不允许学生在教室外随意活动。如果确实需要出教室,比如上厕所,必须先拿一块允许上厕所的牌子,然后才能出教室。课间有教师在走廊里巡视,学生一旦被发现在教室外闲逛,一律按逃课处理。"[1]另外,其他方面的规定也多之又多,如不能高声讲话,走路姿势持重等。试想在这样的教育氛围中,学生怎么会展现出非理性的活力?在严密而持续的压制之下,"儿童完全沦为学校和教育的附属品,学生是属于学校的,是属于课程的,教师成了学生的监护人,把学生包裹起来,与日常的生活世界隔离开来,并决定着他们的学习和成长,学生从而全部地依赖于学校、课程和教学,学生在教育的流水线中被程式化和机器化,他们不再对新鲜事物感到惊奇,不再对日升日落的绚丽景象感到惊喜,不再有创造性和想象力"[2]。

---

① 张逸:《在美国上高中的日子》,《文化博览》,2006 年第 2 期。
② 金生鈜著:《理解与教育》,教育科学出版社,1997 年版,第 25~26 页。

三、简单教育系统非良性运作分析

处于良性运作状态的任何系统都应该符合两个基本原则：第一，保持适度的开放以从外在环境获得动力支持；第二，组成系统的各要素处于动态的互动关联之中，使系统处于非稳定存在状态以维持其活力。要满足这些条件需要系统本身在运作过程中容许一定"差错"和"无序"的存在。西方近现代教育作为一个系统，其运作无疑与如上原则相悖，这决定了其非良性的运作状态。

（一）教育系统对外在环境的封闭状态使其失去了赖以发展的外在动力支持

西方近现代学校教育在形成与完善过程中，逐渐形成了对外在环境封闭的系统。近代早期的初等学校，其职能一般都十分简单。为贵族和上层社会子弟所设立的学校，其职能是作为大学的预备学校而存在；为贫苦儿童所设立的学校，其职能一般则是学习最为初步的读、写、算等基本知识与基本技能。此时，学校大都以散乱的形式孤立地存在，它们相互之间并没有严格的统属与衔接关系。后来，在产业革命的推动及各国的大力提倡之下，学校教育逐渐走向正规化与系统化。到 19 世纪，严格意义上的学校教育系统基本上正式确立。胡森把这种学校教育的特征总结如下："1. 它是一种全日制学习的机构；2. 对入学和毕业有一定的年龄规定；3. 教学模式是教师'面对'学生的讲授式；4. 课程是分年级的；5. 基层单位的大小，即学校校舍或楼群已随学区的城市化和一体化而不断扩大；6. 由于有更多的儿童延长了修业年限，因此体系的规模已有了扩大；7. 学校的教学目标已从传授认知技能和能力这种单一的目标，扩大为构成社会教育的多种目标；8. 这种发展要求各方面的更好协调，而这种协调已通过建立各种专门的服务设施使行政管理机构有了扩大；9. 管理倾向于日益严密，教学工作在更加中央集权化的规定下变得更为统一。"[①]具有如上特征的学校教育系统形成之后，一直到今天并没有实质性的改变与突破。

学校教育系统的形成使教育的运作实现了制度化与秩序化，这固然有其进步与合理的一面，但是，这种运作本身却日益使教育系统沦为一种与外

_____

[①] 陈桂生著：《教育原理》，华东师范大学出版社，1993 年版，第 74 页。

在环境相封闭的实体。这一方面表现为封闭于外部社会,另一方面表现为封闭于受教育者的生活世界。此时,教育系统逐渐形成了与外在环境相脱离的运作,形成了系统自身所承认的人才标准。于是,教育世界游离于其外在环境,并在二者之间构筑了一道鲜明的鸿沟。仅以教育评价方式而言,教育系统内部执行着一整套脱离于社会与受教育者生活世界的评价方式,如不切合时代的评价方式、评价标准的数字化等。"在对学生的评价方面,对数字的崇拜有过之而无不及。不要说那些比较确定的知识领域注重考分,就是那些依其本性无法量化的教育目标领域,也居然引进了数字评价。"①这种评价无疑置社会与受教育者生活世界的丰富、复杂于不顾,使教育系统带有极强的幽闭于自身的倾向。

根据复杂理论,"系统的存在与它的多样性的维持是和环境的相互关联分不开的;通过这种相互关联,系统从外部吸取物质/能量,在具有更高级的复杂性的情况下吸取信息"②。所以,系统能有效地从外部环境中吸取能量是开放系统的重要标志和必备条件。但是,简单教育系统的封闭性却使其自身无法从外在环境获得必要的动力支持。首先,对社会的封闭,使社会进步的刺激很难内化成教育超越自身的能力。简单教育系统的形成适应了大工业生产方式,并伴随致力于民族国家的振兴而产生,"当工业革命以规模经济实现了物质生活的高度飞跃后,我们没有理由不相应地在规模经济所需要的人力资源上,实施相应的规模化、标准化操作"③。另外,各个民族国家出于振兴的需要,也提出了大面积提高本国国民素质的急切要求。这说明,以追求数量效率为旨归的简单教育系统,在大工业生产时代有其存在的合理性并发挥了特定作用。但是,伴之以被阿尔温·托夫勒等称之为第三次浪潮的后工业社会的到来,社会生产方式发生了根本性变革。"随着第三次浪潮横扫社会,工作的单调重复性减少了,不是分得那么支离破碎了,每个人承担一件多少是较大的任务。时间灵活和自定步调代替了群体化和同

---

① 夏正江著:《教育理论哲学基础的反思——关于"人"的问题》,上海教育出版社,2001年版,第221页。

② [法]埃德加·莫兰著,陈一壮译:《复杂思想:自觉的科学》,北京大学出版社,2001年版,第235~236页。

③ 王枬、陈时见主编:《走向创新教育——教育变革的反思与前瞻》,广西人民出版社,2000年版,第127页。

步化。工人必须适应他们的任务经常变化,以及人员调动、产品改变和机构改革等这些令人眼花缭乱的状况。"①这种生产方式对人的素质提出了与以往全然不同的要求,为教育各方面的改革提供了极为有利的条件与推动力。但是,反观现实教育,我们会发现,其运作与存在的封闭状态,使其面对变化时代的新情况、新境遇不可能作出适时、灵活的调整,反而表现出故步自封的态势。《学会生存》所指出的"有些社会正在开始拒绝制度化教育所产生的成果",暗含着对教育封闭于社会发展的深深忧虑。

其次,对于受教育者生活世界的封闭使蕴含于其内的精神能量无法注入教育系统之中。"生活世界"的概念是贯穿于胡塞尔现象学的一个核心概念,这一概念一经提出,即为后来不少思想家所关注。如维特根斯坦在其语言哲学中提出"生活形式"概念,海德格尔在其存在主义哲学中提出"日常共在的世界"概念等。如上概念尽管表述不一,但精神实质却基本一致。其一,生活世界不是单向度的世界,而是一个自然与文化、肉体与灵魂浑然一体的丰富世界;其二,生活世界不是由抽象符号所建构的封闭世界,而是一种开放的、主体间共同拥有的生动鲜活的人文世界。以哲学上对"生活世界"的理解为基础,我们对教育中"受教育者的生活世界"理解如下:受教育者的生活世界是涵盖其全部活动与生活的世界,他们在这一世界中作为整体性、丰富性的存在进行着生成性的学习、娱乐与生长。这一世界蕴藏着极大的精神能量,表现为受教育者对这一世界的全身心融入。在这一世界中,他们在自发与自觉的有效统一中实现着肉体的生长与精神的完善,个体的生命冲动、情感、意志等非理性因素作为他们进行生活与完善生活的强大力量被激发出来。这一世界的精神能量,在受教育者的游戏中,在他们忘我式的专注思考与行动中,在他们全身心投入的相互交往中,都展现得淋漓尽致。而伴随着班级授课制的实施及教育系统的形成与完善,教育世界与受教育者的生活世界被割裂了。这一世界不可能真正做到关注受教育者内在的精神生活,也不可能关注受教育者之间真正的交往。它所追求的就是把所谓的"适龄儿童"输入到自己封闭的体制中,然后在特定时候把他们输出去。在课堂教学中,它能做到的也是"把丰富复杂、变动不居的课堂教学过

113

---

① [美]阿尔温·托夫勒著,朱志焱等译:《第三次浪潮》,生活·读书·新知三联书店,1983 年版,第 448 页。

程,简约化归为特殊的认识活动,把它从整体的生命活动中抽象、隔离出来"。"它既忽视了作为独立个体、处于不同状态的教师与学生在课堂教学过程中的多种需要和潜在能力,又忽视了作为共同活动体的师生群体在课堂教学活动中双边多向、多种形式的交互作用和创造力。"①这里"整体的生命活动"即"受教育者的生活世界"。因此,在这样的教育运作与追求中,受教育者以残缺不全的存在进入教育过程之中,体现他们身上的精神能量。这一点在现实教育操作层面表现得尤其明显。以课堂教学为例,尽管教师、教育管理人员、教育理论工作者都极为重视这种能量的引导与激发,但大都没有实质性效果。

对于西方欧美国家教育与生活世界之间的关系,我们往往有一种偏见,认为西方学校教育与生活世界存在着紧密的共通性。但是,如果深入分析这种教育的精神实质,我们就会摆脱这种偏见。且不说殖民时期西方诸国基础教育中的封闭与机械,即便到了20世纪由杜威所倡导的进步主义思潮广泛传播并付诸实践之时,西方学校在现实教育实践中也没有真正构筑起教育与生活世界的关联。更何况,这样的教育实践在短短30年的时间内即受到冲击,要素主义取而代之并成为西方教育尤其是美国教育贯穿20世纪的主线。学科结构运动、回归基础运动、教育标准化运动,一次又一次的西方教育改革无不彰显一条原则,即强调教育的学术性与基础性,生活类的课程往往沦为一种点缀。

(二) 教育系统内部秩序化存在状态使其自身失去了活力

从系统内部看,有活力的系统应当体现出两大特征:其一,组成该系统的各个要素本身应该不是固态化的被动存在物;其二,系统各构成元素之间的关联应该是动态的,整个系统具有可超越自身,向更复杂存在状态跃迁的可能性。"一台人造机器是由极其可靠的(reliable)元件构成的,也就是说它使用的零件是经过测定和检验,彼此完美匹配,根据所要进行的工作采取最坚固的和不易变形的材料制成的。但是,机器的可靠性在整体上大大缩小了。它的部件愈多,相互依赖性愈强,它的可靠性就愈差。"②人造机器的这

---

① 叶澜主编:《"新基础教育"探索性研究报告集》,三联书店上海分店,1999年版,第224页。

② [法]埃德加·莫兰著,陈一壮译:《复杂思想:自觉的科学》,北京大学出版社,2001年版,第238页。

种非可靠性即指机器本身所具有的机械呆板性质。西方近现代教育就是一架具有如上特征的完美的人造机器。组成该系统的基本要素如教育者、教育内容、受教育者,都是作为被动的存在物而被镶嵌在确定位置之上。同时,由于系统内严密的分工与严格的控制,使其在整体上组成了一种秩序化的结构体,这决定了此教育是没有活力的。

近现代教育是一种立足于分工基础上的制度化集体教育。从宏观层面看,组成教育的三个最为基本的要素即教育者、受教育者与教育内容,被完整地分化为三个抽象化的相互孤立的实体。其中,教育者以群体形式存在从事着“教”的职业,受教育者则以群体的存在从事着“学”的职业,教育内容则作为一种独立的体系化存在形式与如上两者相分离。从微观层面看,组成教育的三要素本身也进一步分化。如教育者群体,其内部出现了严密的分工,这表现为级任教师制和科任教师制的出现。与之相伴而生的则是教育内容分化为各自独立的学科,受教育者的学习活动也进一步分化为孤立的对不同学科的学习。

在教育各要素分工日益严格的过程中,教育的职能被分化为相互孤立的几个部分。早在 17 世纪教育家洛克的教育思想中,教育职能分化的思想即出现萌芽,他把教育职能列为四个方面,即“四件事情”:德行、智慧、礼仪、学问。19 世纪的赫尔巴特则把教育职能划分为“可能”和“必要”两个层次。可能层次的职能指培养儿童“多方面的兴趣”,使其掌握基本知识,作为学生以后从事各种职业的一般基础,这是教育所实施的智育方面的职能;必要层次的职能指形成儿童“道德性格的力量”,这是教育所实施的德育方面的职能。对教育职能从智育、德育和体育进行三方面的明确划分的首倡者是斯宾塞,其代表作《教育论》的全称即“教育:智力、道德与体力”。如上教育家对教育职能的划分,其本意并不在于把教育绝对地割裂为几方面的工作。但是,自斯宾塞以来,在教育内容日益分化成不同学科、教师群体内进行学科教学分工的背景之下,教育实践中如上几方面被分割为互不包容的几部分却成为不容否认的现实,这已深深地扎根于当今教育理论与实践工作者的思维之中。

教育中严格的分工决定了组成教育的各因素本身确定而单一的存在方式,它淡化了诸因素本身的丰富性。对于教育者来说,其职能沦为单一的确定性的“教”。在近现代科学主义知识观的影响之下,这种“教”又进一步窄化为教"知识"尤其是所谓"有用知识";对于受教育者来说,其职能则沦为单一的"学"。这样,学生的丰富性被搁置起来,他们作为确定性的"器具"被置于教育过程之中。对于教育内容来说,其内在丰富而多元的意义被遮蔽,而以一种确定性符号的知识形式呈现在教育者与受教育者面前。以上因素确定而单一的存在方式使其相互分离,如对于教育者与受教育者来说,这种分离一方面表现为时空上的分离,另一方面表现为心理上的相互冷漠及排斥。这样,三要素尽管形成了一种相互依赖的关系,但这种依赖关系主要靠外在的力量被"捆绑"在一起,它执行的是外在规定好的程序,教育过程的内在活力销蚀殆尽。

第三章

社会转型期的表层躁动
——复杂教育观产生的外力推动

第一节　生活世界的复杂性构成复杂教育的社会舞台

自 20 世纪 50 年代以来,以计算机的发明和使用为标志的新技术革命带来了一个变化的时代。这种变化是全方位的,表现在政治、经济、文化等诸多领域。20 世纪 80 年代以来的社会转型期,西方世界的飞速变化非但没有减弱的势头,反而呈愈来愈强之势。这些变化无疑会引发立足于形而上学思维方式下教育理论及教育实践的危机,并为教育走向复杂提供了外在的环境支持。

一、权威的消解

和谐相处、多元共存是社会转型期这一时代的主旋律。在此背景之下,社会生活中的"权威"与"中心"正走向消解。

（一）人与人:趋向平等

自由、平等、民主一直是人类追求的伟大目标。中国传统文化包含着各种各样的平等思想,体现于各家学派的学说之中。道家学派的代表人物庄子在《庄子·秋水》中说:"万物一齐,孰短孰长?"在这看似简单、直白语言的表述中,蕴涵着先哲"齐万物"的深刻思考,即天地万物生而平等,都具有他人、他物不可替代的价值。启蒙运动时期,西方启蒙思想家们所提出的"天赋人权""自由""平等""博爱"的思想也表现出人类对平等社会的追求。卢梭指出："每个人都是生而自由、平等的。"①如果说，自由、平等的观念在过去更多局限于仁人志士与先哲先贤们的理想追求之中，那么，在人类由工业化社会步入后工业化时代的今天，这种理想已在不小的程度上成为客观现实并已显现于人们的日常生活之中。

首先，日常生活中的平等意味着每个人在多种可能性面前拥有自主选择的权利。平等的实质是实现人对自我命运的真正掌握，人只有真正拥有自主选择的权利，才能实现这种掌握和控制，从而实现人与人之间的民主与平等。在日常生活中，人自主选择的权利体现为任何人都有权参与和决策日常生活中的公共事务，即表现为公共空间的拓展。近几年来，在全国各地电视媒体上刮起了一股"快乐旋风"，《快乐大本营》《欢乐总动员》《开心100》《开心词典》《梦想剧场》《非常6＋1》《超级大赢家》等各种娱乐性节目如雨后春笋般出现。尤其是2005年，中国大众文化界的最大事件是"超级女声"的流行。这些节目虽然名称各不相同，但几乎都有如出一辙的程式化模式：明星的加盟和观众的参与，儿童般的竞赛游戏，海阔天空的知识问答，博彩化的物质奖励……如此种种视听片断的拼贴，种种娱乐形式无规则的杂糅，我们不难发现后现代的种种迹象：戏拟滑稽的模仿，反讽意味的调侃，零散化低龄化的游戏。《超级女声》这样一个地方卫视台推出的节目，能够集万千宠爱于一身，享有巨大的声誉，当然有着很多方面的原因。但是，在这一现象背后有一点值得深思，即参赛人员的晋级，主要依据观众短信投票以及中途遭淘汰的参赛者组成的观众审查委员会的投票，并且，投票结果以透明的形式当场公布。② 可以说，该类节目的走红实际切合了普通人的希望与需求——能够在公共生活中，作出自己的选择，表达自己的期望，贯彻自身的要求。这一事件尽管仅仅是当前人们生活汪洋中一朵微不足道的浪花，但其反映出的权力下移、实现普通百姓自主及人人平等的精神实质却具有普适性的意义。

其次，日常生活中的平等还体现为"大众"开始拥有自己的话语权。在工业社会，人们之间的交往是不对等的，社会话语权被强势群体或社会主流群体所把持，"小人物"或弱势群体出现失语状态，对于社会政治生活和日常

---

① [法]卢梭著，何兆武译：《社会契约论》，商务印书馆，1953年版，第7页。
② 李旭渊：《韩流、长今与"超女"》，《读书》，2007年第8期。

生活的选择并无实质的发言权。与此形成鲜明对照的是,20世纪80年代以来,伴随着政治的民主、文化的多元、价值取向上的宽容,作为普通大众的"小人物"也渐渐从社会强势权力的束缚中挣脱出来,从社会底层发出自己的声音,拥有了自己的话语权。20世纪中叶以来西方女权主义运动兴起,表达出对工业化时代"父权制"社会的抵制与对男女性别平等的要求。这种追求人与人平等的意识,也明显体现在新闻媒体的传播理念与现实操作的转向之中。今天的新闻媒体逐渐从热衷于社会宏大叙事中解脱出来,变社会精英的话语为寻常百姓的话语,普通百姓的喜怒哀乐及人生命运得到更为广泛及深刻的关注。于是,"小人物"逐渐拥有自己的话语权和知情权,形成广泛的"共同舆论场",这已成为当今社会转型时代的社会特征之一。这表现在影视表达中,即不同于工业化社会背景下追求宏大叙事的表现手法,更不同于工业化社会背景下热衷于少数社会精英的生活及主流意识形态的流露,而开始关注普通的人群及其平凡的日常生活,关注底层社会人们的生存状态和价值取向,尊重每一个普通的生命。中国新生代导演贾樟柯的《三峡好人》就是这样,片中没有政治意识的创作者,没有权力把持者。作者运用纪实的手法记录一群平凡、普通的"小人物"的生活,精彩地演绎了他们的喜怒哀乐、悲欢离合。传媒中所表达的社会平等意识仅仅是整个社会民主化进程在文艺领域的浓缩,表现在文化领域的如上景观,实质上是后工业化时代的产物,与西方社会的诸多文化现象如女权主义运动、后殖民主义运动等有着内在的切适性,表达出对弱势群体权利的关注与平民话语权的张扬。

（二）人与自然:走向和谐

在历史上,最早对自然概念全面系统分析的当属亚里士多德。在《形而上学》一书中,他将自然概括为七个方面的含义:第一,生长;第二,生物由以生长的种子;第三,事物得以生长的动力;第四,事物赖以组成的原始材料;第五,事物的本质或形式;第六,一般的本质或形式;第七,自然万物的动变渊源。① 根据《形而上学》一书的译者吴寿彭先生考证,在古希腊语中,自然最为原始的含义或者说自然的原义乃是"生长"。② 所以,尊重自然或与自然

---

① [英]柯林武德著,吴国盛等译:《自然的观念》,华夏出版社,1990年版,第86页。
② 吴先伍:《从"自然"到"环境"——人与自然关系的反思》,《自然辩证法研究》,2006年第9期。

和谐实乃遵循事物的内在规律或本性，使其自由自在地展开。

在与自然相处过程中，限于生产力及自身认识的局限，古代先民与自然的和谐带有一种对自然茫然屈从的实质。伴随着现代工业化社会的到来，人类中心意识日益膨胀，在与自然的关系上升发出一种极端的霸权意识和控制欲望。此时，人类滋生出这样一种错误认识，认为"人是自然界主宰"，人在自然界面前可以随心所欲，人类有权要求自然提供人类所需要的一切。他们藐视自然，处处以自然的主人自居，一味地热衷于"征服"自然、"人化"自然，把自然界当成可以随心所欲处置的对象。"整个世界一起为人服务，没有任何东西不能拿来使用并结出果实……各种动物和植物创造出来是为了给他提供住所、衣服、食物或药品的，或是减轻他的劳动，或是给他快乐和舒适；万事万物似乎都为人做事，而不是为它们自己做事。"①这种对自然的态度进一步强化，即成为贯穿工业化时代那种机械而强力控制的简单思维方式。

早在 19 世纪，恩格斯就对人类做出了警示："对自然的破坏最后等于破坏人类自己。"他指出："我们必须时时记住：我们统治自然界，决不像征服者统治异民族一样，决不像站在自然界以外的人一样——相反地，我们连同我们的肉、血和头脑都是属于自然界，存在于自然界……"②这种观念在自然的报复面前日渐为人们所体认。自 20 世纪 60 年代以来，日益恶化的环境问题不断向人类敲响警钟：酸雨、温室效应、大量动植物物种灭绝、气候失常、海洋污染、沙尘暴、湿地枯竭等，自然以自己的方式"沉静"而有力地"回敬着人类行为的后果"。这种报复使人类逐渐清醒起来，尤其是在西方由工业化时代向后工业时代转型的过程中，这种对自然的态度的转变进一步加强。西方各国绿色环保运动蓬勃兴起。如 1970 年出版的《新联盟》（New Republic）一书这样评价美国的环境保护运动：美国的环境运动已成为一个最大的包罗万象的联盟。其成员既有年轻人，也有老年人；既有左翼，又有右翼种族主义者；既有自由主义者，也有保守主义者；既有人道主义者，也有科学家；有无神论者，同时也有自然神论者。2003 年 7 月 25 日，美国《新州周报》的一则消息很有趣，说的是新泽西州孟费斯郡和联合郡因大雁数量多，土地和

---

① 吴国盛著：《让科学回归人文》，江苏人民出版社，2003 年版，第 82 页。
②《马克思恩格斯选集（第 3 卷）》，人民出版社，1972 年版，第 518 页。

水源受到污染,附近池塘的水被禁止使用。为此,当地政府将 300 只大雁赶进充满一氧化碳的车内进行了毒杀。这一做法引起了当地居民的极大愤怒。市长及卫生官员解释说,他们是在尝试以非致命性方式控制雁群数量失败后,才使用这种致命性手段的。他们就此检讨,并表示今后将采用非致命性方式来控制雁群数量。① 总之,人们开始致力于保护动物、保护水草、保护空气、保护森林等等,甚至为了维护这种人与自然的和谐不惜改变生产与生活方式。绿色生产与绿色生活的倡导就是此观念有力的诠释。这种观念至今已升华为一种生态伦理,成为后工业时代人们思考人与自然关系的中心坐标。

(三) 人与文本:多元解读

西方有句谚语:"一千个读者就有一千个哈姆雷特。"20 世纪 80 年代以来,在社会大转型的背景下,人与文本的关系正在发生根本性的变革,即由传统的作者对文本、读者的控制转向读者与文本的双向对话与自主创造。

根据工业化时代的现代认识观,作者是文本的主宰,文本是作者书写的结果,因此作者能够随心所欲地处置文本。文本一旦产生,便永远地依附于作者,同作者的命运永远连在一起,文本的生命力完全或主要地来自于作者并最后固化为一种客观的东西。作者对自己的文本拥有最初的解释权和最后的处置权。读者要进入作者的文本,必须首先经历或接受作者给予文本的各种限定和约束。作者对读者的解读活动起着引导和规定作用,作者不希望出现背叛自己意图的读者。读者可以指出文本的优缺点,但文本的意义不会由于读者的读解活动而得到改变,并且,作者把读者对自己创作或书写意图的任何违逆都斥之为对文本本意或真意的曲解,斥之为对其创作活动和真诚的玷污,读者能够正确得体地读解某个文本是其能够被某社会或团体接纳为合格读者的基本条件。因此,在作者、文本和读者的三维关系中,作者是中心,起主导作用,文本是这一中心的载体或外在实现,读者处于这一中心的边缘。这样,作者与读者在书写与读解之间,便构成角色独立的简单的结构体,他们之间的互动无从谈起。

20 世纪 80 年代以来,在西方社会转型期的当今时代,作者、文本和读者的传统角色发生了扭转。在作者、读者和文本的三维关系中,作者与其说是

---

① 赵元根:《美国:人与自然和谐相处》,《中国水土保持》,2006 年第 2 期。

某文本的作者,还不如说是某文本的解释者。作者既不造就普遍的真理主张,也不向读者提供任何指令,他只是勾画出各种见解,以一个平等者的身份参与各种争论。"读者进入游戏的核心舞台,使之成为其中的主角,他取得了空前的自主权……读者已经不再是一个被挑逗、被教化或被熏陶的消极主体。读者被授予某种自由的权利,可以随心所欲地赋予文本以意义而不必计较任何后果或承担任何责任。但是读者不是一个取代作者或权威的新核心,相反,'作者之死'只是表明任何权威或核心的消解。"①"作者"在这里是一个象征,是一个符号,是现代语境下权威的代表。在阅读过程中,读者能够且必须打破这种"作者中心"的观念,消解这种权威。这样,在作者与读者之间即突出了一种平等关系,人与文本之间的多元关系得以建立。

二、知识的剧变

(一) 量的扩张

伴随西方 20 世纪后半期的社会转型,人类步入信息化时代。知识以惊人的速度增加与积累,促成了其量的扩张。根据英国科学家詹姆斯·马丁(James Martin)1983 年的统计,人类科学知识在 19 世纪每 50 年增加 1 倍;20 世纪中叶,每 10 年增加 1 倍;20 世纪 70 年代,每 5 年增加 1 倍。到了 1985 年,埃德蒙·金提交的报告更进一步认为,专家对知识增长速度的估计仍然偏低。据 1985 年的计算表明,人类知识的总数每两年半就要翻一番。到了 1990 年,很可能每年都要翻一番了。② 又据美国未来学家阿尔温·托夫勒在 20 世纪 70 年代的预测,对于当时出生的小孩来说,到他们大学毕业时(20 世纪 90 年代),世界上知识的总量将增加 4 倍。当这个小孩 50 岁的时候(2030 年),知识的总量将是他出生时的 32 倍。如此推算,全世界 97% 的知识都是在他出生以后才产生出来的。③ 应当注意的是,知识更新在 21 世纪的今天更是以加速度的方式进行。据推算,目前我们利用的技术知识量,仅占 2050 年的 1%。毋庸置疑,我们处在一个"知识爆炸"的时代。在这

---

① 张国清著:《中心与边缘》,中国社会科学出版社,1998 年版,第 149~159 页。
② 张诗亚著:《惑论》,西南师范大学出版社,1993 年版,第 192 页。
③ 施良方:《未来的挑战与国际教育的未来》,《华东师范大学学报》(教育科学版),1991 年第 4 期。

样的时代,实验室每时每刻都可能诞生新的知识,产生新的技术,知识正以迅雷不及掩耳之势得以扩张。更有意义的是,伴随文化的多元、个性的张扬,大量的思想、观念产生于平民,产生于草根。如此,知识这个雪球越滚越大,呈几何级数增长。

（二）质的飞跃

知识的剧变不仅表现为量的扩张,而且还表现为质的飞跃,即新观念的此起彼伏与在此支配下的高新科技层出不穷。高新科技是人类在当今时代取得的最先进的科学技术成就。高科技是个历史性的概念,每个时代都有自己的高科技领域。19 世纪上半期,最先进的高科技是电报、电话。20 世纪以来,在以相对论、量子理论、DNA 双螺旋结构和板块学说为标志的科学革命的推动下,科学技术无论在深度和广度上均得到迅猛的发展。20 世纪后半期,信息技术、现代生物技术、新材料技术、新能源技术、航天技术空前发展,显示出 20 世纪末社会转型期以来科学技术发展的生命活力。它们迅速地改变着世界的面貌,推动着社会的进步。例如利用克隆技术,将选中的体细胞核移植到取出了遗传物质的卵细胞中,形成含有新遗传物质的卵细胞,并促使它分裂发育成胚胎。再如,航天技术的发展,让原本遥不可及的"太空文明"已在寻常百姓的生活中触手可及。2001 年 7 月,美国肯塔基州路易斯市的一家医院为一位心脏病晚期患者成功地换上了人造心脏,这是世界上第一例成功的人造心脏移植手术。此技术即取自航天飞机的燃料泵技术。目前,这种小型化心脏泵已经为几十人带来了新生。① 另外,航天技术也成功地应用于卫星电视、太空育种、天气预报等方面。单单卫星通信技术就为现代社会提供了电话、数据传输、电视转播、卫星电视教育、移动通信、救援、远程医疗等上百种服务,从很大程度上改变着人们的生活方式及思想观念。

（三）更新速度加快

知识的急剧增长潜在地意味着其更新换代的加速。托夫勒在《第三次浪潮》中预言:"第一次浪潮的变化,是历时数千年的农业革命。第二次浪潮的变革,是工业文明的兴起,至今不过是 300 年。今天的历史发展甚至更快,

---

① 何世文:《航天技术离百姓生活有多近》,《文摘报》,2005 年第 10 期。

第三次浪潮的变革可能只要几十年就会完成。"①的确,在知识爆炸的今天,大量的知识迅速陈旧已经不可否认,不少知识还没有被大面积推广就已经过时,今天的"事实"可能在明天就变成了"错误的信息"。"在一个以转变为特征的时期里,变化异常迅速而且意义深远,科学技术高速度地不断进步,百科全书式的知识已经过时,百科全书比人老得更快。"今天,从学校获得的大量知识,不再经得起时间的检验了,因而这些知识已不足以终身受用。②在社会大转型的今天,知识更新的速度加快,意味着知识陈旧的周期快速缩短。18世纪知识陈旧周期一般为80~90年,当代该周期已缩短为3~5年,并且还在继续缩短。③据美国对某个学科领域1970年的毕业生的调查表明,到1980年他们的知识陈旧了50%,到1986年知识已经全部老化。我国有关部门也对1965年的某学科的毕业生进行了调查,结果是到1970年他们的知识已陈旧了45%,1975年陈旧了75%。④时至21世纪,在西方发达国家,许多技术技能的使用半衰期日益缩短,平均只有5年,而一个工程师知识的半衰期在某些领域只有短短3年。在未来不到10年的时间中,美国技术人员所拥有的技术和知识将有90%被计算机所替代,即使最先进的技能也很快成为明日黄花。

知识更新速度加快在科学技术领域表现得尤其突出,一是科学发明与技术发明之间的周期日益缩短,二是技术成果转化为生产力的过程相应缩短,技术转移和传播并发生效益的速度不断加快。在19世纪,科学发明与技术发明之间的周期长达50年以上,而20世纪这一周期的时间缩短到一二十年,甚至几年。显而易见,技术研发周期的缩短显示出知识更新速度的加快。

三、信息技术的飞速发展

自人类诞生以来,信息技术的发展经历了三个阶段,即古代信息技术、

① [美]阿尔温·托夫勒著,朱志焱等译:《第三次浪潮》,生活·读书·新知三联书店,1983年版,第52页。
② [美]赫梅尔著,王静等译:《今日的教育为了明日的世界》,中国对外翻译公司,1983年版,第28页。
③ 程锦山:《终身学习与职业人生》,《中国职业技术教育》,2004年第8期。
④ 张天云、何珍祥、宋晓宇编著:《信息技术与信息时代》,化学工业出版社,2005年版,第130页。

近现代信息技术和当代信息技术。每一次信息技术革命都把人类文明推向一个新的发展阶段。近现代时期,信息技术的长足进展,是伴随摄影技术、电影技术、广播技术和电视技术的出现到来的。二战以后,特别是 20 世纪80 年代以来,信息技术进入了新的发展阶段即当代信息技术阶段。所谓当代信息技术,是指在有关信息的收集、识别、提取、变换、存贮、传递、检索、分析和利用的物理过程中主要的支撑技术,包括微电子技术、计算机技术、通讯技术、网络技术、多媒体技术、信息存取技术等。当代信息技术是高新技术领域发展最快、竞争最激烈、应用最广泛、影响最深远的先导性技术。

首先,现代信息技术以计算机的不断更新为前提。自 1946 年第一台电子计算机诞生以来,在不到半个世纪的时间里,计算机已经实现了多代更新。在计算机发展史上,20 世纪 70 年代初问世的第四代计算机具有重要的特殊意义。第四代计算机依托大规模集成电路,高度的集成化使得中央处理器和其他主要功能集中到同一块集成电路上,这就是人们常说的"微处理器"。"微处理器"的问世不仅使得个人计算机——"微机"异军突起,更重要的是让计算机进入寻常百姓家。此外,第四代计算机的使用方式也发生了变化,开始把计算机联成网。第五代计算机的问世也具有不可低估的价值。它表现出智能化特征,具有某些与人的智能相类似的功能,如可以依照程序的指令"理解"人的语言与"思考"问题,并具有"逻辑推理"能力。从严格意义上说,只有第五代计算机才具有"脑"的特征,才能被称之为"电脑"。再往后还将出现光计算机、超导计算机和生物计算机,届时人类社会的信息化进程又将出现质的飞跃。

其次,现代信息技术以现代通讯技术的迅速发展为支撑。21 世纪西方社会转型期的今天,通讯技术发生了翻天覆地的变化,发展到一个较高的水平,这有以下表现。第一,高速地传递人们所需要的各种文字和非文字信息,如高速传递计算机程序、静止图像、音乐和动画信息,当前发生于地球上任何角落的事件都会即时性地传遍世界。这一点的实现依托的是利用网络进行的即时性传播。第二,安全准确地传递数字化的多媒体信息,使信息传递过程中的差错和失真降至最低限度。第三,以全新方式存贮海量的数字数据,即以硅片、磁盘、磁带、光盘、高速闪存等存储器存贮巨量信息。早期的计算机通过一个"存贮器"存贮资料,新一代计算机可以贮存更多的资料与处理程序。据《科技日报》2007 年 1 月 29 日讯:美国罗切斯特大学研究人员日前表示,他们利用新开发的单光子技术,将相当于整张图像的信息进行编码和储存,并使其完美再现。该研究成果是光学信号存储方面取得的突破性进展。第四,它所支撑的系统是个开放系统,通过交互式的网络访问,用户不仅是信息资源的消费者,而且可以是信息的生产者和提供者。

再次,多媒体技术是现代信息技术的瑰宝。这是进一步扩展计算机应用领域的新兴技术。多媒体技术出现于 1980 年初,很快就成为计算机研究的新生发点。自第一台多媒体计算机于 1985 年问世以来,其发展非常迅速,现已风靡全世界。① 多媒体技术目前无统一定义,但多媒体技术有三个主要特点——多样化、集成性和交互性。多样化指计算机系统存在多种多样的信息载体,即文字、音频、视频等等;集成性指将不同的媒体信息有机地集成在一起,并把结果综合地表现出来,形成统一整体,各种媒体通过计算机相互联系在一起,声音、图像、文字等都可以同时出现并说明一个主题;交互性则指向用户提供更加有效地控制和使用信息的手段、更友好的人机界面、更生动的表现形式等。多媒体技术应用非常广泛,如会议系统、教学辅助系统、查询和导游系统、电视节目和广告制作、娱乐和家庭教育等都广泛应用了多媒体技术。多媒体技术的应用,将逐步改变一定程度上"人—机对峙"状态,促成"人—机和谐"的实现。目前,多媒体技术的应用,使得个人终端不仅能够处理文字和数据,还能处理图像、文本、音频、视频等多种信息,将电脑、电视、录像、录音、电话、传真等融为一体,形成智能化的多媒体终端与人之间相互交流的全息操作环境。目前,世界上几家主要的电脑和软件公司,正在研制功能更加强大、通过自然图形接口在屏幕上工作的图形界面,以简化现有的使初学者望而却步的电脑及多媒体的复杂操作程序。此外,个人听写系统的研制已获重大进展,它最终将能识别用户的语音,把用户的言语直接变成打字文本或计算机指令。这样,昨日的高深的技术,将变为今天人人都能轻松自如操作的日常工具。在这种舒适便捷的人机系统中,人们所面对的将不再是简单的机器,而是一种高智能的、服从人的指令、对人友善的,在工作、学习、生活、娱乐中不可缺少的伙伴。

最后,网络技术的飞速发展为现代信息技术注入了新的活力。计算机的迅速发展加上通信技术的革新,带来了崭新的网络时代。通常所说的计

---

① 周健、吕云峰:《多媒体通讯技术》,《电子技术》,1998 年第 10 期。

算机网络是指按照约定的网络协议，把若干台具有独立操作系统的计算机通过通信设备和线路联结起来，形成彼此可相互通信的一组相关的或独立的计算机系统。网络大大地扩展了数据交互传输功能，并且使人们实现数据和软硬件资源的共享，让多个用户在不同地点进行交流和资源共享，极大提高了计算机的利用率。计算机网络于20世纪60年代诞生以来，经历了由简单到复杂的发展历程。因特网是目前计算机网络中最普及、最重要的一种，发展极快。1997年全世界接入因特网的计算机用户近1亿，到目前已经覆盖了200多个国家和地区，上网用户正在向10亿之数迈进。

进入21世纪以来，现代信息技术在各方面都给人们的工作和生活带来了巨大的影响。正如美国学者乔治·卢卡斯所言："我看到我们现在站在真正数字革命的开端。……这样剧烈的改变就如同工业革命一般。"①"家庭工作"便是信息技术飞速发展带给人类工作和生活方式的巨大变革。所谓"家庭工作"，"亦称家庭办公或居家办公，就是指在信息技术背景下，利用家庭拥有的信息资源或信息工具（如电话、电脑、多媒体电视、传真机、打字机、复印机和情报资料等），在家从事的职业性工作，这是一种全新的人类社会活动方式"②。早在20世纪80年代，美国未来学家托夫勒在其《第三次浪潮》中就预言，第三次浪潮所开辟的是高度信息化、电脑化的社会。由于信息化、电脑化的发展将会减少对现代专业工厂或集中人们进行工作的需求，于是他提出"回到家里工作"的口号。他认为，信息社会将是"以家庭为中心的社会"，"他们通过安装在家里或办公室里的终端装置，彼此通讯。来自几个国家的约660名科学家、未来学家、计划工作者和教育工作者，通过名为'电子信息交换系统'，进行长时间的会议，彼此讨论能源、经济，减少集中性和空间卫星问题。他们在家里或办公室里的电传打印机和电视屏幕，使他们可以立即或过后与别人通讯"③。今天，人们正在实现着他的预言。通过互联网络，将消除由于空间距离所带来的不便。例如在家中通过网络终端召开远程会议，交流思想、研讨学术及交换信息；通过互联网络，可以自由地选

---

① 王雅林著：《人类生活方式的前景》，中国社会科学出版社，1997年版，第16页。

② 唐魁玉：《论信息技术背景下的"家庭工作"》，《青岛海洋大学学报》，2000年第4期。

③ ［美］阿尔温·托夫勒著，任小明译：《未来的震荡》，四川人民出版社，1985年版，第323页。

择学校、教师,接受优良教育;通过互联网络,乡村医生在家中能约请全世界的医学专家对疑难病人进行会诊;通过互联网络,可以坐在家中"进入"图书馆、博物馆、艺术馆、旅游胜地等等。美国目前已有 1200 万人全日在家里工作,约有 5400 万至少在"家庭办公室"完成一部分工作。① 显然,家庭工作或家庭办公已成为一种人们可以接受的客观事实,并在进一步发展。

四、生活方式的多样化

(一) 生活节奏的动荡

西方工业社会建立在机器大生产基础之上,根据阿尔温·托夫勒的观点,这种文明形态奉行的是标准化、专业化、同步化、集中化、好大狂、中央集权化等"六大原则",所以在工业化社会,虽然人们的生活节奏相应加快,但人们的生活相对稳定有序。这种生活节奏反映在生产的工时制度上,则具有强制的刚性特点。一个人在现代工厂或企业里工作,他必须遵守极其严格的上下班作息制度,以便使各个生产环节协调一致,否则生产过程就无法正常进行。为此,许多工厂甚至严格规定工人每分钟必须完成多少动作,迟到、早退是这种工时制度绝对不允许的。这种工时制度在以动作和时间标准化著称的"科学管理之父"泰勒那里得到更为有力的诠释。在泰勒的科学管理思想指导下的美国联合邮包服务公司(UPS),为了实现"在邮件业中办理最快捷的运送"的宗旨,工程师们对每一位司机的行车路线进行了时间耗费研究,并对每种送货、暂停和取货时间设立了标准。他们记录下等红灯、通行、按门铃、穿过院子、上楼梯、中间休息喝咖啡、上厕所的时间,将这些数据输入电脑,得出每一位司机工作的详细时间标准与工作流程。为了完成每天送取 130 件包裹的目标,司机们必须严格遵循工程师们设定的程序,动作严丝合缝:接近发送站时,松开安全带,按喇叭,关发动机,拉起紧急制动,把变速器推到一挡,为送完货后的启动离开作好准备;然后从驾驶室出来到达地面,右臂夹着文件夹,左手拿着包裹,右手拿车钥匙;看一眼包裹上的地址并记在脑中,然后以每秒 3 英尺的速度快步跑到顾客门前,敲门以免浪费

---

① 孙小礼、刘华杰:《计算机网络给我们带来什么》,《北京大学学报》(社科版),1997年第 5 期。

时间找门铃;送完货回到卡车,在路途中完成登记工作。① 我们可以从如此标准的工时制度中领略到工业社会生活节奏的稳定与有序。

20世纪80年代以来的西方社会转型时期,后工业化时代初露端倪,生活节奏变化迅速、动荡不羁,这种动荡带给人们的是生活观念与生活方式的不确定性。正如布迪厄所强调的那样,"当代到处存在的不稳定性"。曾任美国财政部长的罗伯特·鲁宾在他的传记性著作《不确定的世界:从华尔街到华盛顿的艰难选择》中表达出同样的看法,"生活中没有事情是确定的"。

首先,工作时间的柔性管理。与工业时代的标准化相比,后工业时代的工作时间更具有弹性。对于此,阿尔温·托夫勒指出:"随着第三次浪潮的来临,旧的工业化做事情的方法受到了挑战,改变了全部文明对时间的关系。对生活的欢乐和工作主动性带来了很大破坏的机械的同步化,实质上作为第二次浪潮社会的象征,正在悄然离去。不愿意遭受9点到下午5点工作制度限制的年青人,对传统的准时观点采取蔑视态度……"②通讯技术和网络技术的飞速发展,为实现工作时间的弹性化提供了有力支持。借助于网络终端设置或通讯设备,人们可以在办公室、家庭以及户外与外界随时保持联系,工作地点和工作时间的弹性和不确定性正在增加。

其次,职业的快速转换。社会转型时期的后工业时代,知识更新速度异常迅速,使得职业快速变换。新的职业大量涌现,旧的职业被成批地淘汰。因此,对于个人来说,终生从事一项职业的时代一去不复返了。据估计,在工业发达国家,一个人一生中平均要从事4~5种职业。当然,在这个职业快速转换的时代,人们随时有失业的危机感,并且深刻感受到与之俱来的生活的动荡与不安全性。正如鲍曼所说:"在一个结构性失业的社会里,没有人能够感到真正的安全。在安全可靠的公司里的安全可靠的工作,看来只在怀旧的故事里才有。这并不是说,存在许多的技术和经验,一旦人们获得了,就能确保他得到一份工作,并保证让这份工作持续下去。没有人能合理地认为自己在下一轮的'裁员''提高效率'或是'理性化风潮'中,在不确定的市场需求的改变和反复无常不可预料然而也是不可抗拒的不服输的'竞

---

① http://home.donews.com/donews/article/9/95323.html

② [美]阿尔温·托夫勒著,任小明译:《未来的震荡》,四川人民出版社,1985年版,第325页。

争''生产力'和'效率'的压力下,不会受到打击。"①

最后,时尚的瞬息万变。"时尚是一个时期内相当多的人对特定趣味、语言、思维和行为等各种模型和标本的随从和追求。"②后工业时代,时尚一直处在一哄而起又迅速消退的流变之中,以致人们无法预测明天还会流行什么。据此,鲍曼指出:"时尚以惊人的速度到来,却又以惊人的速度变成过时落伍的东西,所有我们追求的事物,在我们还没来得及完全消受它们之前,就已经变得陈旧落后,令人不快甚至大倒胃口,可恶之极。今天还是'典雅'时髦的生活方式,在明天就变成了人们的笑柄和嘲弄的对象。"③时尚的瞬息万变彰显后工业时代生活的动荡与不确定性。在这样的时代,我们无法绝对准确地规划自己的生活,只能随机应变,灵活应对。

(二)缤纷多彩的生活图景

从时代转型的20世纪后半期至今,西方工业社会生活方式的千篇一律、单调乏味及灰色沉重渐渐淡出历史舞台,"多样"和"异质"陆续登场并成为这个时代的主旋律。西方人的生活洋溢着勃勃生机,呈现缤纷多彩的美丽图景。利奥塔曾经把我们所处的时代定义为对"元叙事的怀疑",这真不愧为对后工业化时代生活最好的注脚。对"元叙事的怀疑"即对理性、秩序的质疑和拷问,对绝对真理的抨击和消解。审视我们的日常生活,无论从物质层面,还是从精神层面,整齐划一、千篇一律已消失在人们的视野中,而缤纷多彩、标新立异、变化不定则成为生活的主流。

谈到物质层面,我们最容易就联想到日常生活中的衣、食、住、行等方面。有人认为西装是人类社会18世纪的一大发明,可以和蒸汽机发明相媲美,此话初听似乎言过其实,但仔细想来却又不无道理。西装从诞生到今天将近200年,其变化微乎其微。西装的结构比例有其内在的关系,款式上有相应的规范,即便一些局部细微的设计也不能任意改动,穿着搭配更是具有格式化的特点。可以这么说,西装是工业社会人们程式化的着装形式。通

---

① [英]齐格蒙特·鲍曼著,欧阳景根译:《流动的现代性》,上海三联书店,2002年版,第252页。

② 方心清、王毅杰著:《现代生活方式前沿报告》,社会科学文献出版社,2006年版,第106页。

③ [英]齐格蒙特·鲍曼著,欧阳景根译:《流动的现代性》,上海三联书店,2002年版,第194页。

过这种标准统一的外在衣着,显示出对秩序的追求,人们的个性、气质都消融于整齐划一的审美观念之中。20世纪80年代以来的社会转型期,人们着装开始不再拘泥于服装的单调一律。他们根据自己的爱好、气质和职业选择衣着,对服饰的款式、面料、色泽有了多样化的要求。西服套装、牛仔T恤、夹克衫、运动装、文化衫、休闲装等款式多样的服装进入人们的日常生活,展现出多姿多彩、令人眼花缭乱的服饰景观。更有甚者,不少个体或群体受后现代主义风格的影响,其着装表现出来的个性张扬,甚至到了肆无忌惮的程度。"他们穿着破衣烂衫,长裤加短裤,短袖紧巴巴地罩在长袖外面,流线型简练裁剪的外套加上重重彩布围成的裙子,不同的风格、面料、色彩杂然并陈的衣服,在霓虹都市里演绎着大部分人所不了解的文化。"①迈克·费瑟斯通分析道:"就城市浪荡子的新潮而言,对时尚、自我呈现以及'外表'的关注,表明了一种文化分化的过程。从多方面来看,那种摩肩接踵、衣着相似的人群所构成的芸芸众生的大众社会刻板形象,被这一分化过程所颠覆。"②总之,现代服装的风格,抵制简单化与模式化,打破统一化与理性化,追求无中心与无规则,彰显人性化、多样化的风格。

再说说人们的居住方式。社会转型期人们的居所也不再单纯满足于实用目的,而走上多元化、多层次的发展格局。"工业社会中工程设计追求的是理性主义目标,而当代人们则确立起人是工程设计最根本目标的观念……主体意识的加强使人们认识到多样化、多层次设计风格存在的合理性,不再用统一的标准要求人的生活方式与意识形态,不再推崇某种权威,建筑中任何流派都不可能像工业社会中现代建筑那样占有权威与绝对地位。"③建筑风格的变化主要体现于装饰层面的改变,建筑装饰的内容、造型、手法、材料、色彩也向多元化发展,开始逐渐摆脱工业化大生产时代那种灰蒙蒙一片的统一色调,许多建筑开始注意色彩与质感的对比,产生色彩新颖、格调多样的视觉印象,营造出斑斓多彩的人居景观。它们在表现形式上或写实或写意,或具体或抽象,或粗犷或细腻,或富丽或简洁,几乎每一幢建筑都风格各异,各领风骚。

---

① 金憓、单红:《后现代主义在服装中的表现》,《中国纺织》,2006年第9期。

② [英]迈克·费瑟斯通著,刘精明译:《消费文化与后现代主义》,译林出版社,2000年版,第142页。

③ 岳琳:《当代建筑装饰新趋向》,《吉林艺术学院学报》,2001年第4期。

从精神层面而言,在工业化时期,人们的生活观念、审美爱好等从根本上被限制在同质化轨道上。文化的精英化、统一化、标准化是其中的明确表现。与之形成鲜明对比的是,西方社会的转型极大地拓宽了人们的生活视野,增加了人们选择个性化生活的权力。此时,大众文化、民间文化与"高雅文化"平分秋色、齐头并进,整个文化领域演绎着"百花齐放,百家争鸣"的态势。人们在经典著作与通俗读物中自由遨游,在高雅音乐和流行音乐中愉快享受,各种文化在这个时代都能找到安身立命之所,展现异彩纷呈之态,共同谱写着多彩化社会生活的美好篇章。

(三)立体的社会交往

人类社会历史即一部人类交往史。早在150多年前,马克思、恩格斯在《德意志意识形态》中就明确指出:"人类社会的历史既是生产的历史,又是交往的历史,首先是生产的历史,而生产的本身又是以个人彼此之间的交往为前提的。"①大工业化生产以精细的社会分工为前提,以生产与消费的分离为引发点,交换成为整个社会时刻都在进行的行为,以血缘、地域和等级为纽带的交往被以物为媒介的交往所代替。交换这一媒介把社会成员联合起来,整个社会构成了一个比农业社会复杂得多的系统,交往的范围和频率极大地增加。但是,这种对物的依赖下的交往是一种"被迫交往",这种社会交往表现为一种单向度的、中心化的、不平等的交往,人际关系演化为一种线性控制形式下的主体—客体的对立关系。总之,工业社会的社会交往具有静态、简单、秩序、确定性以及线性控制等特征,人际关系较为简单。

后工业时代,特别是社会转型之末,科技、经济、社会的发展使世界越来越紧密地联系在一起,特别是在信息化浪潮推动下,社会交往呈现一种全新的时代特征,表现为立体网络式状态。

第一,社会交往超越时空界限。后工业时代交通工具和通讯工具的发达,使得人际关系不仅彻底突破了传统"三缘"模式,也打破了国家界限、民族界限和种族界限,并且不受时间的限制,这为人们随时随地相互交流提供了条件。网络的广泛应用,使人类的交往获得了前所未有的广阔空间和自由天地。过去人们只能在特定时刻与他人在特定地点面对面交流,现在,他可以在任何时间、任何地点就任何内容同自己所选定的对象交往,在时间和空间被隔开的情况下,通过网络技术间接交往。远隔天涯海角的人们,只要

---

① 《马克思恩格斯选集(第1卷)》,人民出版社,1995年版,第68页。

轻点鼠标,就能在瞬间互通信息,交流思想,切磋观点。

第二,社会交往互为主体性。在工业化时代,交往带有很浓的科层特质,它以严格的等级制为前提,以牢固的行政体制为纽带,任何交往主体都是社会分层中的一个角色,其间人与人存在严格的附属关系。20 世纪 80 年代社会转型过程中,交往各方表现出自由、平等、互为主体等特征。其中,互为主体性就是在交往活动中,交往双方互为主、客体,同时扮演主体与客体双重角色,相互实现着物质、能量、信息、情感等方面的沟通与交流,形成双向、动态的交流过程。

在向后工业时代转型的过程中,立体的社会交往构筑了复杂的人际关系。由于生活的快节奏,各种人际关系时刻处于变动不居的状态;同时,伴随生活内涵的丰富,人们较为单一化的角色定位转换为复杂性的角度定位。例如,在家庭内部,扮演夫妻、兄弟、姐妹、子女等角色;在工作单位,承担领导、同事、下属等角色;在公共场所,又充当观众、旅客、消费者等角色。在不同场所,某一社会角色是正式的、显性的,其他角色则是非正式的、隐性的。所以,社会转型期的人际关系纵横交织、错综复杂,形成了立体网络。每个个体或群体都是这个网络系统中的子系统,各子系统构成了一张广大的平面之网。同时,在这个复杂巨系统中,无穷多的了系统又包括复杂多样的下位系统。这样,各类型、各层次的子系统交织在一起,使得人际关系网络这个巨系统呈现复杂状态。

总之,20 世纪 80 年代以来,伴随西方社会向后现代社会的转型,社会现实正在发生着根本性变革。科技的飞速发展、民主意识的觉醒、社会交往的动态复杂,使整个人类社会构成了一个复杂的巨系统。构建于此平台之上的教育必然表现出与这种时代特质一致的属性,教育走向复杂应是历史的必然。

第二节　生活世界的复杂性推出人的复杂性

对人的本质的追问、理解与认识,可以说自人类诞生起就已发端。伴随人类前进的脚步,这种认识被不断充实、丰富和改变。在古希腊那个众所周知的神话故事中,怪兽司芬克斯曾经向无数过路人提出一个谜语:"什么东西早晨用四条腿走路,中午用两条腿走路,晚上用三条腿走路?"在俄狄浦斯揭开这个谜底之前,无数的路人丧命。这就是著名的司芬克斯之谜,它的谜底是"人"。从神话故事给人的定义到希腊哲学家们对人是理性动物的诠释,再到后现代对人整体性的认识,对人的认识在不断变化和深化。不同的时代,对人的认识也会表现出本质的不同。之所以如此,是因为每一个个体的实践活动无论怎样特殊,都离不开特定时代所能提供的基本条件,都自觉不自觉地趋向于与时代发展相一致的倾向。人通过在特定社会中的实践活动,将自我外化为特定时代的社会现实,并由此生发出特定时代的人文存在。人的实践活动作为创造性活动,其创造过程本身即他将自己的内在潜力外化为社会现实的过程。因此,离开人的特定时代与生活背景孤立地谈人的本质,一定会失之偏颇。今天,我们正处于现代社会向后现代社会的转型期,在这样一个社会生活复杂、多元的世界之中,随着人们社会实践活动的日益丰富,社会实践的领域更加宽广,社会实践活动的变动日益加剧,人展现出新的特点,并诱发着人对自身的新认识。人的发展是社会发展的重要标志。社会越是向前发展,社会生活越丰富,越是显示出人本质的丰富性。把人的本质与社会发展联系起来,承认人的本质的展现经历着一个历史的过程,正是由当今时代生活的复杂性推出人之复杂性的依据。

一、生活世界与人的本质的一致

人处于什么样的社会关系之中,他就表现出什么样的本质。他以什么样的生产方式生活,他就是什么样的人。人的本质伴随生产方式的变化而变化,伴随身处其中的社会关系的变化而变化。人是历史与具体的统一,其本质的展现取决于其进行生产的物质条件与由此出发构建出的社会关系。"马克思、恩格斯认为人的活动方式(特别是生产方式),就是人的存在方式,人们的物质生产方式决定人们的政治生活和精神生活方式,从而展示了人的全面的社会关系,揭示了人的发展规律。"①作为生活在现实世界中的人,特定生活世界为每个个体的活动提供了生产的条件,规定了生产活动的内容及要求。要把握人的本质与生活世界的关系,我们可以从以下三点来解析:第一,人是在生产实践中自身的创造者,不是自然先天给定的物种;第

---

① 邱少全主编:《人及其世界:马克思主义哲学与现代西方哲学思想比较研究》,上海人民出版社,2000年版,第5页。

二,人对自然既是肯定的存在又是否定的存在,是自然中超自然的存在,自然生命不是人的生命,超自然的生命才是人的生命,在改变自然的生产实践中不断改变的"我",才是真实的"我";第三,因此,现实的人,真实的"我",是由人们进行生产的物质条件决定的,只有从人们现实的物质生产方式、生活方式和各种社会关系出发研究人,才能见到真实的活生生的人,才能走出人的抽象王国。人不是生物遗传的结果,而是后天创造的过程。① 马克思从社会关系的历史发展和人的发展两者之间的内在一致性出发,把人的特质划分为三种基本的历史形态。

（一）农业社会中的人——原始丰富的人

西方社会发展的第一个阶段是古代农业社会,这种社会又被称为前资本主义社会,原始的丰富性是这一社会形态下人的基本特征。

"前资本主义社会是马克思所揭示的第一大社会形态,它涵盖很广,上自原始社会,下至中世纪封建社会,现代化浪潮兴起之前的几千年人类文明史都在它的范围之内。"②在此历史时期内,人们生活在狭隘的地域内,在强大的自然力量面前,依托于血缘关系组织起来,共同协作,以抵御来自自然的威胁,维系自身的生存与发展。这样,家庭、氏族、部落、宗族、国家等人类共同体相继而生。在这样的社会条件下,个体必然淡化自身的独立意志和要求,服从于原始共同体的价值和愿望。这种个人对群体的依赖催生出个体自身对群体的依附关系。在阶级社会条件下,这种依赖关系表现为个体将自身的前途和命运根本上交付给人格化的"神"、部落的首领或国家的统治者,这导致主仆隶属关系等依附关系的产生。如原始社会社会成员对氏族群体的依赖,奴隶对奴隶主、农奴对封建主的人身依附等都是这种依附关系的表现。这样的生活状态与社会关系限制着人们活动空间的自由与视野的开阔,使其表现出简单纯朴的一面。

由于生产力发展水平较为低下,在这个历史发展时期,生存几乎是人类的根本主题。原始初民既无闲暇从事复杂的精神生产,也没有能力进行复杂的物资生产和其他社会活动,生活资料的获取是自在、自发的活动。所有

---

① 邱少全主编:《人及其世界:马克思主义哲学与现代西方哲学思想比较研究》,上海人民出版社,2000年版,第8页。

② 陈刚著:《马克思的自由观》,河南人民出版社,1996年版,第179页。

这些决定了此时代的人生活肤浅、单调,人际关系简单、封闭等。另外,由于生产力水平低下,社会分工极不发达,其生产组织方式是以一家一户为基本单位,一村一乡为基本活动界限,其社会关系是一种以家庭村落为基点的血缘、人缘、地缘关系。一家一户一地一域,就可成为基本自给自足的经济单元,同时也构成基本的社会单元。在基本的经济单元中,由于社会分工不明确,个人的实践和创造活动贯穿生产活动、艺术活动的全过程。此时,人通晓社会乃至自身生产的整个过程,个体能力的发展具有原始的丰富性和全面性。应当进一步说明的是,此时人们无论在大自然面前,还是在社会群体面前,其力量都显得非常弱小和有限。个体并无展示自身独立和自由的空间,他总是依附于一定的社会共同体。人们之间的社会联系只限于共同体内部,在孤立的地点和狭窄封闭的范围内发生的简单性联系。在与自然的关系层面,其生产与生活根本上要依附于大自然的节律和变化,人与自然的关系总体上是一种听命式的顺从关系。他们主要靠经验积累知识,根据四时更替、日出日落的自然节律进行着生产与生活。人们日出而作,日落而息,"靠天吃饭"的观点普遍存在,故"受命于地,唯松柏独也正,在冬夏青青;受命于天,唯尧舜独也正,在万物之首,幸能正生,以正众生"①。此时,大自然运行之道对人来说是一种无意违背也无能违背的公理,这促成了人与自然的关系相对和谐。总之,人们在物资匮乏的生活中表现出人际关系的和谐、个体身心的和谐,人的原始的丰富性存于其中并显之于外。

(二)工业化时代的人——单子式的机械人

到了工业化社会,伴随着自然经济向商品经济的转换,社会分工越来越细并全面渗透于人们的生产与生活,商品经济逐渐成为占统治地位的经济形态。在这一时代,机器广泛地运用于生产与生活,自然经济解体,社会的流动性增强,占社会成员多数的人不再以奴隶或农奴的身份被固定在特定的地域或特定的土地上。他们拥有了自由,转换于不同地区、城市,投身于工厂大生产之中,他们也拥有了自己支配自己劳动力的权力,人身不再依附于他人。较之前一时期,人的个性得到张扬。在工业化时代,伴随个性的张扬引发出来的"人类中心论",人与自然的关系开始变化,而技术的进步又进

① 郭因、黄志斌等著:《绿色文化与绿色美学通论》,安徽人民出版社,1995年版,第65页。

一步为这种转换提供了外在条件支持。于是,人与自然之间的关系也摆脱了顺应服从的性质而转变为根本性的占有和征服,人在自然力量的控制面前获得了空前的解放,这为自身发展创造了不可或缺的物质基础。与此相适应,个人的自主性获得发展,理性精神、平等意识、民主法律观念得以广泛传播;人与人的社会关系也发生了重要变化,形成了物的依赖性基础上的人的独立性。以财富、物、货币等为媒介或纽带,个人在从事物质利益追求过程中,突破了民族和地域界限,摆脱了自然经济条件下对自然共同体的直接依附。在这个角度上,工业化社会为人表现出个性、独特化提供了相应前提。

但是,这种人的独特化在工业化生产方式下并未切实地落到实处。在这一阶段,技术理性支配着整个社会生产与生活。此时期的人们在显示出其认识与改造世界的无限能力,创造了极大丰富的物质的同时,也使整个社会生活充满了矛盾与张力。在人与自然的关系上,人类自我中心意识膨胀,他们无视自然规律,对自然界进行着掠夺式的开发和利用。这使人与自然的关系严重失调,自然环境愈来愈遭到破坏,甚至危及人类自身的生存。对个体而言,个人的丰富性被日趋精细和褊狭的社会分工化于无形。同时,机器大工业在生产出丰富的物质财富的同时,又挤去了人性丰富性培育的时间与机会,以至于人们脱离了真正人性化的日常生活世界,沦为机器大生产中的"螺丝钉",带有明显的机械性质。资本主义生产的社会化与生产资料的私人占有的矛盾根本上加剧了劳动异化的程度,扩大了人对人的奴役。劳动者作为社会这部大机器上的零件被固定在标准化的生产线上,进行着机械单调的工作。此时,所谓工业化时代所追求的人的个性化沦为一种理论化的构想或空想。此时,人一方面失去了古代社会人性中原始丰富的一面,另一方面也没有使近现代个性的完善成为现实,畸形、片面的机器人成为此时期人的真实写照。

在工业化社会里,机器不仅控制着生产,它还左右人们的生活世界,侵蚀着人们的私人空间。通过不断渗透、支配和改造,人们的生活世界渐渐改变了自在性和自为性,逐步走向唯理性化、标准化与划一化。社会人性化的一面被销蚀殆尽。伴随生产力的发展,很多国家在物质上获得了极大的丰富,但在总体上并未解决大多数的相对贫困。另外,工业化时代是建立在对物的依赖性基础上的时代,对物质财富无休止的贪婪追求产生出物对人的

137

普遍挤压。整个时代人情淡漠,以致使人沦为情感匮乏、精神空虚、追求平庸的人。总之,在这一时代,人们摆脱了自然的束缚,展现出了人的力量,但又套上了另一枷锁,被固化在特定职业与社会角色之上,成为单子式的机械存在物。

(三) 后工业化时代的人——个性丰富的人

马克思曾对未来社会人的特征进行描绘。在未来的社会主义及共产主义社会,人的发展将达到如下水平:人之个性的自由发展,个人社会关系的和谐发展,人之类特性的应有发展。这三个要素的有机统一,共同彰显人的全面发展。到了那个时代,社会关系不再作为异己的力量支配人,而被置于人们的共同控制之下,人们将在自觉、丰富、全面的社会关系中获得自由而全面的发展,真正成为个性丰富的人。随着 20 世纪后半期以来的时代大转型,尤其是 20 世纪 80 年代以来西方社会转型速度的加快,西方逐渐步入后工业化时代。此时我们不能说西方已步入理想社会,此时人性已到达极大丰富甚至尽善尽美的水平,但从整体社会发展水平而论,西方进入高科技网络化社会,政治的民主、文化的多元、经济的繁荣,所有这一切却在悄然地变为现实并促成着人的自主性与人性的丰富。因此,以马克思对未来社会人的预期作为理解后工业化时代的人的形象的标准是合理的。

后工业社会中,人们工作时间缩短,业余时间增多,这为丰富社会生活的实现提供了需要与可能;信息科技的高度发达,又为丰富人们的社会生活提供了物质技术条件。后工业时代,互联网使人类交往突破了时空限制,这实质性地缩短了人与人之间的距离,使人们置身于更加广泛的联系和接触之中,生活中的立体网状交往正在形成。在生产领域,工业化生产中那种标准划一的生产方式正在被灵活的生产方式所替代。所有这一切促成了人们生活方式的多样化,人们选择自身生活方式的可能性和现实条件正步入成熟。他们依据自身的志趣决定自身的追求,时尚的流行就是这种多元化生活方式的外在表现。后工业化社会的人一改工业化社会人那种机械的灰色基调,无论从外部形象还是从内部精神都显示出亮丽的风采。

二、转型期复杂生活世界中人的复杂性的现实表现

"当前人类社会的发展已经进入一个整体的转型时期,这种转型主要体现在三个方面:其一,是由各民族国家独立发展向全球人类社会共同发展的

转型;其二,是在全球化的影响下广大的发展中国家由传统的农业社会向工业社会的转型;其三,是西方发达国家由于自身发展出现的危机,面临着寻求新的发展模式的问题。"①对于欧美诸国而言,它们目前正处于由工业化社会渐次向后工业社会转型的时期,对工业化社会的生产与生活原则进行反思,对社会转型期人的本质作出适合时代要求的探索与规定势在必行。通过西方哲学对人的本质的诸多解读,立足 20 世纪 80 年代以来西方社会在时代转型期日益走向后工业化、信息化社会过程中丰富而复杂的时代图景,围绕人与社会、人与自然、人与人、人与科技之间的相互关系,我们将会对转型期中人的本质作出适合这一时代的定位和认识。

（一）人的复杂性的发现历程

教育中的理性人假设构成了简单教育理论追求与现实运作的人学基础,同时也成为简单教育的基本出发点之一。这种人学观尽管作为一种占主导地位的人学观贯穿于西方自古希腊时代至今的哲学史与文化史,但是,它自产生之时就一直受到质疑与挑战。现代非理性主义哲学的兴起,尤其是 20 世纪后半期以来复杂科学的出现,把这种对理性人的质疑与挑战推向了高潮,并使人的复杂性得以凸显,这无疑为教育出简单走向复杂提供了一个全新的人学观支撑和新的出发点。

1. 现代非理性主义对人的非理性本质的弘扬促成了认识人复杂性的第一步

现代非理性主义的文化源头,可以追溯到古代的希伯来文化。"与希腊的理性文化相比,希伯来文化是一种非理性文化。希伯来人尤其关注人的信仰、非理性方面并使其在自己的文化建构与文化类别上得到了显著的表现。希伯来文化正是人的非理性方面在民族文化性格方面的投射、外化和对象化。正是在对人的非理性方面的特别关注和张扬过程中,希伯来人也相应地创设出对人的非理性理解方式;正是凭借着这种非理性理解方式,希伯来人才能达到对人的非理性的理解。"②所以,在希伯来文化的视野中,真正的人是信仰的人,它追求人的完整性、特定性和具体性。例如,在"约伯

---

① 隽鸿飞著:《发展:人之生存方式的变迁》,社会科学文献出版社,2004 年版,第 40 页。

② 欧阳康:《人本论思维方式的历史演进》,《人文杂志》,1999 年第 1 期。

记"和"诗篇"中,人就被描绘成活生生的、有血有肉的形象。"请记住,我恳求你,是你用泥土将我做成,你是否还要将我化为尘土? 你不是把我像牛奶一样泼出来,又把我凝结得像块干酪? 你为我裹上皮肤和肌肉,安上骨骼和筋腱。"①

希伯来文化中的非理性主义在中世纪的基督教中得到进一步强化与发展。在处理理性与信仰的关系中,信仰始终处于绝对支配地位,表达出狂热的宗教激情。这一点最为突出地体现在唯实论的观点与追求之中,如唯实论的代表人物奥古斯丁就明确指出:"我决不是理解了才能信仰,而是信仰了才能理解。因为我相信'除非我信仰了,我决不会理解'。"②即便是对理性有所强调的唯名论哲学家们如经院哲学集大成者托马斯·阿奎那等人,他们实质上也是试图利用理性以论证上帝存在的合理性,表达了理性服务信仰的最高主旨。所以,总体来说,整个中世纪,人的理性根本上处于被排斥的边缘地位,而人的非理性信仰则被置于主导的中心地位。

希伯来文化及由其滋生出来的基督教在与理性至上论抗衡的过程中,表达出明显的非理性倾向。这一倾向在近现代理性化社会中人的生存与存在危机的激发之下,终于促成了现代非理性主义的产生。现代非理性主义分为如下几个基本流派:以叔本华和尼采为代表的唯意志论,以弗洛伊德等为代表的精神分析学派,以柏格森为代表的生命哲学,以萨特等为代表的存在主义哲学等。在对人本质的看法上,如上诸多流派意见并不一致。叔本华在其《作为意志和表象的世界》一书中,把"世界是我的表象"作为其生命意志论的出发。他明确指出,先有人的意志,后有人的理性,意志冲动是理性所无法阻止的,非理性求生意志是自在之物,是世界上最为本质的东西。③尼采则进一步发展了叔本华的生命意志观,把叔本华求生存的"生命意志"拓展为追求统治他人的"权力意志"。他认为,人生的本质就在于表现自己、创造自己、扩张自己。所以,真正的人决不是表现为芸芸大众的弱者,而是表现为具有酒神精神的"超人"。对于柏格森来说,人是表现为"绵延"和"生命冲动"的非理性存在。"存在的'真正意义'就是自我意识的不停的流变。"

---

① [美]巴雷特著,杨照明、艾平译:《非理性的人》,商务印书馆,1995 年版,第 75 页。
② 全增嘏主编:《西方哲学史》(上册),上海人民出版社,1983 年版,第 304 页。
③ 高扬:《非理性观:西方哲学史的一种演进描述》,《山西师大学报》(社科版),1999 年第 2 期。

"只有从体验自我意识的流变中,才能把握世界万物。"①弗洛伊德主张无意识是人的真正本质。他认为,"人的精神人格由三部分构成,即本我、自我、超我。本我即人的无意识的本能欲望,它追求快乐的原则,是非理性的,根本不考虑客观条件和规律。自我即人的精神人格中理性部分,它遵循唯实原则或现实原则。超我即是道德化、社会化和理想化的自我,它是遵循社会原则和道德规范的精神活动。"②在三个部分之中,本我是最为本质的。存在主义的代表人物萨特则从其著名的命题"存在先于本质"出发阐述人的本质。他认为,人没有任何先在的本质,人是后来由自己规定自身。"他总是趋向和追求他物,并在这一过程中不断地超越、否定和创造自身。"③

统观非理性主义各基本流派关于人的本质的看法,他们对非理性的基本内涵及具体表述上尽管不尽一致,但是,其精神实质上却有共通之处,那就是他们都以一种极端的形式彰显人的非理性因素的存在与价值,并把它提高到本体的高度。这种对人的看法固然显示出其偏激的一面,但是,在理性主义一统天下,人的丰富性、多样性与独特性被漠视乃至被扼杀,个人迷失于群体大众的工业化社会背景之下,对人的非理性因素的凸显无疑是为了实现对人的深刻与完整认识而做出的一种必要的矫枉过正。它深入地揭示了人的非理性精神的功能与价值,并在一个侧面昭示人作为一种复杂性存在的本质。无论是叔本华、尼采对"意志"的推崇,弗洛伊德对"潜意识"的强调,柏格森对生命绵延性的坚持,还是萨特对自我超越性"存在"的追求,都鲜明地体现出这一点。所以,从这个角度讲,现代非理性主义对人非理性本质的张扬为人的复杂性本质的显现提供了一个现实参照点,是对人之复杂性认识的第一步。

2. 复杂科学的发展实现了对人作为一种复杂性存在的认识

早在近代之初,帕斯卡就对人的复杂性有过形象的描述。他指出:"人是多么离奇的怪物!多么新奇,多么丑恶,多么混乱。怎样的一个矛盾的东西,又是怎样的一个奇才!是一切事物的审判者,又是低能的蚯蚓。是真理

141

---

① 吕占华:《从"生命冲动"到人的"主观性"》,《河北师范学院学报》(社会科学版),1993年第4期。

② 李瑜青等著:《人本思潮与中国文化》,东方出版社,1998年版,第77页。

③ 吕占华:《从"生命冲动"到人的"主观性"》,《河北师范学院学报》(社会科学版),1993年第4期。

的占有者,又是不确定性和错误的垃圾堆。既是宇宙的光荣,又是宇宙的渣滓。谁能解开这团乱麻?"①这种对人之复杂性的认识固然流于表面和肤浅,但是,通过现代非理性主义对人的非理性本质的极端体认,人的复杂性得以极端的形式来彰显。到了20世纪初,伴随着系统科学的兴起,尤其是20世纪后半期的复杂科学,以其所倡导的思维方式来洞视人的本质,人作为一种复杂存在的认识才得以完整地确立起来。

在复杂性科学的视野中,对人本质的认识一方面超越了理性主义对人本质所作出的僵化、抽象与空洞的限定,另一方面也对非理性主义对人非理性本质的极端看法进行了纠偏。复杂性只存在于既不完全无序,也不完全有序的"中间"状态。正如沃尔德罗所指出的那样,复杂性是诞生于秩序与混沌边缘的科学。混沌并不具备复杂性,真正的复杂性出现在混沌的边缘。以此作为认识论基础关注人的本质,复杂科学的代表人物埃德加·莫兰作出了如下陈述,他认为:"应该停止将人简化为'工匠'和'智者'。人把神话和妄想带到了魔法世界中去,原本就既富理性,又富非理性。超越出对生活狭隘和封闭的理解(生物学主义),超越出对人的岛民和超自然的理解(人类学主义),超越出无视生活和个人的概念(社会学主义),我们对人应作如是理解:人即类别、个体和社会的有机结合体。"②质言之,在人身上,既不体现为纯粹的秩序,也不体现为纯粹的混沌,应该从两者之间的界面去体会人性,理解人的本质。

对人复杂性的认识可以从以下几方面予以进一步把握。人之复杂性的特点之一:介于开放与封闭之间的自组织存在。人作为一种具有主动性的生命形式,无论生理层面还是精神层面都具有开放的性质。对此,贝塔朗菲曾指出:"生命有机体本质上是开放系统,即同外界环境有物质交换的系统,常规物理学和物理化学所涉及的则是封闭系统。只有近些年来,包括不可逆过程、开放系统和非平衡态的理论才有所发展。然而,当我们想应用开放系统的模型去说明动物生长那样的现象时,我们自然地达到不属于物理学

---

① [法]埃德加·莫兰著,陈一壮译:《迷失的范式:人性研究》,北京大学出版社,1999年版,第116页。

② [法]埃德加·莫兰著,陈一壮译:《迷失的范式:人性研究》,北京大学出版社,1999年版,封底。

整体而属于生物学整体的理论概括。"①人的开放性决定了他能够不断地同外界(包括自然界、社会及他人)进行各种交流和交往。同时,人也具有封闭的一面,这是人保持其自身与自我存在的必要条件。所以,当人对社会与他人开放并从中吸收信息与能量丰富自身时,他能够受其影响而不受制于其影响,也就是说,把这些信息与能量化为己用而不为其所化。无论从生理层面还是从心理层面,人之这种既开放又封闭的特性决定了其能够立足于自身而又不断地"更新"与"再生"自身,表现出明显的自我超越性。

人之复杂性的特点之二:人是一种关系的存在。20世纪后半期以来,伴随以信息化为特征的后工业社会的到来,人在前工业化社会所表现出来的那种"鸡犬之声相闻,老死不相往来"的生活状态及工业化社会中以个人为中心的单子式存在方式已成为明日黄花。随着后工业社会的到来,人的生活展现出丰富多彩的特征,立体网络式的人际交往模式得以形成。此时,人越来越表现出生活在关系之中的特征而彰显自身关系性的存在方式,网络社会的飞速发展更进一步突出了这一点。"网络社会的出现,人与人之间的关系又呈现于与现实社会不同的空间之中,形成了一种新的关系结构,它更是跨越时空,跨越日常生活世界的局限,每个人可以跟地球上任何地方、任何人发生即时的联系,形成某种关系,这种关系完全可以是自主、自由的,更有可能是拥有共同价值观、共同取向的真正伙伴关系,形成关系的双方的相互型塑是动态的、建构性的。"②对人作为一种关系存在的认识建立在悠久的历史渊源和深厚的文化积淀之上,如乔安娜·玛西在研究深受印度佛教影响的系统理论模式的过程中,提出应从人各个侧面的表现形态出发,将人理解为具有较大的流动性和多变性的存在。看人必须从"其关系而不是其实质(substance)"去看,这样"人的身份就显得具有层创进化性和偶然性,既规定着与周围环境介质之间的相互作用,又受其规定"。"一个人与其说在笛卡儿的自我的意义上拥有经验,不如说生存于无法与那些经验割裂开来的

---

① [美]冯·贝塔朗菲著,林康义、魏宏森译:《一般系统论基础发展与应用》,清华大学出版社,1987年版,第30页。

② 鲁洁:《关系中的人:当代道德教育的一种人学探寻》,《教育研究》,2002年第1期。

状态之中。"①在当代,后现代主义哲学大师们在对现代"主体性"解构的过程中也都表达出人作为一种关系性存在的观点。他们提出:"在现代社会,由于主体性之光普照到每个人身上,人人都视自身为'至尊',由此导致极端个人主义的泛滥。现代主体性否认人本身与他事物存有内在联系,换言之,个人主义否认个体主要由他与其他人、自然、历史的关系所构成。"②以此为出发点,他们认为,在后现代哲学中,人与他人、人与物、人与世界决不应该是相互孤立或相互对立的关系,而是一种"共生"与"共在"的关系。"人同世界的关系始终是以他同其他人(在历史'舞台'上已经消失的和正在继续进行'表演'的人)的关系为中介的。当然,人同他周围世界的关系越丰富,他的内心世界就越丰富,他的生命表现就越复杂和越多样。"③

人的复杂性特点之三:未完成性。可以从如下两个方面来理解人的未完成性。首先,从自然生理层面看,人作为自然界长期进化的产物,是一种非特定化、未完善的存在物。人的生理器官在形状上和实际功能上相异于动物的器官,并蕴藏着巨大的可能性。与动物相比,人以一种极为孱弱和无助的形象来到这个世界上。以牛羊为例,它们初生之后,在不长时间内即可以自如行走与自主觅食,从而很快能够适应其生活的世界。但是,对于人来说,情况则极为不同,他必须利用长得多的时间,生理器官才得以逐渐完善起来。对此,文化哲学人类学家蓝德曼曾指出:"自然没有把人制造完整便把人放在世界上了。自然没有最终决定人,而是让人在一定的程度上尚未决定。"④所以,从这个意义上说,人在生物学意义上是"未完成"与"未确定"的生物,人与动物的区别就是"未特定化"。更为重要的是,人作为一种精神的存在,其未完成性与未特定化特征表现得更为明显。对此,雅斯贝尔斯曾指出:"人永远超乎他对自身的了解之外。他不是一次性地所是的东西,他

---

① [加]大卫·杰弗里·史密斯著,郭洋生译:《全球化与后现代教育学》,教育科学出版社,2000年版,第266页。

② 李荣海、刘继孟:《后现代哲学视野中的"主体性"》,《江苏社会科学》,2000年第1期。

③ 瞿葆奎编:《瞿葆奎教育学文集:教育与人的发展卷》,人民教育出版社,1990年版,第92页。

④ [德]兰德曼著,张乐天译:《哲学人类学》,上海译文出版社,1988年版,第245～246页。

是一个过程,他不仅仅是被确定的现有的生命,而且在这生命中有自由的可能性,并从而在他的实际行动中决定他是什么。人并不是已完成了的一代一代的人,并不只是不断重复的生命,也不是那种清楚地向自身展示其本质的生命。他'突破'了在同一个圆圈内永远周而复始的被动性,依靠他自身的主动性,把运动导向未知的目标。"①人的未完成性,决定了隐藏于人的内部有巨大的潜能,使其发展具有了丰富的可能性。如果把人的这种未完成性称之为一种"无"或者"欠缺"的话,那么,从另外一种角度讲,正是人的这种"无"与"欠缺",才是使其成为"大有"及"完美"的必要前提,使其得以超越理性主义人学观下的确定性本质,使他"在特定的社会关系中不随波逐流、逆来顺受,无所作为而终其一生",并且"能创造自己的存在方式,也创造产生丰富的个体存在方式"②。

人的复杂性特点之四:人的具体性。人的具体性指每一个人都作为一个独特的、活生生的生命体而存在。从纵向历史的维度讲,由于每个人都有属于自己的历史,而这个历史仅专属于他自己。伴随时间的流逝,在个体身上积淀下来的这种属于自我的经历会越来越厚,具体性越来越明显。2000多年前,古希腊著名的哲学家亚里士多德提出:人是理性的动物。他认为,人之所以为人,人之所以不同于动物,就在于人具有理性,似乎人越具有理性,就越是富有人性,远离兽性。不可否认,人作为一个类,具有共同的理性本质,这固然有其合理的一面,但是,在这种本质层面的共通性之外,人还有其非理性的一面,丰富的情感、多彩的志趣都使每一个人显示出鲜活而具体的一面。从现实的维度讲,由于每一个个体都生活于各自具体特定的环境之中,受到来自具体环境的特殊影响,导致个体形成具体的个性与存在方式。如此看来,抽象而普遍的人性是不存在的,正如卡西尔所指出的那样:"如果有什么关于人的本性或'本质'的定义的话,那么这种定义只能被理解为一种功能性的定义,而不能是一种实体性的定义。我们不能以任何构成人的形而上学本质的内在原则来给人下定义,我们也不能用可以靠经验的观察来确定的天赋能力或本能来给人下定义。"③人的存在是一种由其独特

---

① [德]卡尔·雅斯贝尔斯著,周晓亮、宋祖良译:《现时代的人》,社会科学文献出版社,1992年版,第90页。

② 沈晓阳:《论自由与人的本质》,《人文杂志》,1999年第1期。

③ [德]恩斯特·卡西尔著,甘阳译:《人论》,上海译文出版社,1985年版,第6页。

的生活环境促成的、与特定时空相联系的情景性生命体,蕴含于其中的既有理性因素,更有非理性因素,两者的相辅相成与相互支撑的关系使其呈现出一种丰满而有活力的具体存在状态。

（二）社会转型期简单的人转向复杂性的人

西方工业化时代,科学技术显示出巨大的能量,依托科学技术发展起来的机器大工业生产方式逐渐生发出一种现代性的哲学思维：简单、静态、孤立地看待包括人在内的世间一切。在这样的时代,在对人的本质认定上,人成为一种被完全抽去血肉的骨架。人之理性、抽象性、机械性被无限放大,其具体、丰富、个性的一面却被忽略甚至被置于人的本质的对立面。伴随着当今波澜壮阔的时代转型,生活的复杂与多元,人之丰富性、个体性的展现拥有越来越大的空间。于是,社会对人的认识开始超越那种唯理性主义的人学观。滋生于这种时代下的缤纷多彩的哲学流派也开始站在不同的视角关注人。如现象学、生命哲学、存在主义、解释学派、后结构主义、后现代主义等,它们在对人的看法上尽管观点不尽相同,其倾向性却存在根本上的一致,即彰显人的非理性。发端于 20 世纪初,发展成熟于 20 世纪七八十年代的复杂性科学进而成为以复杂科学的眼光看待人的思维基础。它倡导自组织、涌现、涨落等。站在这样的视野下看人,人将会以一种新的形象呈现出来。具体言之,即人实现了从理性人到非理性人的转变,从单向度的人到立体的人的转变,从抽象的人到生成的人的转变。

1. 理性的人转向非理性的人

理性与非理性是相对立的两大范畴。理性是指人类的思维能力、知识观念、理论原则以及社会生活规范。人们把不合乎理性的东西称之非理性,一般指人的情感情绪、意志、直觉、本能欲望等。所谓"理性人"的观念,是指把人当做理性的主体来看待,认为人之为人或者说人区别于其他动物的本质就在于人是有理性的。

推崇理性的传统源于古希腊时代,主要表现在当时以探究自然奥秘与宇宙本原为目的的自然哲学之中。这种自然哲学就是把人当做一个道德实践的主体来看待,把知行合一看做人生的最高境界,此在的知和行都是道德的知和道德的行。希腊人认为,智慧是属于神的,人本身并不具有智慧,但人能渴望智慧、追求智慧,做爱智的哲人。因为人作为物质与精神的结合体是不纯粹的,人的灵魂中既有渴望神性或智慧的理性因素,又有趋于尘世幸福的欲望或非理性因素。两相比较之中,人之理性才与神相通,其价值高于非理性。理性是每一个城邦公民所共享的人的普遍性的存在和本质,这里所指的理性又指人对德性的知识,即苏格拉底提出的一句名言"德性即知识"。"一个人只有具有对德性或道德的正确知识,才能够正确地行事。"①"一个人的真正存在就是作为理性的主体而存在,一切与理性相对立的人性存在都是非存在,它们都是非理性的,应当受理性的约束。一个有德性的人就是能够用理性来约制非理性从而过一种道德的生活的人,只有这种人才能做一个合格的城邦公民,其人生的意义才能获得最后的保证,才不至于被现象世界的流动不居所摧毁。"②柏拉图的事业是以理性战胜诗歌和神话创作的胜利。在柏拉图身上,人的理性意识作为独立的精神功能从非理性中分化出来,并促成了二者的对立。他把人的灵魂分为三部分,即欲望、意志(激情)、理性。这三个方面中,欲望倾向于满足肉体对饥渴的需要,其功能在于追求感官的快乐;理性是一种克制欲望引诱的能力;意志或激情则时时摇摆于两者之间。三者之中,理性应居于绝对支配地位。在柏拉图看来,理性与道德是同一的,理性的生活即道德的生活,是有价值的生活,理性本身是最高的善。只有具备这种最高的善,人才可被称之为真正的人。柏拉图开启的理性主义人文学观被亚里士多德以本体论的方式加以强化。在对人的本质的看法上,他认为:"这(理性)也是每个人真正的自我,因为它是至高无上的和最好的部分。如果他不选择他自己的生活,而是其他人的生活,那将是奇怪的。——对每一个人天然适合的事情对他来说就是至高无上的和其乐无穷的事情。因此,对人来说,这就是理性的生活。因为理性在最高的意义上是人的自我。"③总之,在希腊人那里,无论苏格拉底、柏拉图,还是亚里士多德,人完全可以凭借理性使自己成为理性或德性的存在物。此时,以理性作为人的本质的观点得到确立。对于此,巴雷特曾总结如下:"从公元前480年赫拉克利特和巴门尼德的时代到公元前322年亚里士多德去世,只

_147_

---

① 张志伟、欧阳谦主编:《西方哲学智慧》,中国人民大学出版社,2000年版,第139页。

② 张志伟、欧阳谦主编:《西方哲学智慧》,中国人民大学出版社,2000年版,第139页。

③ [美]巴雷特著,杨照明、艾平译:《非理性的人》,商务印书馆,1995年版,第88页。

有一个半世纪多一点。在那一个半世纪中,人作为理性动物进入了历史。"①

在中世纪,基督教一统天下,神的理性和人的理性在神学家和经院哲学家们那里被严格区分,其中,神的理性是人的理性所不可比拟的。这种区分在托马斯·阿奎那那里以理性和知性的区分表现出来。理性被赋予上帝和天使所具有的特质,而理性人所具有的则只是知性。"理性是天使具有的那种知识,因为这种知识完全实现了知识的本质。""人的理性是一种直观地把握和讨论某事的能力。""人只有很少程度的理性,知性是对纯粹理性能力不完善的占有。"所以,人又被称为知性的动物。"知性是人达到知识的必由之路,知性不是在理性外,而是渗透在理性中起工具作用。因此,知性的推理始终通过理性,并且在一个理性的活动中结束。"②由于整个中世纪以高扬上帝的理性而贬抑人的理性为特征,人的理性本质被定位为"知性"而成为上帝理性本质的附庸,人的理性只有通过上帝的理性才可以被确证,因此,此时期可称之为人的理性本质迷失时期。

伴随着以古希腊罗马理性主义文化为灵魂的文艺复兴、宗教改革、启蒙运动等社会大变革,希腊理性重返历史舞台,并从形式上成为现代文明的主流。启蒙学者们取消了上帝的理性权威,树立起人的理性权威。唯理论早期代表笛卡儿认为,人的天赋"理性"才是辨别是非、认识真理的唯一标准,这种"理性"能力是人人天然地均等地具有的,"我思故我在,思维主体根据他的理性活动确定它本身的存在,这个主观确定性是一切进一步知的基础"。所以,笛卡儿把知的确定性奠定在主体性理论及其自我确定性的基础上。

无论启蒙思想家,还是理性主义哲学家,他们均坚持以理性的冷静眼光看待天地间一切事物,将理性作为真理最可靠的向导与唯一仲裁者,不仅向宗教权威,而且向世俗封建权威挑战。他们认为,只有理性是唯一绝对的东西,理性的知识具有至高无上的权威,即便是上帝的存在,也需要用理性来加以证明。于是,希腊的这种理性精神到近代伴随理性主义运动的出现而被推到了极致。此时期产生出两种不同含义的理性主义:"一种是反映在政治哲学中的政治理性主义,关注的焦点是社会制度中的迷信、偏私、特权和

---

① [美]巴雷特著,杨照明、艾平译:《非理性的人》,商务印书馆,1995年版,第81页。
② 张汝伦著:《历史与实践》,上海人民出版社,1995年版,第280~281页。

压迫,倡导尊重人类天性、法律面前人人平等、天赋人权不可剥夺等观念,卢梭、伏尔泰、孟德斯鸠、狄德罗等人的学说大体上属于这一类;另一种属于理论学术理性主义,多以纯粹学院派哲学家身份出现,一般对政治、社会运动少有影响,表现在笛卡儿、斯宾诺莎、莱布尼茨、康德、费希特、黑格尔等人的哲学中。"①

　　近代的理性主义哲学家坚持把理性作为衡量人类一切活动原则的同时,贬抑人的非理性因素。笛卡儿明确指出,意志是人在认识中犯错误的原因。他以几何学方法为模型构建理性的逻辑,蕴涵于其中的"公理"则源于人的天赋能力,人正是凭借这种能力确证世界、上帝、心灵或"我"的存在,同时也正是这一能力保证了"我"的认识的绝对清晰性和必然性。荷兰哲学家斯宾诺莎将笛卡儿的理想付诸现实,甚至以数学的方法创立了一种新的伦理学,一种关于感情和爱的数学理论。在其主要著作《伦理学》中,他系统论述了理智与情感的关系。他像苏格拉底、柏拉图一样,相信一切不正当的行为均起源于知识上的错误,认为"炽情"是由不适当观念产生的。② 对斯宾诺莎来说,情感受而且应当受理智的支配,理智本身能产生情感。康德同样把理性置于意志、情感之上。在他的伦理学中,意志之所以能够自律,根源就在于它服从先验理性的绝对命令,为了建立道德律令的普遍性,就必须排除个人的情感、欲望和兴趣,人的自由在于克服非理性,遵循理性的指导而生活。在康德的哲学中,人存在于两个世界之中:作为自然存在物,他属于感觉世界,受必然的因果法则限制;作为理性存在物,他又是超自然、超感觉世界的成员,是自由的。在实践理性指引下,他既是道德律令的建立者,又是道德律令的自觉遵守者。在康德看来,人的尊严在于后者,正是后者,才确立了人的本质。黑格尔建立了绝对理性主义体系,把非理性的东西看成理性发展过程中不断被否定的环节,或理性借以实现自己的工具。到了理性主义集大成者黑格尔那儿,理性的功能更是被极端地放大。他建立了庞大的、无所不包的理性哲学体系。在他看来,理性表现为一种绝对理念,它不是肤浅、暂时、偶然的形式,而是永恒的本质、和谐和规律。它既是实体,又

---

　　① 夏正江著:《教育理论哲学基础的反思——关于"人"的问题》,上海教育出版社,2001年版,第51页。

　　② 夏正江著:《教育理论哲学基础的反思——关于"人"的问题》,上海教育出版社,2001年版,第52页。

是主体,能在自身的发展中分化自己,把自己异化为自然界和社会生活中的各种事物,然后又要消融自己的对立面,调解自己和自然界、社会生活的种种对立面,走向统一。这种对理性之绝对性的强调投射到对人的本质的看法上,则认为人作为一种理性的动物而存在,人的理性既认识自己,又统摄万物。黑格尔的哲学体系是近代理性主义哲学思潮的最高总结。这一时期的理性观与希腊保持了连续性,但也有进一步的延伸和变化。总之,西方2000多年的历史是理性占主导地位的历史,对此,怀特海曾形象地指出,西方2000多年的思想只不过是柏拉图的一个注脚。所以,对人的理性本质的确认也作为一种占主导地位的人性观贯穿于西方历史之中。对此,福柯精辟地总结道:"按着西方人的定义,西方人2000多年来作为一种理性动物生活着。""这种'理性动物'长期以来一直是一种尺度,用以衡量理性的自由在非理性的巢穴运作的方式——那种非理性偏离理性直至构成理性的反题。"①

理性的旗帜曾经鼓舞西方国家在现代化方面突飞猛进,理性主义的内涵随着时代的变迁在不断改变,但是由于其不断走向唯理性主义,主张理性万能并使其进一步窄化为科学理性、工具理性,理性显示出自身的独断性,把自身推向了至高无上的地位。根据这种哲学观,人的本质就是人的理性。对于非理性,他们或者视之为消极的东西,或者给予根本否定。在如上理性主义人学观的支配和强化之下,最后导致了工业化时代人类生活的理性化过程,从社会组织到国家控制,从道德秩序到历史规律,世上一切无不在理性逻辑必然性的网罗之内,这进一步促成了现实中人的抽象化、理性化、刻板化等。

伴随着时代的发展,理性人的本质日渐受到反思与质疑。19世纪下半期,高涨于20世纪的非理性主义、反理性主义哲学流派开始涌现。在西方哲学思潮演化的历史过程中,德国的唯意志主义者叔本华和丹麦的神秘主义者克尔凯戈尔率先举起反理性主义的旗帜,公开否定欧洲哲学崇尚理性的传统。叔本华的唯意志主义认为人的本质是生存意志,意志是世界的基础,高于理性,理性必须服从意志。柏格森的生命哲学也表现出同质的意向,

---

① [法]米歇尔·福柯著,刘北成、杨远婴译:《疯癫与文明》,生活·读书·新知三联书店,1999年版,第70页。

"人的真正本质是'生命冲动',理性概念难以把握一切活的生命现象,'生命冲动'是生生不息的永恒的运动,要把握生命的真谛,获得真理,只有依靠非理性的直觉"①。弗洛伊德用精神分析法的观点研究社会历史现象时,强调本能冲动对人的活动和社会的决定性影响,主张为适应人的真正本性,必须改变社会条件。他的理论与叔本华、尼采以及伯格森等人的理论一脉相承。20 世纪上半期存在主义哲学是最具代表性的西方人本主义思潮,这一流派的诸多大师如海德格尔、雅斯贝尔斯、萨特等,在生命、生命创造、本能、无意识、感性、意志、孤寂、迷茫、焦虑、绝望、死亡、非理性、反理性等基础上,构筑自己的理论,表达对人的非理性本质的看法。这些哲学思潮的兴起,从不同方面揭露了理性主义人学观的独断性、单一性与片面性,唤醒人类丰富的感性、价值、主体的能动性与人的尊严。可以说,这种极具人本因素的非理性主义哲学思潮,极大地拓展了对于人的认识,使人加深了对自身的了解,彰显了从理性人的认识向非理性的认识转变的趋势。在 20 世纪 80 年代西方社会转型的时代背景下,生活世界的复杂与多元使那种理性化的人与时代格格不入,这要求对人自身的概念进行新的解读,要求形成一种新的性格理论,既考虑生活的连续性,也要考虑其非连续性。同时,后工业化社会也赋予"自由"以新的内涵。此时的自由即敢于否定自身,"管你自己的事"成为西方社会普遍的价值观念。嬉皮士变成政府官员,政府官员变成跳伞运动员,体育明星变成公司老板,影视明星变成国家总统,这些在理性化时代不可思议的现象对于今天的人们来说已习以为常。所有这些都是基于个人自由性的选择与坚韧的意志,其中不乏非理性的冲动。所以说,洞察社会转型期西方社会光怪陆离的人的行为,我们可以感受到,人们不再践行那种四平八稳的生活模式,更不倾向于以某种至高无上的"戒律"来支配自身的生活,尊重感觉是这一时期人的行为的主旋律。无独有偶,1999 年 12 月,由美国人 Chris Columbus 导演的《铁人浮生记》发行。影片讲述了一个编号为 NDR-114 型机器人偶然具有了创造性思维,学会了人类的情感,由此开始努力成为人类一员的艰难历程。这次偶然来自他从楼上跳下,摔坏了大脑,破坏了部分程序。正是这次受损,使他第一次爆发出令人吃惊的创造力,开始

──────────

① 王霁主编:《马克思主义与当代社会思潮——当代社会走向中的思潮论争》,中国人民大学出版社,1994 年版,第 111 页。

显露出人性的一面。影片揭示出一个道理：绝对理性的生活是机器的生活，而不是富有人性的生活；只有在理性/程序链条的断裂处，才能产生创造性思维，才能滋生真正的人类情感。该片一经公映即大受欢迎，风行于欧美，暗合了人们在后工业时代自身摆脱机械性，践行非理性人性的心理追求。

2. 单向度的人转向立体的人

《单向度的人》一书是马尔库塞对西方发达国家工业社会意识形态进行批判的代表作。这部著作表达了丰富的科技伦理思想，亦是马尔库塞社会批判理论的集中体现，是对工业化时代的人所具有的简单化特征的高度概括。对于单向度的含义，马尔库塞指出，它指（西方）工业化社会中人们丧失了历史的、批判的革命意识，不能辨别本质和现象、潜在性和现实性、社会的和自然的、现状和对现状的超越之间的界限，处于一种受到技术的统治、支配的境地。① 据此，"单向度的人"即丧失否定、批判和超越能力的人。这样的人不仅不再有能力追求，甚至也不再有能力去想象与现实生活不同的另一种生活。

理解"单向度的人"，离不开其产生的时代背景。《单向度的人》一书的副标题是"发达工业社会的意识形态之研究"。所谓"发达工业社会"，是指生产力高度发达的社会，这里指的是西方社会。在这样的社会里，科学技术先进，物质财富充裕，劳动生产率很高，大众享受着高物质收入与高物质消费的生活方式。二战后，西方发达国家进入了稳定发展时期，尤其是 20 世纪五六十年代所发生的以电子技术为基础的新科技革命，使西方资本主义经济迅速发展。新的科技革命给资本主义带来了活力，社会财富迅速增加，并且整个社会在高生产、高消费政策引导下使社会成员的物资生活水平普遍提高，直接可见的物质贫困极大缓解。随着先进科学技术成果应用于生产中，劳动量和劳动强度得到减轻与缓解，白领工人的比重不断增加，工人和其他劳动群众的物质生活境况有了不小的改善。但是，马尔库塞进而指出，这样的社会既是"富裕的"，也是"病态的"或者"不健全的"。"在富裕和自由掩盖下的统治扩展到私人生活和公共生活的一切领域，从而使一切不同的抉择同化。技术的合理性展示出它的政治性，因为它变成更有效的得力工

① 刘万振：《略论马尔库塞在〈单向度的人〉中对发达资本主义社会的批判》，《社会科学评论》，1986 年第 8 期。

具,并努力创造出一个真正的极权主义领域。"①也就是说,西方发达工业化社会是在不通过恐怖和暴力等血腥手段的前提下,利用先进的科学技术,借助"文化工业""技术至上"和"消费主义"等意识形态,对人的心理、意识和日常生活施加影响与控制。生活于其中的人,表现出以物质水平衡量一切的倾向,其政治意识、革命意识日渐淡化。他们在不知不觉地、舒服地沉醉于各种物欲的"享受"之中,接受着主流意识形态的奴役,失掉了批判、否定和超越的内心向度,丧失了变革现存社会的主体意识,欣然地接受现存社会的操纵和控制。所以说,单向度的人产生的根本基础是发达的工业文明。马尔库塞指出:"在发达的工业文明中盛行着一种舒适、平稳、合理、民主的不自由现象,这是技术进步的标志。"②在科学技术高度发展的条件下,西方社会利用先进的科学技术手段控制着社会物资生产的一切过程,表现为国家对生产、交换、分配等经济活动的干预大大增强,社会协调并统一了人的生产、消费和娱乐,排除了一切对立或反抗的因素。工业化社会中现代科技愈发展,这种控制就愈有成效和愈全面,以至于被管理的个人不断地降到物的水平,同物一样成了被宰制的对象,失去了有待发挥的主体能动性和自由意识——个人自由的理性变成技术理性。不仅如此,这种社会的压制性管理愈是表现为合理的、生产的、技术的和全面的,那么,被管理的个人借以打碎其枷锁并获得自由的手段和方式也就愈不可想象。

单向度的人产生的直接基础是基于发达的工业文明之下所滋生出来的意识形态和工具理性。发达的工业化利用先进的科技手段,加强对人的心理、意识的操控和控制,是现代发达工业化社会这一新型极权主义社会的基本特征。先进的生产技术手段趋于极权性,它不仅决定着社会需要的职业、技能和态度,而且决定着个人的需要和愿望;它消除了私人与公众之间、个人需要和社会需要之间的对立;对于主流意识形态来讲,技术成为社会控制的新形式。工具理性所造就的"文化工业"成为资产阶级意识形态统治的工具。所谓"文化工业",是指文化传播媒介的技术化和商品化。它竭力宣扬"享乐主义""技术至上""消费主义"和"物质至上"等思想,并使之潜化至每

---

① [美]赫伯特·马尔库塞著,刘继译:《单向度的人》,上海译文出版社,2006 年版,第 18 页。

② 陈爱华:《试论马尔库塞科技伦理观的内涵与价值——兼评马尔库塞〈单向度的人〉》,《东南大学学报》,2000 年第 11 期。

个人的意识中,对人们的内心生活施加着有效的影响,从而防止人们去思考现实的邪恶和自身的不幸。它通过描写金钱、买卖、肉欲和享乐等等,不断地重复着物资上的占有是人生唯一宗旨和真正价值的思想观点,宣扬拜金主义、利己主义、享乐主义,并为人们提供娱乐和闲暇的消遣,消解人们反思自身的真正需要和利益以及现存社会的不合理性和非人性的愿望。由此看出,作为一种新的控制形式的当代科学技术决不是中立的,它具有明确的政治意向,发挥着意识形态的功能。面对这个社会的极权主义特点,技术"中立"的传统观念不能再维持下去了。于是,在西方工业化社会中,政治和思想领域中的对立面受到一种非暴力的、无形的压制,从而使社会产生了一种只有肯定思维的"单向度"特征,而生活在其中的人也表现出只是顺从现存秩序而缺少批判和改造现存秩序的精神的"单向度"特质。

总之,工具理性和资本主义经济理性,正如魔瓶中被召唤出来的魔鬼。在科技进步、经济发达的同时,人们失去了精神的充实,成为自己创造的智慧与财富的奴隶,人的自由个性和全面发展受到压抑和扭曲。可以说,马尔库塞对单向度的人的描述分析实质上刻画了依托大工业生产的现代社会中人的形象与本质。

如果说单向度的人是现代社会与现代教育的产物,那么,随着20世纪后半期西方社会由工业化时代向后工业化时代转型,尤其是随着20世纪80年代以来社会转型的加深与加快,人的丰富性与多向度日渐显露出来。就整个社会而论,以解构作为主色调的后现代主义思潮一经出现即大行其道。后现代主义大师们站在全面反思"现代"立场之上,福柯、鲍曼等对西方现代工业社会中"权力"进行深刻揭露与批判,罗蒂极力倡导反基础主义,利奥塔对现代性"宏大叙事"进行了全面消解。他们在如下方面达到了趋同——对基础的颠覆,对中心的破除,对理性的瓦解与对进化的否定。可以说,后现代主义之所以一经出现即大受欢迎,并浸透到社会领域的各个方面,究其原因是其在人的类层面开始张扬"超越"的一面,显示出人性的立体丰富性。在日常生活层面,生活于后工业化时代的人们生活方式日渐多样化,个体选择表现出灵活与变通。以婚姻为例,西方社会的离婚率居高不下。据有关资料统计,在美国近10年出生的孩子中,40%～50%生活在单亲家庭中。美国卫生部统计中心的资料表明,美国的离婚率在全世界是最高的,仅1981年240万对新婚夫妇中就有120万对离婚,而且再婚家庭的离婚率也高,约

44％的再婚家庭再次解体。瑞士也是如此,1984 年就有 588.3 万名儿童与单身父(母)亲生活在一起。英国目前的离婚人数已达 20 世纪 60 年代的 6 倍以上。撇开离婚给当事人带来的痛苦不论,从时代的意义上,这种状况的出现也暗合了人们对工业化时代稳定性婚姻模式的否定,是人性实现超越、追求丰富生活的精神显现。总而言之,贯穿于 20 世纪 80 年代以来的社会转型,西方社会寻觅情感抚慰的呼声由微弱到清晰以至越来越强烈。整个时代开始直面人类的生存危机,关怀人类的生存意义,呼吁重视人文科学,致力于唤醒被技术、财富、个人的物欲遮蔽甚至窒息了的人文精神。此时,时代在呼唤一种新人的出现。相对于社会转型前的那种单向度的存在,人在今天的社会转型期逐渐显示出立体的一面,即丰富、完整与活的特质。

3. 被规定的人转向生成的人

自公元 5 世纪,希腊哲学将研究重点从宇宙万物转移到人,哲学家们差不多全都力求说明人是什么。对人究竟有没有本质或者有没有确定本质的追问也从来没有停止过。"由于'人'本身是人类最难把握的认识对象,也是最缺少真知的对象,因而,每对'人'进行一次'与众不同'的抽象表达,都会丧失一部分人性并意味着对现实中活生生的人的疏离。"①虽然唯理主义哲学家们对人之理性揭示很深刻,但不难发现,这样的认识片面而武断。他们在揭示人的本质时,力求把人与生活相联的一面层层剥去,以揭示人之为人最普遍的东西。也就是说,"对人的定义常常着眼于普通性:它按方法有程序地忽略或撇开一切此时此地从历史决定的环境中突现出来的东西。在其紧缩的做法中,它只保留一种本质的特性"②。于是,人被哲学家们按照一种预先具有的概念或意向,甚至依照当时的心情,从当前的实在中抽象出来,人此时沦为一种外在的规定。回顾社会转型前人类发展的漫长历史,不同时期的"人"尽管有着不同的形象,对"人"的形态有着不同的描述,但是,理性人的本质一直是对人的认识的主导性方面。无论柏拉图的理念世界的人、中世纪上帝所创造的人,还是近现代启蒙学者们所张扬的理性人,他们都具有同质性,即人的本质是一种被外在模式或神秘力量规定的存在。对

---

① 伍红林:《从"抽象的人"到"具体个人"》,《高等教育研究》,2007 年第 1 期。

② 张世英、朱正琳编:《哲学与人——"德国哲学中人的理论"国际学术讨论会(1988. 4 湖北大学哲学研究所)论文选辑》,商务印书馆,1993 年版,第 84 页。

于人这种认识的偏颇,早在文艺复兴时期,人文主义大师们即给予了批判,他们彰显人的感性,突出人生命的流动。马克思站在对启蒙学者们所提出的"抽象理性"的对立面确证人的本质,确证人与社会生活紧密相联的生成的存在。这表现在马克思对人的本质的著名论断上,即人的本质并不是单个人所固有的抽象物,在其现实性上,它是一切社会关系的总和。如果我们对人的复杂性加以剔除,那么,具体的、真实的个人则会抽象化、普遍化。"所谓'人的普遍化'是指将人模式化或模型化,要求所有的人向这个标准看齐。一个个活生生的个体成为了'类'的分子,成为了一种抽象的存在,个体消失在了'类'之中。"①

普遍而不变的人性和人的本质的外在规定回避了人在特定时空下的具体性与丰富性,这种对人的本质的理解是现代形而上学思维方式支配下对人的认识。这种对人的认识不是把社会历史活动的主体理解为在现实活动中生成的人,而是把它理解为一种抽象的集合体——类或者是毫无个性的抽象的、所谓大写的"人",与单独的个人相对立的人,被消解在类之中的人。这种对人的规定忽视人的情景性和即时性,结果,众多的"人"如同飘在空中的气泡,虽然贴着"人"的标签,却失去了"人"的内容。无论是理论抽象中对人的如上刻画,还是现实生活中人彰显出的机械划一的面孔,从根本上均源于工业化时代的生产方式与意识形态。随着时代的不断发展,工业时代向后工业时代转型,人的生成性本质日渐显露,对人的这种本质的思考与张扬逐渐走上了历史舞台。

抽象的人转向生成的人决非偶然和随意臆造,它与西方社会的后现代转型密不可分。现代人是本质主义思维的产物,后现代人则是生成思维方式的结果。生成已成为后现代哲学的主旋律,生成性思维已成为后现代哲学思维方式的新走向。那么,何为生成性思维呢?"从哲学所追问的对象有且只有两种可能:一为现成的对象,一为非现成的对象。"②我们可以把现成粗略理解为已完成的。从逻辑上看,一切可完成的存在都是已完成的。当我们追问已完成的"是什么"的时候,这样的思维方式就是现成论的思维方

① 伍红林:《从"抽象的人"到"具体个人"》,《高等教育研究》,2007 年第 1 期。
② 邹广文、崔唯航:《从现成到生成——论哲学思维方式的现代转换》,《清华大学学报》(哲学社会科学版),2003 年第 2 期。

式。所谓非现成的,就是未完成的。"未完成性意味着永处于生成变化的过程之中。对于这样的存在,就不能再问它'是什么',而只能问它'如何'、'怎样'了。"①

思维方式的范式转换,实现了哲学意义上的真正革命。早在工业化时代,马克思即天才地预见了这种生成思维,他认为:"整个所谓世界历史不外是人通过人的劳动而诞生的过程,是自然界对人说来的生成过程。"②马克思的观点实现了人类思维方式上的一场革命,即由现成论转向了生成论。马克思在对古典哲学进行批判继承的基础上提出,人和自然不仅是历史的产物,而且是历史的过程,即不断生成变化的过程。"生产是生成的,社会关系是生成的,所以人的本质也是生成的,这就意味着人并没有一个现成的、固定不变的抽象本质,而只有现实的、具体的、历史的本质。"③在这种视野下,人和自然以及一切存在都不再是现成性存在,而是生生不息、变动不止的生成性存在。正是在此意义上,马克思被看做古典哲学的终结者、现代哲学的奠基人及后现代哲学的启蒙者。这种对人生成性的思考也渗透于其他非理性主义哲学大师的追求之中,海德格尔和维特根斯坦则是其中的重要代表。当海德格尔论述存在就是一种生成性存在时,当维特根斯坦提出一切存在都是在"使用"过程中不断生成时,他们意欲表达的均是同样的思想,遵循的均是同样的思维,即生成性思维。"当解释学、科学哲学、语言哲学把解释、科学、语言置于特定历史情景来看待时,他们意欲表达的也是一种生成观念。"④如上思想在由工业化时代转向后工业化时代的背景之下,终于汇成后现代主义哲学的大潮,过程性、即时性、动态性、情景性成为观照世界及人的根本原则。在生成性思维的观照下,人们对人的认识有了更深刻与全面的理解。此时,人不再具有预定的本质,他们时时处于持续的变化之中。作为个体人的生命是一个生生不息、推陈出新、超越升华的过程。任何人的个体生命都是独特的、生成的、发展的,而不是同一的、规定的、整体的、静止的和

---

① 邹广文、崔唯航:《从现成到生成——论哲学思维方式的现代转换》,《清华大学学报》(哲学社会科学版),2003 年第 2 期。

② 李文阁著:《回归现实生活世界》,中国社会科学出版社,2002 年版,第 150 页。

③ 邹广文、崔唯航:《从现成到生成——论哲学思维方式的现代转换》,《清华大学学报》(哲学社会科学版),2003 年第 2 期。

④ 李文阁著:《回归现实生活世界》,中国社会科学出版社,2002 年版,第 151 页。

预成的。

概言之,在时代转型期的今天,社会各个方面正在经历从一元向多元、从中心到边缘、从绝对向相对、从简单到复杂的转变。哲学界对生活世界的关注和人性研究发生着根本性转向,即从理性主义转向非理性主义,从现代性转向后现代性。此时,对人的理解也经历着从理性人向非理性人的转向,从单向度的人向立体人的转向,从被规定的人向生成人的转向。在复杂性视野中,与其说刻意地贬抑前者而张扬后者,倒不如说力图从多个角度看待人、揭示人。人既具有理性的一面,也具有非理性的一面;既有普遍性的一面,也有特殊性的一面;既有静态的一面,也有生成的一面。惟其如此,人性的丰富性和复杂性才得以显示。人的理性因素和非理性因素的统一构成了完整的人性结构,没有绝对理性的人,也没有绝对非理性的人。人应该是理性和非理性、肉体和灵魂、理智和情感、单向度和立体、抽象与形成性等多维度的统一体。这种对人之复杂性的认识,是复杂思维方式对人性多维度关系的重构,是对简单思维方式下二元对立或抑此扬彼观念的纠偏。此时,人不再是简单、片面的,而是复杂的、完整的,这种对人的定位支持着当今教育走向复杂。

第三节 教育走向复杂的外在动力支持

复杂的生活世界以及人的复杂性的发现对简单教育的冲击持续而坚强有力,这种冲击在由工业时代向后工业时代的转型期正以新的形式,波浪式地迸发出来并构成了推动教育走向复杂的外在动力。现在看来,学校教育不能继续沿着过去的老路前进,教育的未来行动方向将主要从外在因素中推演出来。[1] 对于此,英国教育家埃德蒙·金指出,必须不断地把周围一切事物的变化反馈到教育中来,教育必须及时地、迅速地给予反应。可以说,在社会转型期的动荡时代,教育走向复杂实质上是对时代的适时回应。

---

[1] 联合国教科文组织国际教育发展委员会编著,华东师范大学比较教育研究所译:《学会生存》,教育科学出版社,1996年版,第117页。

一、复杂的生活世界激荡着教育走向复杂

（一）复杂的生活世界对人的素质提出的新要求促使教育走向复杂

不同的时代具有不同的人才标准。以机械大生产为典型特征的工业时代追求生产的效率,这种生产不可能是个别化生产,而必须是统一的批量式生产。这种生产方式对人的素质没有太多的要求,它需要的只是一大批千篇一律从事某种工作甚至某种工作片断的驯服而熟练的工人。对于这样的人,其个性、开拓意识和创新精神可以被忽略,甚至被抹杀,只要他们做到行为中规中矩即可。然而,在向后工业时代转型时期,知识的迅速增长与快速更新,信息技术的迅猛发展以及生活方式的多样化,昭示出一个崭新的世界。知识、技术和信息对我们的生活越来越重要,世界发生了翻天覆地的变化。"工业时代最有价值的特征将成为一堆绊脚石。明天的技术需要的不是几百万粗通文墨、只会同步地从事没完没了重复工作的人,不需要只知盲从、只知机械地服从上级以保住饭碗的人。它需要那些能做出批判评断,能在各种新奇的环境中开拓前进,在急剧变化的现实中敏锐地识别出各种新关系的人。"①也就是说,生活世界的复杂性对人才的标准提出了新要求。

1. 创新精神

首先,知识经济时代需要创新人才。在社会转型期的今天,我们正在走向知识经济时代。日本政府早在 1982 年就提出,"创造力开发是通向 21 世纪的保证"。2006 年德国制定《德国高技术战略》,巴西采取了为自主创新立法的措施,并于 2004 年制定了《创新法》,俄罗斯制定了"国家教育改革 2007 年至 2009 年规划",美国制定了《普及科学——美国 2061 计划》。统观西方诸国的教育发展战略,它们无不把创新作为对人的素质的要求。创新是知识经济时代的主旋律,更是知识经济发展的基本动力。实现知识创新,关键在于人才,其核心是人才应具有能动性、创新性和独创性等素质。其次,具备创新精神的人才能适应当今社会的飞速发展。21 世纪将是市场经济居支配地位的世纪。在这一时代,自由竞争、优胜劣汰已成为铁的自然法则。无论国家还是地区,无论群体还是个人,要抢占知识经济发展的制高点,要在

159

---

① ［美］阿尔温·托夫勒著,任小明译:《未来的震荡》,四川人民出版社,1985 年版,第 448 页。

激烈的竞争中立于不败之地,必须不断地更新自己、充实自己、发展自己。任何保守、僵化、停滞不前、故步自封,都会失去竞争的优势。因此,时代正呼唤着人的主体意识与创新能力。

2. 处理信息的能力

处于时代转型时期的西方社会是高度信息化社会,信息充斥于社会生产与生活的方方面面。信息量之大,传播速度之快,覆盖面之广,是以往任何时代所不能比拟的。因此,未来的文盲不再是不识字的人,而是没有学会怎样学习的人。在信息社会中,信息资源不断更新,获取信息的多少以及获取信息的能力对于个人来说,"可能孕育着一个致命的问题。总有一天它可能导致有知识的人和无知识的人之间出现可怕的分野,而这种分野是用任何简单的财富再分配都不能修补的。无知识的人将不能与有知识的人平起平坐,不论讲多少激励的话(基本上是恩赐的话)也不能改变这一点"①。这种学会学习的素质实质上即要求人们具备更高的获取、筛选等处理信息的能力。因而,那些与新技术无缘,不能及时获取大量信息的人,将不可避免地陷入智力减退的不幸境地。同时,在大量信息潮水般涌来的时候,难免泥沙俱下、鱼龙混杂,积极和消极的信息同时涌来,冗杂信息也随之增多,日益泛滥。这要求人们具备及时把握信息、恰当处理信息的能力。

3. 交往与合作的能力

社会转型的时代是开放的时代,它要求人们具备高超的社会交往能力。伴随着信息时代的到来,人与人的交往更加频繁,呈现立体网状态势。从内容上说,交往包括物质、精神、文化、科技诸方面的沟通与交流;从地域上说,既有国内的,也有国际的沟通与交流。此时,人们不仅要善于与自己利益相同的人进行沟通和交流,也要善于与自己利益不一致的人进行沟通和交流;不仅要处理好工作中上下级关系及同事关系,还要处理好家庭、朋友及各种社会关系。惟其如此,个人或群体才能更好地在社会中生存、发展。为此,在交往的过程中需要学会合作。合作是由两个以上的个体或群体为达到共同目的,自觉或不自觉地在行动上相互配合,以共同完成某种行为的交往方式。学会合作是联合国教科文组织对21世纪教育所培养的人提出的一个重

---

① 联合国教科文组织国际教育发展委员会编著,华东师范大学比较教育研究所译:《学会生存——教育世界的今天与明天》,职工教育出版社,1989年版,第17页。

要原则,不会合作就不会生存和工作。在西方社会转型期,社会生活复杂变幻,科学技术飞速发展,所有这些都导致社会生活、生产问题解决的复杂性。今天的科技发明和发现,仅靠个人的智慧和力量很难取得突破性进展。例如,航天事业的开发,海洋事业的拓展,生物工程的探索,无一不建立在群体合作的基础之上。所以,能够相互交流、合作开发、共同研究,成为知识经济时代人才素质的重要标准。

综上所述,为适应变化的时代对人的素质提出的新要求,必须对教育进行观念与实践层面全方位的改革。在复杂思维方式视野中导引出复杂教育的价值追求与实践,应该是时代的必然。

(二) 知识的迅速更新导引新的学习方式

1. 知识的迅速变化导引出主动的学习方式

传统的学习方式是被动的学习方式。学校将传授知识确认为自我使命,教学目标定位明确,教学内容在本质上以外在"知识体系"的面目出现。此时,教育把学生当成仓库,把知识当成货物,把教师当成传送带,以"灌输"作为教学的主要方法。所有这些都把学生推向被动式的机械记忆、简单重复的学习状态之中。这种被动学习方式赖以生存的原因就是知识的确定性、稳定性与外在于学习主体的观念。传统的学习方式植根于工业社会,当时知识更新速度相对缓慢,知识呈现静态、稳定等特征。而工业社会的生产方式是机械化大生产,标准化与精细的劳动分工对人的素质提出了稳定性、平面化与专业化的要求,人们只要熟练掌握特定技术甚至技术片断所需要的知识技能,即能生存于世。于是,在教育过程中,学生只需通过教师灌输、被动接受、死记硬背等方式,就能够获得社会生产与生活所需要的知识与技能。

在当今社会大转型时代,由于知识量的激增以及新旧知识更替的加速,学生被动接受式的学习已经不能适应知识迅速增长的需要。德国未来学家哈根·拜因豪尔指出:"今天这一代人在最近 30 年中,必将比任何一代人需要学习更多的东西。这一代人,必须习惯于人类在近 1000 年来从未见过的那样的新鲜事物和根本变化。"①这种"知识爆炸"或"信息爆炸"的现实对传统的被动学习方式提出了挑战,它张扬一种新的学习方式——主动的学习。

① 张诗亚著:《惑论》,西南师范大学出版社,1993 年版,第 191 页。

对于传统学习方式和新的学习方式特点之不同,S. 拉塞克、G. 维迪努比较如下①:

表 3.1

传统学习	培训式和全面的学习
在压力下学习(快节奏的)	差异化和一体化的学习
强迫性的学习	参与式的学习,与兴趣相符
使班级的很大一部分学生受挫的学习	对所有学生都有利的学习
以考试和竞争为目的的学习	可以达到目标和成绩的学习
以吸收知识为中心的学习	以知识的运用和态度的培养为中心的学习

从两种学习方式的比较中可以看出,在传统的学习中,学习主体表现出被动、接受的特征。学生在被动接受未知知识的过程中,对于所学内容难免会生吞活剥,一知半解,似懂非懂。另外,学习结果也表现为外在于学习主体的知识的掌握,学生创新精神和实践能力培养被忽视。与之相反,在主动的学习中,学生不再是单纯地接受知识和技能,而是要学会学习,学会生存,学会教育意义的自主性生发;学习不再是被动接受的行为,而是主动建构的行为;学生更不是为了应付考试,而是把它作为一种乐趣,使自己有获取的愉悦。这要求学习主体抱着一种主动、探究的心态进入学习过程之中,此时,学习的结果即知识本身的价值并不重要,获取知识过程与运用知识策略的价值日益彰显。正如《学会生存》所指出的那样:"科学技术的时代意味着知识正在不断变革,革新正在不断日新月异。所以大家一致同意,教育应该较少致力于传递和储存知识,而应该更努力寻求获得知识的方法(学会如何学习)。"实质上,这种精神正贯穿在西方各国的学校教育实践之中。不论小学、中学还是大学,学生的大部分时间都在课堂上度过,课堂教学民主是对学生实施教育的关键一环。在美国的课堂教学中,教师不仅要全面理解教材的内容,挖掘教材的内涵,还要引导学生的思维,让学生自己提出问题,分组讨论,提出解决问题的办法。② 下面是对英国几位校长进行访谈的对话,

---

① [伊朗]S. 拉塞克、[罗马尼亚]G. 维迪努著,马胜利等译:《从现在到 2000 年教育内容发展的全球展望》,教育科学出版社,1996 年版,第 196 页。

② 丁振国:《美国高校教学民主一瞥》,《学校党建与思想教育》,2006 年第 1 期。

同样反映出当前英国小学教育中对学生主动学习的关注。"你们认为最好的教学方式是什么？Fill(一校长)说,英国小学最主流的课堂教学模式是先整体,把知识'传输'给孩子们(主要是体验),然后分组学习活动,再整体检验学生的学习成果,进行总结。Gramam(另一校长)认为,最适合孩子并让孩子们喜欢的教学方式是最有效的。"①所有这些都表达出西方学校教育中强化学生主动学习的意识。

2. 知识的迅速更新推导出终身学习理念

当今时代是一个知识更新速度越来越快的时代,各种新事物、新知识、新经验层出不穷,变革与发展是这一时代的主旋律。由于知识的不确定性,仅凭在学校获得的知识和能力,人们很难适应社会中激烈的竞争。据研究,目前一个大学本科毕业生在校期间所学知识仅占一生所需知识的10%左右。② 一个科技人员的应用知识总量大约只有20%在学校中获得,其余80%是在工作和生活中为适应现实需要而不断学习得来的。

由此可见,知识的快速更新对简单教育观念下的学习方式提出了质疑。对此,《学会生存》明确指出:"'封闭的'教育体系应该变成'开放的'教育体系。"教育体系不再是"一种静止的、无进展的东西"。③ 我们借此可以说,学生的学习方式也应该由封闭走向开放,这昭示着终身化学习时代的到来。终身学习成为在西方普遍被承认并践行的教育观念,是20世纪60年代的事情。这种教育观念的明确提出者是法国的朗格朗,继而在1972年联合国教科文组织的报告《学会生存》中得到进一步确认。该报告还指出:"我们再也不能一劳永逸地获取知识了,而需要终身学习如何建立一个不断演进的知识体系——学会生存。"该书还指出:"人是一个未完成的动物,并且只有通过经常学习才能完善他自己。"人的生存"是一个无止境的完善过程和学习过程"。这种教育观的提出决不是教育家们空穴来风式的一厢情愿,它实质上反映了时代的呼声,是现代社会向后现代社会转型时期政治、经济、文化的动荡与剧变在教育领域发出的信号。近年来西方欧美诸国的教育改革无

---

① 姚玉琴:《英国小学校长访谈实录与思考》,《吉林教育:现代校长》,2008年第9期。

② 屈林岩:《终身学习:从学历社会走向学习社会》,《未来与发展》,1998年第5期。

③ [法]埃德加·富尔著,华东师范大学比较教育研究所译:《学会生存——教育世界的今天和明天》,上海译文出版社,1979年版,第218页。

不体现这种精神,改变了过去那种封闭秩序化的教育实践,开始由开放、灵活的复杂性教育来替代。这种教育具备如下特征。

第一,学习时间的开放性。在知识瞬息万变、充满不确定性的今天,人们那种一朝学习终身受益的观念逐渐在改变,那种认为通过一次性教育、一次性学习即可掌握普遍而确定的知识的观念也失去了理论支持与实践基础。此时,人们只有不断地学习,不断获取新的知识,才能适应生存与发展的需要。那种将人生分为学习和工作两个截然分开的阶段的做法已经成为历史。"我们通常把一生划分为几个不同的时期(接受学校教育的儿童和青年时期,成年职业活动时期和退休时期)的做法不再符合现代生活的实际情况,更不符合未来的要求。"①学习不再是间断的、阶段性的过程,而是贯穿于人的终生的持续性过程,要让社会的每个人从婴幼时代起接受教育,在完成学校教育后仍有必要继续学习。即便退休后,人们仍要"老有所学""老有所为"。20世纪80年代以来,西方许多国家普遍出台终身学习政策。1997年6月,英国工党接受了继续教育投资委员会(FEFC)的肯尼迪报告《学习工程:扩大继续教育机会》,提出创造一个自我延续的学习化社会,把发展终身学习的能力作为学习政策的中心问题。同年,工党接受了全国高等教育调查委员会的迪尔林报告《学习化社会中的高等教育》、弗莱尔报告《21世纪的学习》,强调每个人都应该致力于终身学习,英国社会应该成为学习化社会。1998年,英国教育和就业部发布绿皮书——《学习的时代:新英国的复兴》。这是英国历史上第一份包括从学校到退休后发展教育和技能的综合报告,它明确地表示,该绿皮书本身关注的是16岁以后的学习。以此为基础,英国政府又于1999年6月公布了白皮书——《学会成功:16岁后学习新框架》,其中更明确地强调了这一点。

第二,学习空间的开放性。知识量的剧增、高新技术的层出不穷及知识更新换代速度的加快,否定了传统教育中学校在整个教育空间中的霸权地位,人们的学习空间表现出极大的开放性,即学校这一学习的空间开始拓展到社会之中,这促使非课堂形式的丰富多彩的社会教育全面展开,如政府、产业、通信、运输等各种部门都在积极地支持学生的学习活动。"教育不应

---

① 国际21世纪教育委员会向联合国教科文组织提交的报告:《教育——财富蕴藏其中》,教育科学出版社,1996年版,第89页。

该再限于学校的围墙之内。所有现有机构(无论是否为了教学而设置)和各种方式的社会经济活动都必须用来为教育宗旨服务。"①终身学习强调学生应在家庭、学校和社会等各个不同空间进行学习,正如美国成人终生学习需求研究顾问小组所指出的那样:"'终生学习'一词系指个人在一生中,为增进知识、发展技能、变化态度所进行的有意识与目的的活动。它可能发生在正规教育情景中,如学校,也可于较不正规的场合进行,如家庭或工作场所。教师可能是专业的教育者或表现为其他任何拥有相应知识技能的人,如熟练的工匠、生产者或同辈;教材可能是教科书,也可能是电视、电脑;学习行为可能发生在教室中或其他场地经验中,如参观博物馆、实习等。"②当前,西方各国开放性大学普遍建立与蓬勃发展。20 世纪 70 年代,英国开放大学建立。20 世纪 90 年代中期,英国政府建立起一套对全国 100 多所大学的学术成就进行综合评价的体系,在同一个综合评价体系的评估中,开放大学与牛津、剑桥等传统的名牌大学同列英国百所大学前 10 位,并连续 5 年保持不变。

(三) 现代信息技术的快速发展与普遍应用导引出新的教学实践

在社会转型期,以计算机网络应用为主体的现代教育技术对以教师为中心、以班级授课制为模式的传统教学形式产生了强有力的冲击。特别是多媒体教学和远程教育的兴起,意味着教学形式发生了根本性变革,昭示简单教育向复杂教育的转换。

1. 多媒体教学的实施

广义地说,多媒体是指以计算机为中心,对影像、声音、文字、数据等以数字化方式进行综合处理与传输的系统,也就是说多媒体的核心是信息的综合处理。多媒体技术作为信息产生与传播一体化的技术手段,把比较成熟的图像处理技术、视频处理技术、声音处理技术以及三维动画技术等视听信息集中于计算机平台上。多媒体技术应用于教学是学校教育走向复杂的必由之路,其复杂还表现为集交互性、集成性、即时性于一身,并具有图文、声情并茂的特点。这突破了传统教学的单一性,开阔了学生的视野,化静为

---

① [法]埃德加·富尔著,华东师范大学比较教育研究所译:《学会生存——教育世界的今天和明天》,上海译文出版社,1979 年版,第 243 页。

② 姜令嘉:《现代远程教育与构建终身教育体系》,《山东大学学报》(哲学社会科学版),2002 年第 6 期。

动,化无形为有形,为教学注入了活力,表现为以下几点。第一,人机交互。计算机作为教学媒体,学生可利用一定的输入—输出设备,通过人—机对话的方式进行学习。这种人机交互作用为计算机媒体教学所特有,它对于教学过程自组织具有重要意义。这种教学方式下的学习过程具有如下特点:学生接受大量信息的刺激;学生以人机交互方式参与学习;学生在灵活多变的环境下进行学习;学生可以依赖教学系统本身的多向度指导和导航进行学习;学生依靠自我评价和反馈信息控制学习进程。总之,多媒体教学是以学生为中心的教学模式,它改变了教师一人讲解、学生被动听讲的教学方式。在这种教学模式中,控制学习过程的主体是学生,教师的工作主要体现在为学生提供适当的学习材料,对学生进行灵活多样的适时指导。学生可以通过多媒体网络进行个别化学习,可以对提供的学习内容进行自主性学习。这种教学方式能激发学生的学习兴趣,使学生对学习产生强烈的探索欲望,从而有效地调动学习积极性与主动性。因此,多媒体教学真正体现了学生在教育中的主体作用,是复杂教育观在教学过程中的具体实施。第二,教学的情景性。多媒体教学软件力求发挥多媒体的优势,利用大量的图形、图像、动画、音乐和解说以刺激多种感官,实现了抽象内容具体化、形象化。这有利于学生学习兴趣的激发,提高教育效率。例如,教学内容中有许多现象、过程不易在常态的教学条件下呈现,使学生产生认知困难,多媒体教学可以通过情景化处理以模拟演示逼真的现象或过程。

2. 远程教育的开展

国际著名教育专家德斯蒙德·基更把远程教育的定义概括如下:"远程教育是教育致力开拓的一个领域。在这个领域里,在学习期间,学生和教师处于永久性分离状态;学生和学习集体在整个学习期间处于永久性分离状态;技术媒体代替常规的、口头讲授的、以集体学习为基础的教育人际交流。"①现代远程教育是计算机网、卫星电视网、电信网三网合一的教育形式,它表现出立体、开放的特征。其技术主要基于电信网、互联网和卫星电视网等。现代远程教育是对简单教育的超越,开放、共享、交互、协作是远程教育的本质。

---

① 张天云、何珍祥、宋晓宇编著:《信息技术与信息时代》,化学工业出版社,2005 年版,第 122 页。

第一,时空的开放。远程教育不受时间和空间的限制。首先,远程教育是跨越时间界限的新教育形式。学生不需要在固定的时间进入教育过程,只需要通过用户终端网络站点下载课程内容,在方便的时间内随时进行学习。其次,远程教育也是跨越空间界限的新教育形式,它使教育活动突破围墙,打破师生局限于同一空间的那种面对面教学的状态。此时,空间的局限不再存在,只要有网络覆盖的地方,即可以进行学习。据英国开放大学宣布,自 2007 年 6 月开通 OPEANLEARN 网站以来,全球曾有 25 万人浏览并使用其网站提供的学习资料。

第二,课程结构的开放。这一方面表现为课程内容的丰富性。远程教育的网络课程资源,摈弃了传统教学方式下将课程内容设计成绝对客观知识体系的做法。网络课程内容拥有容量极大的资源库,并且呈现开放、不确定性和动态吸收等特征。此时课程内容容量大、信息广,契合着知识剧增与剧变的社会转型时代的需要。例如,英国开放大学课程设置涵盖了攻读学士、硕士、博士学位的高等学历教育和各类职业证书培训的非学历教育,共开设 160 多门高质量的学位课程,并在职业培训、资格证书、家庭教育、科学技术、卫生福利、事业发展、个人健康、环境、艺术修养等领域为学生提供众多的短期课程。另一方面,课程结构的开放表现为课程安排与管理的灵活变通性。个人接受远程教育的起点和需求逐渐呈多元化趋势,同时学习活动就其本质而言也是一项个体活动,所以,课程安排应以学生的多方面差异为基础。具体言之,即是根据学生的知识基础、专业倾向、兴趣爱好等构建课程体系,同时根据各种需要增加课程结构的灵活性。远程教育给予学生最大的学习自由,学生可根据需要自主选择课程内容与顺序,自己安排学习时间、地点、方法与步骤,甚至许多课程允许学生自己选择学习内容,制定学习计划和进度,彰显教育管理的复杂性。

第三,教学从独白走向对话。传统的学习环境是集中式班级课堂教学,强调对学生进行整体教育。在这样的教学方式下,学生既无自主表达的必要,也无自主表达的可能,整个教学方式都是说教式的。教育过程突出的是教师的灌输,教学中强调教师是绝对的中心,学生只是看客或听众而已。远程教育方式下时空的广延性与教育进程的灵活性可以促成师生之间真正的对话。网上实现教室虚拟化,通过组织网上讨论,实现信息的双向乃至多向交流。学生可与教师、同学通过"虚拟对话"讨论课程中的问题,各自发表见解;同时,Internet 的任何访问者也可以被邀请加入"课堂讨论",从中接受更为广泛的不同意见或观点。正如德斯蒙德·基更在对远程教育的定义中所提及的那样:技术媒体——印刷媒体、视听媒体或计算机媒体的使用,把教育和学生联系起来并成为课程内容的载体;提供双向通信,使学生可以主动对话并从对话中受益。远程教育在西方诸国形成了灵活多样、各具特色的教学模式。美国远程教育采用最多的是基于视频技术和 Internet 的非同步教学、双向交互式的视频教学和单向式预录视频教学技术(如凤凰城网络大学的所有环节都在网上完成),教学管理灵活且不拘一格,并设有"学分银行"。英国开放大学建有总部、区域中心和学习中心,学生可参加全日制学习,也可采取不脱产的业余学习,随时按社会需求调整课程;有灵活多样的教学方式,结合函授、电视、广播、计算机网络等技术;有学分制和自由选课制等。法国采用多媒体混合式的教学模式,提供电视直播课堂,电视直播过程中通过电话现场解答学生提出的问题。德国、加拿大、荷兰、墨西哥、日本、韩国、泰国、以色列的远程教育学习者可按照自己的进度灵活安排学习时间和地点,教学管理灵活,考试时间不限,普遍实行学分制,使用文字教材、录音、录像、电影、电话、计算机软件、激光唱盘、直播课堂及电视广播节目等多种媒体进行教学,Internet 为师生之间的交流提供支持。澳大利亚 USQ 的课程学习包通过邮寄或互联网传送到学生手中,学生通过邮局或电子邮件提交作业,在分布于澳大利亚及世界各地的 USQ 考试中心参加考试;自动课件制作系统、自动教学咨询系统和自动业务系统大大降低了可变成本,规模效益和成本效益方面效果显著。

远程教育能够实现多方灵活对话,受教育者选择教师的范围、空间和自由度增大。个体化学习,可以在全球范围内选择教师,可以在不同时间选择不同的教师。这样的教育形式是对近现代教育中师生交往与对话关系的一次根本性超越。正是在这样的背景下,有人预计教育将走上完全非机构化之路,即传统的学校、班级将彻底消亡。如美国人工智能专家费根鲍姆教授就认为:"从长远来看,班级可能会遭到像计算机出现以前的其他组织形式的命运,那就是说,局部陈腐而日趋无用,最后,干脆消亡。"这种观点可能有些偏激,但是现代教育技术对传统教育组织形式的冲击,为新的教育组织形式的出现提供了契机,却是不争的事实。此时,师生之间的关系将打破那种具有强制性质的知识授受状况,而代之以一种情感融入基础之上的合作与

（页码）168

交往关系,多向度、多层面的师生对话将成为现实。20 世纪 80 年代以来是西方远程教育大发展时期。2004~2005 学年,美国 62％的大学提供了远程教育,其中公立大学提供远程教育的比例远高于私立大学。英、法、德等国表现出同样的趋势。

(四)权威的消解促使教学过程中的自由对话

20 世纪 80 年代以来的西方社会转型时期是一个政治走向民主、追求人际平等与价值多元共存的时代,其中最为突出的表现即权威的消解与宽容意识的普遍化。这一方面体现在公共领域,另一方面体现在私人空间。所有这些对教育产生深刻影响,促使教学过程由严密的控制走向自由和平等。

1. 师生的平等对话

在简单教育实践过程中,受工业化时代科层制管理观念的影响,教师在知识传授中居于主体和绝对权威地位。笼罩于这种权威之下的教学过程表现出机械、刻板与静态的特征。与之适应的是,学生在知识获得过程中根本上处于被动接受地位。教师决定什么知识具有价值,决定运用什么方法对教育内容的意义进行解读。所以,教师输入什么,最终在学生身上即输出什么,整个学习过程沦为机械输入与输出的线性关系。在这一过程中,师生之间不可能存在实质性对话,学生的质疑或自主性思考总被定性为非正常甚至是大逆不道的行为。但是,在社会转型过程中,教师在教学过程中绝对权威的地位逐渐消解。他们不再以“知识的占有者”的身份进入课堂,而“越来越成为一位顾问,一位交换意见的参加者,一位帮助发现矛盾论点而不是拿着现成真理的人。他必须集中更多的时间和精力去从事那些有效果的和有创造的活动:互相影响、讨论、激励、了解、鼓舞”①。也就是说,在复杂教育观念下,教师是学习过程中的平等成员,美国学者多尔称之为“平等中的首席”,其地位从凌驾学生之上转向与之共存。“休索克教授是一个非常好的教师,他没有任何教师的架子,他十分宽容地对待所有的学生、所有的提问和所有的答案,不管学生们出于什么样的动机。课堂上由于意见不统一而激烈争吵时,休索克总能心态平和或饶有兴致地观察我们的讨论与争执,好像他的任务就是观赏我们对案例的反应。有时他会十分夸张地摆动双手,

---

① S. 拉塞克,G. 维迪努著,马胜利等译:《从现在到 2000 年教育内容发展的全球展望》,教育科学出版社,1996 年版,第 106 页。

张大嘴巴,好似他真有疑惑。其实,我以为,他只是为了引导讨论,而并非真有疑问,甚至有时候他嫌讨论不够热烈似的给我们横加一个困难条件而使争论升级。"①这样的课堂情景在西方发达国家并不鲜见,此时,教师是课堂情景的引导者,而不是专制者;学生也不再是被动的"听者",他们能够以"表达者"的身份向教师敞开自己的精神世界并投入学习活动之中,成为敢于提出自己的感受、观点与建议的主动参与者。此时,两者之间构成的不是对立的授受关系,而是平等的对话关系。"通过对话,学生的老师和老师的学生之类的概念将不复存在,他们共同对求知的过程负责。"②于是,一种宽容、自由的氛围得以生成,教育过程中平等对话也相伴而生。

2. 师生与教材的自由对话

教材包括教学大纲(课程标准)、教科书讲义、挂图和图册、试验手册、教学录音带、录像带、教学电影等诸多材料。教学活动必不可少的、与学生发生直接联系的教材是教科书,它是教材的主体。

简单教育下教学的根本在于"教"教材。教材被赋予权威甚至神圣的地位,它是真理的化身,是至真至纯的知识。传统教学中的教材中心意识、视教材为"圣明"、以记诵掌握之为核心目标与准则,都源于如上观念。在这样的教材观下,师生全方位围绕教材转,教材怎么写,教师就怎么教,学生就怎么学。教材不仅是师生关注的中心,而且成为控制师生行为的工具。首先,从教师与教材的关系而论,教师教学的着眼点本质上囿于教材,教学活动的目标绝对地指向对教材的掌握。教师确定教学目标、备课乃至评价等,都以教材的要求为旨归,不敢也无意越雷池半步。他们认为,只要领会了教材,讲授了教材,也就根本上完成了教学任务。此时,教材的学习与真正教学目标的达成成为一种同义语。在这种教师与教材关系的框架中,培养出来的学生的"高分低能"现象普遍存在。他们只会解决书本知识,问题稍加变通就不知其所以然,长期下去即形成了"死读书""读死书""读书死"的学习模式。另一方面,教师机械生硬地按照教材的格式进行教学,置鲜活的社会生活现实于不顾,把学生的兴趣与丰富的精神世界放在教学着力点的边缘甚

---

① 康宁著:《走近哈佛课堂》,广西师范大学出版社,2004 年版,第 65 页。

② 郝德永著:《课程与文化——一个后现代的检视》,教育科学出版社,2002 年版,第95 页。

至盲区,结果是教学割裂书本知识与学生生活世界的链接,导致其不可能深刻理解所学内容,更谈不上灵活运用。这样,整个教学过程沦为一种机械而封闭的"教"教材过程。其次,从学生与教材的关系讲,简单教育下,学生对教材的所谓理解与掌握仅限于教材中已经规定好的"标准"答案。这种"标准"答案具有不可动摇的权威性,除此以外的任何其他解读都被斥为对知识的亵渎而严加禁止。这里试举一例。在某公开课上,一位小学老师讲授《水果》一课。老师问:"小朋友们,你们能说说有哪些水果吗?""苹果、香蕉、桔子、梨……"学生们根据教材中的规定踊跃地说出很多水果的名称。这位老师说:"很好,这些都是水果。小朋友们,你们还能说出另外一些吗?"老师似乎很不甘心地用目光在教室里搜索。此时,一个小朋友非常"聪明"地站起来说:"老师,说西瓜的同学今天没来,他生病了……"[1]在这种教材观下,学生的创造性和创新精神都被抹杀在教材规定的答案之中,学生得到的是一些未经消化的刻板知识。值得警醒的是,在简单教育观支配下的学校教育中,类似的教学并不是个别现象。

简单教育下教材观的实质是把教材奉为真理与权威,它被赋予不容置疑的性质,教师与学生都不敢越出教材半步。显然,这种教材观在西方社会转型期的社会背景之下正在逐渐消解,一种新的师生与教材关系露出端倪。

第一,教师对教材的灵活运用。陶行知先生曾指出:"我们对于书的根本态度是,书是一种工具,一种生活的工具,一种'做'的工具。工具是给人用的;书也是给人用的。"[2]教材的工具性表现为它是范例。叶圣陶先生说"课文是例子",它可以被同类事物替换。教材是引导学生认知发展、情感陶冶、人格建构的范例,是学生发展的"文化中介",是师生对话的"引入点"。通过教材,教育的最终目的在于激发学生的认知、分析理解、反思批判和意义建构。教育的目的不是让学生机械地全盘接受,而是使之成为学生进一步发展的平台。只有深刻认识教材的工具性,教师才可能对其加以创造性、灵活性地运用,而不至于被其完全束缚。

教师对教材创造性与灵活性的运用表现为两个方面。其一,对教材进

---

① 胡友志:《复杂范式视阈中的教育研究》,南京师范大学硕士学位论文,2006 年。

② 顾黄初、李杏保著:《二十世纪前期中国语文教育论集》,四川教育出版社,1991 年版,第 89 页。

行外在形式上的机智处理。这包括根据学生的实际情况,对教材进行调整,如教学进程中对现实教材编排顺序做出新的规划,设计新的知识逻辑序列;充实相关学科的最新研究成果,淡化陈旧内容;充实相应的生活案例,强化理论与现实生活的联系等。其二,对教材的实质进行处理。教师不仅是学生学习的指导者乃至合作者,也是课程意义的积极解释者。教材作为一种文本对教师处于全面开放状态,其意义会随不同的时空转换及具体教学情景的变化而变化。下面是美国一节数学课上教师对教材整合处理的教学案例。第一步:课前制订整合计划。爱丁顿老师在上课前与其他老师共同开了一个会。参加这个讨论会的老师有体育与健康教师安尼卡·杰克逊、生命科学教师詹森·马丁、社会研究教师考瑞娜·凯特、英语教师哈莫耐·罗德里各滋。第二步:课堂上,教师先引导学生通过讲授法学习素数的概念,然后引导学生用筛选法区分素数和合数的算法。第三步:在课堂剩下的时间里,爱丁顿引导大家努力发现"新"素数。课后一张大的海报展示在教室里,在海报上同学们通过划掉合数从而找到他们发现的素数。第四步:爱丁顿准备引导学生学习密码学课题的一部分,他事先阅读了《密码学过程——从古埃及到量子密码机》。通过这个案例,我们发现,本堂课突出了数学课程的整合,并不是就数学讲数学,而是协同其他科目整体推进,不仅是同年级之间甚至是不同年级之间也可以进行整合,整个教学过程表现出教学的机智与灵活。另外,美国教师对于教材内容取舍与顺序调整有相当大的自由度。再者,强调教材与生活世界的联系。比如素数本是个数学味十足的主题,爱丁顿老师却把其密码学上的应用引入课堂。最难能可贵的是他们采用小组对抗的形式上了两周的课,真正地把数学引入生活。

第二,学生对教材的多元解读。伴随社会民主观念的增强,社会角色的多样化,加上社会生活的不稳定性,使人们对任何事件的认识呈现"仁者见仁,智者见智"的格局。具体到教育过程,即学生追求对教材的多元解读。由于学生的生活经历、情感体验、思维方式、认识水准以及切入角度不同,教材的意义会以不同的形式或内涵呈现出来。此时,教学内容所具有的意义并不是固化在教材中,而是涌现于创造性的理解中。构建主义教学理论认为,学生在其生活的社会背景下借助于教师,利用各种学习资源,探索并发现所学知识的意义,自主构建知识(把知识内化为自身的认知结构,以达到更高层次的学习)。在教和学的整个进程中,学生的学习是最重要的,是最为根本的出发点。在美国亚特兰大，一位公立中学的历史老师在讲授二战史时，结合现实社会的重大事件，以构建主义教学理论为指导教授历史课。下面是他布置的家庭作业。"由美国领导的盟军进入伊拉克已经一星期了，美国人民需要理解这场战争的目标，想看到这场战争对伊拉克人民及其政府的影响，想知道这场可能比我们期待持续时间更长的战争何时结束。在接下来的两个星期里，每节课的互动时间里将讨论伊拉克战争。每节课每一个人都要准备一篇关于这场战争的文章。"①这样的教学一方面加强了知识学习与现实生活的联系，另一方面也引导出学生对战争性质与功能的多元解读，"创生"多重的教育意义。

二、复杂性的人促成复杂教育的产生

教育是人参与并最终指向人的社会活动，教育的世界是人的世界。如果说理性人的前提预定为简单教育的理论与实践提供了一个学习出发点的话，那么，伴随复杂思维方式及其对人的复杂性的认识，教育实现了由简单运作状态向复杂运作状态的转换。

（一）人复杂性的发现激发出教育内在的活力

根据系统论的观点，在一个系统中，如果构成该系统的各个因素保持相互开放与自主联系的状态，那么，此系统将作为"活"的自组织系统而存在。在教育系统中，对参与其中的人之复杂性的体认，促成了教育内部各因素的相互开放与自主联系，与其运作的自组织性激发出了教育的活力。

1. 人之复杂性的认识促使教育中人与人的关系走向"共生"

教育中，对人复杂性的认识，决定了教育中两大人的因素即教育者与受教育者之间的联系，超越了简单教育中那种主要通过外部规范与控制所维系的"捆绑式"关系。第一，他们作为关系的存在决定了相互之间形成开放与自主联系的"共生"状态。此时，"他们之间相互依存，相互融合，彼此交叉重叠，同时，他们中的每一个又各具独特存在的根据和独特的价值"②。第二，他们所具有的未完成性特性得以凸显。这决定了他们都作为非确定性、

---

① 汤新华：《从美国老师的一堂历史课看其构建主义的教学实践——贴近生活是构建主义的灵魂》，《中国教育研究论丛》，2006 年第 00 期。

② 鲁洁：《关系中的人：当代道德教育的一种人学探寻》，《教育研究》，2002 年第 1期。

自主性的存在进入教育过程之中,此时,两者之间的联系不再具有僵化的、可严格预期与规定等特性,而表现出"遭遇""碰撞"等特征。这种自主性融入的联系可能会导致教育运作中的动荡甚至错误,但是,正是在"动荡"与"错误"之中,教育才得以摆脱人为制造的各种虚假"意义",使教育意义得以自组织地生成并涌现出来。第三,他们作为具体的存在,改变了其在简单教育中纯理智的抽象存在状态。这样,在教育过程中,他们都是以理性与非理性的结合体而存在。在他们身上,如上两种因素既相互冲突,也相互合作。伴随着时间的推移,他们之间可能此时相互对立与冲突,但彼时又相互合作。纠结于人身上两大因素的复杂性关系,使每一个个体都表现出丰富性、情景性,人的活力即存在于这种丰富性与情景性之中,并使人呈现为有机的生命体。这样,简单教育中师生之间僵化的知识授受关系变成一种有生命的人之间相融的关系,学生个体之间的关系也不再呈现为一种单子式的相互疏离状态,而呈现为相互的有机自主联结。这种教育过程中的人的关系构成追求双赢的博弈关系,他们中的任何人都不是凌驾于他人之上的强者,此时,教育系统表现出这样的特征:它的约束被减少了,相应地它的组织能力特别是它的应变能力增加了。和简单教育相比,它表现为"较少层次的等级化,较少局部的特殊化,没有严格的集中控制,而是更多地被策略性和启发性的智能所导引,更多地取决于各部分之间的相互协调"①。

2. 人之复杂性的发现促使教育中人和物的关系走向理解

教育内容是维系教育者与受教育者关系的关键性因素,它与教育者及受教育者之间构成了教育中的另一主要关系——人和物的关系。在简单教育中,由于人性预设是单向度的,师生只能被动地依据教育内容,其创造性和能动性完全被抹杀。教师首先全盘接受教育内容所倡导的思想、见解,然后在讲授时把教育内容硬性地灌输给学生。学生在整个学习过程中,对教育内容的正确性不得有半点儿质疑。于是出现了人与教育内容之间的"刻印""存贮"与"被刻印""被存贮"的关系。人之复杂性的发现使二者之间的关系超越了简单教育中单纯的"刻印""存贮"与"被刻印""被存贮"的关系状态,代之以相互理解的关系。这种教育中的人与作为教育内容的教育文本

---

① [法]埃德加·莫兰著,陈一壮译:《迷失的范式:人性研究》,北京大学出版社,1999年版,第101页。

之间的相互理解关系彰显教育意义的如下特征。

首先,教育意义的创发性。"理解不同于知识。理解与艺术有相通之处,它们都是创造的。"①教育中的理解同样如此。参与教育的人所具有的开放性、具体性与历史性,使他们都作为具有特定视域的人而存在。这种特定的视域使他在作出理解时注入他个人的东西,表现出了批判、反思、自主建构等内在品性。从这个意义上说,教育中的理解是一种对作品进行某种改变的再创作活动。第二,教育意义的多样性。"传统解释学中,只有失去了自己'视野'的主体,才能自由地进入任何一个历史时期,在理解时重现历史或典籍的'视野'或'境界'。"②在简单教育中,无论教师还是学生,对教育内容的理解都带有如上特征,即他们必然把自身定位于单一视野之中并投身于追求教育内容的"确定"与"客观"意义上。但是,对人的复杂性的发现与体认,必然会赋予教育中的人以新的特质,这表现在对每一个人"先见"或"偏见"在理解中的作用以新的诠释。对于此,正如伽达默尔所指出的那样:"'偏见'(prejudice,即 pre-judgement)并不是骂人的话,相反,它说明我们只能从某个特定的'视界'(horizon)来理解世界,该视界为我们提供了思考和行动的起点。"③此时,"'先见'作为人现在的存在状态,同时包含着人的过去,而'先见'作为理解的基础,理解向人不断地提供它在将来可能的存在,这样,'先见'又在时间上潜在地包含着未来"④。仍以前述美国亚特兰大的公立中学的历史老师讲授二战史为例。当作业布置下去以后,同学们都积极按老师的要求去图书馆查找资料,有些人甚至还采访曾参加二战的祖父或者经历过越南战争的父亲,全方位了解战争对社会和经济的深远影响。那些十六七岁的高中生所写的关于伊拉克战争的文章,观点鲜明,论据充分。并且,来自不同家庭背景的学生在课堂里展开了针锋相对的讨论。这样的教学最后并不能实现对战争意义的统一化理解,但是,由于学生与教育内容之间新型理解关系的构建,使学生基于自身经验激发出了新知识的生长点。他们对历史课的兴趣明显提高,对社会的关注程度高涨。所以,基于

---

① 殷鼎著:《理解的命运》,北京:生活·读书·新知三联书店,1988 年版,第 126 页。

② 殷鼎著:《理解的命运》,北京:生活·读书·新知三联书店,1988 年版,第 123 页。

③ [加]大卫·杰弗里·史密斯著,郭洋生译:《全球化与后现代教育学》,教育科学出版社,2000 年版,第 118~119 页。

④ 殷鼎著:《理解的命运》,北京:生活·读书·新知三联书店,1988 年版,第 258 页。

人复杂性之上的"先见",教育的意义在不同的个体身上即有所不同。"只要人在理解,理解便会不同。要求理解达到众口一词的统一,是对人的理解提出的非历史的要求。除非迫于政治或宗教方面的压力而缄口无声,人只要思想着,理解着,就会出现'百家争鸣'的思想状态。'百家争鸣'不是允许或由开明政治赐予的问题,它是历史中的人在理解时所必然要发生的事实,一种思想的事实。理解总是多元的。"①教育意义的多元性与丰富性即存在于这种基于"先见"的理解之中。在基础教育阶段,美国教师提出问题后,会鼓励多个学生回答问题,并不对答案的对与错作出直接评判,而是对学生提出的观点继续提问,不让学生的思维停止于一次简单的回答。教师的提问不仅仅拘泥于一问一答模式,不满足于获得一个简单的答案,而是追求同一问题产生多个不同的答案、多种不同的见解,并且要求学生能找出证明自己观点的根据或者理由,对自己的回答作出进一步的详细解释。

教育意义的多样性与创发性昭示一种可能的世界。教育内容作为一种文本,看似一种静态的、物的存在,但实际上,教学文本是前人的思想、生命在当下的延续,其中闪烁着前人的智慧与情感。其本身是作为文本作者精神世界的一种物质载体,是文本作者精神的一种外化形式,这决定了文本本身同样代表一个精神世界,背后隐藏着具有丰富思想的前人生命。这样,教育中人与教育内容之间的关系即转化为一种人与人之间的关系,教育的意义即在二者精神世界之间的对话中得以产生。人的复杂性决定了人精神世界的复杂性,进而预示了其动态的、主动性的、情景性的存在性质。以此为出发点,教育中的意义必然显示如下两个方面的特征:其一是作为文本的教育内容所代表的精神世界向作为理解者的教育中的人开放,其二是教育中人的精神世界向作品开放。双向的开放决定了教育意义的不可穷尽性并表现为多种可能性,进而促成了教育中人的共生。

总之,人的复杂性为教育中人与人、人与"物"之间的自主性联系提供了一个基点,并赋予了教育意义的无限可能,同时赋予教育在简单运作状态下所不可能具有的"活"的特质,教育的自组织运作贯穿其中。

(二) 人复杂性的发现决定了教育非线性的自组织运作

非线性本是数学术语,其含义表现为如下几个方面:"(1) 各项变化不均

---

① 殷鼎著:《理解的命运》,北京:生活·读书·新知三联书店,1988年版,第125页。

匀,不成比例。(2)不具有加和性,出现了新质。(3)没有唯一的解,解是多元可能的。(4)没有确定的、封闭的解,且解不稳定,随时间、地点、条件的不同而变化。(5)出现了非独立的非线性的相干性。交叉项表明了系统各部分之间既相互独立,又相互渗透、包含、转化、融会贯通、互相制约、互相协同,融合为整体效应,导致质变,使自身失去独立性。(6)在考虑向量性的情况下,非线性方程表达明显的不对称性、不可逆性和不可还原性。交叉项 XY 和 YX 可能完全不同,相互作用的对象之间存在支配和从属、策动与响应、控制与反馈、催化与被催化等不对称关系。(7)将随机性和偶然性突出出来。"①今天,非线性所包含的意义已经超越数学领域,而上升为一种认识事物尤其是复杂事物运作的思维方式。在对教育的认识上,人复杂性的发现,必然会使教育摆脱那种可操纵、秩序化的运作方式,为教育非线性的自组织运作提供外在推动力。

1. 人的复杂性决定了教育运作初始条件的不稳定性

教育中人的因素的输入是教育运作最为基本的初始条件。惟其如此,教育运作的其他初始条件才得以确立。这些初始条件包括人本身和与之相应的教育环境如教育内容的确定、教育手段的选取、教育时空的安排等。在简单教育的框架内,由于对人所做出的理性人的预设,教育运作的诸多初始条件是相对确定的,诸如教育内容的稳定,教育手段的单一以及教育时空的固定等。人之复杂性的发现,将人的具体性、人与外在环境的关系、人的非理性与立体性凸显出来。此时,人不再是作为一种可严格预期的、确定性的、被操纵的对象进入教育之中,而是作为活生生的生命体构成教育运作的前提输入条件。此时,对于师生双方来说,他们生理的即时性变化、个人情感的波动、想象的驰骋等,都成为教育输入的前提条件,这必然使教育运作初始条件带有一种不容置疑的不稳定性。教育内容与手段的选取、教育时空安排等教育环境所具有的潜在灵活变通性即其中的明确表现。

第一,教育设计的非程序性。在简单教育观念下,基于对学生确定性的、抽象的、理性的认识,教育内容的设计确定且程式化,表现出非常周密的性质。大部分教师认为,没有确定性内容的教育必然是杂乱无章的教育,因而不能称为教育。因此教育首先要有统一的内容,然后再深入到具体的设

_177_

---

① 赵凯荣著:《复杂性哲学》,中国社会科学出版社,2001 年版,第 8～9 页。

计,即要有明确的目的指向,有程序化的过程,有固定的教学时间和环境。也就是说,教学要有"法",教学要遵循必然的规定与程序。惟其如此,教学目标才会得以顺利实现。具体到一节课的教学内容设计,要求教师安排好教学的每一步,甚至每一步所需要的时间都会被严格地确定下来。如正字、正音需要几分钟,板书需要几分钟,学生朗读需要几分钟,哪一个问题讲解需要几分钟,学生回答问题需要几分钟等等。总之,教学时间被严格地进行了条块化分割;更为严格的是要求教师预期学生对其所提问题的回答情况和学生可能反馈的问题,一堂课应提出几个问题,哪一个问题在什么时候提出,哪一个问题要求哪一个学生回答等等。① 教学节奏因这种秩序化的安排而标准化。他们认为,教育内容及其时间安排只有如此"缜密"、"完整"而且"天衣无缝",才能上出真正的好课。这种教育理念把教学过程中的人简约化,把人等同于具有可控程序的机械物来看待。教师的教学智慧和学生的创造性被抹杀,教育过程更像无机的物理过程,而非有机的人类教学活动。教育内容设计的确定性、周密性以及程序化,导致课堂教学成为呆板的、死气沉沉的标准件加工厂。

与此相反,人之复杂性的发现对传统的教育过程程序化的设计提出质疑。程序只有在一个稳定的环境里才可以不加变化地给予执行,一旦外部条件发生了改变,程序就会出现动荡甚至紊乱。在教学过程中,学生的生理变化、兴奋点的转移、注意力的分散、思绪链条的短路以及教师自身的变化,都会使程序式的教育过程发生或大或小的波动。教学作为一个复杂的适应系统,应当有预设的相应方案,并且预设方案要详细缜密。但是,由于人的复杂性,教育过程中繁多的偶然和无序也是客观存在的事实。因此,教育过程的设计具有很强的不稳定性和灵活性。教育过程的设计也体现为"形散而神不散",即整个过程的设计不是由教师操纵式预先设定,也不是由教参决定,而是由师生双方在教育过程中互动生成,具有现场性与动态性。"英国的课堂上,学生是没有固定座位的,老师也不太强调学生的坐姿。上课时多以分组学习讨论为主,老师随时给予指导或接受提问,师生的交谈都是轻声细语,很有礼貌,学生要发表意见或回答时都会举手,不过发言时不用站起来,他们经常大胆地发表自己的意见和观点……在我听的那节数学课中,

---

① 韩惊鸣:《善待意外才能上出好课》,《中国小学语文教学论坛》,2004 年第 10 期。

老师讲了内容之后要求学生做练习。在我看来,老师的讲解是非常清楚的。但就在练习快结束时,有一位同学说:"Sir, I'm still not quite clear. Would you explain it again?"(老师,我还是不很明白,你能再讲一下吗?)老师还是笑容可掬、富有激情地再讲一遍。"①在这一教学情景中,教师并没有恪守机械程序,而是基于具体情况适时地作出调整。

第二,教育手段的灵活性。工业化时代的教学手段单一、固定。对教育手段的考虑流于简单化,教育过程呈现为一支粉笔一块黑板包打天下的局面。即便对教育手段有所考虑,这些考虑也大都站在教师的立场上。立足于教师讲授的各种教育手段如讲授法等被奉为教育手段的首选或唯一,并视为天经地义。站在学生立场对教育手段的考虑或只是作为点缀,或被完全忽略。至于说深度观照教育手段,如教育过程中潜在因素的变化,更是无从谈起。这种关于教育手段的观念及实践以全面贯彻教师单方面的意愿为旨归,反映出视学生为"物"的教育观。在把学生视为"物"的前提下,教师作为施教者把教育内容通过简单化的教育手段机械地灌输给学生。

人之复杂性的发现促成着教育手段的多样化与复杂化。"人的本质并不是单个人所具有的抽象物,在其现实性上,它是一切社会关系的总和。"②这是马克思站在人的社会性角度对其复杂性作出的明确阐述。人作为复杂性的存在,与其生存的环境存在紧密联系,与其他人构成了各种各样的关系。根据这种人学观,教育系统中的人——教师和学生表现出复杂的存在。他们拥有自身的丰富性,本身即表现为一种复杂系统,进而与他人的关联互动使教育构成更为复杂的巨系统。立足于此,教育手段决不能再仅仅恪守几种传输知识的方法。所以,人之非理性本质的彰显,人精神世界丰富性的揭示,都预示着在教育手段的认识与选择上应加强灵活度与机智性,体现出"教学无法,是为常法"的境界。一次英国的地理课上,"老师只讲解了大概5分钟,其他时间都是让学生根据前一天的调查资料和数据,自己设计一个儿童游乐园或 Night Club(酒吧)。整个课堂活动非常丰富,有的学生在电脑上继续查找资料,有的利用电脑设计,有的在纸上设计,有的进行文字整理,有的讨论设计方案,有的请教老师或与老师交流。老师不断地提出改进意见,

---

① 蔡倜生:《英国课堂教学特色》,《广东教育》,2007 年第 4 期。
②《马克思恩格斯选集》(第一卷),人民出版社,1972 年版,第 18 页。

如注意设计供残疾人使用的卫生间,注意设计消防设施,注意节约能源等等。快要下课时,老师是这样布置作业的:下节课,你们要交上一份书面材料包括你们的设计图在内,讲清楚你们为什么这样设计。要考虑在我们这座城市里,需要多少儿童游乐园和 Night Club"。在这堂课上,教师显然没有刻意地运用什么方法,他是基于教学实践激发学生自主学习的。

第三,教育时空安排的灵活性。简单教育观念下,在对人的抽象、理性、单向度的前提预设下,教育时间和空间安排被"镶嵌"在固定程序之中。大而言之,表现为统一开学,统一放假,统一学制;小而言之,表现为统一教学时间与作息时间,统一教室安排等。人之复杂性的发现,诸如对人之非理性、具体性以及立体性的认识,促使教育的时空安排突破机械的程式,具有更强的柔韧灵活性。

首先,教育时间安排的灵活性。教育时间的灵活性主要体现在如下方面。其一,课时安排的灵活性。在简单程序化教学中,课时安排是固定的,具体学科在总课时中所占比例、在周课时中所占比例及其"时间位置"都被规定在课程表中。这样的课时安排实质上反映了对课程内容的变化、特定学生对相关学科的掌握程度、学生实际接受能力等因素的忽视。至于说学生的注意力、个性以及兴趣,更没有被置入这种课程安排的视野。但是,在复杂教育的视野下,课时安排却被赋予相应的灵活性。这表现在课时量上即是根据实际需要对相应学科的课时量给予调整,表现在课程安排序列上即是打破那种学期、学年甚至更长期的固化状态,根据情景性的需要即时作出时间上的调整。其二,课堂内教学时间分配的灵活性。教师在安排教学时间过程中充分考虑如下因素:师生的情感起伏、个性等非理性因素,师生的生理状态,他们对教育内容相关基础理解与掌握水平等,然后基于具体情况,即时、灵活地调整教学时间,力争在最佳教学时间段或投入最佳的时间量,完成教学目标。

其次,教育空间的灵活性。教育空间的灵活性主要体现在如下方面。第一,课堂内教学空间安排的灵活性。在传统教学中,课堂教学空间的安排相对稳定。根据传统教学模式,教学空间被分割为两块,一是教师空间,二是学生空间,这两个空间相对稳定,相对封闭,存在明确的界限。从实质上说,这种空间分配建立在对学生单子式的简单预设基础之上。在这样的教学空间,学生很明显在被动地接受知识,师生、生生之间的互动关系对教育的作用不被考虑,甚至被盲目排斥出去。人之复杂性的发现,促使教育中开始考虑学生的能动性、教师与学生的关系对教育产生的影响,这使得教学空间打破人为安排的模式,具有极强的不稳定性:教师按照具体情况可以把讲台设在学生中间,和学生形成一种"我"与"你"的关系,而不是高高在上;学生也可以根据实际需要自动围成圆圈,相互讨论,相互指点,相互激发,相互促进。教育只有在这种彰显平等、民主、和谐氛围空间中才能真正实现,这种空间的灵活变动能够极大地调动学生学习的积极性,激发其思维的活跃,使其成为学习的真正主体。第二,课堂外教学空间选择的灵活性。人之复杂性的认识,促使教学根据实际情况超越课堂空间的局限,把传统教学中在课堂教学空间中完成的任务,转变为课外教学空间师生相互沟通的行为,即课堂教学课外上,诸如户外教育、远程教育等。

教学时空的灵活性在西方沉淀出多样化的教学模式。目前在美国和加拿大,比较流行的教学模式有支架式教学、抛锚式教学、随机通达教学、基于问题的教学、范例教学等。

2. 人的复杂性决定了教育过程的动荡

在教育运作过程中,人作为系统内最为重要的构成要素,其存在状态必然会对系统运作产生质的影响。在对人的理性、确定性预设的前提下,简单教育下的教育过程追求稳定、有序。教师崇尚和习惯于追求确定性的教育流程,而对不确定性回避甚至拒绝。他们讲究课堂教学结构严谨对称,倾向教育过程的四平八稳,追求教育结果与教育目标完美吻合。于是,教育过程的每一步都必须按教师预先设定的程序进行,不许有"节外生枝"现象产生。一旦出现"节外生枝"现象,则毫不留情地予以"剪枝",如粗暴地中断学生的思路和辩论,搪塞或压制学生的质疑,且美其名曰"确保教育任务完成"。于是"目的明确,结构严谨,条理清晰"等自然成为一堂"好课"的标准,不管上什么课,教师都千篇一律地按照这些"好课"标准精心准备,力求达标,制造出"标准件"的"优质"课。

根据复杂理论,在一个系统内,"按涨落发生的不同的空间位置,一般可将涨落划分为内涨落和外涨落两种。内涨落主要是由于自身子系统和要素的随机运动,而外涨落则主要取决于环境"①。人一旦作为复杂性的存在进

① 赵凯荣著:《复杂性哲学》,中国社会科学出版社,2001年版,第79页。

入教育过程,无论从人作为教育系统基本要素的角度,还是从人之复杂性而导致的教育对外在环境开放的角度,简单教育过程中那种人为的稳定与有序的运作状态必然会被打破,继而出现动荡的"涨落"起伏状态。教育过程的动荡固然可能使教育走向混沌与无序,但是,我们认为,对此不必有太多顾虑。普利高津认为:"对于系统宏观状态而言,涨落既是干扰者、破坏者,又是引导者、建设者。在宏观机构新旧交替时,'涨落决定全局的结果',结构将'通过涨落达到有序'。"①教育过程中"动荡"的作用也是如此,其中人与人之间的相互开放与互动、情感等非理性因素的融入可能会使教育沦入与简单教育迥然不同的运作状态,并伴之以一定程度的混乱与无序。但是,正是这种混乱与无序,才构成了突破简单教育运作下人为秩序化状态的先导力量。更进一步,这种基于活的生命体的教育运作会走向更高层次的秩序——自组织运作状态。较之于人为式"捆绑"起来的秩序,这种秩序是真正互动自发地涌现出来的。

第一,人作为关系的存在是人之复杂性的含义之一,它决定了教育过程中人的相互开放与协同活动性质。这种状态决定了教育过程中会发生种种碰撞与交流,这种碰撞与交流既可以是外显行为,也可以是内隐行为;既可以是认知的,也可以是情感的;既体现在师生之间,也体现在生生之间。此时,教育过程显示出动荡是必然的,而且也是教育过程的真实图景。课堂上的由碰撞而至的动荡、无序,如果抓住契机,会演变为新的有序。例如,某班主任让学生讨论问题,气氛甚是热烈,双方争执不下,情急之中,一名学生冷不防讥笑对方是个"矬子"。这突如其来的羞辱之词,让人毫无戒备,全班学生哄堂大笑,课堂顿时乱成一团。由于这种意外的发生,课堂教学的节奏出现动荡。班主任尽管心中极为不快,却没有强行压制这种不期而遇的混乱,而是心平气和,引申开去。他向全班同学说明矮人也有优势和长处,拿破仑、丘吉尔等个头都不高,但他们以自己的丰功伟绩赢得了世人的尊敬,进而得出结论:人的学识、品格、成就不一定与其身高成正比,身高既不是一个人骄傲的资本,也不是一个人的罪过。入情入理的交流和对话,避免了师生双方因误伤而带来的尴尬,又让学生领悟了人生哲理,经历思维碰撞的激情、思想的高峰体验和情感的深度震撼,可谓一箭双雕。由此,动荡、混乱的

① 赵凯荣著:《复杂性哲学》,中国社会科学出版社,2001年版,第78～79页。

课堂借助于教师的语言魅力发生涨落,进入新的有序状态。

第二,人作为非理性的存在引起教育过程的涨落现象。人具有非理性因素,尤其是作为未成年人的学生更是如此,他们往往不能克制自己。在课堂上,有时某些特殊的教育行为会触发学生的兴奋点而引起无序状态,如奇特的科学小实验、某个非同寻常的观点等。它能激活学生的情绪,使学生产生不可抑制的表达渴望,于是整个课堂沸腾起来。例如,物理课上教师做了"沸水养鱼"的实验,即给装有冷水和一条小鱼的试管上部加热,直至水沸腾,学生会发现鱼仍然在试管下部的水中游动。有违常识的现象引起学生们的兴趣,大家你一言我一语地将课堂搞得沸沸扬扬。表面看此时的教学秩序陷于混乱,但是这些情不自禁的议论恰恰表明学生的思维已经启动,教学活动正在有序地进行。课堂上学生的注意力容易转移,这也会引起"无序"状态。如著名特级教师于漪老师上课时,几只蝴蝶飞进了教室,吸引了同学们的注意力。于漪老师首先让学生把蝴蝶赶走,然后让学生以蝴蝶飞进教室为题打一词牌名。在同学们苦思冥想不得其解时,于漪老师道出了答案:"'蝶恋花'啊。因为你们都是祖国的花朵呀!"在同学们会意的笑声中,于漪老师又开始了她的讲课。

第三,人的具体性的存在引起教育过程的动荡。教育过程中虽然可以尽可能地清除教育环境内部的"噪声",以保持教育过程的纯粹、独立、宁静,但无法改变师生作为有生命的人这一事实的存在。教育中的"人"不是超验的、脱离社会现实生活的,而是在现实社会情境中有自己生活过程和生活历史的具体个人。师生作为社会成员与外界发生各种各样的关系,教育只是师生个体生活的一个组成部分,他们在参与其中的同时也与外面的世界有着千丝万缕、难以割舍的关系。这使得他们在面对不同场景和扮演不同角色时,会不自觉地将另一场景的状态带至教育过程中来,从而导致教育过程的振荡。

总之,人的复杂性的本质使得教育过程存在许多偶然的、不可预见的事件或现象,我们可以称其为"噪音"。因此,教育过程的发展有多种可能,教育过程会出现"分形"现象,即在多种可能性中作出选择,出现涨落现象,教育过程就会进入更高层次的有序,正如莫兰所说"任何我们感到似乎是背景噪声(即对于我们意义大的噪声)的东西都可能隐含着我们可以从中抽取出一定信息的东西"①。通观当前西方欧美诸国基础教育中的课堂教学,我们发现它们普遍表现出这样的特征:教师并不畏惧教育过程中出现所谓的"混沌"或"无序",而是以此为基点,激活学生的思考与自主性,把教学引向一种更高程度的"有序"。

3. 人的复杂性决定了教育输入与教育输出的非线性关系

在简单教育理念下,"学校是一种非人性化的力量,它使个体教条化,并窃取了个体的原创性,似乎学校的主要功能像一个罐头加工厂盒装金枪鱼一样对人类进行加工,加工出来的产品都是大同小异的。……学校不是提升个体性,而是常常淹没它"②。在这样将人抽象化、模式化或模型化的前提下,教育输入和输出构成线性的控制关系。在这种培养模式下,培养出来的学生表现出标准化与同质化。

教育输入与教育输出的非线性关系是指在人之复杂性存在的前提下,人们无法依据不变的原则对教育输入和教育输出的关系进行客观、准确的描述,因为两者之间不存在必然的因果关系。简言之,人作为非理性生命个体的存在,使得教育中教师有目的、有计划、有组织的教育行为不能必然导致真正意义上的教育发生,很难寻找和构建一个能保证或契合学生认知发展的固定不变的知识体系,也无法准确地预测某种教学意图的必然结果。例如,拥有牢固的基础知识,并不一定就有高效的学习结果;一个教学活动A,未必一定会获得一个预期的结果 A。换句话说,"种瓜得瓜,种豆得豆"未必能在教育中应验,教育活动只是为学生的身心发展提供某些可能的条件。其一,从学生方面来讲,由于学生的智力水平、兴趣、爱好,以及任课老师与学生关系的不同,在同一个班级讲授同样的内容,在每个学生身上显示出来的教育效果显然不同。即使针对同一个学生,教育效果也会因为学生的生理因素、注意力的即时变化而产生不同的效果。正如实用主义者杰·阿基比鲁所认为的那样:"一个人是有生命、有意识的个人,有爱与恨的感情和情绪、喜欢与偏见的情感。一个能思考的人,最重要的是他能够自由决定他需

---

① 吴德芳:《论课堂教学中的"无序"》,《当代教育论坛》,2003 年第 11 期。

② [美]Howard A. Ozmon,Samuel M. Craver 著,石中英等译:《教育的哲学基础》,中国轻工业出版社,2006 年版,第 254～255 页。

要什么,要成为什么样的人。"①其二,从教师方面而言,由于其身心发生即时性的变化,如生理状况、对教材的把握程度等,面对同一班级在不同时期讲授相同内容,教育效果也可能迥然不同。所以说,复杂性的人的教育参与决定着教育输入和教育输出并不呈线性的因果关系,其中蕴含着极大的不确定性。

---

① [尼日利亚]杰·阿基比鲁著,董占顺等译:《教育哲学导论》,春秋出版社,1989年版,第133页。

第四章

社会转型期深层的价值观念
——复杂教育观的内在导引

第一节　社会转型期价值观的复杂化

　　价值观是指在一定的历史时期,人们对"什么东西有价值"及其所依据的判断标准等问题所持立场、观点和态度的总和。它表现为人们的信念、信仰和理想追求等诸多方面。作为社会意识的一部分,价值观受制于特定的社会存在,是处于一定社会关系中的人们的需要和利益的反映。任何社会群体,如阶级、民族、国家等都会基于特定的社会现实,形成普遍性或居于统治地位或主流地位的价值观。在相对稳定的社会里,人们所认同的价值观大体一致且趋于稳定。但是,在20世纪80年代以来的西方社会转型期,变化动荡的时代决定了社会价值观的多元而复杂。

　　恩格斯曾指出:"随着每一次社会制度的巨大历史变革,人们的观点和观念也会发生变革。"①当前,西方世界正处于由工业时代向后工业时代转型的大变革时期,与这种社会转型相适应,人们的价值观正经历着一场深刻变革。"这种变化实为根本性的摇撼和震动,它动摇乃至颠覆了我们最坚实、最核心的信念和规范,怀疑或告别过去,以无可遏止的创新冲动奔向未来。"②社会变革的大潮涤荡着原有的价值观,推动着新价值观的萌生与发展。此时,社会转型期的价值观呈现多元且多变的状态。这种多元与多变

---

①《马克思恩格斯全集》(第7卷),北京人民出版社,1959年版,第240页。

②[法]安托瓦纳·贡巴尼翁著,许钧译:《现代性的五个悖论》,商务印书馆,2005年版,序。

进一步促成各种社会价值观之间的复杂而动态的联系。至此,多种价值观念并存且相互交融,在某种程度上或某种条件下它们或相互支持或相互冲突,整个价值世界领域呈现纷繁复杂的图景。具体言之,当前西方社会转型期的价值体系中,既有倾向保守、强调国家调控的价值观念,又有极力顺应市场经济体制的价值观念;既存在传统的价值观念,又有现代的价值观念。从价值主体角度而言,市场经济本身造就了多元的市场主体,每一个市场主体都会从自身的需要和利益出发去选择并践行一定的价值观念。可以说,在西方社会转型背景下,传统价值观念的惯性、各民族或种族价值观念的张扬、社会变动加剧而导致的价值主体的多元,都使西方社会价值体系呈现为多种价值并存、相融及相互冲突的复杂体系。

一、多元价值并存

综观当前社会转型期的西方社会,其社会价值观纷繁复杂与多元并存,已是不争的事实。无论扎根于本土的价值观还是全球化的价值观,无论传统价值观还是现代价值观,都在当前西方社会价值体系中拥有一席之地。这些价值观及承载其存在的价值主体各就其位,它们或冲突或融合,促成了百花齐放的繁茂图景。

(一) 价值追求的多元

统观整个西方社会,20 世纪 80 年代以来的社会转型期缤纷多彩的生活现实背后,隐含着人们追求旨趣上的价值观念的多元化。

首先,传统价值观根深蒂固。

西方社会的发展有着源远流长的历史积淀,在当前西方社会大转型时期,各种新的生活方式及隐于其中的价值观推陈出新。但是,如果静观当前西方社会普遍存在的价值观,我们会发现,传统的价值观仍以极大的惯性扎根于西方人至少是一部分人的思维及行为之中。这首先表现为古希腊时代的价值观念根深蒂固地存在。高飞乐把古希腊时期的社会价值观进行了如下概括:天人相分合、以人为本、崇勇尚力、爱智求真、个体自由、权力在民等。统观西方社会价值观的流变,我们可以感受到,即便在西方社会转型的今天,如上价值观念仍鲜明地存在。如崇勇尚力,在古希腊人的观念中,以勇敢和力量为表征的英雄主义体现出神圣性、个体性和广泛性的特点,希腊人在神话时代对英雄主义的崇拜程度超过了古代世界的其他民族。虽然神话作为前文明时代人类文化的主要表现形式,普遍存在于世界各古老民族的历史中,但与世界其他民族神话不同的是,英雄和英雄故事在希腊神话中占据了主要地位。可以说,对"天神般的英雄和英雄式的天神"的崇拜和赞美,是深存于古希腊人精神世界里的一种挥之不去的文化情结。时至今日,西方人仍普遍存在着个人主义的英雄情结。以尼采为代表的非理性主义者对酒神精神的崇拜,存在主义哲学中对"自我"的张扬,好莱坞大片主题中对个人英雄的渲染及其在西方人心中的号召力,从这些现象中我们都可以捕捉到古希腊"崇勇尚力"这一价值追求的影子。再者,传统宗教意识也是西方传统价值存之于今的表现之一。基督教作为世界三大宗教之一,曾支配了西方人的生活达千年之久,深刻地影响了西方人的价值观念与生活态度。时至后工业时代,科学的迅速发展非但没能完全消解西方人的宗教热情,反而以现代的形式使之得以强化。据不完全统计,在美国已注册的新兴宗教团体有 70 多个,在欧洲 18 个国家有 130 个,其中在英国占 60 个。这些新式宗教团体千姿百态,规模大小不一,但究其本质,我们仍可看出与传统基督教的内在联系。在人们的日常生活层面,传统的基督教伦理如虔信、刻俭、勤勉、博爱等普遍存在。美国公益基金所占的比例大概占 GDP 的 3%～

4%。美国社会有大大小小上万个民间公益基金会,它们独立于政府。政府对它们通过税收制度予以鼓励,同时用相关法律予以规范监督。专门从事美国研究的资中筠认为,美国基金会之所以如此庞大,"更重要的是思想传统和社会价值"。据 2008 年 4 月初瑞典最大的商业周刊 Veckans Affarer 报道说,宜家创始人英瓦尔·坎普拉德拥有 525 亿美元的财富,高于比尔·盖茨的 466 亿美元,但是,他乘飞机时总是选择经济舱,常常搭地铁上班,其私人座驾是一辆开了 10 年的沃尔沃,也很少见他西装革履。这样的人在西方社会并不鲜见。最后,民族价值观的彰显。20 世纪 80 年代以来,一些国家出现了分裂的大潮。这都是在追求民族传统价值观上得以展开的,从而验证了西方世界在时代转型期民族主义意识的增强与民族价值观的凸显。

其次,工业化时代价值观风行于世。

产生于现代西方工业化社会的价值观念仍以其极大的惯性,存在于当前正在走向后工业化征途中的西方世界。此价值观念包括如下几个方面。第一,主客二分的思维方式。主客二分的思维方式是西方社会尤其是工业化时代占主导地位的思维方式。它源于西方文化的源头,在近代笛卡儿那里得到了确证。在这种思维方式下,主体与客体之间完全对立起来,这体现在人与自然的关系、人与人之间的关系、科学认识等诸多层面。例如,在科学研究中,研究人员要全面排除自身的情感,绝对理智地静观探索研究对象。第二,对绝对性科学真理的追求。在近现代工业化社会的推动下,科学技术日渐显露出巨大威力,滋生强权式的唯科学主义认识观。此时,人类探索的原动力即是明确或把握隐于事物背后那个本质或"一"。这样,科学的价值被置于至高无上的地位。第三,对机械性、稳定性等价值的体认。近代西方是机械化的西方,在这一时代,人们对机械产生深深的迷恋,且不说整个生产领域被表现为机器的机械所推动,即便是社会乃至人都被看成一种机械的存在物。这进一步滋生了整个时代对稳定性、确定性的推崇。在 20世纪 80 年代以来整个西方向后工业化时代转型过程中,工业化时代的价值取向并未完全退出社会舞台,它作为一种社会价值观仍存在于社会之中,有时还表现出强大的影响力,这在科学研究领域表现得尤其突出。在轰动整个世界的"索卡尔事件"中,一大批科学家站到后现代价值追求的反面,表达了他们对科学理性、确定性与客观性的追求。第四,后现代价值观独领风骚。后现代所倡导的价值观念因其适应后工业时代的生活状况而为当代西方人所信奉,成为引领时代的价值景观。对于后现代主义的源流,学术界并无统一看法。一种观点认为,后现代主义是指 19 世纪 50 年代以来,整个西方以反传统价值为特征的文化思潮。它们批判各种类型的近代哲学,实现了从现代主义到后现代主义的转变。还有一种观点认为,后现代主义是指20 世纪六七十年代以来,具有反西方近现代体系哲学倾向的思潮。在欧洲,以德里达、福柯、马尔特等为代表的后结构主义者试图从批判早期结构主义的一些基本观念出发,来消解和否定传统西方体系哲学的基本观念;在美国,奎因、罗蒂、哈贝马斯等哲学家试图通过重新构建实用主义来批判、超越近现代西方哲学。他们既否定笛卡儿以来的西方哲学,又否定尼采以来的现代哲学。正是 20 世纪 60 年代兴起的后结构主义和新实用主义,标志着后现代主义的产生。无论持何种观点,有一点不容置疑,那就是后现代哲学思潮的兴起与时代的动荡、生活方式的多样化密切相关。"在一个相对稳定的社会时期,一个占主导的变革浪潮的发展时期,它所规划的未来景象是比较容易看得清楚的,这种主导浪潮的未来给人们一定的可预见的选择:它能使人们认识他们不仅会成为什么样的人、为什么以及怎样成为那样的人;即使在社会的一段动荡时期,它仍能给人们提供相当程度的稳定的身份确认和自我存在意识。但在一定时期,社会被两个或更多的巨大变革浪潮所冲击,而又没有一个浪潮显示出占主导的优势时,人们将会暂时失去稳定的身份确认和自我存在的坐标,人们的思想、社会甚至政治方面必将充满着冲突的急流和漩涡,而这一切也是文明转向时不可避免的。"①扎根于社会转型期土壤之中的后现代主义价值观,表现为对"绝对""基础""理性""中心"等这些通行于工业化时代核心价值观念的质疑,表现出追求"不确定性""关联""过程"等价值倾向。

综上所述,在 20 世纪 80 年代的社会转型期,如上诸多价值追求并存于西方社会。从空间维度看,现代与后现代价值观并存;从时间维度看,古今价值观同在。这样,不同时间、不同空间的各种价值观汇聚于西方的社会转型期,使这一时期的价值观呈现多元并存、缤纷复杂的格局。

(二)多元价值主体承载价值多元

"价值观的多元是价值主体多元化的必然结果。只有一个价值主体即一元价值主体的社会不可能存在多元价值观,可以说,农业时代和工业时代都属于这种情况。而在价值主体多元化的情况下,许多作为主体的个人和群体,其价值标准和价值取向必然就是多维的、多向的、多层次的和立体化的。"②在现实生活中,人们价值追求与选择并不是单向划一的,也就是说,对于同一价值主体而论,内隐于他们身上的价值观本身即带有复杂性、综合性与矛盾性,是多种价值观的复合交织。比如,特定价值主体在文化价值追求上持保守主义,在经济方面却可能崇尚自由主义。对于不同的价值主体而论,其价值追求也会表现出相应的不同。20 世纪 80 年代社会转型以来,价值主体的复杂催生出价值观的丰富。在全球社会转型的背景下,人以一种新的形象,承载着新的素质涌入时代转型的洪流之中。作为价值主体的人也由理性的、单向度的、抽象的人转向非理性的、立体的和生成的人,人的自主意识愈来愈强。社会对不同文化的认可度和宽容度也愈来愈高,各种价值主体之价值取向的合理性得到更大程度上的认可,这也昭示着价值观的

---

① [美]阿尔文·托夫勒著,朱志焱等译:《第三次浪潮》,新华出版社,1997 年版,第10 页。

② 廖小平:《改革开放以来我国价值观变迁的基本特征和主要原因》,《科学社会主义》,2006 年第 1 期。

丰富与多样化。

1. 群体价值主体承载的价值多元

我们可以把群体价值主体区分为不同种类,每一群体都有自身的价值观。20 世纪 80 年代以来,社会转型催生出越来越多不同性质的社会群体。

(1) 社会阶层增加

社会转型期的西方社会,伴随着时代变化速度的加快,生活方式的多样性,不同组织形式的利益群体大量出现。从社会分层角度看,整个社会阶层结构发生了新的变化,涌现出许多新的社会阶层。根据马克思主义对西方工业化社会所作的社会分层分析,在工业化的西方社会,社会基本上由对立的两大群体构成:资产阶级和无产阶级。可以说,工业化时代的西方社会,社会分层总体上较为简单。但是,在 20 世纪 80 年代以来的社会转型的时代背景之下,由于科学技术的飞速发展,生产结构发生了前所未有的变化。此时,社会群体急剧分化,原有的两个阶级分层结构再也无法容纳这一时代的社会群体。中国社会科学院"当代中国社会阶层结构"课题组根据人们在劳动分工、权威等级、生产关系及制度中所处的不同位置和资源占有情况,把当代中国社会划分为十大社会阶层,即国家与社会管理者阶层、经理人员阶层、私营企业主阶层、专业技术人员阶层、办事人员阶层、个体工商户阶层、商业服务员工阶层、产业工人阶层、农业劳动者阶层、城乡无业失业半失业者阶层。① 这种对社会分层的描述尽管源于社会转型以来的中国社会,但是,在全球一体化的时代背景之下,它也基本上反映出西方英美等国社会分层的多层化现实。以美国为例,根据汤普森教授的研究,美国社会成员当前分为上、中、下三个阶层,其中每个阶层又进一步分为更细的等级。上层分为两部分。一是美国社会的最上层,指那些老的富有阶层。二是上层的第二等,由两个部分构成:一部分是那些很有钱的电影明星、摇滚歌星、各类球星等;另一部分是跨国公司总裁,他们手中掌握着很大权力。社会的中层又分三个等次。一是中层第一等,包括律师、医生、著名大学的教授和科学家。二是中层第二等,主要就是俗话说的白领阶层。他们掌握着技术,从事着创造性劳动,年收入大约在 10 万美元以下。三是中层的第三等,即工人阶层。

---

① 陆学艺著:《当代中国社会阶层研究报告》,社会科学文献出版社,2002 年版,第 4 页。

社会下层即社会的最底层,他们是穷人阶层,所受教育很少,没有工作技能,没有稳定的工作,有时候可以找到工作,有时候会失去工作,收入也不稳定。统观整个西方的社会分层,大体皆然。这些不同阶层围绕各自的利益与需要,表现出各不相同的利益追求、审美旨趣与生活态度,进而生发出各自的价值观念,丰富了当前的价值世界。

(2)职业群体剧增

在西方社会转型期,职业群体的变化可以用"剧增"来描述。第三次科技革命的发展使得社会各行业的分工越来越细,增加了许多新的职业。同时,社会生活的复杂化使人们产生了更多的需要,伴随种种需要也滋生出许多新的行业,如心理咨询师、咖啡师等。观察一下媒体上的招工广告,我们即可对当前社会职业的多样化产生切实感受:钳工、焊工、车工、调酒师、色彩搭配师、物流师、调查分析师、会展策划师、芳香保健师、网络视频编辑、职能楼宇管理师、数字视频合成师、游戏程序设计师、照明设计师、花艺环境设计师……实在令人眼花缭乱。从事这些工作的职业群体受工作性质、工作环境等因素的影响,都会形成各自独特的价值观,如职业价值观、审美价值观等。这些价值观念进一步延伸,即形成具有特质的生活价值观、人生价值观等。如调酒师在调酒过程中,追求色、香、味、形、格俱佳,营养师追求营养搭配的均衡。职业不一样,追求则不一样,这会逐渐升华为特定的人生感悟与人生追求。即便在同一职业群体内,由于价值实践手段和途径的不同,价值观还将进一步分化而延伸开来。如教师群体,有的教师主张知识本位的价值追求,有的教师坚持能力本位的价值追求;有的认为"严师出高徒",有的则认为"严师未必出高徒"。所有这些都彰显职业价值观的多元化。

(3)代际分层复杂化

由于社会环境不同,社会成员表现出阅历、心理承受能力、受教育内容和程度的差异,所有这些导致不同代的人在生活方式、行为方式和社会价值上表现出相应的时代特征。讨论工业化时代社会群体的价值观,如果从年龄阶段上加以划分,社会群体大体可分为老年、中年与青年。也就是说,工业化时代社会成员的价值观基本上存在着老、中、青的区别。这样的代际划分与传统社会辈分的序格具有一致性,整个社会价值观代际差异表现为粗线条特征。伴随着20世纪80年代以来的社会转型,社会变迁呈现日新月异状态。此时,再以老、中、青这样粗略地区分社会成员的代际差异已不合时宜,基于年龄而形成的代际群体在今天分化得越来越细。在日常生活中,十多岁的大孩子和一群五六岁甚至三四岁的小孩捉迷藏、跳方格的场面现在比较少见了,十多岁的孩子在网络上打游戏,五六岁的则在电视机前搜索着动漫频道,甚至幼儿园中班的小朋友都不愿意和小班的孩子一起玩耍。这些都说明转型以来社会的代际分化越来越细,代沟越来越深,而且代与代之间的年龄差异越来越小。这些变化的背后展示出的是社会价值观多元的另一侧面。

(4) 亚文化群体异军突起

社会转型期社会的宽容、个性的解放,给不愿跟随大流的人提供了条件。他们更愿意用独特的方式表现自己的喜好,张扬个性,对于新事物,他们往往有自己的见解。此时,基于不同兴趣爱好与追求的社会亚文化群体日渐增多并彰显各自独特的价值观。在英国,20世纪六七十年代,英国青少年中流行一系列被视为"反文化"的社会现象。这些青少年或身着奇装异服招摇过市,或显示出离经叛道的生活方式与行为方式(如剃光头、开飞车、嬉皮士风格等)。在美国,社会亚文化群体更是多之又多,如青少年大学生群体、爵士音乐人群体、政治亚文化群体、同性恋群体等。追星族是20世纪80年代以来亚文化群体的典型代表。他们对自己喜欢的"星"了如指掌,崇拜有加,甚至达到痴迷的程度,对偶像的身高、体重、星座、喜好等,都加以密切关注。他们喜欢偶像的每一首歌,甚至其演唱过程中的每一个动作,偶像的一举一动都牵动着他们的神经,并被赋予审美价值。在追星族这个大群体里,歌迷们观点爱好不一,并进一步分化为更多的下位群体。在"追星族"和"粉丝"存在的同时,还出现了反明星群体。他们走上街头,贴标语,喊口号,或者在网络上发帖子,以各种方式尽情表达着他们对某些明星的不满,他们的行为体现了与前者截然不同的审美爱好与价值倾向。在生活方式方面,西方社会还出现了"御宅族"。第三次技术革命把人类带入信息时代,电脑这一"旧时王谢堂前燕"飞入了寻常百姓之家,加上网络信息技术的发展,为那些不喜欢走动的人提供了条件。他们整天呆在家里,可以几个月足不出户,工作、购物、娱乐全部在家里依靠网络进行。对一般人来说,这种生活方式也许单调了一点儿,但对这个群体中的人来说,在他们的价值世界里,这是可取的生活方式。如果把眼光投向整个社会,我们会发现,表现为各种新族群的亚文化群体还有很多很多,如"新极客""奔奔族""NONO族""YOYO

族"……每一族群都表现出特有的生活态度与行为,彰显价值观追求的斑斓多彩。

总之,在西方当前的社会转型期,不管从社会阶层职业方面,或是年龄与亚文化群体方面来看,作为价值主体的"群落"都在大量增加,群体价值观的种类自然也会增加。其实,就在同一群体内部,由于家庭环境、教育、交友关系、人生体验等微小差异的累积,也会进一步分化出更多的次亚群体,每一次亚群体也会表现出不同的价值追求。

2. 个体价值主体承载的价值多元

在社会转型期,经过现代与后现代各种文化思潮的洗礼,人的个性充分解放,社会转型期的人不再是片面的理性人而表现出复杂与完整的一面,个人需要与选择日趋复杂多样。所有这一切都为个体价值追求的多样化与独特化提供了充足理由与现实条件。

(1) 人生价值观的多种追求

人生价值观作为价值观的重要组成部分对每个人都有重要的意义,它往往体现在每个人的社会角色之中。现实生活中,我们每一个人都难免需要戴上面具,在各种社会角色中转换。在工业化社会,作为个体的每一个社会成员,其社会角色相对比较单一与稳定,其价值观也表现得相对单一与稳定。但是,伴随着 20 世纪 80 年代以来的社会转型,每个人在立体化的交往中,在急剧变化的社会中,其社会角色表现出前所未有的多样性。这一点从人们的名片中可以看出,不少名片上黑压压的头衔让人感到"眼晕"。在多重的社会角色背后,隐含着多样化的价值追求。他们时而甘于平凡,时而追求伟大;在一定的社会角色上可能表现默默无闻,在另一角色上可能表现得轰轰烈烈。

(2) 个体职业价值观的多重选择

当代社会职业种类增多,这为人们基于不同的价值观选择相应职业提供了较大的空间,于是个体对职业的态度也与以前大不相同。工业化时代的人们对职业的追求是"稳定而长远",社会转型期人们对职业的态度发生了根本性的变化。此时,工作的目的不仅仅是工业化时代的养家糊口及维系基本生存,此外还有满足精神需要的价值。有的人根据兴趣爱好而选择工作,有的人为奉献而选择工作。在欧美诸国有大量非营利组织如慈善机构存在,各种志愿者群体在社会生活中起着不可替代的作用。所有这些都彰显西方社会职业价值观的多样性。在职业变动的维度上,过去人们倾向于稳定地固守一个工作岗位。20世纪80年代社会转型以来,当前的西方人特别是年轻人逐渐放弃了如上观点。他们喜欢在职业变迁中施展才华,喜欢跳槽,喜欢流动,喜欢尝试不同的工作。

(3)个体婚恋价值观的多样化

人的传统婚恋价值观表现出的"守一""恒定",在西方社会转型期的今天已如明日黄花,人们对婚恋的态度不再像过去那样单一。首先,在后工业化时代,伴随人际交往的扩大化,人们选择配偶的途径被极大地拓宽。父母之命媒妁之言可以,通过电视、报纸、杂志刊登征婚启事也可以。现代信息技术的发展更为此提供了条件,网络世界里许多网站设有聊天室、同城约会等;各种聊天软件,如QQ、飞信、MSN等,为需要交流的人们提供了方便。其次,选择对象的标准的多样化。伴随人们生活方式选择自主权的增加,人们的择偶条件或标准开始多样化,可以依据传统标准,追求门当户对和郎才女貌,也可以是个人偏好。"身高不是距离,年龄不是问题""姐弟恋"曾一度成为人们讨论的热点话题,到如今已经变得平淡无奇。更为奇特的婚姻形式开始出现,如网上的虚拟婚姻。据报道,英国竟然有人与心爱的汽车结为伉俪。再次,婚姻不稳定性增加。人们对于分手或离婚虽然伤心,但不像过去那样把"天长地久"看做唯一追求,"曾经拥有"同样美丽。笔者无意刻意凸显西方后工业化时代形式各异的婚姻追求,这里想表达的是如上多彩的婚姻表象背后所折射出的婚恋价值观的复杂化。

以上述及的三个方面只是个体价值观中的一部分。实质上,对于个体价值观而论,还包含着消费价值观、生活价值观等。限于篇幅,这里不再一一述及。但是,个体价值观任何侧面的多元化却是不容否认的现实,并显示着社会价值观的多元并存。

二、社会转型期的价值多变

早在19世纪末,尼采曾倡导"重估一切价值"。百年后的今天,当重新审视西方社会的生活实践时,我们惊异地发现,在20多年来的社会转型期,西方社会的价值观发生了翻天覆地的变化。此时,新的价值观和旧的价值观交织并存,传统与现代的价值观都占据一席之地。它们互相碰撞和冲突,形成了复杂而多变的价值世界。这种变化既可以从时间维度上进行阐述,也可以从空间维度上进行分析。

(一) 价值观的历时性变迁

伴随西方社会步入后工业化时代的社会转型，人们的价值观念正在发生急剧、复杂、全方位的历时性嬗变；伴随经济全球化和信息一体化的加速发展，加之网络传媒技术飞速发展与运用，价值观的转变进程加速了。此时，社会价值观不再表现为一种长期与稳定的存在。旧的价值观念逐渐消失，新的价值观念层出不穷。社会价值观念在个人与集体、现实与理想、民主与自由等多个维度上延展并变化，这些变化表现出如下内涵：价值目标从理想化转向现实化；价值评价从内在精神转向外在功利；价值取向由单一走向多样；价值责任从社会转向个体。

1. 群体价值观的变迁

相对于个体价值，群体价值观具有相对稳定的特征，这在工业化时代表现得尤其明显。但是，在社会转型、全球一体化的当今西方社会，传统价值观念受到冲击。统观西方社会政治改革的走向，如"第三条道路"的提出并践行，我们可以感受到，与之相适应，西方在社会价值观念上开始摆脱极端利己主义意识，开始倡导具有全球伦理特质的群体精神。当然，这种群体意识并不是极"左"的集体主义，而是一种尊重个体、自由、民主的新型集体主义。它在社会转型的社会实践中逐步形成，力求实现理想与现实、物质与精神、个人与群体的价值追求和价值判断的有机结合。这种群体主义价值观致力于摆脱极端的个体主义与僵化的集体主义，在个体与集体、控制与自由、专制与民主之间不断寻找最佳平衡点，表现出一种动态的性质。

伴随全球经济一体化、政治多极化的进一步发展，西方的社会转型正在加深，群体价值观念的变革也更加深刻。就开放的西方社会诸国而论，来自外部异质文化的价值观念时时对其群体价值体系产生冲击，对于包含在这些异质文化之中的价值观念，它们开始采取兼容并蓄的态度。外来价值观与西方固有的群体价值观总是存在冲突，它们力争在这种冲突与碰撞中寻找切入点。在这一过程中，群体价值观从内涵到外延上都会发生种种转变，显示动态变化的特征。根据美国最新研究成果，对亚裔各族群进行比较分析发现，华裔、印度裔、菲律宾裔、日裔、韩裔和越南裔，在人口构成与地理分布、人口素质与职业构成、个人与家庭收入、企业数量及收益、自营职业状况等方面各有千秋，有一点却是共同的，即20世纪80年代以来，亚裔在美国的人口快速增长,组成了相对稳定的文化圈,对美国传统的以白人为中心的价值观念产生了不小的冲击。西方社会群体价值观的变迁还表现在区域内诸国文化相互影响而带来的变化上。巴黎的时装,美国的可口可乐、好莱坞电影等作为文化符号,内隐于其中的价值观念作为影响西方世界的文化因子,对西方的群体价值观念产生着普遍性的影响。以好莱坞电影为例,对正义战胜邪恶观念的张扬,对家庭和人与人之间真挚感情的呼唤,对自由和爱情的不懈追求,对人的存在和人的价值深层的审视,对不屈不挠奋斗精神的推崇,都是最常见的主题。这些主题已升华为普遍的精神追求和价值理念,辐射到西方世界的各个角落,促进着区域内价值观的变化。

2. 个体价值观的嬗变

价值观是人们关于社会关系的是非判断,价值观的主要源泉就是社会关系,价值观变迁的主要动力就是社会关系的变迁。20 世纪 80 年代西方社会转型以来,科学技术在进步,社会分工在细化,生活节奏更加快捷,所有这些都影响着社会关系的复杂与动荡,引导着作为社会成员的每一个个体在价值体认与追求上的变动不居。在一个高速变化的社会转型期,社会关系不可能稳定,作为社会关系网上的每一个社会成员,面对扑面而来的社会变化,也会伴随社会关系的变化而随时调整着自身的社会地位及社会角色,在适应过程中时时调节自身的行为,个体的价值观随之而变。

价值观随社会关系的变化而变化,但它并不是唯一的决定因素。毕竟,价值观是人的一种主观认识,它和个人的成长经历、成长环境密切相关。每一个体伴随其生命历程的不断展开、学习的不断深入、认知能力的不断拓展、生活阅历的不断丰富,其价值观也在不断地发生变化。根据纽约大学教授路易斯·拉斯为首的学者提出的价值澄清理论,价值观不是靠教导获得,而是经过自由选择、反省和行动澄清出来。它来自个人经验,不同的经验产生不同的价值观,经验的变化导致价值观的变化。所以说,一切价值观都是相对的、个人的,它伴随个人经验不断丰富、完善而变化。西方 20 多年来的社会转型期内,特别是近 10 年中,社会环境的复杂化及各种价值观念的纵横交织,构成了此时期每个社会成员生活的社会背景,对每一社会成员的价值观都产生着深刻的影响。以最有活力的社会成员——青少年为例,有人称20 世纪 80 年代出生的人是"迷茫的一代""垮掉的一代",他们在价值观的选择和判断上出现了冲突和迷茫。何以至此?原因在于 20 世纪 80 年代至今,伴随新旧体制的转换而导致的其人生标准与价值标准的调整。

（二）价值观的共时性转变

"橘生淮南为橘，生于淮北为枳。"人们常说"南拳北腿""南腔北调""南柔北刚""南甜北咸"，这些都反映出了因地域不同而形成的南北风格迥异的生活方式、饮食习惯和文化性格。从民族的角度看，西方世界地域广，国家多，其中大多数国家为多民族国家，每一个国家乃至其中每一个族群都有其自身的发展历史及生存环境，积淀出自身独特的价值追求和文化特征。伴随经济一体化、交通的快捷、通讯的便利，西方社会内部人员流动在加快，观念变化在加快。于是，整个西方社会呈现价值观念此消彼长、此起彼伏的变迁格局。

1. 群体价值的共时性变迁

价值观的相对性意味着不同群体存在着不同甚至迥然相异的价值观，即使同一群体内，各种价值观也时时处于冲突与变迁之中。存在于社会中的多种价值观此消彼长，共生共存。对于存在于社会中的各个社会群体而论，不合时宜的价值观会日渐被淘汰出局，顺应时代要求的价值观念会大量产生。所有这些都表现为群体价值观始终处于动荡不居的状态之下。20世纪80年代社会转型以来，西方世界政治、经济、文化等方面发生了翻天覆地的变化，它们为社会群体价值观的嬗变提供了舞台与背景支持。此时，群体价值观念的变动更为明显与突出。

2. 个体价值的共时性嬗变

在个体发展过程中，每个人都希望基于最为基本的生存需要与安全需要，最终更多地实现自我价值。美国社会心理学家马斯洛对此作出了精辟论述，提出了著名的需要层次理论。他将人的需要分成生理、安全、社会、尊重和自我实现五个层次。根据这一理论，每个人身上都存在五种不同层次的需要，在不同的场景下会产生与之相适应的需要层次。同一种需要，在不同的空间环境之下，其程度也会有所变化。所以，人的价值追求也有高低层次之分。当一种价值追求得到满足以后，更高一级的价值追求就会出现。因此，个体的价值观不可能静止恒定，它随时空的变化而不断变化。

在时代大转型时期，人生更像个大舞台，每个人都演绎着自己的多样化角色。人生总会面临各种不同的社会角色转换，每个人一生中都在不停地扮演着不同的角色。不同的环境，不同的时间，形成着不同的角色定位，空间的位移、时间的延续都会使个体对自身的角色时时作出调整。例如一个人下班回家,就要从职业角色变换为家庭成员角色。这种经常性的由上级到下级、由领导到非领导、由学生到教师、由主人到客人等动态的角色转换,必然伴随着各种社会角色的转变,这种转变带来个体价值观的转变。下面我们以大学生从狭小的校园空间走向广阔的社会空间为例,来分析这种由角色转变带来的价值观的变化。当代大学生普遍面临这样一个问题:怎样从昔日充满浪漫情趣与梦幻的象牙塔中,一步一步踏入社会,实现由学生角色向职业角色的转变? 十几年来的求学之路,学生早已适应了学校,适应了校园这一特殊的自然与人文生态环境,在课堂一起听课求知,遇到困难共同解决,课下谈天说地,指点江山,共谱未来。但这毕竟还是书生意气。可以说,从小学到大学,个体知识积累日渐丰富是客观现实,但他终究是一名学生,当他走出校园,他身上那种理想化、单纯的人生追求与价值观念必然会产生相应转变。实际上,社会成员的每一个体都会时时经历着由社会角度的变化而带来的价值观念的变化。这一点在社会转型时期表现得尤其明显。社会的急剧变革、各种规限的弱化,为个体的多样化选择与空间的流动提供了前所未有的机遇。每个个体都把如此多样的社会角色汇于一身,同时,也会基于自身的追求与机遇,生活与工作于不同的空间环境之中,所有这些都会促进个体价值观的不稳定性。

个体价值观的变化还表现在由"现实空间"向"虚拟空间"的转换。在当前的社会转型期,伴随网络技术的发展,个体生存与生活正由"现实空间"拓展到"虚拟空间",这也引导着个体价值观的转移与变迁。"虚拟空间"正在以一种全新的方式改变着人的生存与活动空间,改变着人的心理和行为,直接或间接地促进个体价值观念、价值追求发生变化。在"现实空间"里,人受控于现实世界的礼俗、规章及法律,践行着相应的价值观念。然而,"虚拟空间"构筑着与现实世界迥然不同的世界。在这一世界里,个体的能动性、自由度会极大提高,现实社会显性的管理、监督和约束被屏蔽,个人的行为及表达完全依据非同质的另一套标准。在这一生活空间里,个体抛开各种羁绊,依据相应需要,形成了相应的价值意识、价值判断。此时,人们往往以自在的心态,以自主、自觉、自愿的态度,去面对社会、面对生活。他可以更多地确定自己做什么、怎么做,自发地对自己负责,为自己做主,自己管理自己,自觉地做自己行为的主人。在这样一个脱离了某些强制与他律因素,淡化了社会背景、社会包袱、社会控制的空间里,个体的价值观念从外延上得以拓展,从内涵上得以深化。

三、社会转型期价值观的复杂关系

任何社会群体、阶级、民族及国家在特定时代都有被其大多数成员所共同认可的主流价值观。20 世纪 80 年代以来,伴随西方步入社会转型期,整个社会呈现出维系主流价值的前提下多元价值并存的格局。由于全球化、市场化、开放化、现代化等多种因素的推动,社会变迁的加剧,异质文化的影响,多元价值之间构成频繁接触、交流、碰撞、交汇的复杂关系。概言之,这表现为两个方面:价值冲突与价值融合。

（一）价值冲突

价值冲突的本质是价值观的冲突,其明确表现即并存的价值观念之间诸多矛盾的存在。具体言之,价值观念冲突是指价值观念格局由单一向多元或者由旧的多元向新的多元的转变中,多元价值观念之间出现的对立或不协调。由于价值追求本身的方向性,加上社会转型期核心价值标准和价值理想的缺失,不可避免地导致各种价值观念之间的相互摩擦、对立。有的学者对当前社会价值观念的冲突作出如下描述:"价值观念的存在方式有些特别,几乎找不到一个孤立存在的价值观念,每一个价值观念的对面总是存在着另一个价值观念。价值观念自它产生的时候开始,就不可避免地卷入对立、竞争和冲突之中。"①价值观念冲突普遍存在于西方社会转型期各个领域中。对于价值冲突,我们应该抱如下态度:首先,对立和冲突是价值观念存在的正常状态,各种价值观念之间的冲突不可避免;其次,价值观念冲突就是价值观念之间的彼此否定和相互竞争,这种否定与竞争有利于社会进步与文化繁荣;再次,价值观念存在多维度、多层面的冲突,表现出错综复杂的状态。

1. 个体视野下的价值冲突

（1）个体价值主体的矛盾冲突

在价值活动过程中,最基本的价值主体是个人,个体构成了价值观念的

---

① 兰久富著:《社会转型时期的价值观念》,北京师范大学出版社,1999 年版,第 5 页。

基本载体,人类的一切活动都可以从个人追求价值、创造价值、拥有价值的活动中得以体现。在任何社会条件之下,个体都会在价值追求上享有一定的自由。也就是说,任何个体都会在一定程度上拥有价值选择的权力。但具体到每一个体,其价值追求的指向与表现也会受到种种条件的限制。如个人在活动过程中,总要受到来自于自身经历与生活环境的影响等。这样,每一个体的价值观念都会存在与他人价值观念的相异之处。这就形成了作为价值主体的个体与个体之间的矛盾,其内在表现即是个人价值观念之间的矛盾冲突。从个体价值主体角度来考察,一切价值冲突均表现为同一价值主体自身的价值冲突和不同价值主体之间的价值冲突两种基本形式。其中,同一价值主体自身的价值冲突是不同价值主体之间价值冲突的折射,即同一价值主体在价值选择时所处的矛盾境地。个体价值主体内在的价值冲突主要体现为由主体角色转变和多样性而致的冲突,它由于存于一体而表现得较为隐蔽,却往往引起社会个体深刻价值矛盾和危机;不同价值主体间的矛盾和冲突却表现得明显而激烈。应当明确的是,在当前社会转型时期,伴随社会的动荡,生活方式的多样化,每一个体在价值选择上都拥有较大的选择空间。这表现在个体内部即是如此众多的价值选择时时存在着不一致乃至相悖。从个体性价值主体外部的角度而论,由价值观不同而导致的矛盾普遍存在并体现为生活方式、兴趣爱好等诸多行为方式的差异上。

（2）价值观念表现过程的冲突

价值观念表现过程的冲突主要体现为价值目标、价值标准的冲突等。对于社会转型期的个人而论,不同的个体之所以拥有相悖的价值观念,究其实质是价值目标冲突与价值标准的冲突。

首先,价值目标决定着价值观念的最终导向与归宿,它决定个体的根本价值取向。例如,从是否符合价值主体利益的角度来看,不同价值取向的矛盾冲突主要体现为功利性价值目标和非功利性价值目标的冲突。在当今社会转型期,表现在个体层面上的如上冲突有更明显的表现。不容否认的现实是,有些社会成员身上充斥着拜金主义价值观,他们普遍追求功利性价值目标,其表现即重物质享受,轻信念理想。这些社会成员把物质追求放在第一位,把精神追求放在第二位,有些人甚至走向了极端,追求畸形的物质享受,一掷千金,斗富摆阔,甚至参与"黄、赌、毒"交易等。令人欣慰的是,在社会转型期的当代西方社会,占主流的广大社会成员仍抱有人生理想,抵制物欲横流,表现出丰富的精神追求。如上谈及的仅仅是个体价值目标冲突的极端表现。另外,在当前社会转型的大变革时期,个体之间价值目标的冲突还表现为即时价值目标与长远价值目标、理想价值目标与现实价值目标的冲突等多种方式。

其次,价值标准冲突是价值观念冲突的另一表现与根源。每一价值观念背后都存在相应的价值标准,不同的价值观念实质上都是基于不同的价值标准而产生。也就是说,不同的价值标准必然影响着个人看待事物的态度并对其作出不同评价,从而形成不同的价值观念。在社会转型期,有些人坚守传统价值观,有些人张扬现代价值观,有些人崇尚本土价值观,有些人追捧外来价值观。之所以如此,是因为他们都依据各自不同的价值标准践行着本应的价值行为。

2. 群体视野下的价值冲突

20 世纪 80 年代以来,伴随时代的转型,西方加快了一体化进程,如欧洲一体化,这一进程早在 20 世纪 50 年代已经开始,它以法德和解与合作为核心,以建立统一的经济、政治和社会空间为目标。1952 年,从欧洲煤钢共同体成立以来,欧洲一体化经历了一个由小到大、不断深化和巩固的过程。从其成员构成来看,2004 年 5 月完成了欧盟历史规模最大的扩张,从最初的 6 国发展到目前的 27 国。从一体化的领域来看,已从最初只涉及部分经济领域的煤钢共同体发展到目前包括经济、政治、外交防务等社会各领域。结构体系也从最初的单一结构发展为目前复杂的三大支柱结构,即欧洲经济共同体、欧盟共同外交与安全政策、欧盟共同司法与社会政策。这一进程同样拓展到北美,北美自由贸易区的建立即是明证。正是在这样的背景下,西方社会性群体之间的交往在深度和广度上都在深化,这极大地增加了摩擦的机会,这些群体表现为区域经济共同体、国家、民族及更为下位的种族等。每一社会群体都会基于不同利益和需要,拥有相应的价值观念,并催生群体价值观之间的冲突。

(1) 民族价值观的冲突

不同国家及种族在宗教信仰、价值观、生活习俗和思维方式等多个方面存在着差异。民族价值观的冲突还表现在整个西方社会与外部世界之间,如中西之间的冲突。伴随市场经济的不断发展和市场机制的不断完善,西方发达国家与东亚诸国之间的联系和交往广泛而深入,东西文化在交往和融通的过程中同样伴随异质性的冲突和碰撞。东西价值观念的冲突主要表现在以国家本位为核心的儒文化圈价值观念与以个人价值为核心的西方价值观念的矛盾冲突。当代西方价值观念体系的核心是"个人本位",它肯定个人与生俱来的生命、自由、私有财产等是不可侵犯的"天赋人权",反映出私有制基础上的商品自由竞争和功利主义观念。同时,儒文化长期的历史积淀过程中形成的家族观念、群体意识等价值观念,同样存在于东亚诸国现实社会生活之中。

（2）现实和虚拟的价值冲突

伴随着计算机的广泛使用,现实世界之外形成了一个虚拟的网络世界,这个世界逐渐成为与现实的生存空间相区别的另一种生存空间。20世纪80年代后,越来越多的人游走于现实世界与网络世界之间,"网虫""网友""网上婚姻"等风靡于世,就是最好的证明。网络空间从最一般意义上来讲,可以被看做一个人为设计构造并参与其中的虚拟世界,虽然这个世界在本质上仍然是对人类现实生存世界的折射,但它毕竟不同于人类现实世界,游走于斯的人们构筑着独立于现实世界的价值观念,践行着与现实世界不同的行为方式。在转型期的信息化社会,现实世界与网上虚拟世界的冲突存在于整个人类。就整个时代而论,这种价值观的对立及冲突既体现在两个世界的人们之间,也可能存在于游移于两个世界之间的同一个体或群体身上。

（二）价值相融

1. 社会价值观的一体化趋势

全球化已经成为当今社会转型期人类最基本的生存状态,这种最基本的生存状态关系到整个人类的生存和发展。在当前的社会转型期,世界经济的联系和互动日益频繁,突破民族和国家界限的经济交流与合作日益广泛。伴随着社会转型期全球化的进程,世界范围内的价值观念出现了一体化趋势,人类逐渐在更大程度上认同普遍的价值理念。全球化使得世界越来越小,人们的联系交往越来越密切,相互之间的影响越来越大。"地球村"的出现催生诸多全人类所共有的价值观念。这种价值观是人类关于自身如何更好地生存和发展的普遍信念,它们正在成为人类公认的价值原则,如求同存异、张扬和谐等。这些价值取向已成为社会转型时期占主导地位的观念,它们支撑着这个时代的价值体系,成为人们提供价值评价标准和价值选择的根本依据。

认同是由社会学发展起来的一个重要概念。在个体层面上,认同指个人对自身社会角色或身份的理性确认,它是个人社会行为的持久动力;在社会层面上,认同指社会群体成员对一定信仰和情感的共同拥有和分享,它是维系社会共同体的内在凝聚力。价值认同,是指个体或社会共同体(民族、国家等)通过交往而在观念上对某一或某类价值的认可和共享,是人们对自身在社会中价值定位的融合,其最终结果即是共同价值观念的形成。毋庸置疑,社会转型期的全球化进程在人类生活的各个层面引领着普遍化、趋同化、同质化和一体化的趋势,在价值观念上也是如此。正是在这种意义上,我们说社会转型期的全球化趋势必然导致不同社会价值观念的相互宽容与理解,进而在更为普遍的意义上实现融合。在社会转型期,社会价值观趋同及融合的原因如下。第一,人类的基本需要满足在很大程度上具有共同之处,这是各种社会价值观认同的基础。古往今来的哲学家都在对人性进行研究和概括,他们无论持性善论,还是持性恶论,但在承认共同人性的存在这一点上是一致的。任何时代、任何民族、任何地域、任何制度下的人都有两种基本属性:自然属性和社会属性。自然属性基于人最为基本的生存需要。社会属性尽管在不同的社会关系中可能表现出迥然不同的内涵,但有一点是相同的,那就是,人是社会中的人,要在社会中生存,任何人必须融于所处的社会之中,与所处社会保持同质性。在当今社会大转型时期,无论从满足人的自然需要出发,还是从满足人的社会需要出发,发展高度的社会生产力、创造高尚的社会精神文明以及实现人的全面发展等,都是当今社会在价值观层面的普遍追求。近年来,美国针对教育颁行了一系列文件,如《美国 2000 年:教育战略》《2000 年目标:美国教育法》《不让一个孩子掉队法》《美国竞争力计划》。英国同样如此。1997 年,工党接受了继续教育投资委员会(FEFC)的肯尼迪报告《学习工程:扩大继续教育机会》,提出创造一个自我延续的学习化社会;进而,工党接受了全国高等教育调查委员会的迪尔林报告《学习化社会中的高等教育》。1998 年 2 月,其教育和就业部发布绿皮书《学习的时代:新英国的复兴》,终身学习成为英国政府的重要政策导向。所有这些在表述上尽管不尽相同,但有一点是共通的,那就是普遍提升国民的素质,实现社会的和谐和可持续性发展。目前,西方传统社会价值观正在顺应现代化进程而发生转变,体现"古"与"今"价值观的相融;同时,外来移民的传统价值观在现代化进程中不断"本土化"与"现代化",这也构成了西方社会传统与现代价值观相融的重要方面。另外,在理想与现实价值的关系上,当代西方社会之中,理想的社会价值观建立在促进人全面发展和社会整体进步的基础之上,则昭示着两者的共通。第二,人类对世界关系的认识有共通之处。现代科学技术突飞猛进地发展,人类越来越多地摆脱了自然的控制。然而,伴随系列生态问题的出现,西方逐渐从人类自我中心的盲目自大中清醒过来,认识到自身终究不过是自然世界的一部分,与自然保持协调和谐才是人类生存与发展的最佳途径。第三,价值的相融产生于复杂的社会交往。社会交往是产生价值观认同与相融的必要条件。人是一切社会关系的总和,人与人之间不可避免地要进行社会交往。这种交往既是人们价值观形成的过程,也是各种价值观交锋冲突的过程,更是各种价值观碰撞与融合的过程。20 世纪 80 年代以来,伴随西方社会的时代转型,国际社会交往日益密切,越来越多的国家自觉或不自觉地卷入全球化进程中,过去彼此孤立的个人与群体乃至国家和民族逐渐发生联系,形成复杂的巨系统。这种巨系统的运行,要求组成其存在的群体乃至个体成员服从相应的普遍原则,在价值倾向上相互宽容理解。

2. 社会价值观与个人价值观的融合

正确处理社会和个人的关系是维持社会存在与发展的前提。首先,社会由个人所组成,社会价值的实现在很大程度上取决于它所代表的个人价值的实现程度以及每个成员的努力程度。社会只有真正成为代表个人价值的社会时,才能保障其整体价值的最终实现。因而,社会离不开个人,个人影响和制约着社会的发展。没有个人价值的张扬,就没有社会价值的存在。其次,个人离不开社会,社会为个人的成长、潜力的发挥和价值的实现提供了基本前提,它为个人的生存和发展提供了真实、有效的空间,同时又制约着个人发展的方向和性质。个人具有追求个性解放和实现自身价值的愿望与要求,而社会正是实现这些目标的保障。在社会转型期的今天,伴随着高度的社会化和信息化,社会对个人价值的实现正起着越来越大的作用。总之,二者之间存在高度的统一,正是个人价值和社会价值的相辅相成与双向制衡,保证了二者的真实存在。我们可以在转型期西方国家政治改革的理念与实践中,感受到两种价值观走向融合的趋势。

20 世纪 80 年代以来,处于社会转型期的西方社会在政治上出现了避免"左""右"而取其中的态势。在欧美所谓民主化国家的政治改革历程中,"超越左与右"的第三条道路得以提出并贯彻到政治实践之中。1992年,美国总统大选,克林顿号召人们放弃对政治与社会主张上传统的"左派与右派"的划分方式,采用一种灵活、实用的中间派立场,最终赢得竞选。1994年,安东尼·吉登斯出版《超越左和右》一书,开始在理论上系统阐述第三条道路。1998年5月,吉登斯又出版了一本著名的书,直接冠名为《第三条道路》。1997年,布莱尔政府的政治理念即是"第三条道路"。"第三条道路"的具体主张,引起西方政坛的广泛兴趣。普罗迪、若斯潘、施罗德等西方政要,在相近的时间内,或者对"第三条道路"作出类似的阐述,或者表明对"第三条道路"的支持,"第三条道路"在西方社会的影响迅速扩大。

英美等国对"第三条道路"的张扬也昭示出社会价值观上个人本位与社会本位的兼容主义。以这种政治理念支配下的政府表现出如下职能。第一,国家并不是垄断资本的代理人,并不必然成为经济上占统治地位阶级的工具,它能够成为按照更加民主的方向变革社会的工具,关键在于各个利益集团怎样发挥作用。第二,各利益集团可以通过选举和各自的政党来影响政府决策,也可通过直接压力限制或阻碍政府的政策、计划的实施。第三,国家政策不仅仅是各种相互对立的局部利益的调和,民主的政府应当推行符合社会整体利益的政策,反对局部利益。在民主制度中,国家的决定在很大程度上取决于选民的意向,没有一个政府能够长期推行违背大多数民众利益的政策。

总之,在社会转型期,价值观随政治、经济、文化的转型呈现多元与多变,进而导致各种价值之间的碰撞、冲突与融合,这种触及各个领域、冲击各个层面的立体、全方位的价值变化彰显了价值世界复杂的巨系统特质。在这种时代背景之下,由一元价值观所支配的简单教育面临前所未有的危机,教育由简单走向复杂已经具备了价值追求上的支持与保障。

第二节　复杂的价值追求对复杂教育的内在引导

社会转型期各种价值取向并存态势之下的相互冲突与融合,使西方社会的价值追求呈现混沌、多元、多变等复杂性特征。这一点正如托夫勒所言:"现在价值观念花样翻新之快是前所未有的。过去,一个人在某一社会长大时,他完全可以期望在他的一生中,社会公认的价值观念体系大都不会变化,而现在这种设想已完全不可靠了。"①价值观念的复杂对绝对主义一元价值观所支配的简单教育产生了巨大的冲击,同时也为教育走向复杂提供了深层意义上的观念保证。

一、价值复杂时代的知识观为复杂教育的产生提供知识论前提

(一)人类知识观的历史演变

知识观是人们对知识的性质、价值和规范的根本看法和根本态度。它不仅决定着什么是知识或什么不是知识,而且决定着什么样的知识最有价值。不同时代、不同社会和文化背景下,人们的知识观会有很大的不同。

首先,农业时代知识观主要与道德问题相联系,我们可以称为道德知识论。在古希腊时期,苏格拉底提出"德性即知识"。根据这种知识观,德如一树,枝繁叶茂,其主干则是知识。美德即知识的结果,邪恶源于无知。柏拉图继承了这种知识观,他指出,"善的范型是最高的知识",由感官感知出来的知识并不是知识,关于形式的知识才是真正的知识,具有确定性与永恒性。这种永恒的知识包括数学和伦理学,其中最高的知识即是"善的理念"。在中世纪,西方最高的知识是信仰至上的宗教知识,表现为一元化的宗教知识观。可以说,在农业社会,道德伦理知识被认为是最神圣的知识,尤其是后来的基督教本位下的宗教伦理知识,其地位更是不可动摇。工业社会知识观的显著特征主要是围绕科学而定位,因而可以称之为科学知识观。在科学知识观支配下,知识的性质、来源、范围、确定性、可靠性等等,都依据科学尤其是自然科学而确定。科学知识观把科学知识视为客观,并赋予其真理的性质。它主张真正的知识是对事物的本质、规律的科学反映。如英国著名哲学家、教育家赫伯特·斯宾塞在其著作《教育论:智育、德育和体育》中,在回答"什么知识最有价值"时提出"最有价值的知识是科学",科学知识可以帮助人们解决遇到的所有问题。在工业社会,科学知识备受青睐,科学知识是解决一切问题的保证,以至出现"科学至上"的呼声。总而言之,在价

---

① [美]阿尔温·托夫勒著,任小明译:《未来的震荡》,四川人民出版社,1985年版,第448页。

值一元的农业时代和工业时代,知识观也呈现一元的面貌。毋庸置疑,在一元知识观下,无论伦理知识、宗教知识还是科学知识,它们都会成为相应时代唯一的、霸权的"元叙事"。这种知识观强调知识的普遍性、统一性、标准性、绝对性、客观性等,知识被赋予不容置疑的性质。

伴随 20 世纪后半期以来西方由现代社会向后现代社会的转型,尤其是20 世纪 80 年代以来的社会转型,西方社会进入价值观复杂的时代。在这样的时代,权威意识和绝对理性受到质疑、批判,多元化的思维方式和真理观得以提倡,如尊重差异,倡导"重新思考"和"平等对话",主张人们倾听"他人"、学习"他人"、宽容"他人"等等。在这种民主、平等精神的引导下,知识观发生了根本性扭转。这种扭转是对价值一元时代知识观的批判与反思的结果,其表现如下:强烈批判知识观一元论,摈弃所谓某种知识的绝对权威性,积极倡导各种知识观的平等性、相对性;不再简单地强调知识的实证性,认为知识具有可证伪性;不再简单强调知识的普遍真理性,转而强调知识的文化性、境域性;知识不是对认识对象的"镜像式"反映,而是由认识者的认知、能力、兴趣甚至权力等所选择和建构的结果。总之,价值复杂时代的知识观对知识的实质、价值等方面给予了迥然不同的认定,它解构了将某种知识作为绝对权威的形而上学神话,对把某种知识视为圭臬的元叙事价值进行质疑。由此,知识的相对性、不确定性、主观性等成为此时代知识观的根本特征。

(二)复杂价值时代知识观的转变

1. 知识的客观性向主观性的转变

知识的客观性是指事物是客观存在的,真正的知识应该正确地反映事物的本质属性及事物之间的本质联系,因此知识是独立于人类经验之外的规则、既定的程序和不可质疑的真理,它不以认识主体的意志为转移。这样的知识观源远流长,最早可追溯到柏拉图所倡导的客观唯心主义知识观。近现代以来,科学知识在西方社会生活中的作用日益突出,这进一步强化了人们对客观真理的追求和推崇,这种"知识是客观、普遍而又永恒的"知识观在科学王国里找到了生存的根基并迅速地壮大起来。人们对这种知识的"客观性"萌生了一种强烈的信仰,以至于发展到人们在获得知识的过程中不知不觉地忽视了人类自身的主体性,并最终演绎成以"客观"科学知识为唯一性绝对真理的知识观。统观在这种知识观支配下的西方学校教育,其课程设置根本上在于选择基本事实、概念、原理和方法。即便到了 20 世纪，兴起于美国的要素主义仍大张旗鼓地张扬这种知识观。它强调把人类文化遗产中共同的、不变的文化要素作为课程内容，强调课程内容中的种族经验及其所包含的种族的共同知识，教育即传递人类文化遗产的基本要素。在他们看来，经受了长时间历史检验的种族经验与文化遗产比个人经验更重要。这种课程观在其保守的政治观及特定时代背景之下，最为推崇的学科是数学、自然科学和外语，强调课程的组织应当按照严密的知识逻辑进行。这样的知识观在美国 20 世纪 60 年代的基础教育课程改革中得以实施。例如，在物理课程中，新的科学理论知识进入中小学科学教材，如原子物理、激光。具体而言，客观性知识观者认为，知识是人类对事物长期深入认识的结果，是一种客观存在，它独立于学习者之外，与学习者的认知方式与经验积淀无关；学习者的主要任务是把外在的、客观的知识转移或内化到个体身上；主体知识的增长是一个不断地反映、揭示或把握、认识外在客观对象本质的过程，是一种具有确定性的知识不断积累的过程。这种客观性的广泛信仰和追求，要求人们在获得知识的过程中摒弃或控制所有个人的主张、意见、偏见、经验、情感、常识等非理性因素，从而确保获得客观的、实证的、精确的或确定的知识。正如波普尔所言："这种客观意义上的知识同任何人自称自己知道完全无关，同任何人的信仰也完全无关，同他的赞成、坚持或行动的意向无关。客观意义上的知识是没有认识者的知识，它是没有认识主体的知识。"[①]

客观性知识观向主观性知识观的转变源于西方社会转型期政治上的民主与文化上的宽容，同时也源于人们对于自身复杂性的认识，是此时代价值多元在知识观上的反映。其中，政治上的民主淡化了主流意识形态对知识的钳制，社会边缘或社会底层甚至每一个个体开始拥有演说的权力。此时，认识主体的自我情感开始融入认识过程之中。

主观性知识观主张，知识的客观性是不可能实现的，所有知识都来自于个人的经验。因为每个人对事物的感受不同，知识具有强烈的主观性，没有绝对意义上的知识。一方面，从知识创造主体上说，由于每个主体都是主观能动的人，由于其知识结构和心理状态等方面的差异，生活在不同地方的知

---

① [英]波普尔著，舒炜光等译：《客观知识》，上海译文出版社，1987 年版，第 117 页。

识主体所创造出来的知识带有不同的个体与地方色彩。自 20 多年前从加拿大的麦克马斯特大学(McMaster University)开始,"解题学习法"的学习方式已经成为全球很多医学院校主要的学习方式。医学院的学生主要通过处理真实病例而不是纯粹通过学科结构进行学习。他们需要结合并运用不同领域的医学知识,解决现实中的问题。典型的"解题学习法"是以小组方式进行的,学生在学习中积极发挥主动性,进行密切协作,多层面、多视角地提出多重解决方案并开展深入讨论,以创造性地得出解决问题的方案。"解题学习法"目前不仅在高等教育的其他领域中得到推广,同时也开始进入中小学的教学之中。① 另一方面,从知识接受的角度而论,每个主体基于自身经验的不同(如所处历史环境、历史条件和历史地位的不同),对于同一种现象会建构不同的知识,因而知识带有明显的主观性。比如戏剧和音乐作品之类的知识,不同的演员对同一部作品的理解和演绎必然是不同的,不同的观众对同一部作品的领悟也是千差万别的。众所周知,对于贝多芬的作品,存在着托斯卡尼尼的贝多芬,也存在卡拉扬和小泽征尔的贝多芬。日常生活中所说的"仁者见仁,智者见智"、"一千个读者,便有一千个哈姆雷特",即充分体现出知识的主观性,这样的知识观贯穿于美国基础教育阶段的教学之中。例如,在学习有关美国宪法的历史时,教师会让学生主持一个假想性的宪法会议,学生可以构建自己的"宪法"。

2. 普遍性知识向境域性知识的转变

普遍性知识向境域性知识的转变是西方社会转型期知识观转变的另一侧面。在社会转型之前,一元价值主导下的知识观强调知识的普遍性。知识的普遍性是指"一种知识陈述,如果它是客观的,那么它同时就是超越各种社会和个体限制的,是可以得到普遍证实和接纳的。简而言之,普遍性是指'普遍的可证实性'以及建立于其上的'普遍的可接纳性'。现代知识的普遍性还指知识的标准是能够得到普遍认同和尊重的,因为没有这种得到普遍认同和尊重的知识标准,知识陈述本身的普遍可证实性和可接纳性就不可能得到保证"②。质言之,普遍性知识超越各种社会和个体条件限制,它不以个人的兴趣、爱好而转移,也不以时间、空间而转移,可以得到普遍证实和

---

① 程介明:《后现代时代的学习与社会》,《北京大学教育评论》,2005 年第 4 期。
② 石中英著:《教育哲学导论》,北京师范大学出版社,2004 年版,第 151~152 页。

接纳。通俗地讲,"放之四海而皆准"。

自西方社会步入后工业社会以来,伴随社会价值观的复杂化与不稳定性,知识的普遍性受到了挑战与质疑。在心理学领域,学者们指出,心理学实证研究的结果(知识)并不是普适性的,它具有"生态效度"。知识只在一定的文化背景、生态场景下才具有相对的正确性、合理性,并非在任何境域中都具有完全的解释力。这种对知识性质的认定伴之以爱因斯坦相对论与量子力学理论的提出,更进一步为时代所体认。当前由现代工业社会向后工业社会转型的过程中,后现代主义哲学进一步把这种知识观提升到哲学的高度。波普尔就此指出:"没有一种知识是绝对正确的,包括科学知识在实质上都是'猜测性的知识',科学知识所谓的'终极的解释'是根本不存在的。知识不是普遍适用的,即便是通常为我们所崇拜的'自然科学'的知识,其真理性也是在一定境域中才存在的。"[1]也就是说,在价值多元并存、冲突融合的时代,知识观已由普遍性知识观转向境域性知识观。"任何知识都是存在于一定的时间、空间、理论范式、价值体系、语言符号等等文化因素之中的;任何知识的意义也不仅是由其本身的陈述来表达的,而且更是由其所位于的整个意义系统来表达的;离开了这种特定的境域,既不存在任何的知识,也不存在任何的认识主体和认识行为。"[2]不同的民族由于自身文化及所生存的特定地理环境,会衍生出不同的价值观念与知识体系。即便对于同一现象,也会有着迥然不同的理解与解释。也就是说,任何知识只是在一定的地域内才表现为自足的特征。例如,生活于北美的印第安人,他们在长期与所处地理环境的相处过程中,形成了自身独特的风俗习惯、伦理禁忌等。这些知识囿于其民族体内并为人们所认可并践行,最后形成了境域性的知识体系,包括农业知识、法律知识、医药知识等。正是基于对境域性知识的追求,美国基础教育的课程内容才表现出多样化的特征。美国作为一个多民族的移民国家,社会价值观表现得尤为复杂与多样。为此,国家不设统一的课程标准,自中学便开始实行学分制,课程五花八门,种类繁多,一所普通中学甚至开设上百门课程,其中不少课程涉及不同族群的境域性知识。

① 金阿宁:《试论知识观的转变对教学实践的启示》,《当代教育论坛》,2007 年第 7 期。

② 石中英著:《教育哲学导论》,北京师范大学出版社,2004 年版,第 158 页。

3. 确定性知识向不确定性知识的转变

一元价值主导下的知识观是一种确定性知识观。自人类文明开始,追求知识的确定性就成为众多哲学家、思想家们长期努力的目标,比如古希腊时期泰勒斯提出"水"、毕达哥拉斯提出"数"等来代表宇宙的本原。在教育过程中,对学生的评价标准、考试答案的不容变通性都是人类追求确定性知识的表现。

伴随西方 20 世纪 80 年代以来的社会转型,社会价值观呈现多元多变的格局。人们对外在世界及自身的看法出现出极大的差异,不同的视角、不同的群体或个人、不同的时空,都会导致所认识对象的表象及本质的不同,这就导致人们在观念层面不再相信与追求价值的"唯一"与"恒定",正是这样的价值观促使人们日渐接受与倡导知识的灵活变通性与不确定性。知识的不确定性与知识的主观性、境域性存在本质的一致性,是西方社会转型期知识观的一大特征。根据这种知识观,知识只是一种解释,一种假设,一种信念,一种寄托。知识不是问题的最终答案,其增长不是确定性知识的分科积累式增长的过程,也不是不断揭示认识对象本质、发现世界"秘密"的过程。人类所有知识的增长过程,就是经由"猜想"和"反驳"的途径不断地由"老问题"到"新问题"转变的过程。知识的创新实质上是一种"范式"的转换,这个过程是一个无止境的过程,它不会趋向所谓最终的完成与终结,而会呈现一种无限的"多"。科学哲学的代表人物波普尔明确指出,所有的知识实际上都是"猜测性的知识",都是对于所提出问题的暂时性回答,所谓的"终极的解释"(ultimate explanation)是根本不存在的,知识的"可证实性"的标准应该被"可证伪性"或"可反驳性"所代替。对此,利奥塔提出了同样的看法:"知识的本质发生了变化,当前的知识与科学所追求的已不再是共识,精确地说是追求'不稳定性'。"①显而易见,这里的不稳定性指的就是知识的不确定性,它表现为两方面。一方面,知识产生的条件存在不确定性。知识是人类智慧的结晶,人类知识在认识过程中的形成依赖于两个因素,即经验和理性。人类文明产生之初,人首先通过自身的感官系统感知这个世界,比如碰到尖细的树叶感觉到痛,钻木可以取火等,这些最初的经验为知识的形成提

---

① [法]利奥塔著,岛子译:《后现代状况——关于知识的报告》,湖南美术出版社,1996 年版,第 73 页。

供素材。伴随着感性经验的积累,人类就会用理性对经验所提供的材料进行统整、加工、概括,二者缺一不可。经验常常因人而异,用既定的理性逻辑去整理已经观察到的现实,是非常有限的,因为客观世界的复杂性通常超出理性与逻辑的力量,这一点在由工业化向后工业化转型过程中被极大程度地展现出来。量子力学的测不准原理实质上揭示了微观世界认识对象的不确定性、外在世界的复杂与动态,反映了微观世界的同质性。另一方面,知识产生的过程具有不确定性。知识产生的过程极为复杂多变,在这一过程中,除了必然、逻辑、理性的因素,还充满着许多偶然因素和非理性力量,如直觉、灵感、顿悟。阿基米德在洗澡的时候发现漂浮定律,就是一个很好的例证。工业化时代人们能确证知识产生的过程,实质上是理性崇拜的结果。观照社会转型期欧美诸国的教育改革,其多样性做法的背后即存在共通之处,那就是课程设置、课堂运作的生活化,在教育评价上强调被评价主体参与评价标准的制定。美国中小学课堂活动往往丰富多彩,在传授知识的过程中,教师更关注学生对知识的感受及其内心体验。例如讲某个历史事件的前因后果,教师便会想方设法营造相关情境,以便让学生去想象和体会在特定环境下自己的反应,进而理解历史事件发生时的情形。这反映出美国课堂教学追求对所学内容作出情景性、个体性理解的知识观。

4. 接受性知识向建构性知识的转变

在一元价值时代,科学理性至上的现代知识观认为,知识无非是人类的智慧投射到认识对象上所造成的一种"镜中物",是僵化的没有"活力"的"死"东西,认知过程是主体对客观世界被动的、直观的、理性的反映过程。因此,在价值一元时代的知识观是被动的接受性知识观。但是,在价值多元时代,以复杂价值观为主导的知识观对知识的理解发生了如下转换:(1)知识不是对外在世界的真实摹写,而是人们对客观世界的一种解释或假设,因此,它必将伴随人们认识活动的深入而不断得到升华和改写;(2)知识不是通过感觉或交流被个体被动地接受,而是由认知主体主动地建构;(3)在个体经验的建构过程中,为了适应不断扩展的经验,个体的认知图式会不断进化,所有知识都是在这种个体与经验世界的对话中建构起来的。① 根据这种

---

① 姜勇、阎水金:《西方知识观的转变及其对当前课程改革的启示》,《比较教育研究》,2004 年第 1 期。

知识观,人的心灵具有自觉能动性,知识是在人的心灵与外界客体相互作用的过程中生成的,是认知主体基于自己的经验以及所处的社会文化历史背景,通过主动建构的方式而获得的融入主体世界的东西。学习的过程是主动理解和建构的过程。对此,皮亚杰进行了明确阐述,认为知识既不是现实的复制,也不是先验形式对现实的强加,相反,它是两者之间的中介,是一种通过有机体与环境之间的交流促成的构建。知识不是对事物自身属性或外部环境的反映,而是由外部客观刺激和主体认知结构相互作用而不断建构的结果,个体的认知发展始终处于一个"平衡—不平衡—再平衡"的动态过程之中。因而,知识不再是被动接受的结果,而是一种主动建构的过程。①

5. 公共知识向个体知识的转变

英国著名物理化学家、思想家迈克尔·波兰尼(M. Polani)认为,知识在本质上是一种信念与寄托。据此,他把知识分为两类:第一类知识通常用书面文字或地图、数学公式来表述,第二类知识不能系统地被表述,比如我们在做某事的行动中所拥有的情感与信念。其中前者被称为显性知识(articulate knowledge),后者被称为隐性知识(inarticulate knowledge)。根据符号学的观点,任何符号都可被区分为"能指"与"所指"。其中的"能指"指的是显性知识,它具有可言说性,可以在公共领域内达成一致,是一种公共知识;"所指"则是指符号内部所表达的真实内涵,它具有无限的丰富性,具有默会知识的性质,是属于一种带有"私人意味"的个体性知识,它不可言传,只可为个人所意会。在价值一元时代,公共性知识处于权威地位,成为人们行动的指南。在传统文化生活中,人们已经习惯于将"知识"理解为"普遍""客观""非个人"的理智产品。这种公共性知识观以主客观分离为基础,把热情的、个人的、个性的成分从知识中清除。在价值观的复杂化特别是它所倡导的平等、民主观念下,公共性知识开始让位于个体性知识。个体性知识是一种从内心深处发出的真实声音。个体性知识观认为,知识的存在不能完全脱离具有主体性的人,它并非如公共性知识观所赋予的知识那样具有绝对客观实在性,而是与个体的活动密不可分。有什么样的个体,就有什

① 卢晓梅:《对当代知识观转型与课程变革的审视》,《课程·教材·教法》,2006 年第 9 期。

么样的交往实践活动,就会产生什么样的个体知识。从知识创造主体上说,不同的知识创造主体所创造出来的知识带有不同的个体色彩。对同一种现象,每个人都有基于自身经验的不同理解,并因此建构出对"事实"的不同认识,因而使得人类的知识带有明显的个体性。波兰尼指出:"通常作为精确科学知识性质的完全客观性是一种妄想,是一种错误的理想。所有的科学知识以至所有的人类知识,根本上都是个体精神活动的产物。""知识在一定程度上是受人塑造的。"质言之,那就是"所有知识都是个体参与的",所有的科学知识都必然包含着个人系数。对同一种现象,每个人都有基于自身经验的不同理解,并因此建构了对事实的不同认识。①

知识观与教育存在密切的关系,一切教育都建立在特定的知识观基础之上。人们怎样理解知识,就会有怎样的教育。一个时代知识观的转变,必然会推动那个时代教育实践的变革。"教育是从一定的价值立场和价值需要出发,对人类已经获得的知识进行筛选、传播和分配,从而促进人类知识的积累与发展。人类已经取得的认识成果与已经达到的知识状况就是教育活动的大前提,制约着教育过程中知识的筛选、传播与分配,制约着教育活动的目的、课程、教师角色关系等关键要素。"简言之,"一方面,教育是知识筛选、传播、分配、积累和发展的重要的途径;另外一方面,知识又是教育的重要的内容与载体,离开了知识,教育就会成为无米之炊"。② 例如,以赫尔巴特为代表的"传统教育"思想与以杜威为代表的"现代教育"思想之间的冲突,就存在深刻的知识论根源,前者以理性主义知识观作为教育理论的基础,后者则以实用主义或工具主义知识观为前提。正是知识观的根本性偏移,推动西方的教育由传统转向现代,由简单转向复杂。"教育观念的'返魅'源于知识观的嬗变,全新知识观的彰显深刻影响着教育理论与实践,呼吁教育观的现代转换。"③因此,可以说,正是由于价值观的复杂,才引起知识观的转型,而知识观的转型,才促使教育走向复杂。

---

① 许占权:《课程应关注学生个体知识》,《教育探索》,2005 年第 8 期。
② 石中英著:《知识转型与教育改革》,教育科学出版社,2001 年版,第 65 页。
③ 姜勇、郑富兴:《后现代知识状况与新教育观的呼唤》,《外国教育研究》,2003 年第 12 期。

二、复杂的价值观促成复杂教育系统的产生

(一)复杂的价值观促使教育系统由简单系统走向开放的复杂巨系统

开放的复杂巨系统理论是我国著名科学家钱学森在系统科学领域诸多贡献中最重要的一部分。他在《再谈开放的复杂巨系统》一文中,回答了"什么是开放的复杂巨系统"。他明确指出:"1. 系统本身与系统周围的环境有物质交换、能量交换和信息交换。由于有这些交换,所以是'开放的'。2. 系统包含的子系统很多,成千上万,甚至上亿万,所以是'巨系统'。3. 子系统的种类繁多,有几十、上百,甚至几百种,所以是'复杂的'。4. 开放的复杂巨系统有许多层次。"以上四个方面是界定一个系统是否为"开放的复杂巨系统"的根本标准。① 与此相反,简单系统首先是一个封闭、孤立的系统。在此系统中,子系统的数目和种类都很少,相互作用单纯,系统的结构十分简单。

在一元化价值时代,教育系统是一个简单系统,即简单教育系统。首先,组成教育系统的子系统比较少,它们之间的关系比较单纯。仅以学科设置的角度而论,在一元化价值时代,教育系统中的学科子系统被分割为语文、数学、物理、化学、英语等部分。这些学科各自形成自身的知识体系、专业术语及逻辑结构,因而各门学科之间是彼此孤立的、封闭的,交流很少甚至没有交流。教师在讲授各门学科知识的时候,是在一块块被分割的知识田地里进行,学生则在各个学科围城内学习,各门学科知识联系甚少。其次,教育系统是一个封闭的系统,与周围环境基本上没有或很少有物质、能量、信息的交流。教育系统作为社会的一个子系统,与家庭、社会很少交流信息,三者往往各置一端,互不干涉。

在价值复杂时代,复杂的价值观即价值的"多元""多变"及"相联",它使教育由简单系统转向复杂巨系统。

1. 价值观的多元决定了教育系统的多元化

价值观的多元决定办学主体的多样化。在一元价值观所推崇的权威意识下,政府几乎是办学的唯一主体,学校的开设完全被认为是政府的职能和专属权力。多元价值观倡导民主、平等精神,允许教育系统内部办学主体的

---

① 侯光明、李鸿雁、贺亚兰:《开放的复杂巨系统理论与大学管理创新》,《黑龙江高教研究》,2004 年第 3 期。

多样化和差异性存在。由此,教育领域内办学格局实现了从政府的一元化垄断向办学主体多元化的转变,把办学权交付给更多的办学主体。在这种办学理念之下,教育系统中公办、私立学校的优势互补日趋明朗。私立学校的发展方兴未艾,办学形式异彩纷呈,社会承办、公立"转制"、集团办学、股份办学、私人办学、事业单位办学、企业办学等教育模式出现。20多年来的时代大转型期间,欧美诸国基础教育中办学主体与办学模式的多元化同样十分明显。20世纪90年代以来,美国的基础教育改革开始出现公立学校私营化的尝试,概而言之有三种形式:与私营部门签订合同,与工商界的基金会建立伙伴关系,聘用独立教师。20世纪80年代以来,英国政府也开始投资独立学校(私立学校),同时允许公共教育系统的学校转制为独立学校,私立学校得到蓬勃发展。办学主体的多样化进一步推动了办学模式的多样化,如在美国即出现了达德县(Dade county)办学模式、芝加哥革命模式等。以前者为例。1986年7月,达德县学校委员会经过与教师工会协商,开始实施"以学校为基础的公立/分享决策"试验计划。该计划从学区的272所学校中选择32所学校进行试验,其目的是促使日趋复杂的教育过程人性化。达德县模式仿照日本企业中的质量管理模式建立了理事会,理事会通常由校长、工会代表、教师代表、学生、职工和家长代表组成。教师和其他成员花在理事会上的时间不计入正常工作量,他们通过理事会在决定预算、人员雇佣、教学计划等方面获得了比以前广泛得多的参与机会,校长更多地以合作与协商的角色出现。办学主体的多元化与办学模式的多样化,从根本上打破了由国家包揽办学的格局,标志着西方的基础教育走向多样化发展的办学道路,昭示着教育系统复杂化时代的到来。

价值观的多元导引出课程的多样化,课程的多样化包括课程结构的多样化和教材版本的多样化。

第一,价值观多元导引出课程结构的多样化。在价值多元时代,科学主义课程理论一统天下并支配课程设置的状况已不再存在,对课程的研究出现了流派纷呈的局面。此时,各个课程理论都基于特定的价值观指导课程实践。这样,在课程结构上即表现为摆脱那种简单划一与静态的系统状态,充分考虑地域、学生等因素的差异,真正走上了课程设置的多样化与动态化之路。在美国,一所中学开设的课程达二三百门并不鲜见。一般而论,美国中学开设的每种课程依据其深度、难度分为基础、一般、荣誉、高级等若干等级,分别编号,注明选课年级,供不同年级、不同程度的学生选择。一般每学期至少选6~7门课,完成这一年级的学分,方可进入下一年级。美国高中课程比较广泛,基础必修课程主要有英语写作、英语文学、美国文学、社会科学、世界历史、美国历史、欧洲历史、经济学、心理学、自然科学、生物、化学、物理或地理、环境科学、辩论、数学几何、代数、三角函数等。选修课更加多样化,常见的选修课程有视觉艺术:绘画、雕刻、摄影;行为艺术:合唱、戏剧、舞蹈、电影、乐队、管弦乐;职业课程:木工、金属加工、汽车修理;计算机/商科课程:文字处理、编程、图像设计、网页设计等;体育:美式足球、棒球、篮球、网球、田径、游泳、水球;新闻:出版校报、年历、电视制作;外语:法语、德语、西班牙语;家庭:消费者科学、健康家庭经济学、营养学、幼儿发展等。课程设置的多样化实际上就是课程内涵与结构的复杂化。从内容上讲,教育内容包容面越来越广,现代与传统、人文与科学、普通教育与职业教育的内容都被包容其内;从课程建构的主体而论,教育行政人员、课程专家、学科专家、教师、学生、家长及许多社会人士等共同对课程建构作出贡献;从课程类型上讲,课程种类得到极大丰富,学科课程与活动课程,分科课程与综合课程,国家课程、地方课程与校本课程,正式课程与非正规课程,显性课程与潜在课程等多种课程形态并存。之所以出现如上格局,价值观多元所导致的现代知识观是其根本性基石。在价值一元时代,课程设置受到某一课程理念的支配,在这种课程理念的绝对权威下,其他的课程理念原则上无立足之地。此外,这种课程理念追求整齐划一,忽视或抹平差异。地域差异,学生的理解力、个性、爱好等差异,都不予考虑。以课程类型而言,一元价值时代基本上以学科课程、国家课程以及正式课程为本,其他如地方课程、校本课程的实施从根本来讲或者被排斥到边缘,或者被禁止。

第二,价值观的多元促成教材的多样化。一方面,教材多样化表现为"一纲多本"甚至多纲多本。一元价值观追求普遍、客观的真理,以此为指导的教材必然践行教材编写的大一统行为,追求教材版本的标准性与统一性,抹杀不同地域政治、经济、文化等因素的差异,同时忽视学生的先天遗传、后天能力倾向以及个人兴趣、爱好等等。在转型时期价值多元时代,欧美诸国的基础教育中,基本上没有绝对统一的课程标准,更没有统一的教材。"美国的高校多,图书出版多,教材的种类当然就更多,一种教材少则几十种几百种,多则上千种。"①美国大学如此,中小学亦然。不同版本的教材基于不同的教育价值观与审美取向,在内容取舍、知识结构等方面各有千秋,真正体现出教学资源的多样化。更有甚者,有的中学竟然存在"没有语言(英语)教材"的情况。"'这里的所有课程,在某种意义上都是英文课。'她给我解释,'艺术史课要看很多画、雕塑,要读艺术史,学生除了要学很多艺术史上的词汇外,还要学用文字描述一幅画,他们就提高了英文水平。读书课要读小说、传记、诗歌和戏剧,他们就学习了新的词汇,学习了不同的文学样式,也学习了怎么写这些东西的评论。'"②另一方面,教材版本的多样化也表现为教材编辑主体的多元化。在社会价值观统一化时代,为了体现真正的"知识",为了体现划一化的价值标准,教材编写的权力被规限在作为知识精英的专家身上。时至今日,这种局面得以根本性扭转。教材编写既有课程专家、学科专家的参与,同时也有来自教学一线、教学经验丰富的中小学教师的介入。这样,从教材的编写理念到教学内容的选用,从教材的整体架构到每一道练习题的设计,无不是多元化编辑主体共同协作的结果。

2. 价值观的变迁促成教育系统的复杂性

社会转型期价值观的变迁影响着教育观念的转变,"精英教育"理念转变为"全民教育"理念,"一次性学校教育"理念转变为"社会化终身教育"理念,即是这种转变的结果。首先,由"精英教育"理念转变为"全民教育"理念,促使教育这一巨系统内子系统数量的增加。何谓精英? 根据《辞海》的定义,"精英"是"西方社会学用语,指社会中具有卓越才能,或身居上层地位并有影响作用的杰出人物,在一定社会里得到高度评价和合法化的地位,并与整个社会发展的方向有联系"。这样,"精英教育"即以"培养精英"为主要目标的教育。在工业化社会中,宝塔式的社会结构决定了社会精英毕竟是社会成员的少数,所以精英教育以满足少数人的发展需要为旨归。在"精英教育"理念下,教育系统就不会是复杂的巨系统,其子系统的数量明显较少且相互孤立,即便在西方近代学制体系下存在双轨或多轨的学制系统,如英国的双轨制与美国的多轨制,但各轨之间往往互相独立。在同轨教育系统之中,教育也是以为少数精英服务的原则,按照单一的价值标准,行使着层

---

① 吴绍春:《教材不仅仅是一本教科书》,《西安欧亚学院学报》,2007 年第 2 期。
② 沈睿:《没有语文教材的美国中学》,《世界中学生文摘》,2006 年第 7 期。

层筛选的功能。所以，可以认定，后工业时代到来之前的西方学校教育系统表现为一个静态孤立的简单系统。

20世纪以来，整个西方开始了教育大众化时代，时至20世纪80年代以来的转型期，这一趋势才真正明朗化并渐次付诸实施。1990年3月，世界全民教育大会提出了全民教育理念，指出教育目标在于"满足全体儿童、青年和成人的基本学习需要"。2002年，美国颁布了《不让一个孩子掉队法》并加以贯彻。2006年1月，时任总统的布什在《不让一个孩子掉队法》(简称NCLB)实施4周年的庆典上对此法实施以来的目标完成情况进行了总结。英、法等国也都颁布了加强终身教育的法令。这样，学校教育系统在规模上急剧扩大，受教育人数大幅度增长，教育投入显著增加。同时，教育的类型、结构、功能、教学组织形式等方面也在发生着前所未有的变革。其次，"一次性学校教育"理念转变为"社会化终身教育"理念，促使办学形式的多元化。"一次性学校教育理念"把人的一生划分为在校学习阶段、工作阶段以及安享晚年阶段，与此形成鲜明对照的是，"社会化终身教育"则把人的一生视为持续发展的连续整体，它强调任何人都在不断学习、不断进步和不断发展中完成一生。简言之，就是活到老，学到老。在终身教育理念下，教育系统从单一的学校教育系统延伸出成人教育系统和其他非正规教育系统，教育系统出现多种形式，于是，全日制、非全日制的教育形式共存，普通教育、职业教育并举，学校教育、网络教育同在。伴随着办学形式的多元化，整体教育系统构成了由多种教育形式组成的复合体，各种教育形式纵贯横联的关系彰显教育系统的复杂化。

3. 价值观的相融促成教育系统的开放

系统与环境的相互作用、相互联系，是通过交换物质、能量、信息实现的。系统能够与环境进行交换的特性，即系统的开放性，系统自身抵制与环境交换的特性则被称为封闭性。一般来说，一个系统只有对环境开放，与环境相互作用，才能生存和发展。在保持自身存在的前提下，开放越充分，自身运行发展也越有效；开放不够，系统的生存发展将受到影响，甚至导致系统解体。按照与环境的关系，系统可分为开放系统与封闭系统，同环境有物质、能量信息交换的是开放系统，同环境无任何交换的是封闭系统。系统性是开放性与封闭性的统一。现实系统或多或少都是开放性的，但开放程度差异极大。有些系统与外部的交换极其微弱,允许忽略不计,应看做封闭系统。① 在工业化社会所倡导的一元价值时代,由现代性支配的西方学校教育日渐成为封闭的实体,这种封闭一方面表现为宏观的架构如学制上,另一方面也表现在微观的实践如课堂教学上。学校自闭于整个社会系统之外,课堂自闭于校园,教育内容以学科的形式相互封闭,教育者与受教育者之间在特定的教学组织下的交往呈现抽象化与表面化。教育的这种封闭性也显现在其培养结果上,即《学会生存》中所指出的那样:社会拒绝学校的毕业生。

社会转型期的价值观相融昭示着社会的宽容意识,在这种意识之下,教育不再武断而自行其是地表现为自身认为合理的价值观念与践行相应的行为,学校开始向家庭与社会开放。受一元价值观念的影响,教育自成一体地践行着相应的教育观念与教育实践。这体现在学校和家庭的关系上,即学校是育人之所,家庭乃养人之地。这种思想导致家庭与学校之间缺乏实质的互动。即便两者之间存在着相应的联系,其联系往往是单向的,即学校向家长单向度的信息灌输,并且这种信息的传递往往发生于孩子在学校出了问题之后。这种表面化的、临时的、消极被动的交流,成为西方社会转型期以前学校与家长联系的重要内容。伴随着价值复杂与多元社会到来,各种价值观并列共存,相互交融,在学校与家庭之间的原有关系上促成了真正合作,并在这种合作过程中,汲取家庭中诸多教育因素的影响充实于学校教育之中。在美国,每学期开学时,学校邀请每个学生家长根据自己的能力水平和家庭情况,志愿参加学校的教育教学活动,有的学校还规定了每个学生家长义务工作的时间。家长们都非常踊跃,几乎每天都有家长和社会志愿者走进课堂,为教师的教育教学提供一定的帮助或协助教师组织学生的各项活动。教师定期把学生的各科学业情况用四个等级——低限标准(limited progress)、期望标准(expected progress)、达到标准(meeting standard)、超过标准(exceeding standard)的评价方式,使家长了解学生成长和学业情况,以利于他们及时与学校沟通。学校所在社区的资源,全部免费向学校、教师、学生开放,并全方位配合学校开展各种教育活动。当然,在多元动态的价值观念中家庭与学校难免存在矛盾冲突。这体现在现实的教育理念上,就是学校和家庭都拥有自身的教育观念与教育追求。但是,如上冲突并不

---

① 苗东升著:《系统科学精要》,中国人民大学出版社,2006年版,第27页。

像一元价值时代那种一方必欲置对方于死地而后快式的冲突,其最终指向是实现双赢式的矛盾解决,在更高层次上实现价值的互认与相融。所以,在价值相融的时代,学校和家庭在平等的基础上进行着信息的自由沟通,促成学校向家庭开放。例如,在实施素质教育的过程中,学校和家庭所持的教育理念可能有所差异甚至迥然不同。就学校而论,实施素质教育是为了学生更好、更全面的发展。有的家长却对这种教育理念不予认同,甚至认为素质教育的"减负"措施是学校不负责任的行为,以至于对实施素质教育的学校深感不满和疑惑。此时,价值多元时代的学校会倾向于和家长进行交流与沟通,把实施素质教育的目的、意义、措施和方法向家长进行宣传、解释,同时以自身的实践向家长证明,学生学业负担减轻并不以牺牲教育质量为代价。如此,学校与家庭之间即达成共识,学校的教育追求得到家庭的支持,家庭与学校教育的合力得以形成。

价值观的相融也促成教育向外部社会开放,促进学校和社会的信息互动。在一元价值时代,教育的任务就是向社会输送人才,对于输送什么样的人才却乾纲独断,对社会的需求置若罔闻。它无视社会对人才需求数量、质量的涨落和类型的变化,而是关起门来培养。这主要表现为:一是学校对社会做出的课程目标和内容调整的要求反应迟缓;二是地方性和社区性文化不能及时地吸纳到学校课程中,课程缺少地方特色;三是培养出的人才没有地域文化个性,不能有效地适应地方社会发展的需求;四是不能主动地吸纳社会有关人士成为学校教育的教育资源。[①] 在价值复杂化时代,教育系统开始正视社会的需求,正视教育系统与社会的联系。在目前的社会转型期,社会的些许变化都会及时地反映到教育系统中来,教育系统与社会系统实现了广泛的信息交流与沟通,顺应了社会的要求和期望。在英国,中小学管理采用校董事会领导下的校长负责制,校董事会成员来源于社区各界。在美国,学校要接受社区的监督,社区组成教育委员会,选举各界人士及家长代表出任委员,学校教育计划及改革方案需要经教育委员会通过后方能执行。《美国 2000 年教育目标法》把家长参与学校管理作为国家重要的教育举措,根据该法令,家长可以选择学校并参与学校管理,经过家长审议,不合格的学校要予以关闭。

---

① 杨春:《新课程改革与学校管理模式的转型》,《中国成人教育》,2007 年第 18 期。

学校向社会的开放使社会对教育的期望被有效地传达到学校之中,社会的教育目的也与学校的教育目的逐渐达成一致,进一步渗透到学校的培养目标、课程目标、教学目标之中。此时,社会的人才观、教育观、价值观、社会观、世界观,无时无刻不在影响着教师和学生的教育观、学习观的形成与发展,制约着教育系统的运作。同时,学校向社会的开放也得到了所在社区的大力支持,成为学校提升教育质量的有力保障。以教育资源为例,美国开放的图书馆、各种教育基地都成为学校教育资源的有机组成部分。美国的图书馆非常多,几乎每个小镇都有一所开放的图书馆。这些图书馆是由镇上居民出资修建的,多数是免费的公益性图书馆(即便是营利性图书馆,收费也比较便宜)。图书馆的存在可以方便学生随时查阅资料,很多教师和家长都喜欢带领学生到附近的图书馆查阅资料。美国的社会教育基地比较多,也比较规范,这些基地中有历史文化教育基地、公共体育活动设施等,很多社会课、历史课都在社会教育基地进行(几乎每月都要组织一次)。每个社会教育基地都有很多专职讲解员,他们讲解得很投入,只要有学生参观,他们都会不厌其烦地讲解,有时还以提问题的形式和孩子互动交流。学生们听得很感兴趣,并不时地做着记录。正是教育系统对外部社会的开放,使得教育系统运作与社会大系统运作实现同步,教育在从社会汲取各种能量的过程中增加了自身的活力。

综上所述,在价值复杂时代,教育系统本身呈现为多层次的复杂巨系统,它与外部环境之间,与其内部各子系统之间,构成动态的复杂联系。教育从封闭走向开放,由静态走向动态。

(二)复杂的价值观推动教育系统由他组织系统转变为自组织系统

所谓自组织系统,即指无需外界特定指令而能自行组织、自行创生、自行演化,能够自主地从无序走向有序,形成有序结构的系统。所谓他组织系统,即指这样的系统:它不能自行组织、自行创生、自行演化,不能够自主地从无序走向有序,而只能依靠外界的特定指令来推动组织向有序的演化,从而被动地从无序走向有序。① 自组织系统与他组织系统的价值差异相当大,它把以多元文化价值观为基础的后现代范式作为导向,更重视个体,更重视独特性;而基于科学主义的现代范式导向的他组织则更关注群体和普遍性。

---

① 吴彤著:《自组织方法论研究》,清华大学出版社,2001年版,第3页。

前者更重视自由与平等,后者更关注权威与差别;前者更重视解放,后者更重视控制。

1. 一元价值时代教育系统的他组织表现

一元价值观促成一元化的教育理念。这体现在教育的价值追求上,也体现于教育过程运作的各个层面。在这种教育理念的导控下,教育系统以追求完美的"秩序"、践行绝对的"规律"为旨归。在此系统内,教育对"差异""多元"望而生畏,对"简单""一致"倍加推崇;"服从"是教育系统对其下位子系统最为根本的要求,"稳定"成为系统的最高追求。系统中人的主体意识被忽视,整个系统呈现机械化运作状态。这里仅以教育管理为例。简单教育系统中的教育管理,深受西方古典管理理论特别是韦伯的科层制组织观念的影响,中小学按照明确的分工和自上而下的层级系统来构建管理的组织机构,形成"多层次结构"。① 这样的管理体制,即便在社会转型期的时代背景下的西方教育之中仍然有其残留。以教育中长期实施中央集权制的法国教育为例,其教育管理权高度集中,国家设立"国家教学大纲委员会",定期审查修改教育内容,改革学制。教育部垂直管理基础教育,建立统一的基础教育结构体系。英美等国尽管在教育管理上自由度大一些,但是,借以维持学校秩序的所谓"规章"与"法律"仍大量存在。如英国,仅联邦议会所颁行的全国性教育法规就有 20 多种,另外,地方政府和议会还制定了一系列教育法规与政策,几乎覆盖了教育管理的各个方面。显而易见,在科层制组织观念的影响下,学校实质上是一个金字塔式体系。教育系统的运行动力是上级对下级的权力支配,即所谓的指挥、指导、监督、控制等;这种组织机构及管理体制的文化核心是服从权威,即下级服从上级。这种管理体制特别强调校长的作用与权威,认为校长是一所学校兴衰的关键,并概括为"一位好校长等于一所好学校"。由于教育系统等级森严,权力集中在高层,上下层级之间是一种控制与被控制的关系,在这样的管理机制中,沟通形式极为单调,制度、命令、规范充斥于整个系统。推而广之,这样的精神被推延到整个教育管理如课程管理、课堂管理等诸多领域,整个教育系统成为一种由外力推动的他组织机构。因此,在一元价值观支配的时代与社会背景之下,教育系统的运作是他组织的,"只有在外界干预下才能进行演化,它的组织化,

---

① 鲁洁著:《教育社会学》,人民教育出版社,1990 年版,第 388 页。

不是自身的自发、自主的过程,而是在外部驱动力下的组织过程或结果"①。

2. 价值观的复杂促使教育系统转变为自组织系统

(1) 系统自组织运作的条件

对于任何系统而言,自组织实现的条件有以下几点。

第一,开放性是自组织系统实现的必要条件。一个系统是否具有自组织特性,是由系统内部子系统之间、系统与环境之间的作用方式决定的。普利高津以总熵变公式 $ds=d_is+d_es$ 为工具,科学地论证了开放性是自组织的必要条件。关于价值观的复杂促使教育系统开放,在上一节已经谈及,在此不加赘述。但值得注意的是,系统的开放必须遵循一定的"度",并不是所有的开放都能成为自组织出现的必要条件。对此苗东升在《系统科学精要》中指出:"对外开放是系统产生自组织的必要条件,封闭系统不可能出现减熵运动;但开放性只是自组织的必要条件,错误的开放从外界得到的是正熵,必将导致系统有序结构更快地瓦解;正确的开放才能从外界得到负熵,但若开放程度不够,通过熵交换从外部得到负熵不足以克服自身的熵增加,仍然不能出现自组织。只有正确而又充分地对外开放,才能充分保证系统出现自组织。"②换言之,系统形成自组织的条件不是有外界输入即可,这种输入要达到一定的值,但决不是完全开放。如果系统完全开放,这意味着其与外部环境之间"边界"的消失,系统的相对独立性和自主性也就不复存在。只有选择性的开放,才能保证系统具有应付环境变化的灵活性和相应的自我调节机制,才能保证系统的自主存在。

第二,非线性机制是系统自组织行为的内部动力。"组成部分之间的(非线性)相互作用大体分为合作和竞争两种形式,两者都是系统产生自组织行为的动力。没有组成部分之间的合作,没有系统与环境之间的合作,就不会有新结构的出现。没有组成部分之间的竞争,特别是没有系统与环境中其他系统的竞争,也不会有新结构的出现。合作与竞争本质上是非线性的。线性的相互作用至多能产生平庸的自组织。真正的自组织只能出现在

---

① H. Haken: Information and Self-organization: A Macroscopic Approach to Complex systems, Berlin& New York: Oxford University Press Inc, 1988 年 6 月,第 11 页。

② 苗东升著:《系统科学精要》,中国人民大学出版社,2006 年版,第 135 页。

非线性系统中,而且要有足够强的非线性才行。"①也就是说,非线性相互作用是自组织系统演化的基本动力,只有在系统内部各个组成部分之间或系统与环境之间存在着非线性相互作用的情况下,各个要素之间产生竞争和合作,系统才能产生新的整体行为,才能促使系统发生自组织演变。对此哈肯持同样的观点,他指出,系统演化的动力是系统内部各子系统之间的竞争和协同,而不是外部指令。他进而指出,系统与环境之间、系统内各子系统之间的竞争,使系统趋于非平衡,这是系统自组织的首要条件,而子系统之间的协同,则是在非平衡条件下使子系统中的某些运动趋势联合起来加以放大,从而使之占据优势地位,支配系统整体的演化。② 所以,"控制自组织的方程本质上是非线性的","这些非线性项起着决定的作用"。③

第三,远离平衡态是自组织系统发生的重要条件。系统一般存在三种状态:平衡态、近平衡态和远离平衡态。普利高津认为,平衡态指系统内部的每一点的任何宏观参数都完全一致的状态;近平衡态指系统处于离平衡态不远的线性区域;远离平衡态指系统内可测的物理性质极不均匀的状态,也就是说系统内部各个区域的物质密度和能量分布是极不平衡的,差异很大。远离平衡态不仅是自组织现象发生的条件之一,也是自组织系统的组织结构得以维持的必要条件之一。按照热力学理论的研究,在近平衡态的线性区域内,热力学系统总要朝着平衡态或尽可能靠近平衡态的目标演化,即朝着无序、均匀、低级和复杂性降低的方向发展。因此,处于平衡态的稳定系统或近平衡态的稳定系统的秩序,是被组织起来的而不是自组织起来的。由此,系统出现自组织的另一个重要条件,是外界必须驱动开放系统超越近平衡态的线性区域,达到远离平衡态的非平衡的非线性区域。④ 在系统远离平衡态的同时,系统不断地从环境中获取物质和能量,这些物质和能量给系统带来了负熵,结果使整个系统有序性的增加大于无序性的增加,在一定的条件下,就能自发形成新的有序结构,形成自组织。

第四,涨落是调整自组织行为的重要契机。所谓涨落,是指系统的宏观状态参量对其平均值所做出的随机、微小的偏离,或指系统局部范围内子系

① 苗东升著:《系统科学精要》,中国人民大学出版社,2006年版,第136页。
② 吴彤著:《自组织方法论研究》,清华大学出版社,2001年版,第49页。
③ 庞海波:《论创造性思维的自组织机制》,《心理科学》,2000年第2期。
④ 徐行可、荣健:《现代物理知识》,西南交通大学出版社,1999年版,第67页。

统之间随机形成的偏离系统整体状态的那种运动。如果说非平衡是系统内个体对系统的平均值偏离,那么,涨落则是系统整体或子系统对系统平均值的偏离。涨落是偶然的、随机的、杂乱无章的,在不同状态下有不同的作用。在平衡态和近平衡态中,涨落是破坏稳定性的干扰因素,起消极作用。在远离平衡态中,它是系统由不稳定状态形成新的稳定有序状态的杠杆,起着积极的建设性作用。当系统处于远离平衡态时,随机的小涨落可以通过非线性的相互作用和连锁效应被迅速放大,形成系统整体上的"巨涨落",从而导致系统发生突变,形成一种新的稳定有序的状态。涨落在自组织中起着极为重要的作用,系统通过涨落去触发旧结构的失衡,探寻新结构,在分叉点上靠涨落去实现对称失衡,建立新的组织结构体。

(2)价值观的复杂使推动教育系统走向自组织成为可能

教育系统自组织的形成同样依赖于教育系统的开放、非线性机制、远离平衡态以及涨落。价值观的复杂促使这四项条件成为可能,从而促使教育系统由他组织转变为自组织。

第一,价值观的复杂促成教育系统的开放,使教育走向复杂成为可能。前已述及,并不是所有的开放都能成为自组织出现的必要条件,只有正确而又充分的对外开放,才能保证系统出现自组织;无选择的全面开放,对教育系统的自组织发展则可能造成致命的破坏。真理向前多跨进一步,也就可能成为谬误。复杂价值观蕴含着社会价值观的多元、多变与相联,这是保障教育系统对外开放的前提。正是由于西方社会价值的复杂化,高质量、适应性强的人才标准才会投射到教育中来。为了实现这种人才的培养,美国极为重视基础教育,制定了一系列发展基础教育的纲领性文件。1991年,美国颁行的《美国2000年:教育战略》提出了六项教育目标;1994年,《2000年目标:美国教育法》增加了两项教育目标。这样,美国2000年要实现的"八项全国性的教育目标"正式公布,在努力完成这些教育目标的同时,美国又全力构建新世纪的全国性教育目标。1997年,克林顿总统在作国情咨文的演说时指出了面向新世纪的三大教育目标;2002年,小布什总统签署的《不让一个儿童掉队法》又提出了六项全国性教育目标。这些目标包容量极大,这里不拟逐一列举。统观这些目标,我们会发现其贯穿如一的宗旨,那就是加强学校对社会的开放,使之感受时代变迁的脉搏,使21世纪的美国儿童紧紧跟上后工业时代的要求,如实行全民教育及终身教育,掌握高新科学技术等。

与此同时,俄、德、法、英等国也相继制定基础教育发展战略,并体现出同样的精神。为了实现这些目标,学校教育实践层面也进行了一系列改革,大力促成教育系统对外部社会的开放与系统内各要素之间的开放。仅以教育设施为例,西方各国均重视利用相关的社会教育设施,如各种类别的图书馆、博物馆、科技馆、美术馆、水族馆、纪念碑(堂)、主题公园等,每个馆、所、中心都在互联网上建立了自己的网站或主页,为欲到此的学习者提供尽可能详细的信息,并提供大量免费的教育和宣传资料。这些资源通过学校教育的有机整合与吸纳,成为学校教育源源不断的外生性能量。在对外开放的过程中,存在于西方社会之中的多元化价值观念进一步渗透到学校教育中来,使学校内部的教育管理、课堂教学显示出多样化与民主化的特质,学生的学习兴趣得以提高,教育在高效率运作中显示出活的特质。

第二,价值观的复杂促使教育系统的非线性运作彰显教育运作的自组织状态。我们可以从多个维度看待西方的基础教育系统。如从纵向的角度看,基础教育构建了一个从幼儿园、小学到中学的系统结构体;横向而论,基础教育构建了一个包含职教、普教、特教等子系统的结构体。此外,还可以从构成教育的几大因素即教育者、受教育者、教育影响等组成的结构体的角度,来看待基础教育系统的存在状态。这里拟从第三个维度来阐述教育系统的非线性运作。在追求秩序、稳定等一元价值观的引导下,西方基础教育系统在大一统的教育理念支配下运行,系统中的人这一要素的多元价值倾向被漠视。此时,就教育过程而论,教育系统中人与人、人与物之间各自组成的独立的部分,被机械地拼接在一起,各子系统或子系统内部诸要素之间不发生或很少发生相互作用。如教育者在教学过程中的照本宣科,学生对教育内容的机械背诵,教育评价中的刻板应对等,都是几大要素相互孤立的明证。如果进一步深入到各子系统内部,其中更下位的要素同样相互孤立,如课程中各个学科之间的相互封闭,教育者之间的各行其是,受教育者个体之间的相互隔绝等。这种状态下的教育运作表现出明显的机械化与程式化,并显示出明确的秩序。维系这种秩序的是外在的规定或权威,无论在大的教育周期如小学段、中学段中,还是在小的教育周期如一堂课、一个单元等中,教育结果都表现出鲜明的可预期性。也就是说,就教育流程而论,教育输入—教育过程—教育输出形成一种稳定的单循环。而在价值复杂时代,教育系统内张扬的是自主选择的意识、平等与民主的理念。基于此,教育系统中各个子系统构成了既协作又竞争的关系,"生态位"的意识被引入对系统内部各子系统功能的理解中。"生态位"是一个生态学概念,它指在有机的生态系统中每种生物基于自身的生存与发展所占的某一个位置。基于复杂价值观,教育系统中的每一个子系统都会处于特定的"生态位",行使着特定的功能,具有相应的不可替代性。于是,教育系统内部各子系统之间构成了协同与竞争的双向关系。例如,教育者对教育方式的智慧性理解与运用表现出两者的相融,学生与教育内容之间的互动彰显多元化的教育意义及教育结果,学科之间的相联构成学科知识之间的综合,教育者之间的互动致使教育者群体活力的提升。在这种状态下,教育中出现所谓的"混乱""无序"在所难免。但是,这种无序不会导致教育系统的崩溃,它会把教育系统推向更高程序上的秩序,教育中多重意义的产生、教育自组织的活力即蕴于其中。"美国的教育体系可以说是'活'到近似于'散'的地步,每个州的教育政策、教材等诸多方面都有或多或少的差别;要想了解整个美国的教育体制是怎样的,答案就是'个性'。但是这些个性的教育体制都遵循联邦政府教学大纲、考试要求等一些大的基本原则。这就使整个美国的教育体系做到了'形散而神不散',"①这是美国也是西方教育自组织运作的鲜明写照。

第三,价值观的复杂导致教育系统远离平衡态。在价值观单一的状态下,教育系统内部各个要素都依赖外在"权威""命令""规定"的支配而存在。如作为教育系统要素之一的课程,无论其目标还是实施与评价,都以一种外在的标准重点即专家的标准而固守下来。教育者进入教育流程前所具备的条件与通过教育流程后所达到的标准也都是外在规定的产物。教育时间、空间按照科学标准与效率至上的原则进行了有效的拼接。所以说,在单一化价值观的支配之下,教育系统中各个要素都表现为教育这部大机器中的螺丝钉或零部件。在这种状态下,教育系统内部必然呈现"每一点的任何宏观参数都完全一致"的状态。也就是说,教育内部各种关系中的任何连接点都被匀质化地焊接在一起,没有任何松动的可能。此时,教育系统的宏观状态参量对其平均值所作的随机的、微小的偏离即涨落已完全不可能,整个系统本身即沦为一种机械物。整个系统的运行过程及运行轨迹,呈现一种规则化、直线化状态,也就是复杂理论所揭示的平衡态。近现代西方工业化时

---

① 佚名:《"死""活"兼具的美国基础教育》,《教师博览》,2004 年第 8 期。

代的学校教育即践行着这种状态。大而言之,发源并成熟于西方社会、展现出高低有序的学制安排预示着每一个人受教育的流程;中而言之,学校内部教育活动的展开过程表现出精确的时空定位;小而言之,课堂教学表现出程序化与准确无误的结果。所有这一切都使整个教育流程没有了任何悬念。

根据比利时物理学家普利高津于1969年提出的耗散结构理论,任何组织都存在与外界的能量和物质交流这一特性。一般说来,开放系统有三种可能的存在方式:热力学平衡态;近平衡态;远离平衡态。系统只有在远离平衡的条件下,才有可能向着有秩序、有组织、多功能的方向进化,这就是普利高津提出的"非平衡是有序之源"的著名论断。如前所述,价值观一元的西方工业化社会中的学校教育从本质上忽略了教育中各种关系的多样性与不稳定性,拒斥这一过程中的"涨落",导致教育系统呈平衡态或近平衡态。20世纪80年代以来,伴随西方社会由工业时代向后工业时代的转型,社会生活丰富多彩,价值观念复杂多变。这样的社会现实影响到教育,教育系统中的复杂关系得到越来越明确的呈现,同时,基于组成教育系统各要素如教育者、受教育者多样化的价值追求而导致的不确定性,教育中各要素之间经常发生被称之为"连接中断"或"连接松动"现象。根据复杂性科学理论,在一个由多层次、多因素组成的整体内部必然存在着许多可能造成关系不持续的临界点,在临界点处会发生不可逆转的变化。局部关系的变化有时(通过涨落、放大)也会引发整体关系的变化(通过元素重组等自组织方式),进而导致整体性质的变化。所以,如上"中断"或"松动"尽管可能非常微小,它却能引发整个教育系统的重构。如此,教育系统即进入非平衡态。

无论我们从何种角度与层次看待西方社会转型期的教育系统,这种不平衡性都广泛存在。例如,就微观的教育系统——课堂教学而论,无论是教师与学生之间,还是学生与学生之间,思想碰撞的火花大量存在,这可以被看做课堂教学系统中的微小涨落。在单一价值观支配下的课堂上,如上火花或者被漠然视之,或者被扑灭。因为,简单教育下的课堂从根本上排斥异质思想的存在,不同的思想都被归为异想天开或异端。但是,多元价值观支配下的课堂会极为重视如上火花,并力图对之进行引导。此时,新思想的星星之火或许就会形成燎原之势。在这一过程中,课堂教学有时会偏离精确设计的轨道,这却是促成课堂实现自组织的契机。这样的不平衡态还普遍延伸到各维度下的教育系统之中,构成西方社会转型期间西方学校教育复杂的运作景观。

　　总之,在一元化价值观时代,西方的基础教育表现为他组织的教育过程,其运行方式是一种无生命参与的机械化运作,表现出明显的程式化与线性流程化。同样以微观教育系统——课堂教学为例。以往,学生依靠教师的指令,被动地进行着一个又一个目标的学习,表现出学习活动中应有活力和魅力的缺失。在社会转型时期,伴随价值观念的复杂化,学生的主体意识被承认,此时,"学生并不是一张一无所有的白纸,也不是一只有待灌输的容器,而是有主见、有着多种发展可能性的生命。学生有着自我选择、独立决定的愿望,并拥有一定的选择能力"①。受教育者作为生命整体,除了享有充分的自主选择权以外,他们的思维活动和情感体验也受到关注和尊重。对于课堂教学系统的另一要素——教师而言,亦是如此。他们也不再表现为教学大纲、教学标准的传声筒,其生命激情、价值偏好等,也在整个教学过程中拥有了展示的空间。至此,双向的真正互动得以形成。另外,教育是指涉现在更指涉未来的事业,就其最终实现的功能而论,它表现为唤醒受教育者的生命潜能。教育中的人是具体、完整和鲜活的生命体。在社会转型期,价值观的复杂使教育过程中人的如上特质得到体认,教育中人的自主选择意识得到唤醒,其自主选择行为得到鼓励。这样,教育中的人不是作为一种机械之物而是作为主动、完整的生命进入教育过程之中。在这一过程中,他们可以倾诉自身的喜怒哀乐,他们身上潜在的生命活力被激活,他们可以基于多元的价值观作出主体化的理解与表达。总之,在教育过程中,他们感受到的不再是外部强制力的压制,而是个体精神世界的充分展开与生命能量的释放。这样,教育的意义即会在教育者与受教育者协调互动中自动地"涌现"。

---

　　① 刘志军等著:《生命的律动——生命教育实践探索》,中国社会科学出版社,2004年版,第6页。

第五章

复杂教育观下的教育世界

复杂科学产生并升华为一种思维方式,是 20 世纪后半期以来西方社会由工业化社会向后工业化社会转型的产物。尤其是 20 世纪 80 年代以来,伴随这种转型的深入,复杂科学的研究与彰显的观念更加深入与完善,并切合了时代现实。复杂教育的提出,一方面反映出西方社会转型时期教育的运作与构成渐显复杂性的客观现实,另一方面,也是在复杂科学原理观照下思考教育的结果。

第一节 复杂性与复杂教育

复杂,又称复杂性。作为一门科学,其产生与发展的历史并不长,其研究尚处于探索性的初期阶段。但是,复杂科学的出现是一种历史的必然,具有重大而深远的影响。作为适应工业化社会并支配西方社会思维方式的经典科学所倡导的思维方式,它已有近 400 年的历史。20 世纪 80 年代以来,伴随西方社会向后工业化时代的转型,社会生活的方方面面经历着飞速的发展与急剧的变迁。此时,经典科学的解释原则陷入危机,其历史使命已基本完成,而复杂科学立足于对经典科学所蕴含的思维方式的反思得以产生。我们可以从不同侧面认识这种新型科学。就其研究对象而论,复杂科学以对复杂性的研究与探索为切入点,因而又被称为复杂性科学。这种科学并非自然科学中的一个新分支,亦非与自然科学、社会科学等并列的另一门科学,作为科学整体演化系统的一种历史形态,它昭示着一种与社会转型期相适应的思维方式。

复杂性科学的研究兴起于 20 世纪后半期，其发生、发展的历史却源远流长。20 世纪初的两大科学发现——相对论和量子力学，对 300 多年来以牛顿力学为支撑的经典物理学提出了挑战，证明了其基本原理在超大的宇宙尺度和超微的原子尺度下都不适用。以此为契机，二战以后，科学发展史进入一个大转折时代。至此，经典的机械论科学所倡导的基本原理进一步受到质疑，并向复杂性科学转变。

复杂性科学的第一次突破，归功于现代系统论研究的开创者。贝塔朗菲是其中的典型代表。作为系统科学的先驱与代表人物之一，他提出，现代社会和技术已变得十分复杂，以至于传统的认知与思维方式已满足不了时代的需要，"我们被迫在一切知识领域中运用'整体'或'系统'概念来处理复杂性问题"①。这个时期对复杂性探索的最高成就主要集中于信息学家魏沃夫的著名论文《科学与复杂性》中，该文对复杂性和简单性作出了区分。

复杂性研究的真正高潮是 20 世纪 70 年代的自组织理论。普利高津、哈肯、艾根等人断言，复杂性是物质世界自组织运作的产物。其中，普利高津对复杂性的研究最为深刻。他从学科转型的高度审视问题，断定现代科学在一切层次上都会遇到复杂性，主张"结束现实世界简单性"这一信念，倡导把"复杂性"作为复杂性来处理，建立复杂性科学。1984 年，在诺贝尔奖获得者 Murray Gell-Mann、Philip Anderson、Kenneth Arrow 等人支持下，聚集了一批从事物理、经济、理论生物、计算机等学科的研究者，组成了桑塔费研究所(Santa Fe Institute，简称 SFI)。该所专门从事复杂科学的研究，试图由此找到一条通过学科间的融合来解决复杂性问题的道路。②

关于复杂性的含义，至今看法各异，莫衷一是。Loyd 于 1995 年统计出不同学者给出的 30 多种定义。这些定义从不同角度对"复杂"的含义进行了论证与阐述，如，熵的角度：复杂性等于热力学测定的一个系熵和无序；信息的角度：复杂性等于一个系统使一个观察者"惊奇的能力"；分形尺寸：一个系统的"模糊状况"，即在越来越小的尺寸上显示的详细程度；有效的复杂性：一个系统显示"规律性"而不是随机性的程度；体系的复杂性：由一个体

---

① [美]贝塔朗菲著，林康义、魏宏森等译：《一般系统论基础、发展和应用》，清华大学出版社，1987 年版，第 2 页。

② [英]拉尔夫·D. 斯泰西著，宋学锋、曹庆仁译：《组织中的复杂性与创造性》，四川人民出版社，2000 年版，第 2 页。

系结构系统的不同层次所显示的多样性。① 从以上阐述来看,相当多的人把复杂性科学和非线性科学等同起来。以如上对复杂性的诸多理解为基础,SFI的科学家对复杂性进行了进一步深入研究,丰富与拓展了对复杂性的看法。他们提出,复杂性处于混沌的边缘,主要指复杂自适应系统。

复杂科学表达了与我们根深蒂固的观点完全相反的基本思想。"复杂性科学主要研究非线性反馈网络,特别是复杂自适应系统。"②在这种系统中,"混沌就是生命和创造力的源泉,生命和创造力并不事先设计,而是通过导致自然输出的瞬间自组织过程造就的。系统本身产生自己的行为模式,系统包含行为主体网络。每个行为主体在循环的非线性反馈的作用下,产生具有固定模式的未知输出。复杂自适应系统只有通过系统运行,才能逐步产生内在秩序。并且,在实际上,直到秩序适时展示之前,没有人知道其内容。在特定的条件下,让一个系统中相互作用的行为主体在看似混沌无序的状态下进行自组织,产生的不是无序,而是任何行为主体都没有梦想到的创造性输出"③。复杂性科学中的"复杂",作为一种对系统组织运作形式的一种新认识,一方面,它基于对以牛顿力学为支撑的经典科学所执著坚持的机械世界观、科学观的反思与质疑而产生;另一方面,它对系统的运作,尤

其是对复杂系统运作的特征、性质有了另一种认识。中国科学院的张焘曾对复杂的特性作了比较详细而系统的总结:"1. 复杂性体现整体性、系统性。整体大于各组成部分之和,即每个组成部分不能代替整体,每个层次的局部不能说明整体,低层次的规律不能说明高层次的规律。复杂性代表开放的复杂巨系统(可简称复杂系统)。2. 有多种多样的子系统和子子系统,每个子系统都有相对独立的结构、功能和行为。3. 复杂的多层次结构。这反映在时间与空间尺度两个方面,既是网络体系,又是不均一的。4. 同一层次的组成部分之间、不同层次的组成部分之间相互关联、相互制约,并有复杂的非线性相互作用,而且相互作用也是多种多样的,并且它们也是相互作用

---

① [英]拉尔夫·D.斯泰西著,宋学锋、曹庆仁译:《组织中的复杂性与创造性》,四川人民出版社,2000年版,第2页。

② [英]拉尔夫·D.斯泰西著,宋学锋、曹庆仁译:《组织中的复杂性与创造性》,四川人民出版社,2000年版,第9页。

③ [英]拉尔夫·D.斯泰西著,宋学锋、曹庆仁译:《组织中的复杂性与创造性》,四川人民出版社,2000年版,第11页。

的。5. 开放性。系统与外部是相互关联、相互作用的,系统与外部环境是统一的。6. 高度的动力系统,而且导向有序化发展。系统随着时间而变化,经过系统内部及系统与环境的相互作用,不断适应、调节,通过自组织的作用,经过不同阶段和不同的过程,向更高级的有序化发展,涌现独特的整体行为与特征。系统有自适应、自组织地趋向有序化的功能。7. 系统的演化过程是阶段性的,有渐变与突变,整个过程是非线性的。渐变是突变的基础,而突变则是从低级到高级的变化的原因。"①

复杂性所包含的基本思想为我们提供了观察与研究事物的另一个视角。在此视角下,一个立体网络状的世界图景呈现在我们面前。复杂的事物一方面作为完整的整体自成一个系统,同时又和相关系统相互连接,构成一个更大的系统。在复杂系统中,系统内部之各组成部分往往表现出一种开放式的、动态的、非线性的相互连接。这为我们提供了另一种思维方式:"对复杂事物的认识,不能沿着把局部、要素从整体中孤立出来研究其性质,再把它们'相加',得出对整体的认识这样的道路前进。"②对复杂事物的研究,应立足于研究复杂事物整体性的相互联系与相互作用,从而形成对复杂事物完整统一的认识。所以,复杂思维方式构成了我们观察与思考事物的独特视角。这种视角为我们提供了"解释特定现象的一个特定的立足点、一个聚焦点、一个位置甚或是一组位置"③。以这一视角关注西方教育复杂的社会现象,对西方教育所作的理论思考及以此为指导的教育实践,则呈现与简单教育迥然不同的图景。

235

复杂教育即复杂视角下的教育,是西方学校教育正在实现从教育前提到教育观念再到教育实践操作全方位的从简单向复杂的转换。在复杂教育观下,西方教育具备如下特征。

第一,复杂教育的前提与出发点是对人的复杂性、完整性、独特性的认识。

复杂视角下的"人"论无意对"人的理性特征"进行颠覆性批判而走向另一个极端,其主旨在于承认人的理性特征的同时,也承认人的非理性特征。

① 成思危主编:《复杂性科学探索》,民主与建设出版社,1999年版,第47~48页。
② 叶澜著:《教育研究方法论初探》,上海教育出版社,1999年版,第195页。
③ [美]斯蒂文·贝斯特、道格拉斯·凯尔纳著,张志斌译:《后现代理论》,中央编译出版社,1999年版,第340页。

在简单的思维方式之下,它们往往陷于正面对立与冲突之中。在复杂思维之下,这二者却相辅相成,正如韦伯所指出的那样,"从一种观点来看是理性的东西,换一种观点来看完全有可能是非理性的"①。所以,在复杂性的视角之下,人的理性为非理性特质提供了观念与价值引导,使非理性避免陷入疯狂并得以升华;非理性方面则为理性方面提供了动力支持,使之焕发出生命活力。这种相辅相成的关系在不同的人身上由于支撑的力度、方向、范围的差异而呈现一种复杂的存在状态。正是以如上理解为基础,建立在生动性、丰富性、完整性之上的人之独特性才得以彰显。此时,人与人"可能彼此相像,他们可能有亲缘关系,但他们永不相同。没有两个人能以相同的方式举起他们的手,以同样的方式散步,用同样的方式歪着他们的脑袋"②,更没有人拥有同样的个性、旨趣与思维方式。这种人学观已渗透西方各国社会转型期基础教育的各个方面。面向新世纪,西方社会在教育改革中一改以往教育目标较为注重国家与社会本位、偏向意识形态与强调共性统一的特征,而进行教育目标的创新与改革。如 2000 年 10 月 4 日,俄联邦政府推出《俄联邦国民教育要义》这一教育发展与改革的奠基性文件。该文件充分倡导教育改革中以人为本,注重个人需要,强调个性化,突出"造就和谐发展的、有社会积极性的、有创造性的个人"的教育目标。英美等国的基础教育改革在政策导向上也大都体现这种精神。

复杂视角下的"人"论与其说发现了人的非理性方面,倒不如说它以新的思维范式重新思考了人的理性方面与非理性方面的关系,是对简单思维方式下二者关系中理性对非理性所处的绝对支配地位的纠偏,并从本体论的高度超越两者之间的抽象对立。它显示出,人的复杂之处在于"能够凭借本能,又不囿于本能,并超越本能,达到理性之升华"③。对人的这种理解,必然会为由复杂生命体参与其中并旨在培养复杂生命体的教育提供与简单教育迥然不同的前提和出发点。

---

① [德]马克斯·韦伯著,于晓等译:《新教伦理与资本主义精神》,北京:生活·读书·新知三联书店,1987 年版,第 15 页。

② [美]埃里希·弗罗姆著,王大鹏译:《生命之爱》,国际文化出版公司,2001 年版,第 5 页。

③ 夏军:《从精神整体到世界图景》,《哲学原理》,1996 年第 7 期。

第二,复杂教育是一种自组织系统。

在复杂视角下,教育作为一个自组织系统具有与简单教育完全不同的特点。

其一,功能输出的涌现特征。在复杂教育中,无论教师还是学生都拥有发挥其主动性的空间,但这非但没有导致教育运作处于一盘散沙的混沌状态,反而由于主动性的参与,使其自身呈现为一种充满活力的结构体。以此为前提,教育的功能输出也不是通过对组成教育的各个因素本身如教师、学生、教材等的严密控制而实现的,而是通过它们之间的相互开放与互动而涌现出来的。教育功能输出的这种特征与著名生物学家刘易斯·托马斯通过对蚂蚁的观察而得出的一个惊人结论相契合。他指出:"群体拥有自己的智慧、自己的能量,一个结构有序的群体就是一个相互作用的磁场。由于相互作用,群体变成了一个能够独立思考、统一谋划的'有机活物'。一只孤零零的蚂蚁,总是显得犹豫不决、无所适从,而由千万只蚂蚁组成的蚁群却能够将一只巨大的蚱蜢长途搬运到它们的巢穴之中,'逢山开路,遇水架桥',显得那样有条不紊、协调一致、准确无误。这时,每一只蚂蚁都变得精明能干起来,群体使每一个处于群体结构之中的个体一下子拥有了不可思议的智慧和能量。"①这种自组织性特质充分体现在西方学校课堂教学之中。在美国,评价高质量数学课的标准包括如下角度。(1)相关性:明确的教学目的包含在课程标准中,教学内容与学生水平相关。(2)联系性:联系已知与新内容,联系新内容和实际生活及其他学科。(3)平衡性:帮助学生懂得数学概念,能熟练计算并将所学加以应用,使三者之间达到平衡。(4)有序性:有层次地引进知识(由浅入深),逻辑推理由易到难。(5)多元性:用不同的方法教授数学能力不同的孩子。(6)评价性:用不同的方法了解学生掌握新知识的程度并依此调整讲课的内容。(7)创新性:教学法、活动、材料有新意,有吸引力,鼓励学生在探究中学习。(8)互动性:促进学生在学习中互动、自主参与、选择。(9)反思性:引导学生自我指导、自我反思、自我评价。(10)公平性:创设公平的、尊重不同智力程度的学生的、宽容的学习气氛。(11)责任性:促进学习中集体的发展及增强个人的责任感。(12)有效性:

---

① 鲁枢元著:《精神守望》,东方出版中心,1998 年版,第 233~234 页。

将大部分的时间用在数学教学内容上。① 依据这些标准,课堂之上教师、学生与教学内容体现出真正的互动。因此,学习目标的达成决不是一种机械规定,而是一种自组织的涌现。

其二,教育系统的开放与封闭保持必要的张力。所谓张力,是系统本身在维持自身存在和超越自身之间求得平衡的过程中所承受两种压力的动态相持状态。系统科学认为:"一个与环境没有任何交换的封闭系统不可能出现自组织行为,对环境开放即与外界进行物质、能量、信息交换的系统才能产生自组织运动。"②所以,对于教育系统来说,为了使自身充满活力并具备超越自身的能力,就必须对外在环境开放,以吸收信息和能量。20 世纪 80 年代以后,西方各国充分重视社会资源,校本课程开发出现了高潮,表现出学校课程对外部社会的开放。以英国中学历史课程为例。20 世纪 70 年代以后,人们对传统模式的历史课程教学进行了反思,掀起了所谓"新历史课"运动。此后对英国历史教学影响深刻的"学校委员会历史课计划",所推出的新课程大纲中第四单元是"历史在我们身边",其中设计的主题包括"乡村房屋""教堂建筑与陈设""乡村景观形成研究""城市的发展和建筑"等,要求学生利用可以看得见的证据,研究身边的历史,并且实地参观遗址。同时,教育中开放只是实现教育自组织运作的必要条件,过度开放可能会导致系统自身结构的瓦解。为避免这种情况发生,教育系统同样需要具有一定的封闭性,即相对的独立性。仍以西方社会基础教育课程改革为例,其校本课程开发并不是无度的,而是充分立足于学校的核心课程与各门学科的核心内容,在开放中实现外部资源与基础知识的整合。统观西方的基础教育系统,它在处理两种对立的倾向性压力——导向自身解体的开放倾向与维持自身存在的封闭倾向的时候,就充分考虑在两者之中保持适度平衡,从而使教育保持一种复杂性状态之下的混沌边缘状态。

其三,系统运作的不稳定性状态。系统运作的稳定性依赖如下几个基本条件:"(1) 对于给定的外部刺激有而且只有一个反应;(2) 任何输出与输入之间都有一定的比例关系;(3) 系统不多不少恰好是各部分的总和。"③但

---

① 安淑华、吴仲和:《何谓数学好课》,《人民教育》,2007 年第 11 期。
② 苗东升著:《系统科学精要》,中国人民大学出版社,1998 年版,第 138～142 页。
③ [英]拉尔夫·D. 斯泰西著,宋学锋、曹庆仁译:《组织中的复杂性与创造性》,四川人民出版社,2000 年版,第 21 页。

是,复杂教育的运作完全不符合如上条件。由于西方基础教育中对人之非理性特质的关注,再加上对教育内部各组成部分之间既相互竞争又相互合作关系的强调,使教育系统本身呈现为一种极为复杂的结构体。这种复杂的结构体在运作中对初始条件具有高度的敏感性。外部环境的些微变化或系统内部的些微动荡常常导致整个系统的重构并显示出新质,表现出教育过程的不稳定性。下面是一堂美国6年级以"混合测量"为学习内容的数学课实录。"老师在幻灯片上打出两张表,一张是物体、英寸、厘米,共有20项空格,另一张表是如何将厘米换算成英寸。开头,老师测量了课本、课桌,又让每个学生将卷尺拉到最大,看每个人的数据,老师领着学生填了三四项,便让学生去测量教室里任何东西,甚至可以到户外去。这一下,教室里像开了锅,有的去测量灯管,有的去测量鱼缸,有的测量自己的手臂,有的测量垂直高度。离我很近的一个墨西哥女孩胖乎乎的,甚是好玩。我让她测量自己的腰围,并邀请她测量我的腰围(我较胖),结果一量有87厘米,当然胖过小姑娘,她高兴地笑了。"①美国中小学课堂中这种"混乱"状态的出现十分常见。但这种不稳定的"混乱",非但不会导致整个教育系统的崩溃,而且,通过即时的调整与适应,隐含着更优化和更高级的秩序,并导致创造性教育输出。

239

第三,复杂教育追求受教育者的解放。

如果说简单教育通过严密而持续的控制实现对受教育者完整、丰富个性的压抑,进而使之屈从于外在规范与权力的话,复杂教育则旨在实现受教育者的解放。如上所述,对人的复杂性本质的认识与定位把简单教育中所压抑和排斥的非理性一面从幕后推向了前台,并对其价值进行了重新定位与估量。此时,人的非理性素质非但不是作为干扰教育的因素被剔除于教育过程,反而成为推进教育灵活运作的能量与推动力。在这种教育中,"没有凝固不变的观念或制度形成,也没有一种消极的外在规范,人的存在与生命之流的自然冲动相融合,人人都向往英雄的崇高行为,强烈地体现着生命冲动"②。所以,这种教育从其价值取向上即存在强烈地释放受教育者非理性潜能的意向,从而为受教育者的解放提供了保障。

---

① 唐劲松:《走进美国中小学课堂(上)》,《基础教育参考》,2006年第10期。
② 李瑜青等著:《人本思潮与中国文化》,东方出版社,1998年版,第285页。

为了实现受教育者的解放,复杂教育在实践层面努力突破简单教育僵化、刻板及程式化的运作,使自身的运作具有灵活变通性。这一点体现在教育运作的方方面面,如教育内容的丰富适应性、教育时空的灵活组合、教育评价方式的复杂多样、教育向生活世界的融入、教育研究的现场化等。在现代大工业生产中,传统的批量生产同一型号或少数几种型号产品的做法,已无法适应国际市场竞争日益激烈、市场需求迅速变化的新情况,于是产生了一种"柔性生产系统"。在该系统中,能"根据市场需要在极短时间内(有的生产线甚至能在一两分钟内)生产出不同型号的新产品,而且是批量小、型号或品种多的'系列产品家族'"①。教育的灵活变通性无疑体现了与现代工业生产中柔性生产系统所隐含的精神实质的一致性。此时,它不再是强行使受教育者进入教育"生产线"的活动,而是教育"生产线"主动地适应作为"产品"的受教育者需要的活动,这种逆转必然会促成受教育者的解放。

总之,复杂教育是在复杂思维方式指导之下,通过生成性的自组织使自身充满生机与活力,充分挖掘与利用受教育者的生命潜力,培养有个性的人与创造精神的教育。

第二节　社会转型期西方教育观念的变革

正如韦伯所言,"一切关于现实的知识都来源于某个特定观察点",这个"特定的观察点"即人们思维与洞视某一特定事物的思维范式。这个范式的改革必然带来对该事物一种根本性与全局性的新认识。源于 20 世纪中期、高涨于 20 世纪 80 年代的西方社会转型,在由工业社会向后工业社会转型过程中,滋生出以复杂思维方式为观察点的对教育的新理解。

一、教育本质观的转变:由技术操作转向艺术创造

简单教育是产生于工业化时代形而上学思维方式统摄下的教育,由于忽视人的各种可能性和以人为物的倾向,及教育过程中严密的控制、程式化

---

① 王锐生:《有个性的人——现代人的本质特征》,《江海学刊》,1995 年第 3 期。

的运作等因素,它逐渐沦为一种可标准操作的技术性行为。现实中流传的"学校即工厂""教育即机器""学生即产品"等说法即是对简单教育之技术性操作本质的鲜明描述。伴随复杂思维方式的融入,教育将以全新的面貌显现出来,表现出艺术审美的特质。

(一)复杂思维方式促成了教育作为艺术的存在方式

当艺术家创作艺术品的时候,尽管需要前期的准备与预期,但是,一旦进入创作过程,他不会机械地囿于计划,为计划所累,而是以创造性的方式,即时地利用自己的想象与灵感,智慧地完成对作品的创作。例如,扬州八怪之一的郑板桥擅长画竹,对于自己画竹的体验,他作出如下论述:"江馆清秋,晨起看竹,烟光、日影、雾气,皆浮动于疏枝密叶之间。胸中勃勃,遂有画意。其实,胸中之竹,并不是眼中之竹也。因而磨墨展纸,落笔倏落变相,手中之竹又不是胸中之竹也。总之,意在笔先者,定则也;趣在法外者,化机也。"①显然,这一过程显示出自组织运作的特征,表现出囿于法则又超乎法则的境界。复杂思维指导下的教育运作无疑和这种艺术创作方式相一致。因为,在教育的现实运作过程中,其展开绝不是一种外在严格预期与精密计划的复演,而是以自组织方式运行的自我推进与展开。这一过程表现出的特有的灵活变通性与"形散而神不散"的艺术化境界,也是社会转型期西方基础教育的真实写照。以德国柏林州课程管理系统为例来说明。柏林州教育局在课程管理中拥有很大权力,它负责组织研制并审定最基本的课程标准和分科大纲,这在一定程度上保证了柏林中小学课程的相对统一。但学校在课程管理中仍负有重要使命,拥有相当大的活动空间。它不仅组织教师参与教材的研制与审查,负责教材选用,更重要的是,学校在执行州教育局颁布的最低课程标准的前提下,可根据本校的情况和教育理念自主决定本校的课程设置及课程模式。这种课程管理体制,既保证了教育行政部门对中小学课程的必要控制,又充分发挥了学校及教师在课程建设和课程管理中的作用。这种课程管理模式所体现的精神,也体现在美国、英国等国家,进而辐射到其学校教育的各个方面。

艺术家在创作的时候,绝对不是作为纯粹的理智的人而存在,而是作为

241

---

① 韩进廉著:《无奈的追寻——清代文人心理透视》,河北大学出版社,2001年版,第263页。

一种复杂的理性与非理性的统一体而存在。创作过程中,艺术家和作品之间绝不是"我"制造"你"的关系,而是一种精神世界的相互开放与交融的关系。也就是说,艺术家的精神世界已进入作品之中,作品蕴含的精神世界同时也向艺术家开放。所以,二者之间构成双向塑造的关系。复杂思维方式所彰显的人的复杂性,预示了教育过程中的人表现出艺术家的特质。无论教育者还是受教育者,他们都作为有灵性的艺术生命体而存在,并表现出无与伦比的复杂性。这种对人之复杂性的体认在教育中人与人的关系上,必然超越简单教育过程中那种形式化的、囿于认知层面的浅层次关系,而凸显复杂的立体网络状连接关系。因而,在复杂教育中,师生之间、生生之间存在精神上的真正交往与相契。在 20 世纪 70 年代末 80 年代初的美国,关怀伦理学出现绝对不是偶然的,它反映出社会转型时期对师生关系的新认识。目前,这种伦理观支配下的师生关系贯穿西方诸国的基础教育之中,表现为教育者和受教育者都能发挥与展示各自的精神能量,在互通与互融中推动着教育过程的展开。在这种状态下,教育过程成为一种依托情感与想象推动的过程。情感与想象是艺术的灵魂,艺术活动之所以有震撼人心的力量,根本原因是此活动中蕴含着深厚的情感与丰富的想象力。复杂思维方式指导下的教育之所以作为艺术而存在,根本原因同样是教育活动中人之浓厚的情感与丰富想象力的介入。在复杂教育运作过程中,教育者以这样的眼光看待受教育者。"学生千差万别,每一个孩子都是一个世界——完全特殊的独一无二的世界,而且他们又千变万化的,永远是新的,今天与昨天就不一样。这些不断变化的小世界又相聚在一起,组成了丰富多彩、相互影响的小世界群;而这些小世界群又生活在更加丰富多彩、更加变化莫测的大世界中。"①这种眼光的背后隐含着对学生的浓浓关怀并引导他们积极回应,它不再把教师仅仅看做知识的灌输者、刻板的管理者等,而是负载情感、启迪心灵的引导者。此时,一种张弛有序、激荡灵性的教育氛围即已形成,教育中的良性互动得以建立,教育活动的艺术物质得以展现。

(二)复杂教育作为一种艺术的表现:审美性与创造性

复杂教育作为一种艺术,决定了它具有明显的审美价值,这主要体现为它能给参与其中的人愉悦的情绪体验。工业化时代的西方学校,沦为一种

---

① 熊华生:《论教育是一门艺术》,《教育研究与实验》,1991 年第 2 期。

外在强制力量控制下的技术操作,教育中的人以残缺不全的存在进入教育过程之中,人们在其中感受到的更多的是压抑。此时,教育不可能表现出美的性质。在社会转型期,体现复杂性精神的西方教育则相反,教育中的人都是以一种"活"的生命参与其中,于是,教育者与受教育者之间形成了一种协调的互动与理解的关系,这就决定了此教育内所蕴含的巨大的精神能量能发挥出来并形成自组织运作。参与其中的人感受到不再是沉重的压抑,而是实现了发自内心的自由探索的愉悦。下面是一则美国小学课堂教学的实录。在阅读课上,"老师:(打扮也是如此。)你们看,你们每个人平时都打扮得漂漂亮亮的,千万不要突然邋里邋遢地出现在别人面前,不然你们的朋友要吓着了。女孩子们,你们更要注意,将来你们长大和男孩子约会,要是你不注意,被你的男朋友看到你很难看的样子,他可能就吓昏了。(老师做昏倒状,全班大笑)"。这位老师机智地在人的邋里邋遢与文章的邋里邋遢之间进行了比拟,以彰显阅读、写作美文的重要。笑声不断是美国中小学课堂教学的现实,我们不要小看这一点,正是在这种笑声中,蕴含着教育过程中美的一面。教育中的这种美还体现在西方学校教育的其他方面,如教育自组织过程中表现出的生机之美,教育时空的灵活转换之美,教育结果中的"百花齐放春满园"之美等。

243

教育的审美性也体现为教育追求超越了"劳作"的层面而被提升为自我意义的追求。简单教育中,由于教育者和受教育者的行为都是在外在强制力量的控制之下进行的,决定了其行为根本上是在不得已而为之的心境下进行的,并不可避免地使其行为沦为很少引起愉悦的"劳作"。"在发达的工业化国家里,青少年愈发边缘化了——作为现代工业化国家,'美国儿童的贫困率(精神贫困,作者加)居所有工业化国家之首'。以理性为中心的灵魂无法理解'在世界中游戏'的深刻含义。"①厌学、厌教现象在很大程度上的存在即是明证。但是,在复杂教育中,教育活动以尊重人的丰富性、独特性为基点而展开,个人在其中感受到的不再是压抑,而是对自身人生意义的丰富。此时,无论在课堂上,还是在整个教育场域,教育与"游戏"之间的桥梁被架构起来。这样,教师与学生跳起对话式舞蹈,这样一来,青少年不至于

---

① [加]大卫·杰弗里·史密斯著,郭洋生译:《全球化与后现代教育学》,教育科学出版社,2000 年版,第 150 页。

被抛弃,教师在思想和行动上也不至于患上僵化症。此时他们体会到的不再是"劳苦",而是游戏式的"愉悦"。在这种"愉悦"的感受之中,教育升华到一种美的境界。

实际上,在现实教育中不乏优秀教师突破教育的刻板运作而使其呈现审美特征的例证。这是一节美国小学题目为"船"的英语课:"通过一段儿歌的引导,老师介绍了各种各样的船,有货船、油船、驳船、邮轮等,然后转到教室的后面。那里有一幅老师自制的大海的画,是张蔚蓝色的衬纸,上面有的地方有波浪,有的地方一平如镜,还画有海底世界。老师手拿各种船的模型(也是自制的),一边在海面或海底航行,一边问孩子这是什么船。孩子们回答十分踊跃,热闹极了。然后,老师回到前面的黑板,指着一首儿歌,教孩子们唱歌。

> Ships, ships, powerful ships
>
> They can be large ones
>
> They can be small
>
> Always, they are boats
>
> That sail very tall
>
> Ships, ships, powerful ships
>
> Work on the sea for us all
>
> ……

同时,老师走到讲台边的钢琴旁,熟练地弹起了钢琴,动听的儿歌,配上优美的钢琴声,美妙极了!"①

这样的教育是一首美丽的诗、一幅迷人的画,其现实运作与内在追求早已超越教师管理与控制下知识授受型教育的层次,而升华为一种陶冶灵性、丰富精神的审美运作。

复杂教育是一种极具创造性的艺术创作活动,这在教育者与受教育者的行为之中都有体现,在两者的理解性交往中体现得更为明显。因为,在复杂教育中,参与教育的人的复杂性决定了他们都是作为具有独特文化积淀、对外开放的人而存在。教育过程中的复杂关系与动荡决定了这种教育运作绝不是程式化和可重复的东西,而是体现"无意于法则而合于法则""从心所

---

① 唐劲松:《走进美国中小学课堂(下)》,《基础教育参考》,2006 年第 11 期。

欲不逾矩"的境界。对于教育者来说,其所处教育场域中的行为绝不是囿于一种普遍性的规律或者对其他优秀教育者教育行为的机械模仿,而是基于其丰富而独特的个性并根据实际情景的要求的推演。对于此,美国学者伊斯·韦尔说过:"最富于创造性的教育家很少从现存的东西中获得技能,他们会运用这些模式,但不是把它们当灵丹妙药,而是把它们看做激发他们自己活动的启示。"①对于受教育者来说,由于他们是作为具有主动性、超越性的人而存在,其行为也会因注入个人的情感、意志、想象而超越简单教育下那种机械重复与盲目接受的性质,并实现创造性的理解与发挥。这既体现在其对学习方式的自主性选择与运用上,也体现在其对教育内容的个体性把握与理解上。此时,双方构成了一种"共在"关系并成为教育运行的推动者,教育的意义即在这种双方相融、共在的关系中创造性地"涌现"出来。

二、教育价值观的转变:由控制转向解放

我们可以从两个角度说明教育的价值追求,其一是从教育结果的角度,其二是从教育过程的角度。简单教育是西方工业化社会的产物,其价值追求在教育结果上表现为旨在培养这种社会所需要的统一与标准化的人。为了实现这一点,在教育运作上,它力争通过机械而持续的控制把受教育者嵌入标准化的模具之中。关于这一点,本研究已在第一章较详细地给予了说明,这里不再赘述。但是,伴随着复杂思维方式的融入,教育在价值追求上正在发生全新的转向,那就是适应社会转型期后工业化社会对有个性的人的呼唤,突出教育价值追求上的解放特质。

(一) 复杂教育自组织运作方式是对简单教育程式化运作方式的一种解放

在简单教育中,教育的运作是靠一整套外部控制与操纵指令实现的有序运作。这种运作过程把时间、空间、人、物等因素按照教育中的"规律"组织起来,使教育与物质生产部门的工艺流程极为相似。其显著特点是通过横向上的分科教学制度与纵向上的分级教育制度,把整个教育分解为一道道工序,而每一道工序又可进一步分解,直至最后显示为一种明晰可辨的操作规程。在至为微观的教学过程中,运作步骤同样追求绝对的有序化。这种运作旨在消除教学过程中的"涨落",使教学过程中的每一细节、每一步骤

---

① 何齐宗:《论教学艺术的创造》,《江西师范大学学报》(哲社版),1994年第1期。

都循法而为。这样,这种教育的运作固然有序,但教育运作却被规限在僵化程式之中并丧失了生机与活力。

伴随着教育视角向复杂的转换,西方基础教育开始追求与简单教育迥然不同的运作状态,即以一种自觉与自为的自组织运作方式呈现出来。根据复杂理论,系统的自组织运作,"不是按系统内部或外部的指令完成的,而是自主的组织化、有序化与系统化的"。"自组织是系统本身各种因素组织起来的走向,是系统固有的一种演化发展的能力。"①西方诸国在教育政策导向上趋向于民主精神,进一步体现为在教育体制上打破科层制教育系统并实施教育管理上的弹性化,在微观的教育过程中如课堂上,学生的权利日益得到尊重。例如,美国小学的课堂气氛往往十分活跃,儿童可以自由活动,自由发言,可以在任何时候打断教师的讲课,提出问题,而且不管儿童提出什么样的问题,即使是荒谬离奇的问题,美国教师都不会觉得烦,相反会因势利导把学生的提问引向开放性的、启发性的问题,并鼓励学生发表见解。因此,美国儿童敢于向教师的权威观点挑战。另外,他们可以选择适合自己的学习时间和学习方式:一是学生可以决定自己的学习进程,二是学生可以自由选择采用独立学习或小组学习以及选择合作伙伴。因此,当学生对某些课缺乏兴趣时,可以学习其他课或多花一些时间去学习感兴趣的课程。教育过程中的这种"涣散"暗含着工业化时代程式化教育的破冰。教育从恪守规章的线性运作中解脱出来,体现出"教育无法,是为常法""教育无模,是为常模""教育无程式,是为真程式"的现实与追求。

(二) 复杂教育输出中对受教育者的解放

如第一章所述,简单教育所培养的人表现出明显的非完整性,具体言之即有片面知识的人,被动人格的人,标准化的人。概言之,那就是受教育者都是以标准化"产品"的形式在统一的模子中被铸造出来。这种产品不是以艺术品的形式被创造,而是以批量化复制品的形式被复制。美国哲学家巴雷特认为:"一件伟大的艺术品决不能予以复制——艺术史一再向我们表明,照葫芦画瓢只会导致拙劣的仿制品——因为它是从人的心灵深处涌现

---

① 赵凯荣著:《复杂性哲学》,中国社会科学出版社,2001年版,第91页。

出来的,而人的心灵实际上像其他一切事物一样演变着。"①所以,适应工业化时代思维方式的西方学校教育所培养的人,作为复制品,其潜能、可能性与灵性都被教育这台巨大的"复印机"淡化乃至扼杀,教育的输出沦为对受教育者的外部强制规定与限制。

伴随着复杂思维方式介入对教育的指导,教育运作向自组织运作方式的转变,受教育者作为理智化、可被操纵与控制的存在被代之以主动的、具有丰富个性的存在,再加上教育运作的即时性与灵活性安排,教育活动显示出对受教育者来说量体裁衣的特征。英美等国的中小学生在学校里享有较大的自由,他们不穿统一校服,上课不用端坐在桌前,可以歪着、斜着、半躺着,或坐在地毯上。课上可以随时去洗手间,讨论问题发言可以举手也可以不举手,可以任意向老师提问,可以去找书、拿文具等。我们把这种情况称为西方学校中纪律的"涣散",这种"涣散"的背后却是受教育者身心的自由。美国的教学不要求学生对问题的回答是标准的或统一的,而是鼓励学生给出不同的答案或提出新的问题,促进学生大胆想象,充分发掘学生的内在潜质。此时,对受教育者来说,学校教育不再是一种削足适履式的禁锢,而是一种适应式的解放,这使得他们在外显的身体行为与内在的精神两方面都获得了自由。于是,受教育过程在终极意义上变成了自我塑造与自我建构的过程。此时,"教育作为一种实践活动,究其根本而言是由于人'不是力求停留在某种已变成的东西上,而是处在变易的绝对运动之中',是出于人永远不会满足于自己所已经拥有的规定性,力求创造出自己的新的规定性"②。这样,教育所培养的人成了一种应然与实然的统一体,从而实现这样的人学理想,"人是宇宙间唯一能够'是其所是'和'不是其所是'的存在物"③。

（三）复杂教育实现了对教育意义的解放

工业化时代的西方基础教育,由于以理性主义知识观为基本出发点,再加上教育实践操作中严格的控制与管理,教育的意义被禁锢在一种绝对客观化的、确定性的认知层面。教育的意义被窄化为仅仅是知识的记忆与存贮,致使受教育者在接受如上知识的过程中,很少甚至没有触及他们的灵

---

① [美]威廉·巴雷特著,杨照明等译:《非理性的人》,商务印书馆,1999 年版,第 25 页。

② 鲁洁:《教育:人之自我建构的实践活动》,《教育研究》,1998 年第 9 期。

③ 王啸:《教育即自由》,《上海教育科研》,1999 年第 8 期。

魂。伴随着西方社会转型期复杂教育观的确立,教育的意义在范围上得以拓展,在程度上得以深化。从这个意义上说,复杂教育实现了对简单教育之意义的解放。

复杂教育中教育意义的解放,主要得自于对人之复杂性的体认。因为,人一旦作为复杂性的存在进入教育之中,教育者和受教育者在教育意义生成的过程中就会担负起教育文本主动解释者的角色,个人的历史积淀与非理性因素都会参与其中。此时,教育的意义不再是外在于人的、不可更改的权威性规定,而成为基于教育者与受教育者实质性交往前提下的涌现。这样,教育的意义超出客观化语言符号的界限而表现出极大的丰富性与可变通性。这一点和维特根斯坦在探讨符号和语言实质性意义之间关系时所持的观点相契合。他认为:"语言与现实、语句与意义之间并不存在某种对应关系。语言中的一般名词也不反映共同的逻辑本质或客观意义,一般名词只表示一种'家庭类似',如同家庭成员之间在身体、相貌、性格、步态等方面交错出现的相似性,这些相似性并不是家庭所有成员的共同性。由于不存在语言的共同逻辑本质,语言也没有先天的意义,语言的意义就在于运用它时的用法。由于语言的用法多种多样,它的意义也就是多种多样的。"①这种对教育的理解引导出风靡于西方社会的后现代主义课程观。"课程辩论必须指向理解课程,指向个人与教育的时刻相关的建构,指向自传的、审美的、直觉的和预期的经验发展,指向从个人与知识、与其他学习者相互关系的理解中显现的社会文化和社会政治关系,指向世界,最终指向自我。"②英美等国基础教育课堂上缤纷多彩的教育行为体现了这种课程观。在一节美国高中社会科学课上,老师问:"什么是民主?"一个男生作出一个很有创意的回答。他当着全班同学的面,脱掉上衣,光着膀子在教室里走了一圈,说:"这就是民主!"全班哄堂大笑,老师也忍俊不禁。我们姑且不谈这个学生对"民主"的理解是否恰当,但这种行为本身即反映了在西方社会转型期的课堂上,受教育者是作为活生生的生命体进入教育过程的。

---

① 韩震:《论后现代非理性主义的新特征》,《社会科学辑刊》,1995 年第 2 期。

② 孙来成:《走向理解:斯拉特瑞的后现代课程观》,《乐山师范学院学报》,2007 年第 11 期。

三、教育规律观的转变：由绝对转向相对

"规律是事物之间的内在的本质联系。这种联系不断重复出现，在一定条件下经常起作用，并且决定着事物必然向着某种趋向发展。规律是客观存在的，是不以人们的意志为转移的，但人们能够通过实践认识它，利用它。"①这种对规律的认识实质上是一种理性主义规律观。此时，规律被赋予客观性、可重复性，并外在于认识主体等而具有绝对性。简单思维方式下的教育规律观实质上是理性主义规律观在教育中的反映，它在近代真正确立并日益走向极致化的过程，就是人们力求寻找教育"规律"并使之支配教育实践的过程。夸美纽斯是近代寻求教育"规律"第一人，在其《大教学论》中，开篇即提出本书的主旨在于寻找一种把一切知识教给一切人的"方法"，使整个教学过程的组织如同复杂的钟表运行。在这里，夸美纽斯所渴望寻找的"方法"实质上即教学"规律"，这种"规律"确实也被找到并践行到基础教育阶段的西方学校之中，那就是应用至今的班级授课制的集体教学。此后，经过不少教育家孜孜不倦的追求与进一步完善，这种教学制度在时空上得到拓展，在内涵上得到深化。其中，时空上的拓展表现为教育日益走向体制化、正规化，构成了纵横交错的教育之网，各级各类的学校横向契合与纵向衔接都是遵照教育"规律"而行。统观欧美等西方诸国的学制系统，我们可以明确地感受到这一点。这种教育规律观在内涵上的深化表现为教育的理论研究日益精细与丰富。早在 19 世纪上半期，赫尔巴特同样进行了探索教学规律的努力，提出了"明了、联想、系统、方法"的教育过程观。后来，这种理论被进一步发扬光大，并被精细化为各种教学理论、课程理论、学习理论等。

工业化时代各种教育理论所涉及的范围各不相同，却体现出内在精神的一致性，即倾向于对各种客观性"规律"的揭示。这种规律在工业化时代形而上学思维方式之下具有如下特征。其一，在这种对教育规律的揭示与论述中，教育内部与外部的众多要素往往被简约化，有的甚至被当做无关紧要的东西而排斥出去。所以，这种教育"规律"经常表现为把复杂多变的教

---

① 中国社会科学院语言研究所词典编辑室编：《现代汉语词典》，商务印书馆，1998年版，第 474 页。

育情景还原为由几条简单而抽象的命题所组成的教育原理,如把教育与活生生的社会生活的关系约化为"社会决定教育,教育反作用于社会",把丰富多变的教学过程规定为组织教学、讲授新教材、巩固新教材等线性程式。其二,在对这种教育"规律"的阐述中,教育中的人被抽象化,丧失了本来的丰富性。"学生""差等生""教师""教育管理人员"等名词都是被抽空了个体独特性的外在规定。这样,教育中众多的"规律"都由于参与教育过程中的人之抽象性而成为教条。其三,简单教育中的教育"规律"是外在于人的。无论教师,还是学生,他们都应该力争发现"规律"并使自己的行为严格遵循"规律"的要求,作为有情感、有意志的生命体被规划在各种"规律"所预设的程式之中。总之,简单视角下的教育规律观为我们展示了一个静态的、可重复的、稳定的机械性世界。在这个世界中,教育过程显示出明显的程式化。仅以课程为例,"这种序列化视1、2、3、4以统一的步子向前推进,每个数是前面数字的相加。这种逐步推演的运作来自达尔文的进化观念,也遍及我们的课程概念。两个概念都从步调一致、渐进式累加的步子来看待变化与发展。教科书采用序列的、逐步的次序,教学大纲也是如此,甚至家庭作业和教学方法也体现这一次序。它是当今从小学一年级到大学的课程都具有的暗含的但却是主导的方面"①。

在这种规律观的视野中,教育输出也表现出准确的可预期性。"因果关系的概念,在前现代思想里体现为接近原因、有效原因、必要原因和无所不在的第一因;在牛顿的手中则形成新的陈述——这种陈述延续至今成为我们看待变化的自然方式。每一个结果都有一个先在的原因,结果不会自然地产生,同样的原因必定带来同样的结果。可预测性不仅得以保证,而且是完全的和绝对的。"②以此观念为指导,教育的初始条件与输出之间形成了规律性的联结,教育结果成为诸多规律的外化。

教育乞求外在客观化规律的支配有其深厚的认识论根源,我们可以把简单视角下的教育规律观看成理性主义认识论下的教育规律观。"诚如所谓'后现代主义者'帮助我们理解的那样,现代主义的贫困表现为万物皆从

---

① [美]小威廉姆·E.多尔著,王红宇译:《后现代课程观》,教育科学出版社,2000年版,第50页。

② [美]小威廉姆·E.多尔著,王红宇译:《后现代课程观》,教育科学出版社,2000年版,第50页。

西方传统特有的、根深蒂固的偏见出发,即认为概念、公式、观点等总是一劳永逸地作为现实的,最终指向某种固定的、封闭的、可命名的东西。其基本态度和腔调是极为专横的。这种随柏拉图、基督教、笛卡儿传统而产生的西方式决心,旨在让事物正确,不仅只是认识论上的正确,而且要充当正确,要把各自的生命宣称为正确。"①此时,在理论研究层面,教育理论的任务即是揭示教育规律;在教育运作层面,教学有教学的规律,学习有学习的规律,评价有评价的规律,教学和学习内容本身即是对知识的规律性组织与描述等等。这种规律观当然有其成功与辉煌的历史,它是与前现代工业化社会相适应的。

伴随着复杂思维方式的引入,我们就会发现,简单教育语境下的诸多"教育规律"实质上并不是可以超越时空、放之四海而皆准的确定性真理,它只不过是对适应特定历史时期的教育运作所进行的描述而已。"只要将现代教育和儿童问题置于启蒙运动这一工具客观理性运动及同期的科学崛起的背景下,就会发现该遗产的贫穷之处。该贫穷明显地表现为教育领导者无力处理日常生活中以年轻人对教育工程发出诘问的形势而凸显出来的问题。青少年表现出的对教师和校领导的愈来愈强烈的反叛精神或无动于衷,可以解读为年轻人的质问:在学校所花的时间只是在学习,还是服务于其他目的——完成某些人关于命运的定义?对于青少年而言,官方规定的关于在学校9至12年的真正理由,从深层意义上讲,一点也不清楚。"②这样的追问还可持续下去,同一年龄的儿童在同一时间入学合理吗?我们为什么在受教育过程中采用一级一级升迁的机制?孩子们在学校里所接受知识的价值真的是不容怀疑并绝对必要的吗?正是后工业化时代人们的这种追问,如上诸多"规律"才逐渐丧失其普遍适应性而为另一种具有形成性特质的情景性规律所替代。之所以如此,是因为伴随复杂思维方式的引入,人的复杂性被凸显出来。此时,人不再仅仅是一种纯理智的存在。作为一种复杂的存在方式,在其身上不仅表现为理智,同时也表现为情感。他们不但需要获得生存的能力,还要明确生活的意义。这样的人一旦进入教育之中,教

①〔加〕大卫·杰弗里·史密斯著,郭洋生译:《全球化与后现代教育学》,教育科学出版社,2000年版,第147页。

②〔加〕大卫·杰弗里·史密斯著,郭洋生译:《全球化与后现代教育学》,教育科学出版社,2000年版,第145页。

育中的众多因素则会被赋予各种丰富与变化的意义。于是,教育中各种错综复杂的关系得以出现,并引导出非秩序化与非规律化运作。审视社会转型期西方世界基础教育中丰富多彩的课程——这些课程在简单教育中可能无立足之地,反思西方基础教育课堂中大量的不循规蹈矩行为的出现,我们都会感受到简单教育中如此众多的所谓"规律"正在走向瓦解。

复杂思维方式之下,教育规律的相对性表现为如下两点。

其一,教育规律的情景性。教育规律的情景性指教育规律的呈现和发挥作用与具体教育时空、具体的个人紧密相关。此时,教育活动的顺利展开不应该是绝对依照某种规定而进行的程式,而应该是融于特定教育场景之中。这样,教育手段的选择与运用、教育节奏的把握、教育意义的揭示、学习结果的评价等,都没有绝对的规律。教育规律存在于教育中人与人、人与物的诸多联系之中。以课堂教学为例,如果某教师是一位优秀教师,在教学中极为成功,这种成功绝不是他掌握了某种规律性"诀窍"的结果,而是由于他在具体教学中善于根据特定教学内容、学生的即时性反应而作出机智的处理。即便对同一个人而言,将一次成功教学中所应用的方式与程序作为"规律"照搬到另一次教学中,其效果肯定会大打折扣,甚至适得其反。对于其他教师而言,如果机械模仿此教师的教学方式与教学风格,其结果可能更不理想,甚至会产生东施效颦的结果。

在英国的一次课堂上,一位叫 Jim 的教师在讲授 engage 词义及用法时,课堂对话如下。"Tom:Is your mother engaged? Jim:Engaged? She has three children, you see!"教师解释道,engage 常表示① 没空(＝be busy);② 订婚。Tom 问的显然是前者,而 Jim 却故意指称为后者,进而表现出吃惊也很"生气"地回答:"订婚? 她孩子都有 3 个了!"笑声过后,教师才指出:be engaged in (doing)sth. 意为"忙于做某事",be engaged to sb. 意为"与某人订婚"。又如,英国著名学者理查德·波尔森精通古希腊文学艺术,在评论界享有声誉。有一个年轻学者曾鲁莽地建议要和波尔森合作研究。波尔森耐心地听完了他的分析,对他的狂妄很不满意,便对他说:"你的建议极有价值,把我所知道的和你所不知道的加在一起,那就是一部巨著。"这样的教育方式就其效果而言是显而易见的,鲜明地表现出教育规律的情景性。无论是 Jim,还是波尔森,他们都跳出常规,以超乎"规律"的方式进行了教育或教学。所以,具有情景性特征的教育规律是一种融于教育"事件"的规律。

何谓事件？根据莫兰的看法，它表示偶然的、随机的、独特的、具体的、历史的东西，可用如下含义解释："事件的偶然的、随机的、不可知的、独特的、具体的、历史的本性取决于我们据以考察它的系统。同一个现象可以在一个系统里是事件，在另一个系统里则是要素。""起转变作用的事件往往产生于一个有序的原则或有组织的系统与另一个有序的原则或有组织的系统的相遇、相互作用，或者产生于一个具有任何起因的扰动。毁灭、交换、联合、共生、突变、倒退、前进、发展，都可能是这类事件导致的后果。"①进而推之，教育中的事件即教育运作过程所表现出来的偶然性、随机性、具体性、历史性等。在这种运作过程中，教育规律不可能以所谓稳定的结构、模式、必然的形式呈现出来，而是和具体教育情景的如上特征相联系。

其二，教育规律的过程性。规律的过程性即规律依赖于时间延伸与行为而展开过程。教育规律的过程性指教育规律并不是外在于教育过程的强制规定，而是存在于教育活动的进行之中。"今日主导教育领域线性的、序列性的、易于量化的秩序系统将让位于更为复杂的、多元的、不可预测的系统或网络，像生活本身一样，永远处于转化和变换之中。处于过程之中的网络是一种转变性的网络，不断地发生变化——超越稳定性以激发内在于不稳定性的创造性潜能。"②以此为出发点，教育过程必然时时伴随着动荡、分叉与偶然。此时，实际的教育过程伴随着时间的推移，省略的、未知的、未预见的因素都可能出现，干扰着教育进程，使得教育活动不得不偏离原定的模式与路向，进入非规律的轨道，产生出非预期的新结果。所以，教育过程的展开是具体的、变化的、不可重复的过程，在这一过程中，以简单决定论为根本指导的教育规律之普遍性、稳定性、必然性与外在于人等，将会失去存在的根据并被赋予发生学的意义。对此，鲁洁教授有过明确的论述。"从发生学的意义上来说，进入教育实践活动中的主客体都不是预成的，他们都是主体实践创造、重建的结果，因此也就不存在一种预成的、永恒不变的必然性与规律，任何一种必然性都形成于一定的教育活动之中。固然，以往的实践结果为新的、后续的教育实践提供了前提，并决定了它的大致方向，但这种

253

---

① [法]埃德加·莫兰著，陈一壮译：《复杂思想：自觉的科学》，北京大学出版社，2001年版，第201页。

② [美]小威廉姆·E.多尔著，王红宇译：《后现代课程观》，教育科学出版社，2000年版，第51页。

前提条件又会在新的、后续活动中不断被改变,这种改变也形成了新的必然性,新的规律。"①

教育规律的相对性向我们展示出这样的教育世界:教育是为人的,而非人为的教育。但是,在工业化时代的学校里,几乎每一门学科都充斥着各式抽象的理论,揭示所谓教育"规律"的教育理论各学科也是如此。在具体的教育实践中,教师与学生也都苦于各种抽象的设计,并要应用各种各样规律性的操作方式,如教育模式、教育手段、教育程序等。此时,所谓的教育规律与生动的教育情景割裂开来了。专注于各种各样教育"规律"及其实现的时候,教育的生命正在一点一点地被损害、被侵蚀。要走出教育的这种困境,我们认为,就应该致力于教育规律观的转向。我们应该认识到,"师资培训时所学到的教学方法,在具体的课堂教学的复杂性面前,可能捉襟见肘;而对付这复杂性,恰恰不是要求我们开出更新的控制良方。相反,它要求我们对课堂中所发生的一切——学生的和教师本人的生活和经历——保持极端的开放态度,要求我们有能力按照独特性予以解决。要具备这个能力,我们必须真正理解自我和他人是在分享着现实,在该现实的最深层是某种为大家共有的东西,某种使一人和所有人能够像在交响乐里一样共同生活下去的东西"②。

四、教育过程观的转变:由静态转向生成

如果说教育中简单性思维方式表现为形而上学、静态与封闭思维等特征的话,那么,教育的复杂视角则表现出一种生成性思维。这种思维方式的基本要求是"按照组织的方式进行思维",其基本含义为:"组织不能化归为若干关于有序性的原则、几条规律。组织需要一种极为精心构思的复杂思维。一个关于组织的思维如果不包含着通过环境的自我组织的关系(也就是说与环境的深刻而紧密的关系),如果不包含部分和整体之间的全息的关系,不包含回归的原则,这样一种思维必定是片面的、肤浅的、含有错误

---

① 鲁洁:《教育:人之自我建构的实践活动》,《教育研究》,1998 年第 9 期。

② [加]大卫·杰弗里·史密斯著,郭洋生译:《全球化与后现代教育学》,教育科学出版社,2000 年版,第 275 页。

的。"①以这种思维方式思考教育过程,教育过程则展现出如下特质。

第一,教育过程非稳定态的运作方式。

工业化时代,西方的学校教育在展开过程中表现出规律性的稳态运作方式。之所以如此,原因有二。其一,是学校教育本身形成了时空独立且封闭于外在环境的系统,此系统对外部社会及其变化越来越不敏感,这固然摆脱了诸多外来因素负面的干扰,但也失去了从外部汲取能量的机会。从这个角度讲,学校教育作为一个系统,更多的是作为一个封闭的结构体而运行,表现出相应的稳定性。其二,就其本身而言,系统内各组成要素被规定为无生命的机械存在物。各个要素之间的关系也只是靠强制性的制度而维系。这也决定了其运作呈现稳定的运作状态。自 20 世纪 80 年代西方社会转型以来,时代的变迁以其不可抗拒的能量开始突破学校教育与社会之间的壁垒,外部社会变化而致的复杂思维方式的出现得以渗透到对教育过程的认识中来。根据莫兰提出的"行动的环境论",任何人类行动从它开始进行时起,就逃脱了其发起者的掌握而进入社会固有的各种因素复杂多样且相互作用的游戏中,这个游戏使该行动得到改变。后工业时期的西方学校教育过程即是如此。就组成学校教育的各个要素而论,教育过程中人的要素即教育者与受教育者被激活,这具体表现为参与教育过程人的主体意识被唤醒。例如,在课程改革领域,美国施布瓦和英国斯登豪斯所倡导的"实践类课程开发模式"和"过程模式"一经提出,立即受到美英等西方诸国教师的欢迎与参与。"教师即是研究者",在西方教育领域已经不再是一种口号,而成为广大教师切实践行的行为。这既表现在课堂教学中,也表现在课堂教学之外,中小学教师与学生共同承担科研课题成为西方学校教育的一道风景。在英国,学校极为重视学习者对课程的参与,推动课程结构的主体化,形成新课程的结构,它把各类设计性课程列为必修课,如设计与技术课把产品开发、工业生产、生活环境问题带进课程中来,使学生成为新产品的发明者和使用者,这就使课程不再是理智的构成,而是可见可感的现实。另外,在后工业时代,伴随着社会生活的复杂化与社会价值观的多元,学校教育课程文本的意义之多种可能性也被突出。这体现为西方学校教育中各种

255

---

① [法]埃德加·莫兰著,陈一壮译:《复杂思想:自觉的科学》,北京大学出版社,2001年版,第 152 页。

权力的解构与中心的散点化。就学校教育与外部社会环境的关系而论,两者之间的联系骤然加强。西方各国在短短几十年间所颁布的大量关于教育改革的指导性文件,都表达了加强学校教育与现实生活之间联系的精神,教育回归生活世界已是当前西方学校教育的方向与现实。如加拿大各省颁布的《课程设计要求》明确规定,要加强课程结构与本地社会生活的沟通;英国在其《课程2000》文件中,也提出了加强社会人文课程、促进社会与教育协调发展的要求。

这样,西方的学校教育成为动态的、多元因子组成的社会单元,教育运作过程中的人与物、有形的和无形的各种相关要素表现出各自的独立地位,同时,它们也处于多种关系之中。如上因素相互制约,相互影响,致使教育始终处于多变与不稳定的状态中。贯穿于社会转型期的各国基础教育改革的此起彼伏,微观课堂上表现出的活力与生机,昭示着这种不稳定运作状态的深化。

第二,教育过程的关联性。

教育过程的关联性指教育过程是一种关系的存在,而不是各要素的机械静态的拼接。教育运作过程呈现了各种各样的关系,如教育与社会的关系,教育中人与人的关系,人与物之间的关系等。其中每一对关系都会衍生出更下位的各种关系,如在教育与人的关系层面,即存在教育与生理的关系、教育与心理的关系等。在工业化时代,教育过程也表现出相应的关联性,也存在各向度的多种关系。但是,这种状态下的各种关系往往表现出粗线条的特征,即各种细微的关联往往被置于人们视野之外,甚至被赋予负面功能而加以排斥。同时,在处理各种关系时,作为关系中的主导一方往往处于决定的地位,另一方则处于被动服从的位置。在这种教育过程观下,推动教育过程展开的动力往往来源于决定的一方,或者来自于占主导地位的关系。如此,教育展现出一种可以被谋划与被操纵的过程。工业化时期西方教育的学制体系,教育内部各要素中所倡导的"教师中心论"或"学生中心论",教育价值取向中的社会本位论或个人本位论,教育目的上的知识本位论或能力本位论,教育分级制下的高低之别,教育管理中的科层制,所有这一切都是在工业化社会形而上学思维方式下人们思考教育的产物。

西方社会进入后工业化社会以来,对教育过程的如上认识逐渐被打破,基础教育系统中各种动态的复杂性关系渐为人们所认识。20世纪80年代以来,西方各国不约而同地进行了轰轰烈烈的基础教育改革,各国改革的基本举措不尽相同。但是,改革背后却包含着共同的精神实质。在学制体系方面,各国都加强了不同类型教育的横向沟通与纵向联合。在课程方面,伴随知识爆炸、信息涌动的学习化社会的初见端倪,课程向生活的辐射力增强,课程承担的使命有了新内容:基础教育的课程不再以传承文化为主,而是以发展学习能力为追求。在改革目标方面,共同表达出对优质基础教育的关注,为了达到这一点,各国大都提出了文理结合、学术性与职业性并举的教育质量观。在课程结构方面,倡导核心课程与选修课程之间的平衡,追求课程的多样性。如在美国,初中有 7 门必修课,即英语、社会学、数学、理科、外语、体育、艺术;高中开设 7 门共同核心课程,包括语言、历史、地理、公民、数学、技术、健康等,在核心课程基础上开设了大量选修课。这样,课程结构有了一定弹性,增强了课程结构的伸缩性和适应力。在教学上,加强课堂教学与课外教学之间的互补,促成多种教学设计方式与教学模式的互补。在具体教育运作上,强化教育者、受教育者、教育手段之间的多样化联结。概言之,其根本的灵魂在于突出教育过程,立足各个角度实现各要素之间的关联,力求在关联中推动教育过程的有机展开。在这种状态下,教育过程不再展现出由一个个"单子"式的教育要素组成的世界,教育中的任何因素都处于与其他因素的关联之中。这众多甚至不计其数的相互作用、相互反馈,赋予教育复杂的性质。

第三,教育过程的创造性。

在工业化社会的教育过程中,人们总是恪守单一化的价值观念、恒定的目标体系开展教育活动,希冀相应的教育意图能转化为预期的教育结果。此时,教育者往往会依据外在的某种对教育结果的预期,按照各种教育"规律"规划教育过程。这样,整个教育过程往往按照循环的路线平面推进,教育过程的节律化、平板化即此时期教育过程的鲜明特征。

在复杂的教育视野中,教育活动无论在宏观层面还是在微观层面,都不再表现为如钟表运行意义上精神的周期性节律活动。后一时段教育活动的方式、功能等也不再是前一时段方式、功能的简单重复,教育对象、内容、方法、评价等变量的复杂性,决定了教育的过程不再是对外在于过程本身种种预期与计划的执行,而成为伴随这一过程展开而涌现出来的创造性过程。这种创造性表现为教育过程中的分形与超循环,并体现出涌现的特征。涌现,是在复杂系统中的行为主体,根据各自行为规则相互作用所产生的没有事先计划但实际却发生的行为模式,它源于教育系统内部各要素之间的动态联系。教育活动尽管受教育目标的导引、监控,但教育系统在围绕内在各因素运行的过程中,会有一些致使教育系统发生偏离确定性教育教学目标的偶发性因素或"革命性序参量"的介入。序参量会导致教育系统在不同时段发生变异,产生涌现性,后一阶段比前一阶段会涌现出许多新的特性。所以,教育系统的演化、发展与教育过程的展开再不是前后阶段的简单重复,而会出现低层次不复存在的属性、特征、行为和功能。此时,"教育不是一种可以预料的活动,它不像工程计划那样,人们能够准确地预测其结果。虽然信任是教育成功的必要条件,但是由于被信任对象的行为是自由的,因而其效果是无法预料的,并不像自然规律那样具有必然性。所有信任都可能会落空,这就是教育意图的失败"①。正是在这种所谓的"失败"中,教育显示出自身的创造性。社会转型期欧美等国课堂上存在大量的"节外生枝",外在无序背后呈现出内在的秩序,教学结果上呈现出超越预期的多重结果等等,所有这些都可谓教育过程中的"涌现",并彰显此过程的创造性。例如,西方国家课堂中的"混乱"是不容否认的客观事实,这一点在美国尤其鲜明。学生们不用穿校服,男生一般是 T 恤加牛仔裤,不少高中女生穿低腰裤,还有穿超短裙的;有些学生穿着拖鞋;他们的头发长短不一,身上饰物五花八门;上课时,他们不必端正地坐着,斜着歪着半躺着皆可,也可以坐到地毯上;想上洗手间,站起来向老师示意一下就可以出去;讨论问题想发言,可以举手,也可以不举。教师鼓励学生表达自己的观点,对学生的观点大多不做定性评判。无论学生的观点如何,做得怎样,教师总是说"good job"(干得好)。但是,这种无序的背后体现的是张扬个性的原则。在宽松的环境下学生与教师之间的互动得到落实,它非但没有导致教学过程的失序或中断,反而使教学过程呈现流畅与丰富的色彩。其结果是,即使在最轻松活泼的课堂上,即使学生上课时席地而坐,却极少看到学生之间交头接耳、嬉戏打闹;学生下课离开的时候,一定会把椅子放回原处;学生的桌椅上干干净净,没有乱涂乱画,更没有刀子的刻痕;学生的课本非常干净,没有被画得乱七八糟;师

---

① [德]O. F. 博尔诺夫著,李其龙等译:《教育人类学》,华东师范大学出版社,1999 年版,第 47~48 页。

生之间、学生之间彬彬有礼。①

综上所述,伴随着西方社会的转型,复杂性思维方式开始影响西方社会教育观念的转变,并进而影响教育实践的各个环节。此时,作为一种为人的活动,教育已由抽象化走向情景化,由程序化走向丰富性,由封闭走向开放,其中所蕴含的教育本质观、价值观、规律观、过程观都发生了根本性转向。如上诸多转向相互呼应,相互融通,使西方学校的教育实践表现出勃勃生机与强健的生命力。

第三节　复杂教育观指导下的西方教育转型

西方社会转型期教育视角由简单到复杂的转向,意味着教育由封闭转向开放,由僵化转向灵活,它所带动的是教育理论层面与教育实践层面全方位与深层次的变革。

一、教育研究范式的转换:由"主义"转向"问题"

伴随着复杂思维方式的引入,人们认识到,西方工业化时代简单教育语境下的诸多"规律",实质上并不是超越时空、放之四海而皆准的确定性真理,它只不过是对适应特定历史时期的教育运作特征所进行的描述而已。在这种规律观之下,教育中的所谓"规律"丧失了其普遍适应性而为另一种具有生成性特质的境遇性、延异性规律所替代。此时,西方基础教育实践呈现为一种非程序化、非线性的自组织复杂系统。面对这样的系统,教育研究者在很大程度上开始改变研究立场,摆脱追求"终极认识""本质""规律""确定""权威""唯一"等研究旨趣,开始关注教育中发生的细节与事件,其根本导向是教育所研究问题的生活化、微观化。20世纪80年代以来,西方教育理论研究中对教育本质或价值层面问题的研究被逐渐代之以对课程的研究。更进一步,在课程研究领域,人们对课程本质、伦理进行研究的热情远低于对课程具体实施等领域的研究。总之,教育研究更多地围绕教育实践

---

① 叶德卫:《美国中小学生的规则与自由》,《湖南教育》,2004年第15期。

一线教师、学生的"生活世界"进行,研究他们在现实生活中的所做所为、所思所感。即便是在元教育理论研究的教育哲学领域,研究视野也在发生逆转。"教育哲学家的'视力'范围更多地关注教育中所发生的事件、所产生的问题。教育哲学家的目光不再仅仅'向上看',不再仅仅关注形而上的、知识论上的争论。"①总之,反映现实教育的"问题"备受关注,反映各种教育中"主义"层面的研究受到冷落。教育研究方式也发生了改变,研究者们倾向于走出书斋,回归"田野",深入教育中的"生活世界"。我们可以把这种教育研究中的转向概括为教育研究由"主义"走向"问题"。

（一）教育中"主义"与"问题"的关系

教育中的"主义"关注的是对教育所进行的形而上的思考,教育中的"问题"关注的是教育生活世界中的具体事件与行为。关于"主义"与"问题"关系的探讨,发生于我国 20 世纪初的"胡李之争"堪为代表。胡适在 1918 年发表论题为"多研究些问题,少谈些主义"的文章,强调从具体问题入手,通过对具体问题解决方案的假设和检验达到救国救民的目的。胡适所反对的是那种空谈式的所谓理论或者"主义"而忽视具体社会问题解决的研究方法,他认为空谈"主义"并不困难,但对于解决社会问题既没有用处,也很危险。他批评思想界中的一些人,"不去研究中国今日的现状应该用什么救济方法,却去引那些西洋学者的陈言来辩护自己的偏见",这是"大错"②。对于胡适的观点,李大钊站到了对立面给予辩驳,于是在当时掀起了"问题"与"主义"之辩,引发历史上著名的"胡李之争"。这里我们无意站在政治立场上深究两者之间的关系,只是立足于当前西方社会转型期的社会现实,对教育研究中出现的淡化"主义"、强调"问题"的研究旨趣进行揭示。

关于"主义"与"问题"关系的探讨很多,概言之就是既要研究"问题",也要研究"主义"。"主义"与"问题",相辅相成,互相包容。其中,"主义"源于"问题",是在"问题"的探讨和解决中高度提炼而成的;反过来,"主义"对"问题"具有强大的指导作用,它为人们的现实实践、问题解决提供方向性指导,从而影响问题解决的过程和结果。教育研究也是如此,教育中的问题都源

---

① 石中英著:《教育哲学导论》,北京师范大学出版社,2002 年版,第 30 页。

② 王明生:《"问题与主义"之争与马克思主义中国化的萌芽》,《南京师大学报》(社会科学版),2008 年第 1 期。

于教育生活与教育实践,只有走出纯理论的囹圄,走进教育现实,扎根于教育生活世界之中,才能解决真正的教育问题,才能给表现为教育理论的"主义"提供丰富的支撑材料。毕竟,无论是基础性教育原理的探讨,还是直接以改进教育实践为目的的研究,最终的指向都必须落实为诸多实践中问题的解决。正如英国教育理论家赫斯特所指出的那样,"理论"的含义不仅仅局限于"假说集合",他把教育理论明确为一种实践性理论,即"有关阐述和论证一系列实践活动的行动准则和理论"①。实际上,教育研究中的"问题"与"主义"本身具有相对性,在一个层面是教育的"主义"层面的阐述,在另一层面可能成为教育的"问题",反之亦然。回到胡李的"问题"与"主义"之争,即便坚持"问题"至上的胡适,他也不完全反对"主义"。他认为,我们可以在研究问题里面做输入学理的事业,或用学理来解释问题的意义,或从学理上寻求解决问题的方法。这能使人于不知不觉之中感受学理的影响,也最容易消除平常人对于学理的抗拒力。

在教育研究中"问题"与"主义"的关系上,我们无意于用庸俗的辩证法阐明自身的观点,无意于用"既……又……"的方式调和两者之间的矛盾,西方教育理论界在近 20 年来的研究体现出来的"问题本位"却是一种客观现实,具体表现为在教育研究中向教育事件回归,在研究旨趣上淡化追求所谓哲学意义上的普遍原理,通过对具体时空中教育事件的研究,追求"情境化的规律",构筑"个人化的教育理论"。此时,教育研究者逐渐从对"教育本质""教育功能""教育起源"等带有"主义"特质领域的探讨论证中摆脱出来,越来越多地关注教育的"方法""技术""教师地位""课程""学生生存能力"等与人的生活或客观现实密切相关的现实问题。同时,教育研究过程也倾向于深入"现场",当前行动研究、质的研究、个案研究、叙事研究、田野调查大行其道,都体现出这一点。之所以如此,究其根本,是时代转型所带来的生活方式的变迁与价值观的多元使人类教育日渐彰显复杂的一面。对教育中带有普遍意义之"主义"的揭示带有更大的挑战性或不可能性,诸多"主义"式的理论往往流于空泛而在很大程度上无助于观照纷繁复杂的教育现实。可以说,教育研究中由"主义"向"问题"的转向,实质上是 20 世纪 80 年代西

———————

① 瞿葆奎、沈剑平编:《教育学文集:教育与教育学》,人民教育出版社,1993 年版,第441 页。

方社会转型在教育研究中的反映。

（二）教育研究由"主义"转为"问题"的表现

1. 教育研究主体多样化

主体与客体相对应而存在,哲学意义上的主体指对客体有认识和实践能力的人。对于教育研究而论,所谓研究主体指的是致力于教育研究实践的人。在工业化时代,教育研究主体往往被认定为专业的教育理论研究工作者。这种研究主体单一化的倾向体现在教育研究方式与研究结果上,即表现为重形而上思考和重理论的倾向。这种情况的出现是由如上研究主体的研究旨趣决定的。"教育存在一种提前预设——教育现象是外在于研究者而独立存在的,教育活动具有内在固有的、可以重复的规律,教育研究应该严格遵循逻辑原则,注重教育理论自身的客观性、科学性和规范性,完全排斥教育实践逻辑和教育研究者的价值介入。"①这种对研究对象的认识导致教育研究中的如下局面。首先,专业研究人员的研究倾向于"主义"式的理论探索,追求教育理论的科学化,忽视教育实践中展现出来的丰富与完整的"生活世界"。他们较少关注现实教育过程中涌现的"问题",更多地重视相应的理论前提或理论体系构架。以学科教学论研究为例,研究者以构建学科的结构体系、设计各种"行之有效"的教学模式为己任,使其表现为科学化、规范化的理论,寓于生动情景之中的教学活动中却被置于研究视野的边缘。其次,他们追求所谓的学术高品位,即追求研究的理论深度与研究结论的普适性。此时,研究成果的语言表达表现出鲜明的理论色彩。在话语表达上,他们喜欢用形而上的"演说"方式,有时甚至不惜使用晦涩的术语,以刻意彰显研究的理论色彩。这样的研究即便渗透了研究者联系实践的意识,他们更感兴趣的却是如何通过试验归纳提取普适化的"理论与规律",其研究指向也表现为用所构建的理论去框定实践中形形色色的行为,让实践的多样性就范于抽象的理论。

"教育知识是一种实践处境的思维智慧,它不是力图发现某些知识规律,而是以对基础问题的理解建构现实,而且这样的理解在现实的处境中是多元的,现实也是多元的。我们需要一种在知识论思维方式之外的教育思

---

① 王攀峰、张天宝:《让教师走向生活体验》,《教师教育研究》,2004 年第 3 期。

维方式,我们需要多元化的教育思维方式。"①伴随着西方社会转型过程中复杂性思维方式的出现与渗透,教育研究开始摆脱知识论思维方式的阻碍,在多元文化、多元价值观下,立足多元的思维向度。"教育学研究要聚焦教育实践,要关注实践、参与实践、批判实践、改进实践,需要教育学研究者重新进行角色定位,从单一的知识型的研究者转化为实践型的研究者,从知识的陈述者转变为知识的批判性分析者。"②基于如上前提,教育研究的主体开始摆脱单一性,走向多样性。对于西方社会的教育研究群体而言,在时代转型的社会背景下,研究主体多元化早在20世纪初期已见端倪。以美国的要素主义学派为例,很多核心人物并不囿于教育界,如里弗科为海军上将,科南特为化学家,布鲁纳为数学家等。到了20世纪80年代,西方教育研究主体表现出更为多元化的格局。以从事教育哲学的研究群体而论,20世纪80年代以前,美国教育哲学学会主要由专业会员构成,其中非专业会员只占很小比例。20世纪80年代以后,情况却发生了变化,研究成员拓展到妇女研究领域、人文研究领域、政策行政研究领域、商业研究领域、法学研究领域、艺术研究领域、文化研究领域等。其中"正式会员"与"非正式会员"的比例也发生了逆转,非正式会员在其中的作用越来越大。西方社会研究主体的多样化还表现为,教育实践第一线的中学教师积极投身于教育研究,构成了风靡英美诸国的"行动研究"这一风景。这提升了教育研究主体的质,同时扩大了它的量。

2. 教育研究对象生活化

工业化时代教育研究主体的单一性使教育研究在根本上表现出立足"主义"、研究"主义"的形而上倾向。这里无意绝对否定如上研究的价值,但是这种研究取向与方式却隐含着其自身无法克服的危机,这在20世纪80年代以来西方社会步入转型时代背景下表现得尤其强烈。首先,"专业研究人员"远离教育情境,缺少对教育现实的直接体验和感悟,其研究一味追求学术理性而缺乏实践关怀,因而研究前提、研究成果停留在理论层面。研究视域和内容"主义"多,"问题"少;宏大叙事的课题多,切入微观现实的课题少;

---

① 金生鈜:《无立场的教育学思维——关怀人间、人事、人心》,《华东师范大学学报》(教育科学版),2006年第3期。

② 郑金洲:《中国教育学研究的问题与改进路向》,《教育研究》,2004年第1期。

关注应然状态的问题多,关注实然状态的问题少。第二,这种追求高学术品位和浮面化地触及教育实践的研究,不可避免地脱离教育实际,不能切实地指导实践,不少研究沦为研究者们一厢情愿式的空中楼阁理论的构建。现实教育实践工作者宁愿依靠自己的"经验",也不愿耗时费力去啃专家们为他们精心打造的"美味佳肴"。第三,教育研究脱离实际,故弄玄虚,把现实教育中立体的问题平面化,把形象性问题抽象化,把现实问题理论化,把动态问题公式化,总之,把复杂问题简单化。这一特点,是工业化社会简单性思维下的研究范式在教育研究中的反映。在简单线性思维定式的束缚下,人们对于教育问题的探讨倾向于脱离教育世界中丰富的生活,倾力寻找到所谓对教育的"终极认识"、"本质"、"规律"等。20世纪80年代以来,伴随着时代的转型而带来的教育复杂性的凸显,这样的研究路向与表达方式渐渐淡出研究者的视野,人们普遍降低了对纯理论的热情即为明证。20世纪80年代以来,美国学者们普遍叹息教育哲学光辉时代的逝去,英国学者们也伤感于教育哲学之花的凋零。正如艾里科(Eric Bredo)所感慨的那样:"教育哲学似乎正在遭受着走向边缘的经历。杜威,作为著名的哲学家和教育思想家,所创立的辉煌已成为遥远的回忆。几乎所有的教育系的学生都选择教育哲学课程的时代已经成为尘封往事,教育学院拥有一两位教育哲学家的时代也一去不复返。在过去辉煌的映衬下,教育哲学面临的困境正如希腊文明一样。"①

伴随着西方社会转型的加剧与深入,教育研究对象开始出现一些新变化。20世纪90年代初,教育界一部分学者开始强烈呼吁:"多研究些问题,少谈论些体系。"教育研究要坚决实现研究模式的转变,"要从'学科体系时代'过渡到'问题取向时代'"。② 他们主张,研究者应把研究重心转移到教育实践中许多棘手的、具有现实价值和理论意义的问题上来,并且,研究这些问题的目的并不在于增加教育领域的学科知识和完善学科体系,也不在于或主要不在于创立新学科,得出普适性规律,而是要有助于人们对问题本身的认识和评价,从而有助于该问题的解决。这样,教育研究对象开始转向

---

① Bredo, Eric, How Can Philosophy of Education Be Both Viable and Good? Educational Theory, Summer 2002, No. 3.

② 董标:《教育哲学的学科地位及其生长点的再辨析》,《教育研究》,1993年第8期。

"问题",走向实践,走向生活。时至 21 世纪的今天,教育研究对象的生活化倾向进一步明显,这从当前西方基础教育改革的热点问题可见一斑。当前的教育研究走出了追求教育的"终极认识""本质""规律",探究"宏大叙事"的理论泥潭,从整体上日益关注细节,关注课程,关注教师与学生,关注生命、幸福与人、社会生活密切相关等现实问题。以德国为例,20 世纪 80 年代以来,人本主义思潮对学校教育的冲击使儿童中心的理念重新复苏,人们呼吁诸如"学生必须掌握方法""保护学生的创造力""一切请让我自为吧""在社会群体中发展个性"等口号,因此,近 20 年来,自由学习在小学低年段极为盛行。进入 20 世纪 90 年代,经济全球化要求儿童在实践中学习、合作学习以及自我控制地进行学习;网络的迅猛发展要求儿童不仅要立足网络,手脑并用,而且要学会搜集、整理和提取各种有价值的信息,创造力、社会性行为能力、动手操作能力等成为未来社会成员的关键素质。因此,立足于自由学习的开放式教学形式,在新的历史背景下蕴涵了新的价值与新的增长点,成为德国教育改革的热点。1997 年,巴州主体中学的新课程计划中的"基础和主导思想"强调开放教学形式的现实意义,并指出"课程计划内容也可以涉及材料辅助学习、星期计划学习(Wochenplan unterricht)、课题学习(Projektunterricht)以及分站学习(Lernzirkel)等"。近年来,各层次的普通教育(甚至文理中学)都把它作为新的研究课题,要求每学科每周至少有两学时用来开展自由学习活动,并在借鉴历史的前提下,通过不同类型学校的教学实践,形成自由学习的各种活动形式,如分站学习、星期计划学习、课题学习和材料辅助学习等。

　　这表明,社会转型期的西方教育研究开始由对"理论"阐释转向注重"实践",教育研究的对象开始转向鲜活的生活世界,研究目的也转向服务于人们的具体生活。这正践行着现象学教育学开创人之一的马克斯·范梅南的研究对象观,"教育学不能从抽象的理论论文或分析系统中去寻找,而应该在生活的世界中去寻找",教育学存在于"极其具体的、真实的生活情境中"。① 在迈向后现代的西方社会,人们生活于五彩斑斓的世界之中,教育研究的最终目的在于培植受教育者对这一"生活世界"的适应,探究生活的意

---

　　① [加]马克斯·范梅南著,李树英译:《教育机智——教育智慧的意蕴》,教育科学出版社,2001 年版,第 3 页。

义与真谛以及构筑更加丰富多彩的生活世界。这种教育研究对象向"生活世界的回归",实质上是后工业化时代教育研究对象观的反映。在这样的时代,繁复无穷的"主义"论述已沦为教育研究的纯"学理"研究,最后往往沦为空中楼阁式的理论构想。它一方面为广大教育实践工作者所不容,同时也为教育理论工作者所厌倦。在社会转型期产生的复杂思维方式的指导下,对教育对象进行新的规划实质上是对时代特征的一种适应或回应。"教育学需要去思考人们如何过好各种各样的可能生活,因为人们是在美好生活中成就美好的德行的,同时,教育学必须考虑教育怎样引导人们追求美好生活,思考教育怎样创造人们追求美好生活的教育条件,而不是容忍教育要求人们只能按照一套规范过一种生活。假如人类只能按照某种意识形态所规定的意义过一种生活,即使这种生活非常高调,被允诺是最好的,那这种生活也会变成难以接受的,因为生活是自由的创造,只有个人自主的追求所认定或选择的生活,生活才是美好的,强制、诱惑、安排、预定等都不能创造美好生活。生活要值得过,就要有心灵的自由,自由才能为选择生活创造更多的机会和条件。"①总之,当前西方教育研究中,研究对象的形而上色彩得以淡化,宏大叙事式的教育研究主题被代之以鲜活的教育问题,教育研究对象由"主义"转向"问题",所有这些已成为不容否认的客观事实。

3. 教育研究场景由书斋走向"田野"

教育研究转向的又一表现是教育研究场所由书斋位移到"田野",即研究者们走出书斋,进入基础教育实践场景之中。这与教育研究主体的多样化、研究对象生活化存在着内在一致性,其目的在于消解"宏大叙事"式的理论研究,倡导以实际问题为出发点,在教育的生活世界中发掘教育问题之所在,并探寻有针对性的解决路径或策略。

统观西方近代工业化时代的教育研究,其中不乏联系学校教育实际、步入教育现场之举。如欧洲新教育运动中,以瑞士的裴斯泰洛齐、英国的雷笛、意大利的蒙台梭利等为代表的教育家们或开办新式学校,或深入幼儿园。在美国,以杜威为代表的进步主义学派扎根于中小学进行基础教育改革。但是,就整体而论,这并不是工业化时代西方教育研究的主流。根本而

---

① 金生鈜:《无立场的教育学思维——关怀人间、人事、人心》,《华东师范大学学报》(教科版),2006年第3期。

言,工业化时代的教育研究场所囿于象牙塔式的书斋之中却是客观现实,其表现即是研究者们孜孜追求教育研究与哲学研究的联姻,强调教育研究的专业化与学术化。

即便到了 20 世纪 60 年代,这种倾向仍非常浓烈。对此,索尔蒂斯 (James E. McClellan)曾指出:"20 世纪 60 年代教育哲学的发展,从更广阔的观点来说,大多数的教育哲学家——无论他们的信仰和年龄——都试图使教育哲学在学术意义上更加哲学化。从一个重要的意义上来说,阵营、学派或传统与哲学化相比,都显得无关紧要。对于完美的哲学论证的尊重使得存在主义、现象学、实用主义、分析学派等与教育哲学研究结成了联盟。它们是哲学的,并且由受过哲学训练的人所赞许的。一条界限已经划出:业余者禁入。"①这种研究倾向同样存在于教育研究的其他领域,其结果则是教育研究者们囿于封闭的大学校园或实验室内进行教育研究,研究的场景自闭于教育事件场之外。

从根本意义说,教育理论源于教育实践。教育理论与教育实践之间的这种关系,在 20 世纪 80 年代西方社会转型的时期表现得尤其明确。此时,教育中的生活世界表现出前所未有的丰富性,教育这一巨系统中各要素之间的相互关系也显示出前所未有的多样性与复杂性。这样,教育场所中表现出"动荡""涨落""分形"、超循环式的教育运作已成必然,所有这些都预示着教育输出的多样性与即时性。面对这样的教育现实,西方教育研究者开始摆脱"不出户,知天下"的研究理路,走出书斋,进入教育现场,感受随时代而动的"活"教育,探寻其中存在的问题。早在 20 世纪中期西方社会转型发端以来,这种走向现场的研究即开始起步。无论 20 世纪 60 年代以来美国的学科结构运动,还是 20 世纪 70 年代以来席卷整个西方世界的"回归基础"运动,支配这些运动的教育理论都是基于研究者们对教育实践的关注而提出的。到 20 世纪 80 年代,教育研究现场化的趋势在西方社会更加明显。自 20 世纪 70 年代以来,美国开始了教师专业化运动,这一运动进而在整个西方社会全面铺开。这一运动的实质就是顺应时代转型的需要,对教师的素质提出新的要求。其中,在教育研究方面,它要求专业的教育理论研究者们

267

① 邵燕楠:《走向"情境"与"问题"——转型期美英教育哲学的新动向及对我国的启示》,2004 年度华东师范大学博士论文,第 55 页。

走出校园,与中小学教师合作以探讨教育现实中的诸多问题;同时,它要求西方基础教育第一线的广大教师立足于自身的日常工作实践,在现实教育场景之中进行教育研究。

在社会转型期时代,由形而上学的研究范式转为以复杂理论为指导的研究范式,是西方教育研究走向现场的重要表现之一。此时,研究者走进学校、班级、课堂,走进特定教育者或受教育者的生活之中,感受教育中的诸多事件,以此构建教育意义、提炼教育方法。这种教育研究走向现场的趋势也表现在研究方法方式的选择上。近 20 年以来,如下几种研究方式成为教育研究的热点,并不是源于研究者们的一时冲动,而是教育研究走向现场而带来的切实践行。

行动研究(Action Research)作为学术术语而提出,源于 20 世纪三四十年代的美国,科利尔(John Collier)与勒温(Kurt Lewin)被视为主要先驱。到了 20 世纪六七十年代,特别是 70 年代以后,行动研究在英国大行其道,并进一步在奥地利、西班牙等展开。自 20 世纪 80 年代以来,行动研究逐渐风行于西方社会的教育研究界。教育中的行动研究突破了传统的教育研究风格,打破了依托"专家"进行研究的局面,教育实践工作第一线的教师开始介入教育研究。他们在真实的教育教学场景中发现问题、解决问题,进而实现教学质量的提高。教育行动研究要求研究者走向事件发生的现场参与研究,对自己从事的实际工作进行反思。西方各国中小学教师扎根于他们的教育情境,立足行动研究,提升自身的教学与科研水平。这一点正如英国学者艾略特所描述的那样:"参与这些试验(行动研究,作者加)的教师们希望提供对他们行动的描述,而且这些教师在他们的伙伴、校长、地方和中央政府官员以及学校督学中有着一批如饥似渴的听众,所有人都在寻求解决教育'非学术型'学生的办法。他们在会议上展示他们的工作,为专业杂志写文章,并出现在广播和电视上。他们作为革新者的名声促进了而不是阻碍了他们的职业发展。"[①]

"质的研究"发源于 20 世纪上半期的英、美、法等国。20 世纪六七十年

---

① J. Elliott. School-based Curriculum Development and Action Research in the United Kingdom. Sandra Hollingsworth (Ed.). International Action Research: A Casebook for Educational Reform. Falmer Press.

代,它渐渐与后实证主义、现象学、解释学等理论相结合,强调教育中的生活世界的重要性。20 世纪 80 年代以后,它在西方社会进入应用的黄金时期。质的研究是在对追求科学化、精确化定量研究提出质疑的基础上,西方诸国教育科学研究人员通过向人类学家、哲学家、历史学家等学习所进行的教育研究方式创新,是基于对传统定性研究方法进一步改进和发展所产生的被赋予新质的定性研究。一方面,这种研究强调在自然情境中进行。在教育实践中,研究者需要对被研究者或某一教育现象进行实地考察,以真正了解被研究者或某种教育现象的现状、发展及原因。另一方面,在质的研究中,研究者本人既是研究工具,又是研究主体,研究者与研究对象之间形成互动关系,研究过程的展开与研究者、研究对象如影随形地结合在一起,表现出走进教育现场的特征。

叙事研究兴起于 20 世纪 60 年代,这种研究方式的提出并应用于西方教育研究实践,源于 20 世纪以来人们对在实证主义科学范式影响下教育实验、教育测量、教育调查与统计所获得研究结论的反思与质疑。叙事研究在教育领域中的最早运用,是 1968 年杰克逊用此来研究学校的现场活动,后来加拿大的课程论学者康纳利等人开始将叙事研究集中运用于教师知识的研究。这种研究方式自 20 世纪 80 年代以来已普遍为西方教育界所接受。教育叙事研究的重要特征有以下几点。其一,深入学校教育的日常生活。研究对象必须是教师在校园生活、日常教学、课堂实践等活动中发生过的或正在发生的事件。这些教育事件体现了叙事者的教育信念、价值追求以及行为习惯。通过对一个个丰富生动教育事件的描述,体现这个时代人们普遍的价值追求与生活方式,从而寻求相应教育问题的解决。其二,深度描述。研究者(主要是教师)通过对有意义的校园生活、教育教学事件、教育教学实践经验进行深度客观的描述与分析,发掘或揭示内隐于这些生活、事件、经验和行为背后的教育规律及教育信念,进而彰显教育的本质、价值和意义。这是研究主体付诸行动直接融入教育过程的研究方式。所以,在教育过程中,它力主完整地再现事情发生的时间、地点、人物以及前后因果关系,使读者产生"身临其境"的感觉。需要进一步说明的是,在教育叙事研究中,研究者本人既可以作为研究者而存在,又作为研究对象而存在,呈现研究者"在场"的特点。他自身长期处在教育教学的实际生活中,处在自身的理解与体验中,把握发生于自身或身边的各种生活故事和教育教学事件。对这些事件,他通过观察、分析、反思获得见解或解释性意见。总之,这是研究者自身作为主体并直接介入其中的行动研究,是一种事实性、情境性、进入现场的研究。

对于这三种研究方式的关系,不同学者有不同看法。有人认为它们各不相同,有人认为叙事研究应该属于质的研究。摆脱这些统属关系上的纠葛来看,它们都是从问题出发,源于生活,要求研究者进入教育事件现场的研究方法。这种研究倾向在 20 世纪 80 年代社会转型期被广泛运用于教育研究,成为当前研究方法的热点,究其原因即是西方社会转型期生活动荡的背景下教育生活世界的复杂。运用如上研究方式,无论教育理论研究者切实进入现场,或教育实践工作者以研究者的身份直接介入教育研究,都表现为研究过程向教育生活世界的回归。同时,专业研究者走向实践,实践者成为研究者,两者角色立场的趋同,使原本存在距离的两大群体在教育现场中实现了沟通与理解。

二、教育中不稳定性因素的作用凸显

20 世纪 80 年代以来,伴随着西方向后工业社会的转型,西方基础教育开始摆脱那种依靠刚性制度操控的局面,工业化时代教育过程中被人为忽视或基于"规律"而被排斥的诸多要素渐为人们所认可。此时,教育系统在各个层面呈现"失序"状态。但是,这种失序并非意味着教育系统陷于混沌,它所蕴含的能量基于教育者的智慧与受教育者的全身心投入,使教育走上了自组织追求下的自我建构之路。

(一) 教育过程中的不稳定性因素

教育中非预期的、动态的、突发性因素直接影响教育活动的正常开展,这种影响可能是积极的,也可能是消极的。正确对待、机智利用这些因素,使教育过程表现出各种因素全方位、多向度的关联,成为社会转型时代西方学校教育的活力。

第一,教育中人的不稳定性。

人这一要素是教育活动中的关键性因素,没有了人,也就没有了教育。在工业化时代,西方教育中的人——教育者与受教育者,以其抽象性与机械性等特征彰显特有的稳定性。此时,寓于这两大群体之中丰富的精神世界被忽略或漠视,而这一状态在西方社会向后工业时代的转型期被打破。此时,教育中的人被给予了更多的权力,如教育过程中的发言权、受教育的课程选择权等。以课程选择权为例。美国中学课程门类繁多,学生选学课程各有不同,他们上英语课时和一些同学同班,上数学课时和另外一些同学同班,所谓"同班同学"是流动变化的,没有总在一起上课的固定班级。美国高中课程表是选择式课程表,一是全校教师的课程表,一是学生个人的课程表。这种教育选择权进一步扩大,在 20 世纪 60 年代发展成为轰轰烈烈的择校运动。对于教育者而论同样如此,如美国教师拥有较大的教材选择权、教学方式决定权等。另一方面,社会转型期的西方开始切实突出教育过程中人的个性与主体意识,激发蕴于其中的生命激情与精神能量,教育者与受教育者的情感乃至激情都成为推动教育过程进行的重要因素。乔建中在其《情绪心理与情绪教育》一书中写道:"情绪没有颜色,它却可以使人的内心绚丽多彩,又可以让人的心灵苍白幽暗;情绪没有体积,它却既可以让人敞开胸怀去拥抱世界,又可以使人心眼儿狭窄得芥蒂难容;情绪没有重量,它却既可以把人压得趴倒在地,又可以让人忘乎所以地飘上云端;情绪没有标价,它却既可以使人的价值上升到崇高的境界,又可以把人的灵魂贬值到为人不齿的境地。"①统观社会转型时代西方学校的课堂,我们可用一个"活"字来概括。在课堂上,教师和学生总是表现出丰富而强烈的"喜、怒、哀、惧、爱、恶、欲"等情绪体验,并且能用语言、面部表情和肢体动作来表达这些内心体验。课堂教学波澜起伏,热情洋溢,充满活力。之所以如此,根本上源于教育中人这一因素自身选择权与话语权的拥有,及由此所激发起来的情绪状态。正如美国教育家帕尔默在《教学勇气》一书中所指出的那样:激情使教师出色,因为它把富有感染力的能量带进教室。对学习主体的激情和热衷把学习主体推进学习圆圈的中央,使学生直接获取学习和生活的能量。

第二,教育中的突发事件。

Gary D. Borich 指出:"传输信息的过程被突然打断,这种情况在教学过程中发生的频率如此之高,以至于其他行业都不能望其项背。即便一个执著的推销员一般也能够完成他们的表达而不致中断,医生则更是如此,谁听说过外科医生在手术过程中被打断呢? 但是,对于正在上课的教师而言,他

---

① 乔建中著:《情绪心理与情绪教育》,江苏教育出版社,2001 年版,第 1 页。

却不可能'享受'到这种不被打断的待遇。"①的确,在后工业时代的西方学校教育环境及教育过程之中,时常会出现致使正常的教育过程中断的突发事件。就工业化时代程式化的西方学校教育而言,教育环境一般来说是经过设计与过滤的,它旨在剔除外来干扰以维持教育过程的稳定与秩序,如校园布置、教室场景安排都体现了这一点。此时,教育活动运行于流畅的"秩序"之中。可以说,此时的学校教育不会出现突发事件,即便出现,也会即时且强制地被压制或被遮蔽。在社会转型时代,伴随着教育对外部环境的开放和教育的民主化,此时无论源于外部社会环境,还是源于教育过程内部,各种超越预期的突发事件大量涌现。以课堂教学为例,围绕某一问题的讨论,由于观点不一样会导致课堂上的争执,课堂讨论中迸发出来新颖且有创意的思想火花把教学引向超越预期的方向等。遭遇这些事件时,要求教师巧妙地加以利用,随机应变地调整课堂教学内容与教学节奏,使之成为优化教育发展方向的契机。这不仅有效地解决了教学难点,而且会使教育过程涌现新质。

面对人为的课堂教学突发事件,例如学生迟到、有人敲门、教具或学习用品撒落等等,教师应该"以不变应万变",有效地利用注意转移,适时提问学生"我刚才说……",将学生拉回教学内容上去;或者移花接木,引而不发,含而不露,幽默点化,将教育自然而然地引入正轨。由于教育过程体现在人与人的互动中,人的复杂性也必然使之充斥着各种突发性因素。如围绕某一问题的讨论常常会出现师生观点不一致的局面,遇到这种情况,如果老师处理不当,不但会影响课堂教学的顺利进行,还可能伤害学生的自尊心以及师生关系;如果处理得好,则可能成为进一步拉近师生关系、活跃课堂氛围的生发点。

第三,课程要素的不确定性。

课程是学校教育系统的重要组成因素,这一因素表现出来的特质直接影响着教育过程。在工业化社会里,西方学校课程具有如下特征:课程目标的明确性,课程内容的确定性,课程组织的有序性。所有这些使课程这一要素具有统一的外在规定性与稳定性,并表现出封闭僵化的特征。它孤立于

---

① [美]Gary D. Borich 著,么加利、张新立译:《教师观察力的培养——通向高效率教学之路》,中国轻工业出版社,2006 年版,第 20 页。

教师与学生之外,不可能给教育中的人提供自由思考与探讨的空间。

任何教育改革不过是对社会变革或主动或被动的回应,它归根到底都是社会变迁的产物,与整个社会和时代的变革密切相关,受社会和时代变革的催生、引发和制约,并随着社会和时代的变革而变革。20世纪80年代,西方社会进入由工业化时代向后工业化时代转型期。此时,社会生活丰富多彩,价值观念复杂多元,科学技术突飞猛进,权力下移使整个社会进一步走向民主化。这样的社会现实导致知识观的变迁。具体言之,即是从知识的绝对客观性到不确定性,从知识的普遍性到情境性,从知识的单一性到多样性。这种新的知识观强调知识的内在性、动态性、开放性、生成性,视课程为开放、动态、生成的知识系统。

知识观转型引导着课程本质观的变化。影响课程的因素很多,然而,知识观对课程的影响至关重要。有学者说:"尽管课程研究在研究角度的选取和研究范围上有所不同,但都不能不涉及三个基本问题:一是如何选择知识,二是怎样将这些知识组织起来,而第三个问题也与前两个问题息息相关,那就是为什么要选择这些知识而不选择其他知识。"[1]在这样的视域下,真正意义上的课程不再是外在于教育中人这一要素的权威规定,它作为教育过程中发生的一系列生动事件,是师生基于教材文本相互交流、对话所产生的意义与价值,是寓情感、地域、个性于其中的持续不断的生成,它推动着课程宽广度的增加与课程组织的灵活变通。转型期下的西方学校开设大量选修课程,课程结构中核心课程减少,即是明证。以美国为例,不少中学的课程达几百门,课程设置表现出明显的弹性。学校的课程安排有多种形式,如课段式课程安排、循环式课程安排、增减式课程安排、选课制课程安排等。[2]又如,"物象"课是德国小学的特有课程,又称物象教学。它由20世纪70年代以前的"乡土课"演变而来。许多州的物象课是"单科式"或"跨学科式",柏林的物象课则完全是"综合式"。其教材分主题设计,内容相当广泛,不仅涉及自然科学和人文、社会科学,而且包括公民教育、宗教以及家庭、工作、闲暇、消费、传媒、交通等社会知识。总之,在社会转型期,西方学校课程弹性化的组织,课程内容与现实生活紧密联系下的动态更新,课程中被赋予

273

---

① 洪成文著:《现代教育知识论》,山西教育出版社,2001年版,第42页。

② 张晓瑜:《美国中小学弹性课程表述评》,《比较教育研究》,2004年第9期。

的诸如个人化、地域化等特征,使之表现出鲜明的不确定性与生成性等。

应当指出的是,从不同的角度看,教育系统即展现不同组织特征的系统结构体。对于社会转型时代的西方教育而言,这种教育系统的结构更是表现出多角度、多层面等特征。所以说,如上所谈及存在于西方学校教育中的不稳定因素实质上只是少数几个。根本而论,这样的不稳定因素渗透于西方基础教育的各个方面。比如,政治变革引起教育政策的即时性调整,教育环境的变化,教育方式的更新,教育时空的弹性化处理等。它们都构成教育中的不稳定因子,影响着教育的复杂性运作。

(二)教育中不稳定性因素作用的功能表现

1. 教育中的不稳定因素预示了教育过程带有不可复演的性质

工业化时代,西方的学校教育遵循标准化、程式化运作之路。此时,教育总是在预设的"规律"支配下进行——无论这种规律是人为的规定还是"研究"的结果。教育系统中的各要素都是先期预计好的,它排除系统中不稳定因素的存在,同样的运作设计具有普适的性质,教育过程可以根据一定的程度在不同班级、不同学段、不同个体、不同内容等方面重复与重演。所以,教育必然伴之以同质性的活动节奏与路线,输出同质性的教育结果。教师所备教案用于平行的多个班的教学,甚至有的教师在很长时间内重复使用某一教案,即是教育过程重演的鲜明例证。

在20世纪80年代以来的西方社会转型期,人的复杂性的显现,社会的动荡,反映到教育中即教育作为一种复杂的巨系统呈现出来,其运作方式践行着复杂自组织原理。耗散结构理论认为,系统从无序向有序演化是通过随机的涨落来实现的,系统在与外界开放及内部各种非线性因素的作用下,会产生起伏波动,即涨落。当系统演化到临界点时,微小的涨落被放大,从而促成宏观上有序的产生。涨落在不同条件下起着迥然不同的作用,在一定条件下,涨落引起近平衡区系统运动轨道的混乱,导致了无序。对于耗散结构来说,涨落却成为促使系统从不稳定的状态跃迁到新的稳定有序状态的积极因素,是形成新的稳定有序结构的杠杆。此时,教育过程也表现出从不稳定到稳定,再走向不稳定的超循环涨落过程,并展现其运作不可复演的性质。首先,从教育与外环境的关系而论,转型期以来,西方学校对外部环境的开放度增加。以美国为例,20世纪80年代以来美国的基础教育改革经验告诉我们,几个重要的教育改革文件如《国家处于危机之中:教育改革势在必行》、《不让一个孩子掉队》等,都体现了加强学校与社会联系的精神,现实操作也体现了这一点。以课程为例,美国现行中小学课程改革是在教育行政部门的领导下,在课程专家、课程主管人员和广大师生的积极参与、配合和支持下进行的,从而形成了专家和广大师生相结合的课程改革队伍。①这样,教育对外环境的开放造成的一个明显后果,即教育过程运作初始条件的不稳定性。根据复杂性理论,复杂系统的一个重要特性即对初始条件的敏感依赖性,其运作严格或敏感地取决于其初始状态,具有差之毫厘、谬之千里的特性。这种特性存在于任何复杂系统之中,如"在生物世界里,很小的机会能被扩大、利用和积累。一个小小的偶然事件就能改变整个事情的结局"②。所以,无论在宏观教育系统中,还是微观教学过程中,这种运作初始条件的动态性可能随时把教育引向全新的方向及操作模式。其次,就社会转型期教育的内部关系而论,它表现出前所未有的复杂性与动态性。教育过程中不稳定性因素大量存在,使其永远处于波动的内环境中,如教育者及受教育者的主动意识、生理状态、偶发事件等。这些因素在特定条件下,其作用会放大,成为制约教育过程推进方向与质量的关键。如此,整个教育带有很强的不可精确预计的性质,使教育过程成为在时间之流中射出的一根具有特定方向的箭,它从"已知的过去走向未知的未来,而未来是不能和过去互换的"③。总之,西方转型期的教育存在于复杂多变的内外环境之中,这决定了教育过程具有不可复演的性质,与社会转型期前的教育形成了鲜明对比。

2. 教育中的不稳定性因素决定了教育过程的非程式运作

根据自组织理论,系统微观层次上的某一涨落会在一定条件下放大而支配全系统。这里的涨落是个偶然事件,是摆脱平均并因此脱离统计系统、脱离偶然事件群的单独事件,但正是这种偶然事件却能摆脱与破坏所谓的必然、规律性。④ 在西方社会转型的教育系统中,偶然事件急剧增多并成为

275

① 刘复兴:《美国当代基础教育改革的特点与启示》,《山东教育科研》,1998 年第 3 期。

② [美]米歇尔·沃尔德罗普著,陈玲译:《复杂:诞生于秩序与混沌边缘的科学》,生活·读书·新知三联书店,1997 年版,第 25~26 页。

③ 张诗亚著:《惑论》,西南师大出版社,1993 年版,第 191 页。

④ 李娟芬、赵天成:《论非确定偶然性的功能和价值》,《求是学刊》,1996 年第 1 期。

诱发教育不稳定运作的根源。它们一旦进入教育过程,在一定条件下会以爆发式的量,强行切入教育的进行过程,并改变其性质、方向和趋势。这种改变可能是正向的,如教师即兴式的情感表达激起了学生的兴趣与想象力,使教育进入生成性运作状态;也可能是负向的,如偶发性事故导致教育运作转入无序状态。无论出现哪种情况,不稳定因素的介入使教育呈现一种非线形运作,却是不争的事实。此时,从运作的状态来看,它不再以一种常态的、连续性的方式展延下去,而常常表现为以一种非常态的、跃迁突进的方式运行。这种状态下的课堂,无论赫尔巴特式的"明了、联想、系统、方法"的教学程式,还是杜威式的"五步教学法",都将面临切实的挑战。从宏观的学制系统而论,整齐划一式的齐头并进模式逐渐被打破,各个学段之间的交叉、断裂的趋势越来越强。

3. 教育中的不稳定性因素决定着教育输出的多变性

卡西尔(Ernst Cassirer)认为:"人被宣称为应当是不断探究他自身的存在物——一个在他每时每刻都必须查问和审视他的生存状况的存在物。人类生活的真正价值,恰恰就存在于这种审视中,存在于这种对人类生活的批判态度中。"①在西方社会大转型时代,人们这种探究、反思与批判意识更加突出。他们在不断地探索自身存在的意义,探索那些看似永远没有答案的真理,寻找失落的文明,想象未来的世界。这决定了西方教育是一个充满不确定因素的世界,无论是教育的诸多前提条件,还是教育过程之中,都存在大量不稳定因子,最后使教育输出表现出明显的多样性。

社会转型期的西方教育世界无限丰富且复杂多样,此时人们对教育意义的追求,扬弃了那种单一、灌输式、机械论的思维模式,而代之以复杂和生成的思维方式。这种思维模式下的教育具有如下基本特征。第一,重过程。现代教育对意义的追求始终处于无限的生成过程中,且这种生成与人内在的生命和真实的生活情境紧密联系。第二,重创造。反对以外力灌输或将事先预设的某种特定的"意义"强加给学生,学生由被动的接受者转变为主动的创造者。第三,重关系。教育寻求的意义在人与自然、人与社会、人与自身的关系中动态生成,和谐统一是意义获得的重要表征。第四,重个性。强调学生对当下现实生活意义的具体把握和体验,而非抽象地强调统一,尊

---

① [德]卡西尔著,甘阳译:《人论》,上海译文出版社,1985年版,第8页。

重个体的生命体验和自主选择。所有这些都是教育非线性运作的主要根源。这样,教育输出的多变性即成为现实,这既存在于教育内容的学习之中,同时存在于人与人之间的互动之中。实质上,由于教育中的人负载着活生生的个体经验参与到教育过程之中,教育意义不再是表现为固定答案的东西,对于不同的个体而言,它必然游移于他们的动态理解之中并表现出变化与不确定性。

　　比如,在对表现为文本的课程的学习中,学生面对的是人们已经体验过的、遗留在文本之中的生活。此时,文本的意义并不表现为理性主义所主张的那样,即已经确定了的客观的东西。恰恰相反,文本的意义存在于每一个学习者的经验中,并且只有通过个人的经验,才能达到文本意义的彰显与进一步丰富。此时,隐含在文本中的教育意义成为"活"的东西,它随不同个体的经验而变化。即使对于同一个个体来说,在不同的时空条件下,基于个人体验的变动性,教育意义也时时处于变动之中。现在美国各地的名牌学校相当重视信息情报科学、理科、通讯、音乐等特定学科的特别教育,如弗吉尼亚州的一所中学开设信息情报科学科目,从基础到高水平分阶段对学生进行指导,侧重于由学生自己设定课题、自己解决问题、自己发表成果,使教育结果表现出极大的丰富性与差异性。美国课堂教学也普遍表现出这种性质。例如,在文学课上,学生们读了卡夫卡的《变形记》,老师便组织大家进行角色表演,分成不同的角色,从各自的角度表现对格里高利变成蠕虫后的感受和思考。学生学习了《罗密欧与朱丽叶》,老师便让学生用各自最擅长的方式表述对这部作品的理解,有的写诗歌,有的绘画,有的写小论文,表述方式各式各样。①

　　教育中人的互动有两种表现形式:师生之间的互动与生生之间的互动,教育的任何意义都是在这两种互动中实现的。西方社会转型期以来,在教育过程中的人际关系层面,表现出追求并践行人与人之间的平等精神。美国各届政府都为此作出了举世瞩目的努力,如里根政府提出"公平、高质量"的教育机会均等观,主张所有人都有权得到并接受公平的教育,布什政府则

① 陈永明:《感悟美国基教亮点和呼唤优秀教师》,《外国中小学教育》,2007年第11期。

推行"不让一个儿童掉队"的教育改革目标。这样的政策导向直接影响到中小学的教育实践,学生在课堂上畅所欲言,其观点与话语权受到应有的尊重,是众所周知的现实。这种教育中的平等精神使师生各自即时性的情绪等因素被张扬起来,导致教育中的互动不再表现为平稳的、有序的、规则几何状的直线连接,而呈现为复杂的甚至"无序""躁动"的连接状态。在这种复杂的连接状态中,教育意义不是以预定好的形态呈现出来,而是以随机性的形态"涌现"出来,具有极大的不稳定性与歧义性,教育的输出也就表现为"有心栽花花不开,无意插柳柳成荫""一花独放不是春,百花齐放春满园"的自主生成格局。

4. 教育中不稳定因素的作用打开了教育复杂性的运作之路

工业化时代的西方教育,其秩序化的运作状态显然回避了风险与挑战。对于教育者来说,他只是把规定好了的知识提取出来展示给学生;对于受教育者来说,他只要耐心地完整接受、记忆外在于他的知识,也就算完成了自身的义务。这样,二者都是被定位于在各自固定的角色之上,发挥着已经规定好的确定功能的存在物。此时,教育以完全程序化的形式运行。在这种机制之中,教育中的人,无论教育者还是受教育者,其情感、体验、意志等非理性因素都被置于边缘的地位,甚至被当做影响教育进行的不利因素予以排斥。人被规定为被动的、理智化的"物",他们不能有主动性,也无须主动。所有这些都使教育呈现简单运作状态。

西方社会转型期教育中的人、事、物的复杂性和不确定性,注定了其不可重演性和非程序化。此时,作为教育活动的主体——人,无可厚非地承担起了这种责任。这里的"人",既包括教师,也包括学生以及其他与教育相关的一切人,他们开始在教育中以新人的形象出现,充分发挥自身的主观能动性。面对纷繁复杂、千变万化的生活世界,教育行政部门高瞻远瞩,灵活确定教育发展的时代定位;面对"古怪精灵"的学生,老师在教学过程中表现出高超的教师智慧;面对变幻莫测的知识海洋和未知世界,学生充分显示探究的热情。基于此,教育系统中出现大量非稳定性因素。这种背序的否定性力量,行使着扬弃教育中预先规定好的秩序并导出新秩序的功能。这样,教育中的人每时每刻都必须作出认真的选择,以使教育过程有效地运行下去。这种选择包括对偶发事件的机智处理,对教育情绪场的即时感悟与把握,倾听与表达的适时转换等等。应当注意的是,此时的选择并不是随遇而安式的盲目选择,它促使个体真正顺应自己的主动意愿并敢于为自己的行为承担责任。这正如萨特所认为的那样,人必须自由地为自己作出一系列选择,正是在自由选择的过程中,人赋予对象以意义,但人必须对自己的所有选择承担全部责任。①

　　教育中不稳定因子的作用决定了其不再是封闭的简单系统,而成为复杂的开放系统。教育一方面时时受到外在环境的影响,另一方面也时时受到教育过程中各种内部条件的扰动,这决定了教育世界是潜在地充满动荡与无序的混沌世界。这种观点实现了对简单视角下教育观的突破。客观地说,教育过程的进行必须依托一定的秩序,以对教育中不稳定因素存在的认识为前提的教育中的秩序,和简单视角下教育中的秩序却有质的不同。前者意在恪守人为的秩序,并把这种秩序作为教育的本真运作状态;后者则是通过发挥教育中人的因素的主动性与物的因素的变通性,在各因素的动态交流与对话中从无序达到更高层面的秩序。这种秩序不是控制的结果,而是由教育中各因素相互作用下的不稳定关系来确定的,它是建立在无序基础上的有序,而这正表达出复杂的特质。所以,如果说简单视角下的教育具有机器特性的话,复杂视角下的教育则具有生物的特性,更进一步说,是具有人的特性。"生物系统的运转总是容忍一部分的无序、噪声、差错,直到一定的极限。我们看到在机体内部分子和细胞的蜕变不断地进行,在这个意义上它构成永久的无序。"②所以,对教育中不稳定因素功能的发挥,使教育以动态秩序的新面貌展现出来,其复杂性特质即蕴于其中。此时,教育中充满躁动、无序,教育运行的路线也不以直线的方式进行,在教育过程中,倒退、分叉、跃迁时时都在发生。这是一个充满风险与挑战的世界,人们在教育活动中表现出前所未有的风险与挑战意识。他们既要承认教育活动尤其是创造性教育活动时刻都会有风险与挑战存在,同时还要敢于并善于处理风险,迎接挑战,有效地发挥人的主动性,这样,西方学校教育的自组织性得以产生。

279

---

①〔法〕萨特著,陈宣良等译:《存在与虚无》,安徽文艺出版社,1998年版,第3页。
②〔法〕埃德加·莫兰著,陈一壮译:《复杂思想:自觉的科学》,北京大学出版社,2001年版,第239页。

三、自组织状态下的课堂教学——主体性自我建构的教学过程

教育中的不稳定因素导致教育过程的涨落和非线性，把教育引向无序、不确定的复杂性运作之路。在这条道路上，它凸显人的主动性的价值，在课堂教学中充分调动起师生的自我构建能力，课堂教学的自组织性得以生成。"单纯的和不可分析的统一性，许多单元组成的无组织的群体（如气体的分子），混乱的多样性（如一车垃圾），都自然地不属于复杂性。"①这样的群体之运作也不具备自组织特征，课堂教学也是这样。作为一个组织，如果其系统内各因素都表现为孤立的单元并固态地连接在一起，系统则必然构不成自组织运作；反之，如果这些因素处于一种完全无序的混乱状态，此时的课堂教学则必然走向崩溃，其自组织运作同样也难以实现。所以，课堂教学的自组织表现为有序与无序、突变与渐变的平衡状态。这种状态下的课堂教学，表现出运作过程中秩序的内发性、时空组合的可变通性、内部状态的可错性与生成性等特征。

第一，教学秩序的内发性。

有人认为，日常生活中存在各式各样的秩序，一种是"僵死的"、静态的秩序，即"人为地组织起来"的秩序，另一种则是"活的"、不断从外环境吸取能量或物质来维持其运转的秩序。这类"活的"秩序不是外力强制操纵的结果，而是立足于其本身内部各因素之间动态的相互作用与影响，所以又称为"自组织性的秩序"。课堂教学是由众多因素组成的结构体，如教师、学生、课程、班级文化、物质环境、心理场等等。对此，有人曾给出过形象说法，认为一节课中所包含的因素甚至比制造一颗人造卫星所包含的因素还要多。在复杂思维方式指导下的课堂，尤其是在对人之复杂性的承认与尊重的前提下，这种多因素的存在及相互作用使课堂教学呈现一种"活"的性质并有其内在的秩序。根据自组织理论，"系统内的单个部分（子系统）自我排列，自我组织，似乎有一'无形之手'在操纵其运动。而这一'无形之手'实际上是由大量子系统的协同作用而导致的序参量的产生。换言之，子系统的协

---

① [法]埃德加·莫兰著，陈一壮译：《复杂思想：自觉的科学》，北京大学出版社，2001年版，第235页。

同作用导致了序参量的产生,而产生出的序参量又反过来支配着子系统的行为。通过这种相互作用关系的交叉、发展、放大,形成了最后的有序结构"①。对于课堂教学来说,这只"无形的手"即是课堂教学中的秩序,课堂教学即在这只"无形的手"的调控之下运行并发挥其功能。下面是一则英国小学的课堂教学实例。"Sheila 在讲授句型 can you touch……时,她让我们一人同时翻开两张单词卡,如翻开单词 leg,arm 时,Sheila 问:'Can you touch the leg with your arm?'答:'Yes,I can.'当小 H 翻开单词 foot,back 时,Sheila 问:'Can you touch the back with your foot?'无可奈何的小 H 回答:'No,I can't.'但是 Sheila 却神秘地说:'but,I Can.'我们每一个人都睁大了眼睛看着 Sheila,她怎么可能用脚触摸到后背?'I can touch your back with my foot.'说着,Sheila 用她的脚触到小 H 的后背。又是一阵欢乐的笑声。于是,大家纷纷表演 I can touch your nose with my head,You can touch my shoulder with your face."②在这堂课上,整个教学即处于一只"无形的手"调控之下,教师、学生、课程、班级文化、物质环境、心理场等诸多方面组成了有活力的教学场,表现出明显的自组织特征。

　　这种自组织课堂教学中的秩序较之简单教育中课堂教学中的秩序具有质的不同。简单教育中的课堂教学,其秩序的形成与维持依靠的是外在控制力量,如教师的权威,被认为"理所当然"的各种规章制度等。但是,在如上课堂教学中,其秩序却产生于教学行为本身。此时,教师、学生、知识都成为"活"的东西,正如具有活力的细胞体一样。"'程序'显然不是来自一个更复杂的外部现实,它存在于细胞的内部。"③因此,自组织课堂教学遵从的是内生的秩序。这种秩序与外在影响有关,但从发生学意义上看,它产生于课堂教学系统中众多因素的相互作用之中。以课堂教学中最为主要的关系——师生关系而论,这种秩序既不是由教师来规定,也不是由学生来规定,它产生于二者的互动之中,并在这种互动中显现并持续下去。

　　第二,教学场域时空组合的可变通性。

---

　　① 张诗亚著:《惑论》,西南师范大学出版社,1993 年版,第 196～197 页。
　　② 杨凤娆:《从英国教师的课堂设计看新课改》,《教育文汇》,2005 年第 5 期。
　　③ [法]埃德加·莫兰著,陈一壮译:《复杂思想:自觉的科学》,北京大学出版社,2001年版,第 237 页。

课堂教学作为一种教育活动形式，必然运行于特定时空之中。简单教育中的课堂教学，作为一种他组织活动形式，其时空组合具有符合规则、超稳定等特点。工业化社会之前，人们没有精确的时间观念，他们只能大致说出需要完成某项事务的时间，如农民可以把时间的量度说成"一袋烟的工夫""一顿饭的工夫"等。伴随着工业化社会的到来，西方社会的时间观发生根本性转变，时间量度表现出极致的精确化、标准化与匀质化。这种时间观支配下的课堂教学表现出同步化、标准化与线性化等特征。如严格的课程表制度，每节课都以确定好的步骤流程而进行，都体现了这一点。工业化社会的时间观也决定了重新组装空间的必要。"第二次浪潮文明，由于千差万别的复杂社会分工，要求更多专门的空间形式。"①在教育中，"学校""教室""二年级的教室""二年级一班的教室""某组的位置""某同学的位置"等作为空间形式的存在，都是这种精细分工下空间形式的表现。这种空间形式体现在课堂教学中，最为明显的即是横平竖直、稳定性极强的"格子"式座次排列。总之，转型期前的工业化社会中西方学校课堂时空安排的特点，表现为包括教学中人在内的众多因素都被"镶嵌"在特定时空中，变通与灵活性处理都被认为是不必要的，甚至被当做错误的东西而严格禁止。

社会转型期以来，西方的课堂教学展现出自组织性，其时空安排较之于过去的课堂教学有着完全不同的特征。

其一，时间安排的变通性。从课堂时间安排来看，根据所完成教学任务的实际需要适时调节时间的长短，使课堂教学外显的时间长度具有一定的弹性。以美国为例，其中小学课程安排极为灵活，完全打破机械划一化的课程形式。整体而论，课程安排有课段式课程表、循环式课程表、增减式课程表、选课式课程表等。这里仅介绍循环式课程（rotating schedule）表。这种课程表包含两种形式。一种是课段时间内的轮换。教学组如数学、社会科学、科学、语言艺术小组通过循环课程内容实行课程表的轮换。另一种是全校课程表的轮换，如下表所示。美国密歇根州一所中学的课程表就属此类。

---

① [美]阿尔温·托夫勒著，朱志焱等译：《第三次浪潮》，生活·读书·新知三联书店，1983年版，第159页。

表 5.1　循环式课程表

星期一	星期二	星期三	星期四	星期五
1	7	6	5	4
2	1	7	6	5
3	2	1	7	6
4	3	2	1	7
5	4	3	2	1
6	5	4	3	2
7	6	5	4	3

表 5.2　循环式课程表(六年级)

	第1节 8:10~8:55	第2节 8:55~9:40	第3节 9:40~10:25	第4节 10:25~11:10	第5节 11:10~11:55	第6节 12:50~13:35	第7节 13:35~14:30
一	M		U	SS	S	P	C
二	M		U	SS	S	P	MC
三	C		M	U	SS	S	MC
四	P		C	M	U	SS	MC
五	S		P	C	M	U	MC

表 5.3　循环式课程表(七年级)

	1	2	3	4	5	6	7
一	M	U		SS	S	P	C
二	M	U		SS	S	P	MC
三	C	M		U	SS	S	MC
四	P	C		M	U	SS	MC
五	S	P		C	M	U	MC

表 5.4　循环式课程表(八年级)

	1	2	3	4	5	6	7
一	M	U	SS		S	P	C
二	M	U	SS		S	P	MC
三	C	M	U		SS	S	MC
四	P	C	M		U	SS	MC
五	S	P	C		M	U	MC

　　说明:数学 M、综合艺术 U、社会科学 SS、科学 S、体育 P、通信 C、微型课程 MC;学生 8:00 到校,11:55~12:00 回到自己的教室,12:00~12:15 吃中餐,12:15~12:45 小休息,12:45~12:50 课前准备。

　　从上面三个年级的课程表中,我们可以看出循环式课程表的运用。核心课程——数学、体育、综合艺术、通信、科学、社会科学每周至少有 4 次,这为微型课程(即 mini-courses,一种短期的选修课,它是建立在教师和学生兴趣基础之上,强调深度而不强调广度的课程)的安排提供了机会。星期一是学校规定的基础日,不提供任何形式的微型课程。星期二除了第七节被微型课程替代外,其余的安排不变。循环从星期三开始发挥作用,前一天被取消的课将在后一天的第一节补上,这一天原来的第一节课将在第二节课上,依此类推。此外学校还规定不同的年级每天在不同的时间可选择音乐表演和基本技巧课,六年级在每天的第二节课,七年级在每天的第三节,八年级在每天的第四节课,这些时间的安排不受循环的影响。这种课程安排表现出极大的灵活性:1. 使得教师和学生每天都有不同的起点和终点,改变了以往每周相同时间的固定起始点。2. 使得学生和教师在不同的时间段内工作,促进了双方的进一步理解。3. 允许在下午上课的学生有机会获得与在上午上课的学生处于同样水平的教育,因为一些教师可能在上午处于最佳状态,所以这也均衡了学生接受教育的机会和质量。4. 避免将某些课经常安排在不利的时间段。如在原来的课程表中,有的课一旦安排在下午,就没有机会更改,而下午通常是一个人精力与体力的最低潮时期。5. 允许教师和学生根据自身的学习风格和各科特点决定在上午还是在下午教学。① 应

---

　　① 张晓瑜:《美国中小学弹性课程表述评》,《比较教育研究》,2004 年第 9 期。

当进一步说明的是,英国、法国的中小学课程安排尽管与美国不尽相同,但在时间安排追求灵活性上却具有同质性。

其二,空间组合的变通性。自组织课堂教学中的空间排列反映出民主的课堂氛围,此时,对于学生来说,座次的排列不再是个人在教育这一特定环境中地位的标志(简单教育中他组织课堂的座次排列往往是学生身份的标志,所谓优等学生往往被置于最佳位置,而所谓成绩不良者则处于边缘),而成为优化教学效率的手段。此时,每一个学生所占空间具有流动性,根据实际的需要或分组组合,或相互交换。这种课堂教学中空间的动态优化组合,目前在西方诸国的中小学课堂教学中已大量使用。在美国,课堂教学最主要的组织形式是小组合作学习。此时,教室里桌椅摆放的格局表现出多样性。具体言之,有圆圈式、左右分列式等。无论哪种方式,都由教师根据教学的需要灵活安排。以卡尔福特小学六年级的数学课为例,课堂上的空间安排即有如下几种。第一种:圆形。全班学生根据需要安排成几组。每组的学生可以面对面,随时进行交流,小组也可随时打乱,重新组合。第二种:井字形。学生的课桌布置成矩形,中间是空的,最前面就是讲台。讲课时,学生进入里面,大家席地而坐。第三种:扇形。老师个别辅导时,有一种扇形的桌子,老师坐在里面,四五个孩子面对老师而坐,每个学生与老师等距。第四种:剧院形。整个教室像一个剧场,如有四排弧形桌子,第一排坐四个同学,第二排坐六个,第三排八个,第四排十个,形成聚焦式课堂。还有很多式样的课室布置,几乎没有雷同。① 这种课堂空间的安排彰显了自组织性,教师根据实际需要,可以处于中心地位,也可以处于边缘地位,甚至可以作为局外人暂处一旁。对于学生来说,亦是如此。

弹性的时间管理与动态的空间变换二者之间的组合,使自组织课堂教学一改他组织课堂教学那种划一、标准、同步的特征,呈现出灵活变通性。这正如现代生产中的柔性生产系统一样,能根据实际需要在极短的时间内(有的生产线甚至能在一两分钟内)调节整个生产流程。②

第三,教学过程的可错性。

适应西方工业化时代他组织的课堂教学,教学目标的制定、教学内容及

285

---

① 唐劲松:《走进美国中小学课堂》(下),《基础教育参考》,2006 年第 11 期。

② 王锐生:《有个性的人——现代人的本质特征》,《江海学刊》,1995 年第 3 期。

方法的选择与教学时间的延伸都是预先规定好的,教学中的各因素都被"恰当""严密"地设置在特定时空之中,教学活动成了预先设置方案的机械推演。此时,课堂教学更像一架人造机器,这台机器"是由极其可靠的元件构成的,也就是说它使用的零件是经过测定和检验的,彼此完美匹配,根据所要进行的工作采取最坚固和不易变形的材料制成"①。在这样的教学中,任何不稳定性都被排斥出去,系统的运作带有一种完全"有序""无差错"的特征。

　　20 世纪 80 年代以来西方社会转型过程中,其课堂教学逐渐表现出摆脱他组织运作的倾向而呈现自组织特征,其中重要表现之一即在课堂上容忍"差错"的存在。首先,学生的自主意识得以张扬。这种自主意识的张扬使他们在对课程内容的理解带有个人色彩。但是,对于这种情况,西方中小学教师表现出较大的宽容。下面是一位旅英教师的见闻。"每当学生作业做得不太好,老师总会说'That's Ok, but……'意思是说'没什么关系,不过……'在需要批评学生时,也会将相同的意思变为鼓励语句:'如果你这样做,效果会更好。'为了避免伤害学生的自尊心,教师不使用红笔批改作业。作业不在意学生是否写得工整,只要做得对,教师会在本子上画上一个咧嘴笑的小人头,写上 Good boy (girl)!"②其次,愉悦的课堂氛围得以维持。这既体现在师生情绪上,也体现在课堂灵活性的时空安排上。例如,在英国中小学课堂上,教师一般围绕学生转。学生在课堂上的学习方式五花八门,走进教室,你会看到有的在研读课本,有的在讨论,有的在操作教具,有的在向老师询问。这样的情况在美国中小学课堂上表现得更为突出。如上因素的存在可能会使得课堂教学秩序出现差错甚至无序,这种无序与差错有时成为干扰因素导致课堂教学中断甚至整个教学系统崩溃,但是,总体而论,发生如上情况的时候并不多。相反,由于它们的存在,课堂教学处于创造性运作状态。基于各种"差错"进行的教学内容的即时性调整、教学手段的更优化选择、偶发事件的机智性处理,非但不会导致教学的崩溃,反而会由于无序与有序的相互转换,使之处于生机勃勃的创造性重组状态。

----

　　① [法]埃德加·莫兰著,陈一壮译:《复杂思想:自觉的科学》,北京大学出版社,2001年版,第 239 页。

　　② 陈世容:《我看英国基础教育》,《宁夏教育》,2007 年第 10 期。

第四,课堂教学的生成性。

德国教育家克拉夫斯基说过:"衡量一个教学计划是否具有教学论质量的标准,不是看实际进行的教学是否能够尽可能与计划一致,而是看这个计划是否能使教师在教学中采取教学论上可以论证的、灵活的行动,使学生创造性地进行学习,以为发展他们的自觉能力作出贡献——即使是有限的贡献。"①所以,自组织课堂教学应该依据一定的计划进行,诸如教学目标的制定、教学手段的选择、教学重难点的确立、教学结果的预期等诸多方面。问题的关键是,工业化时代课堂教学的如上因素外在于教学过程本身,具有先在的神圣性,教学机器一旦开动,就会严格按照规定程序运转开来。在这一过程中,师生们最关心的是如上规定是否得到不折不扣的执行,至于说如上规定本身是否合理或正确,这决不是他们关心的范围。盛行于西方学校的"行为—目标"教学模式及实证主义教学设计都体现出这种理路。

20世纪80年代社会转型以来,西方中小学课堂教学开始逐渐发生运作方式的转换。此时,教师不再仅仅是知识的占有者、规则的制定与监督执行者,而学生也一改知识接受者与各种规则执行者的身份,在欧美诸国中小学课堂上,合作学习、小组学习等成为课堂教学模式的主流。早在20世纪初,在进步主义教育思想影响下,设计教学法、道尔顿制等教学组织形式在欧美曾兴盛一时,最后却由于工业化的时代背景而昙花一现。时至今日,诸多教学模式却由于适应转型期时代的要求而重现生机。以课堂教学程序而论,任何课堂教学应遵守一定程序,这是毋庸置疑的。但是,在自组织课堂教学中,教学程序并不来自于外部,而产生于自身,并在其运作过程中得以"涌现"。所以,自组织课堂教学行为具有即生即成的特征,这表现为对课堂教学中所发生的任何现象进行洞察时,它们都不是通过外力预先安置妥当的,恰恰相反,"教学过程的真正推进及最终结果,更多地由课的具体行进状态,以及教师当时处理问题的方式决定。从这个意义上可以说,一个教师尽管教同一门课,面对同一批学生,但他在每节课上所处的具体情况和经历的过程都并不相同,每一次都是唯一的、不可重复的、丰富而具体的综合"②。这

---

① 叶澜主编:《"新基础教育"探索性研究报告集》,上海:生活·读书·新知三联书店,1999年版,第230页。

② 叶澜主编:《"新基础教育"探索性研究报告集》,上海:生活·读书·新知三联书店,1999年版,第230～231页。

样,课堂上的科层制度与等级文化被消解,呈现良好的交往文化环境。课堂教学的行为本身、形成的结果也实现了从"设计"到"涌现"的转变。这种"涌现"既不单独依赖教师,也不单独依赖学生,而是依赖两者之间真正的对话、交往与互动。此时,教学不再是某种教学计划的附庸,而处于对外在与先期计划的灵活、适时的调整、改造与超越之中。

第五,课堂教学的柔性管理。

工业化时代的管理精神是刚性管理,这种管理精神及由此统摄下的管理行为,在 20 世纪初美国的泰罗创立科学管理理论与模式后达到高峰。这种管理模式开对管理进行科学研究的先河,此时管理系统中的人被视为简单化的经济人,在管理过程中全力排除经验化、情感化等倾向。

伴随着西方社会的时代转型、社会生活的复杂及价值观念的多元,如上管理精神开始为人们所反思并逐渐走向没落,时代呼唤着新的管理精神及管理行为,寓人性化于其中的柔性管理渐为西方社会所倡导并践行。欧美等西方诸国中小学课堂管理呈现新的格局,就是如上管理精神在教育实践层面的渗透。课堂教学既是一门技术,更是一门艺术。从技术层面讲,其展开依据"规律"而动;从更为根本的"艺术"层面讲,由于社会转型期时代课堂上存在因时、因地、因人而异的特殊性、偶然性事件及纵横交错的动态关系,这为课堂上教师与学生在管理过程中充分发挥自身的智慧提供了巨大空间和艺术留白。所以,课堂管理中的柔性特质并不是教师或学生的一厢情愿,它实质上是时代精神的折射。对此,美国管理学大师德鲁克(P. F. Druker)指出:"管理不只是一门学问,还是一种'文化',它有自己的价值观、信仰、工具和语言。"①

柔性管理相对于刚性管理而存在。"柔性管理把人当做'人'来进行管理。它是在研究人的心理和行为规律的基础上,采用非强制性方式,在管理对象心目中产生一种潜在的说服力,从而把组织意志变为个人的自觉行动。这种管理方式主要从人的心理、行为、形象等诸方面去实施,具有情感性、亲和力和人文色彩等特点,以及内在重于外在、心理重于物理、身教重于言教、

---

① 季俊昌、马艾云:《人本文化视界下的学校管理创新策略》,《广西大学学报》(哲学社会科学版),2007 年第 5 期。

肯定重于否定、激励重于控制、务实重于务虚等特征。"①质言之，柔性管理体现"以人为本"的精神。实质上，这种精神成为贯穿于近 20 年来西方教育管理改革的灵魂并体现在课堂教学上。美国自 20 世纪 80 年代末开始提出"教育重建"口号，学校管理逐渐呈现"权力下移"趋势，强调发挥学校管理人员和教师的积极性，这集中体现在人本管理的实验与逐步推广上。法国 20 世纪 80 年代教育改革的基本指导思想可以概括为"分权、现代化与适应"，这种人本精神体现在课堂管理过程中，即"教学秩序的内发性、教学场域时空的变通性、教学运作的可错性、教学过程的生成性"。在这样的课堂上，整个管理过程充分尊重被管理者的感情需求、人格独立与个性自由，使之从内心深处激发出对组织的向心力与归属感，并在其心中产生潜移默化的影响，最后创造和谐的、积极向上的组织氛围。西方中小学课堂教学中，其展开过程跌宕起伏，教学节奏变化多样，课程资源展现多面性与多层次性，所有这些都是柔性管理的结果。

四、师生交往：走向理解

（一）走向理解的师生交往中两者身份的重新定位

伴随着走向后工业时代的脚步，西方教育经历着由他组织向自组织、由程式化向非程式化的转型。此时，教师和学生在教育中的身份也发生着转变。教师不再以知识占有者或"真理"拥有者的身份进入与学生的关系之中，教师"权威"也不再基于学生的被动与"无知"，而是建立在促使学生积极参与教育过程并促进其充分发展的智慧与能力之上。于是，"教学不能仅仅意味着'讲'。教学应当成为一种约定：教师指出一条路，学生经由此路能够理解并能进入他（她）自己的那个活着的、流动的传统中去"②。教师的作用也发生着根本性的逆转。"一个有创造性的教师应能帮助学生在自学的道路上迅速前进，应教会学生怎样对付大量的信息。他更是一名向导和顾问，

---

① 张彦山：《班主任管理工作的新视角——"柔性管理"》，《新疆教育学院学报》，2007年第 1 期。

② ［加］大卫·杰弗里·史密斯著，郭洋生译：《全球化与后现代教育学》，教育科学出版社，2000 年版，第 230 页。

而不是机械传递知识的简单工具。"①正是教师这种与学生交往中的"顾问""向导"身份使二者真正的交往成为可能。也就是说,在双方交往中,无论开口或沉默,他们都切实体认对方当下和特殊的存在。引人注目的是,社会转型期西方教师与学生各自身份定位的如上倾向,正在成为现实并表现在实际行动中。《未来教师素质标准》对教师在师生关系中的地位作出了明确规定,即未来教师应该充当牧羊人角色,将学生带到水草丰美的知识王国,让学生自主品尝学问大草原的鲜美之草,尽情享受美不胜收的风景,汲取丰富营养。教师应该在学生后面,为学生适时地指路,也要放手让那些学有余力的学生跑出教师规定的圈子,吃一点儿"路边草",以吸收更丰富的营养。"教师现在已经越来越少地传递知识,而越来越多地激励思考;除了他的正式职能以外,他将越来越成为一位顾问,一位交换意见的参加者,一位帮助发现矛盾论点而不是拿出现成真理的人。他必须集中更多的时间和精力去从事那些有效果的和有创造性的活动:互相影响、讨论、激励、了解、鼓舞。"②

在基于理解的师生交往中,学生不再是被塑造的对象,而是有情感、有个性的人,是拥有喜怒哀乐的活生生的生命体。在这个意义上,个体被赋予历史性与生成性。这种历史性一方面表达出学生基于自身的生活经历积淀着个人对生活的体验,另一方面,他们都有属于个体的精神世界,并且这种精神世界时时处于对过去状态的超越之中。此时,学生以拥有丰富内涵的动态个体身份参与到与教师的交往之中,这种精神内涵决定了学生在师生关系中的主动性与主体性。在与教师的交流中,他们不再以"听者"的身份参与其中,而以一种"表达者"的身份敞开自己的精神世界,表达自身的所感所悟。此时,他们再不是作为教师权威意见的被动屈从者而存在,而是敢于提出自己的感受、看法与建议的主动参与者。欧美等西方国家的中小学一般是小班教学,每班 20~30 人或更少。在课堂上,学生一般踊跃发言,表现出浓烈的主动意识。下面是德国的课堂实录。"我们曾经听了一所初级中学的阅读课,授课内容是'男孩女孩的区别',教师让学生充分讨论。尽管学生都只有十二三岁,可是他们一点儿也不害羞,不拘谨,踊跃发言,什么答案

---

① S. 拉塞克、G. 维迪努著,马胜利等译:《从现在到 2000 年教育内容发展的全球展望》,教育科学出版社,1996 年版,第 106 页。

② 联合国教科文组织国际教育发展委员会编著,华东师范大学比较教育研究所译:《学会生存》,教育科学出版社,1996 年版,第 108 页。

都有,课堂上不时引起哄堂大笑。"①学生的生成性是指学生不再是被预期改造与加工的对象,而是以"日生日成"的状态投入与教师的关系之中,在与教师的交往中创造性地生成个体知识、能力等等。生成中的学生也在不断地调整自己,但这种调整不是在教师的压制下作出的,而是根据个体的具体情况呈现出来,从本质上讲,是一种主动建构行为。《"多多益善"——倾听学习者解释》②所叙述的教学故事,鲜明地描述了美国学生如何在特定情境中诞生自己的观念。

(二)走向理解的师生交往特征

1. 平等

在理解性的师生交往中,"教师和学生处于平等的地位。教学双方均可自由地思索,没有固定的教学方式,只有通过无止境地追问而感到自己对绝对真理竟一无所知"③。社会转型时代西方教育中的师生关系,鲜明地表达出如上特征。在对师生关系的表达上,英国教师说得最多的一句话为:我们和学生是朋友。在美国,倡导师生人格的平等同样引人瞩目。当然,这里的平等并非通过无度的宽容甚至放纵而实现。在师生交往中,由于社会角色、年龄、生活阅历等方面的差异,教师担负着对学生引导的职责是必然的。英国在《未来教师素质标准》的文件中,明确规定教师作为指引者及信息源、课堂的促进者、组织者与管理者的角色。在美国中学课堂上,教师的指导者地位同样非常突出。如对于教学过程,重视教师对知识和问题的解释是否准确,教师在培养学生能力方面使用了哪些手段,教师的教学对学生的学习和知识的应用是否有示范作用,教师是否经常检查以确保学生对知识的正确学习和运用。对于课堂练习,关注教师是否指导了学生的学习过程;在必要时以及在重要处,教师是否做过强调或重点讲解;在知识巩固环节,关注下课前教师是否总结或提炼了该堂课所学内容。在促进学生知识与能力拓展方面,重视教师是否对所学知识的内涵和外延进行了进一步的挖掘和扩大,是否对学生进行过相关能力的培养和拓展,是否布置了相关知识的课外作

---

① 杨惠芳:《德国课堂教学和家庭教育与我国的比较》,《甘肃科技》,2008 年第 4 期。

② [美]爱莉诺·达克沃斯主编,张华、仲建维、宋时春译:《"多多益善"——倾听学习者解释》,高等教育出版社,2004 年版。

③ [德]雅斯贝尔斯著,邹进译:《什么是教育》,生活·读书·新知三联书店,1991 年版,第 7 页。

业。这种引导不带有强力的控制、压制等特征,而包含着真正的尊重。此时,教师并非高高在上,学生也不再是可以随意处置的对象、知识的接受器。教师对学生的引导带有一种启迪性质,即把学生内在的潜力与生命力导引出来,使其形成对生活与人生意义的感悟、把握。对于学生来说,他感到自己在人格上处于与教师同等的地位。他尊重教师,不是因为教师有权力,而是因为教师是照亮自己人生航程的"灯塔",具有独特魅力;而这里作为"灯塔"的教师,只是为自己的学习之路起到指引作用,具体的航程和目的地则表现在由自己把握的各种可能性之中。

马丁·布伯从哲学的高度概括了人与人交往的两个基本关系模式:"我—你"关系(I—You)和"我—它"关系(I—It)。"我—它"关系以工具主义态度为特征。我们把他人当工具看待、只想控制他人时,我们与他人的关系就是"我—它"关系。在"我—你"关系中,自身与他人的关系是一种相互开放的平等关系,不是把他者当做工具而是当做目的。在两种关系之中,"我—你"关系才是真正的人与人之间的关系。在"我—你"关系中,"你"告谓"我","我"对"你"的告谓作出回答。① 基于理解的师生交往基础上的两者地位的平等性则体现在"我—你"的关系之中。此时,双方在拥有平等话语权的基础上进行真正的对话。对事物的理解与感悟,教师可以表达自己的看法,学生亦然。这些表达可能表现出差异甚至对立,但表达中各自所包含的看法与意义却是以平等的姿态出现,正是在观念的冲突与碰撞中,双方形成与丰富着各自的精神世界。

基于对简单教育师生之间控制与被控制关系的反思,在对师生交往进行改造时,对学生身份的定位有时容易走向另一极端,那就是对教师的作用与地位予以漠视乃至消解。这一点在极端的"学生中心论"中有其表现,在这里,教师被推到了师生关系的边缘。但是,社会转型期下的西方教育场域中,学生与教师各自的身份定位并没有重蹈"学生中心论"的覆辙。对此,《被压迫者的教育学》的作者保罗·弗莱雷的观点可谓精当。他认为,在对压迫者(如教师)进行反抗与斗争时,被压迫者(如学生)不应该以自身成为压迫者为目的,反抗与斗争的目的在于建立平等的交往关系。从这个角度

---

① [德]马丁·布伯著,张见韦、梅英译:《我与你》,作家出版社,1992年版,第2~3页。

讲,学生始终都应以积极学习者的身份参与到与教师的交往行动中,他应该理解教师,"不仅理解教师的意图、目的、动机、情感和态度,而且把教师作为一个与他同样具有个性、精神的真实的人而接纳他和尊重他,同时把教师作为一个生活中的先行者——一个有生活经验的人而接受他的支持、帮助和引导"①。

2. 宽容

教师和学生都拥有自己独特的精神世界,对于双方来说,"任何新的理解产生之前,已经存在有一种理解,新的理解是由主体处在的某种已有的理解状态开始,才有可能由此扩展开来,形成与先前的理解所不同的理解"②。因此,在双方交往过程所进行的表达中,对事物的看法必然打上各自精神世界的印记,从而形成带有"偏见"或"先见"性质的理解。从这个角度讲,师生对事物的看法不可能同一。在工业化时代的西方教育中,"偏见"往往处于被置之死地而后快的境地。师生的交往即在于消除各种"偏见",尤其是消除学生的"偏见",从而达到一种"统一"与"标准化"的理解。对标准化课程、标准化答案的追求已经深深地渗透到他们的潜意识之中,以至于成为一种价值观念。

但是,在西方社会大转型时代,"理解"成为师生交往的主旋律。在这种状态下,"偏见"被予以充分的理解与宽容。此时,"偏见"不仅不是妨碍二者交往的绊脚石,反而成为达到真正交往的必要前提与条件。无论杜威的实用主义教育观,还是罗杰斯的人本主义教育观,都表达出这种对"偏见"的宽容。20 世纪 80 年代以来,伴随后现代思潮的兴起,这种意识终于成为西方广为接受的社会意识并渗透到师生交往的实践中。此时,对于教师来说,交往中的宽容意味着他拥有宽广的心胸、丰富而深刻的精神世界。面对与学生的分歧,他不以武断的态度打击、压制与封杀,而是以坦然的态度认可这种分歧,同时采取措施把双方引入真正的对话。欧美等国教育场域中所表现出的氛围愉悦、教师对学生自由的首肯与尊重,都表现出这一点。下面我们看一位 17 岁德国学生所做的网页——"我的理想"和"我的女人们"。前者是买一辆最新式的汽车;在"我的女人们"网页上,有 4 位非常漂亮的电影明

---

① 金生鈜著:《理解与教育》,教育科学出版社,1997 年版,第 137 页。

② 殷鼎著:《理解的命运》,北京:生活·读书·新知三联书店,1988 年版,第 126 页。

星的照片。对于这样的网页,德国教师表现出这样的态度:"汽车和女人是十八九岁的男孩子最感兴趣的事! 要买汽车就得勤奋,促使他们上进,拼命去赚钱。男孩子对女人感兴趣更是平常事,难道让他们去对男人感兴趣吗?"①试想,如果教师没有宽容的心态,他能对学生的如上表达与行为作出这么豁达的理解吗? 教师的宽容也意味着教师以"移情"般的理解进入学生的所思所想。学生的行为、看法、思想、兴趣与爱好等等有时看起来可能荒谬、莫名其妙甚至粗暴无礼,但是,只要教师能够以宽容大度的心态对待,如上一切都可能会被赋予不同的意义。此时,想法的荒谬与莫名其妙可能被看做想象力丰富,粗暴无礼可能被看做个性刚烈、勇敢,理解的不标准或错误与创造性等若隐若现地联系在一起。正是在教师宽容心态的观照之下,西方学生才会以主动的态度参与到与教师的交往之中,才会无所顾忌地敞开自己的心扉,在教育中构筑自己的意义世界。

应当指出,西方欧美诸国中小学教育中教师对学生的宽容并没有流于纵容与放任。例如,在课堂上,学生十分随意,衣饰随便,举止松散,发言踊跃,课堂氛围宽容甚至流于散乱。这一切都被教师当成正常现象。值得注意的是,这种状态下的课堂教学并没有造成教学的失序,也没有对学生自制力造成瓦解。学生在下课后会主动地整理桌椅,公共场所乱涂乱画现象十分鲜见。西方人的条理、严谨、守约,在这种教育中得以培养。它昭示着教师时时以负责的态度进入到与学生的交往之中,以"长者""指导者"的眼界对交往进行必要的调控以影响学生,使他们的精神世界拒斥卑俗,进入高妙之境。

3. 正面的情感融入

情感是主体对外界对象是否满足主体需要所做出的感受和心理反映,这种感受和反映主要不是认知的,而是体验的。从其性质区分,情感又分为正面情感与负面情感。前者包括喜爱、尊重、敬佩等,后者则包括怨恨、嫉妒、悲哀等。对于西方教育中的师生交往,正面情感的融入是非常重要的标志。德国教师对待孩子有礼貌,有耐心,不打骂,不体罚;对于学生的差错,总是说服教育。英国教师总是把学生当成朋友。正是基于此,师生交往才表现出理解原则下的浓浓温情,双方都享受着愉快的情绪体验。这为二者

---

① 杨惠芳:《德国课堂教学和家庭教育与我国的比较》,《甘肃科技》,2008 年第 4 期。

的心灵沟通与精神际遇提供了强有力的动力支持。

在师生交往中,一旦拥有正面情感的强化,双方的思维就会保持高度的活跃和清醒,随时捕捉(选择)对个体有意义的信息,并积极地从记忆中提取个体内部信息,使之与对方所提供的信息进行对照和编码,进而形成关于事物的理解,丰富双方的精神生活。正面情感的融入也使师生交往进入良性的互动状态,它一方面激发教师热爱学生、关注学生,另一方面也激发学生对教师由衷的尊重与敬仰。应当指出,师生交往中存在着冲突,有时这种冲突还会走向激化,但是,正面的情感无疑会淡化这种冲突,或者改变冲突的性质,使之升华为双方互动中的精神完满与超越。

(三) 精神上的相遇与沟通——走向理解的师生交往的真实表现

在理解性师生交往中,"教师与学生的相互作用是交互性的,因此,在师生对话中贯穿着这种相互性"。"在对话的交互关系中,教师和学生双方都在自由地思考、想象和创造,双方并没有固定、僵硬的学习模式和交流模式。"①这种交互性决定了社会转型期西方教育中师生交往双向的、相互开放的互动关系。这具体表现为师生相互敞开自己的精神世界。对于教师而言,在与学生的交往中,他比较易于敞开自己的认知世界,也会把自己所掌握的知识无保留地展示给学生;对于学生来说亦是如此,他可以把自己所掌握的知识数量与质量无保留地呈现在教师面前。简单教育中的师生交往即在这种认知层面展开,基于理解的师生交往则冲破了认知交往的阈限,交往无论从广度上还是从深度上都得到了拓展与深化,上升为一种精神层面的交往。此时,双方的所感所悟都进入到对方的理解域之内,交往过程成了意义分享与生成的互动过程。

师生交往的互动关系也体现在师生之间真正的对话之中。根据马丁·布伯的看法,真正的对话表现为"每一位参与者都真心怀有对方或他人的当下和特殊的存在,并带着在他自己与他们之间建立一种活生生的相互联系的动机而转向他们"②。这样,在师生作为交往参与者的对话中,双方共视对方为"当下和特殊的存在",即把对方看做具体的人、有情感有生命的人。此时,他们之间的对话绝不是抽象的"学生"与"教师"之间的对话,而是代表着

① 金生鈜著:《理解与教育》,教育科学出版社,1997年版,第133～134页。
② [德]马丁·布伯著,张见韦、梅英译:《我与你》,作家出版社,1992年版,第30页。

具体的人在具体情景下进行的对话。在这种对话中,师生双方既是听者,也是说者。他们各自一方面向对方表达自己的看法并得到对方的倾听,另一方面也倾听着对方,同时回应对方的表达。正是在这种双向的语言交流中,在倾听与表达的和谐统一中,二者之间的互动关系得以建立并持续下去。

教育是师生之间精神性的共享共生,是通过精神的契合而养成人的活动。在理解性的师生交往中,教师向学生敞开了自己的精神世界,并以自己的智慧开启学生的心灵。此时,师生之间的联系决不是以固定与僵死的知识为中介,师生之间的知识授受关系转换成意义的理解关系,"教师以及教师所讲的知识所解释的意义都生动地展示在学生面前,学生在理解中启开了新的精神境域进入到新的生活之中"①。于是,与教师进行交往的过程也就从"问学"过程转向"问道"过程,成为在"前识""前见"基础上达成师生"视界融合"的过程。在这一过程中,师生之间的对话与沟通成为一座桥梁。这座桥梁承载着平等、宽容和感情,通过师生之间的互动达到二者彼此信任、彼此学习、共同进步、"你"即"我"、"我"即"你"的精神境界。

从下面的描述中,我们可以感悟到师生理解性交往的动人情景。良宽——8 世纪一位洞明世事的隐者,"披头散发,双耳垂肩,一身破旧的长袍轻烟似的飘飘,他走在回家的路上,成群结队的孩子们蜂拥在他的周遭"②。而佛与儿童嬉戏的场面,表现的是佛与儿童们一起滚爬的情景,其中,每个人脸上都绽出了无丝毫做作的欢乐。③ 我们应该想一想,是什么使本来作为隐者的良宽对于孩子们具有如此大的魅力? 而后者,跳出三界外、不在五行中,何以与儿童打得如此火热? 是什么东西使他们具有如此大的感召力? 我们认为,深刻的理解与心灵的相通给双方带来无与伦比的愉悦,是他们之间产生极强聚合力的根本原因。在教育中,师生之间的真正理解与教育的生命活力恐怕也要立足于与如上情景相一致的交往之上。

---

① 金生鈜著:《理解与教育》,教育科学出版社,1997 年版,第 141 页。

② [加]大卫·杰弗里·史密斯著,郭洋生译:《全球化与后现代教育学》,教育科学出版社,2000 年版,第 280 页。

③ [加]大卫·杰弗里·史密斯著,郭洋生译:《全球化与后现代教育学》,教育科学出版社,2000 年版,第 303 页。

转型期西方教育理论与实践丛书

主编　陆有铨

反思与超越

——走向复杂的西方教育变革

么加利　著

主　管：山东出版集团
出版者：山东教育出版社
　　　　（济南市纬一路 321 号　邮编：250001）
电　话：(0531)82092663　传真：(0531)82092661
网　址：http://www.sjs.com.cn
发行者：山东教育出版社
印　刷：山东临沂新华印刷物流集团有限责任公司
版　次：2011 年 5 月第 1 版第 1 次印刷
印　数：1—3000
规　格：787mm×1092mm　16 开本
印　张：20.25 印张
字　数：295 千字
书　号：ISBN 978—7—5328—6828—5
定　价：44.00 元

（如印装质量有问题，请与印刷单位联系调换）
电话：0539—2925659